兼修有字无字书

——桂胜学术论文粹选集

桂胜 著

张友云　王娟　谌骁 选 编

WUHAN UNIVERSITY PRESS
武汉大学出版社

图书在版编目(CIP)数据

兼修有字无字书：桂胜学术论文粹选集／桂胜著；张友云，王娟，谌骁选编 . -- 武汉：武汉大学出版社，2024. 10. -- ISBN 978-7-307-24612-6

Ⅰ. C53

中国国家版本馆 CIP 数据核字第 20246Z269M 号

责任编辑:沈继侠　　责任校对:汪欣怡　　版式设计:马　佳

出版发行:**武汉大学出版社**　　（430072　武昌　珞珈山）

（电子邮箱：cbs22@ whu.edu.cn　网址：www.wdp.com.cn）

印刷:湖北云景数字印刷有限公司

开本:720×1000　1/16　印张:26.25　字数:412 千字　插页:2

版次:2024 年 10 月第 1 版　　2024 年 10 月第 1 次印刷

ISBN 978-7-307-24612-6　　定价:99.00 元

代序
桂胜先生的学术贡献管窥

  桂胜先生是我的学界同道，也是关系颇密的老朋友。他于 1998 年调入武汉大学社会学系不久，即来南开大学出席我主办的第一届"中国社会思想史教学与研究学术研讨会"，从此我们便结下深厚的友谊。在中国社会学界，以中国社会思想史研究作为第一志趣的学者为数不多，而桂胜却是其中一位。21 世纪初成立的"中国社会学会社会思想史专业委员会"，由陆学艺先生任理事长，我任副会长兼秘书长。我们学会每年都开一次学术年会，桂胜从未缺席过。他初为此专业委员会常务理事，2013 年始我当选此专业委员会理事长，桂胜任副理事长，因这我与他交往的机会自然有很多。其实早在 21 世纪之初，我与陆学艺先生主持编写《中国社会思想史资料选辑》，他就参加了第三卷的编写工作。2010 年，教育部组织全国最优质的学术力量，编写作为"马克思主义理论研究和建设工程"重点教材之一的《中国社会思想史》教材，我任主编，桂胜任第一副主编，此书的编写先后花了 11 年时间，每一个环节都留下了桂胜先生的心血。而在这个编写过程中，编写组召开过多次工作会议，由此我与桂胜先生的交往显然又增加了一个维度。总之，自从桂胜进入社会学领域以后，我与他的交往就非常字》中，解释为"衣纯"，即衣物的边唇，随着佛教的传入及其不断向本土化方向发展，"缘"成为了中国佛教中的核心概念之一。唐宋以降，随着三教合流、以儒为宗及其民间化，"缘"也成为了普罗大众的口头禅。而从中国社会思想与社会结构的视角研究关于"缘"的社会学意义者，桂胜当为中国社会学界第一人。他认为"缘"是一个本土化的概念，它具有涵化性、超时空性、场域性，有与时俱变及因时就势等诸多特点，且由此构成了一种具有中国特色的社会结构现象，即在中国社会构成了一幅血缘相亲、姻缘相爱、乡缘相惜、学缘相勉、业缘相助、际缘相会的交往网络，体现了一定的社会关系模式和交往互动方式。而这六缘相互交织又构成了一个"共缘体"，并进而形成了具有中国社会特色的"共缘体内关系"。在此基础上他还对当下中国"缘"的现状与特点作了分析与探讨，认为在当下的中国社会中，有关血缘、姻缘、乡缘、业缘的记忆不断重复；差序结构理论基础上的血缘关系呈衰弱趋势；乡缘关系呈金字塔结构；业缘关系呈相对不稳定态势；学缘关系呈倒金字塔结构；而新的际缘关系则非常活跃。他认为在当下的中国社会，费孝通先生所揭示的传统社会关系结构不再是牢不可破的关系模式。这些对于"缘"的社会学分析及理论认知，以及传统社会中"缘"的思想对当下中国社会结构之影响的分析，都堪称是对中国本土社会学理论的重要贡献。

　　桂胜先生关于中国社会思想史研究的成果还有很多，大多已收集到本文集之中，限于篇幅，不能一一评述，请各位方家自行品读其中的学术创新价值。

　　由于桂胜所就职的武汉大学民俗学学科发展的需要，以及他本人对中国传统优秀思想文化的热爱，他还在民俗学研究、非物质文化遗产保护研究等领域花费了很多精力，也指导学生或与学生合作发表了一系列研究成果。其中也多有颇具学术前沿性的杰作。我虽未对民俗学与非遗文化保护做过专门研究，但我认为这两个学术领域仍与中国社会思想与文化有深厚的内在联系。故我认为这是桂胜先生以其对中国社会思想史的深入研究为基础所做的学术领域的延伸。从我的学术视角考察他在民俗学与非遗保护方面的学术成果，觉得其中也多有颇具学术前沿性的杰作。如他对"表现民俗"的理解及其功能的研究以及对现代传媒对民俗传承之影响的研究，都属于民俗学研究中的新课题，故具有学术创新性；他关于节日类非物质文化遗产保护之资源的研究、对乡村振兴中村落民俗文化再造空间传承模式的研究等，有一个共同特点，就是努力将传统民俗及非物质文化遗产与当下的乡村振兴工作联系起来，充分体现了作为一位学者"为生民立命"，关注基层民众生活是否快乐、富裕、幸福的高尚情结。

桂胜先生虽然离我们而去了，但他的学术成果会永远留在人间，他对学术不懈追求的精神以及他为人坦荡、做事认真的品格，会永远成为我们学习的榜样。他留下来的很多学术遗产，会成为中国社会思想史、民俗学与非物质文化遗产保护等学术研究领域的重要资源。

最后，请允许我谨借读此书、写此序的机会，表达我对桂胜先生的追思怀念之情。

王处辉

2024 年 8 月于南开大学

目　录

上篇　周秦势论 ／ 001

势论通说　／ 003

周秦诸子百家势观概论　／ 024

道家与势　／ 032

兵家与势　／ 049

阴阳五行学与势　／ 089

法家与势　／ 097

儒家与势　／ 115

中篇　中国社会思想史研究　　/ 123

老子社会控制思想研究　　/ 125

韩非社会思想管窥　　/ 137

《礼记》的社会思想　　/ 146

周秦中国社会思想早熟的成因探析　　/ 161

先秦儒家信任观研究　　/ 170

"君子"内涵的抽象化与意象的艺术升华　　/ 187

昭君文化蕴涵的群体文化与个体社会化现象　　/ 197

昭君出塞与汉匈社会民生之考察　　/ 205

梁山聚义缘由与行动逻辑的社会学解读　　/ 214

阴骘思想与多民族地区的社会秩序构建　　/ 224

改土归流后滇中哀牢山区"三属地"的礼化实践　　/ 243

谭嗣同先生《仁学》理论与实践　　/ 269

从对历代"群己观"的梳理看中国共产党人"毫不利己，专门利人"
　　的社会思想渊源　　/ 276

中国社会结构：基于"缘"的视野解读　　/ 289

下篇　民俗文化与现代化　／301

吴景超社会思想中的女性民俗研究　／303

表现民俗的理解及其功能分析　／321

现代传媒对民俗传承的影响　／330

数字构成的吉祥语的特征及其功能　／337

共谋与协力：节日类非物质文化遗产保护的资源化实践　／347

乡村振兴中村落民俗文化再造空间传承模式之认识　／364

文化空间再造与少数民族"非遗扶贫"的路径探析　／377

桂胜先生年谱　／391

代跋　追忆桂胜先生　／395

编后记　／406

上篇 —— 周秦势论

势论通说

寒窗苦读，揣摩有年，常思既然世界是物质的，而运动又是物质的根本属性，运动着的物质必然会产生"势"。运动所在，势之所在。

大自然有其自然趋势，人类社会有其社会趋势，具体到人，亦人皆可以成势。"万乘之主，千乘之君所以制天下而征诸侯者，以其威势也。"①"自是之后，赵慑服，不敢攻秦者，白起之势也。"②自然界、人类社会林林总总之千变万化皆有"势"可寻。一千多年前，唐代刘禹锡在《天论》里就说过："夫物之合并，必有数存乎其间焉。数存，然后势形乎其间焉……彼势之附乎物而生，犹影响也。"刘禹锡揭示了"势"与物之关系，认为"势"随事物成，犹如影之于形，响之于声一样，一切事物都不能"逃乎数而越乎势"。自然科学工作者探索"势"之奥妙，借势，任势，将势的原理广泛用于生产实践。或追求中正宁和之势，保持物体间平衡及协调，或努力拉大势差，增大势能。"势"的原理之运用，由蓄池灌溉、张弓征战等迈进到引力势能、弹性势能、电磁势能和核势能等近现代科技时代；社会学者识得"势"之意义，将"势"的理论应用于治国方略，就如何借势、因势、积势、为势、适势、乘势等留下了丰富的篇章。

---

① 参见《韩非子·人主》。
② 参见《战国策·秦四》。

一、释"势"

何谓"势"？势是一切事物运动所蕴含的力量趋向。《孙子·势篇》曰："激水之疾，至于漂石者，势也。"《文心雕龙·定势》曰："势者，乘利而为制也。如机发矢直，涧曲湍回，自然之趣也。"势离不开两种要素，即（物质或精神）力量+趋向。一种大形大势甚至可表现为多维力量趋向，其中有主要力量趋向，有次要力量趋向，即主势、从势；有明显轨迹可循的力量趋向，有隐蔽的力量趋向，即明势、暗势；还有规则的力量趋向与不规则的力量趋向，即正势、奇势，等等。自然界、人类社会不断地运动变化，各自无意识或有意识、自觉或不自觉地选择暂时的、相对的适宜本身的理想（或最佳）状态之力量趋向。作为自然力量趋向的势又派生出权位等意义项。《韩非子·外储说右下》曰："国者，君之车也；势者，君之马也。"《吕氏春秋·慎势》："王者，势也；王者，势无敌也。"

势，得义于力量趋向，盖源于植物播种。在周秦古籍中，势皆为埶。甲骨文里写作，像种植草木之形。《说文解字》训埶为"穜也"。又训穜为"埶"也。清代段玉裁《说文·埶》曰："《说文》无势字，盖古用埶为之。"朱骏声《说文通训定声·丰部》讲到了经传中穜、種、埶字多互借，认为气势之"势"乃"埶"之转注。朱氏曰："埶，穜也……按，力也，埶植用力最劳。"但朱氏只注意到了种植需要劳力，却没谈到植物一经播种后本身所具有的蓬勃向上的力量趋向。

莽莽远古，先民们在劳动实践中注意到了植物的种子具有匪夷所思的滋生力量趋向。在合适的条件下，种子一经点播就会萌芽、生根、开花、结果，即使在坚硬的岩石上，也会出现绿色的生命。尤为奇妙的是，种子会随风或禽鸟、走兽传播，古代社会留下了不少的植物传播与种植之神话。现代科学也证明了种子的滋生趋向力。例如人的脑颅骨是由众多块头骨紧密结合而成的，坚固不易分开。但若是在脑颅骨中放进几颗种子，其滋生趋向力（张力）足能把颅骨按自然块裂开。

"野火烧不尽，春风吹又生。"只要有生命的种子，留下根，一株株新苗又会破土而出，茁壮成长。人类发现，要想促进植物生长趋势，便应给它以适宜的土壤、气温等，如早期的刀耕火种。要想抑制其生长趋势，斩草还得除根。

由植物而动物包括人类。物种如此，人种依然，有着强大的繁殖能力。"每一种特殊的、历史的生产方式都有其特殊的、历史地起作用的人口规律。"①曾经是弱小的氏族、部落，经过若干年代的繁殖生息，又以兴盛的面貌出现。在生产力极其落后的古代，部落和国家的威势，是建立在人丁、种族兴旺不衰的基础上的。生殖崇拜几乎成了华夏乃至世界各民族共同的话题。至今一些乡村，还称有多男丁之家为得"人势"而敬之避之。古人把割掉战俘或"罪民"的生殖器官的宫刑称之为割势、去势或幽闭。

这种割势、去势之宫刑，早在西周便出现了。周穆王任用吕侯，制定出极其残酷的刑法——吕刑，分墨、劓、剕、宫、大辟五种。其中"剕""宫"两刑还是西周统治者的独创，宫刑更是致人残废、绝人后嗣的残酷刑罚。② 文献称"种"意义的生殖器官为"势"，见于东方朔的《神异经·东南荒经》及《尚书纬刑德放》等书。前书记载："东南隅太荒之中有朴父焉，夫妇并高，千里腹围，自辅天初立时，使其夫妻导开百川，嫩不用意，谪之并立东南，男露其势，女露其牝，不饮不食，不畏寒暑，惟饮天露……"后书记载曰："割者，丈夫淫，割其势也。"中医则称阴茎勃起力为势。令早期统治者伤透脑筋的是被征服者及"罪民"，服口不服心，常怀雪耻复仇之念。"楚虽三户，亡秦必楚"的警句在古代社会并非危言耸听。统治者为巩固其统治地位，一种方式是将被征服的民族赶尽杀绝，将"罪民"夷灭九族；另一种方式则是或采取"亡其国必先去其史"之策略，或用宫刑迫害，既达到"绝世之势"③，"削迹无遗根"④的目的，又收到了榨取劳动力，摧残意志、斗志之效果。

---

① 中共中央马克思恩格斯列宁斯大林著作编译局：《马克思恩格斯全集》（第29卷），人民出版社1962年版，第692页。
② 王明阁：《先秦史》，黑龙江人民出版社1983年版，第214页。
③ 参见《韩非子·十过》。
④ 参见《韩非子·初见秦》。

种因种果，于是成为宗教常用的形象说辞。

从《孙膑兵法·势备》所云"羿作弓弩，以势象之"和《孟子·公孙丑上》所云"齐人言曰：'虽有智慧，不如乘势，虽有镃基，不如待时'"等文句中可知，古人对"势"的原理及意义明白得不但早而且普遍。

势既有客观、自然之势，亦有人为之势。"夫兵形象水，水之形避高而趋下，兵之形避实而击虚，水因地而制流，兵因敌而制胜。"①"势者，因利而制权也。"②"任势者，其战人也，如转木石，木石之性，安则静，危则动，方则止，圆则行。"③"势者，乘利而为制也。如机发矢直，涧曲湍回，自然之趣也。圆者规体，其势也自转；方者矩形，其势也自安。"④"圆者之转，非能转而转，不得不转也；方者之止，非能止而止，不得不止也。"⑤

上段所述，主要是自然之势——事物客观的、自然的力量趋向。

人为之势，是在不悖于物理、事理、情理等基础上，发挥人的主观能动作用而形成的势。这种形势，由于主观上进行了有意识的选择，是一种比较合乎理想的力量趋向。孙武所说的"计利以听，乃为之势"⑥，"胜者之战民也，若决水于千仞之溪者，形也"⑦，"故善战人之势，如转圆石于千仞之山者，势也"⑧，成语中的"装腔作势""虚张声势"，《韩非子·难势》所强调的"人设之势"等皆指的是"人为之势"。"转""决""作""拿""虚张""设"等过程皆注入了主观能动因素。

势，广义上指的是一切形势，具体而言则又可分为原势、化成势。原势指的是最根本、最原始的力量趋向；化成势是在原势基础上形成的强弱、倾均、缓急等情况的新的力量趋向。化成有自然化成和人为化成。自然化成是一种无意识、不自觉的活动。火炎上，水趋下，是物质的自然趋向。当溪流经高山注

---

① 参见《孙子·虚实篇》。
② 参见《孙子·计篇》。
③ 参见《孙子·势篇》。
④ 参见《文心雕龙·定势》。
⑤ 参见《尹文子·大道上》。
⑥ 参见《孙子·形篇》。
⑦ 参见《孙子·形篇》。
⑧ 参见《孙子·势篇》。

人深壑，化为飞流瀑布时，一种势险节短的壮观便出现了。而当溪流淌进沙漠、干涸之地，必然势消力疲。人为化成是人类积极有为的自觉的、有意识的活动。人类可以利用自然万物的相生相克之理，因利制权，增减物势，促成适宜的、理想的形势、局势的到来或出现。兵家所为的阵势便是天势、地势、人势的有机结合之产物。

道家、阴阳家偏重于自然之势，法家、儒家偏重于人为之势，兵家则既崇尚顺自然之势，又强调人为之势。

物竞天择，适者生存。生物无意识地选择着适宜于自身生长的理想环境，适应形势，调整自身的力量趋向。人类除求得自身的生存和发展外，还本着特有的历史使命感，追求和促成最佳状态的社会形势。地球内部甚至亦在不停地运动，以求得相对稳定的最佳而理想的形势。而最佳状态的地形地势又是在不断变化着的，于是运动不止，摩荡不辍。生命不息，造化不已。"百川沸腾，山冢崒崩，高岸为谷，深谷为陵"①既是自然现象亦是社会现象的总结。

自然之势、人为之势之辨丰富了势的含义，体现了人的主观能动作用。

势有刚有柔，有急有缓，有强有弱。过刚、过急、过强则往往事与愿违，欲速则不达。柔能克刚，弱能胜强；过弱过柔则无力，刚强亦可胜柔弱。如何利用刚柔、强弱、急缓之势呢？用儒家的理论讲就是"执两用中"，合乎度，合乎"中庸"，既防过，又忌不及。儒家的"虚则欹，中则正，满则覆"的"欹器说"，是很有寓意的。用《三略》中所引的《军谶》里的话说，就是"能柔能刚，其国弥光。能弱能强，其国弥彰。纯柔纯弱，其国必削。纯刚纯强，其国必亡"。"柔有所设，刚有所施，弱有所用，强有所加，兼此四者而制其宜。"

刚柔相济，强弱并存，在治国上则表现为恩威并重，王霸杂器。"汉家自有制度，本以霸王道杂之"②，可谓一语道破天机。

势贵蓄积有余，切忌老势，"黔驴技穷"的教训是发人深省的，"强弩之末，其势（矢）不可穿鲁缟"揭示的道理亦是深刻的。老势非但无变化可言，且露懈怠、虚脱之相。"有势休要使尽"成为处世的道理。表现在物理学上有弹

---

① 参见《诗·小雅·十月》。

② 参见《汉书·元帝纪》。

性原理，在生产中有休耕、轮耕之法，在消费上有储蓄现象，如此等等，不胜枚举。

势有大小、优劣、强弱之分，且在一定条件下会发生转化。"物壮诚有衰，势雄良易极。"[①]要想保持大势、优势、强势，要想化小为大，化劣为优，化弱为强，必须注重积势、借势等。纵观历史，借势可借天地、山水等自然之势，可借超意志、"超自然力"的神鬼之势，可借理想的局势、大好形势，更可借人势，诸如古人之势、圣贤之势、民众之势、权贵之势，还可借精神力量的德势、浩然气势等。正因为如此，"神道设教""商品拜物教""金钱拜物教""权力拜物教""倾国倾城"等现象便在不同的历史时期应运而生了。荀子说："积土成山，风雨兴焉；积水成渊，蛟龙生焉；积善成德，而神明自得，圣心备焉。故不积跬步，无以至千里；不积小流，无以成江海。"又曰："登高而招，臂非加长也，而见者远；顺风而呼，声非加疾也，而闻者彰。假舆马者，非利足也，而至千里；假舟楫者，非能水也，而绝江河。君子生非异也，善假于物也。"[②]荀子以生动形象的语言说明了积与借的意义。借势，既可借自然之势，借社会必然的趋势，还可借特定的情况下形成的局势、人势等。"狐假虎威"，虽属带有贬义的寓言，然而卑小的狐狸可以获得成功，多少可以带给人们某些启示。

势有奇正之分，奇正相生相变之意义在于展示了物质运动、历史运动既有普遍性又有特殊性，既有必然性亦有偶然性。世界便是普遍性与特殊性、必然性与偶然性既对立又统一的有机体。

势有静动、均倾之对立。静势、均势有利于安宁，动势、倾势有利于发展。静势、均势是倾、动的准备，是力的积累。倾势、动势（剧烈的运动力量趋向）又促进新的均、静之局面。均、静（平衡）是相对的，倾、动（打破平衡）是绝对的。"从不平衡到平衡，又从平衡到不平衡，循环不已，永远如此，但

---

① 参见唐代陈子昂诗——《度峡口山赠乔补阙知之王二无竞》。
② 参见《荀子·劝学》。

是每一循环都进到高的一级。"①"绝对的静止，无条件的平衡是不存在的。"②

　　势有主势、从势，整体形势、局部形势。从适应主，局部服从整体。处理好个人与集体、局部与全局、配角与主角的关系既是历史的需要、社会的需要，亦是道德范畴所要研究的问题。各个局部优势发挥得好，可以增益整体形势。整体优势的形成，除了个体的各尽所能外，还要求各个体间的协调和谐，高下得宜，错落有致，在一定的情况下，甚至要牺牲局部，求得总体优势。

　　势有顺逆之别，顺势则事半功倍，逆势则精疲力竭，尤其是逆不可违背的趋势，则更是枉费心机，徒劳无益。

　　《吕氏春秋·重己》《淮南子·主术》篇皆用同一个事例比喻顺、逆的意义。前者曰："使乌获疾引牛尾，尾绝力勚，而牛不行，逆也；使五尺竖子引其棬，而牛恣所以之，顺也。"（按：乌获，古大力士也。）后者曰："今使乌获，籍番人从后牵牛尾，尾绝而不从者，逆也；若指之桑条，以贯其鼻，则五尺童子，牵而周四海者，顺也。"

　　《淮南子·主术》曰："禹决江疏河，以为天下兴利，而不能使水西流，稷辟土垦草，以为百姓力农，然不能使禾冬生，岂其人事不至哉，其势不可也。"

　　天、地、人三才合一，在古代算是一种理想的局势。作为统治者，顺势除顺自然趋势、社会历史发展趋势外，主要还表现在顺民心、民意之上。孟子曰："得道者多助。"又曰："桀纣之失天下也，失其民也；失其民者，失其心也。得天下有道，得其民，斯得天下矣；得其民有道，得其心，斯得民矣！"《六韬·文启》曰："天下之人如流水，障之则止，启之则行，静之则清。呜呼！神哉！"唐太宗更用舟水来比喻君民的关系，感叹民势——民众的力量的强大："君，舟也；百姓，水也。水能载舟，亦能覆舟。"

二、形势之辨

　　形、势常连在一起使用，指的是时事所呈现的强弱盛衰之力量趋向及状

---

① 中共中央文献编辑委员会：《毛泽东著作选读》（下册），人民出版社 1986 年版，第 805 页。

② 恩格斯：《反杜林论》，载《马克思恩格斯选集》（第 3 卷），人民出版社 1972 年版，第 101 页。

态。但具体地讲，形与势之间有一定的区别。势是事物蕴含的力量趋向，形则是事物力量趋向所呈现的状态。前者指的是事物呈显著的运动，后者指的是运动的事物所处不显著的、相对静止的状态。事物的形是人们认识事物运动趋向及性质的基础。一定的内容必然要表现出一定的形式。有势终究要表现出形，同时，有形必然潜藏着势。循形可以索势，就是说，有势必有形，有形必有势，无形是相对的。戴望《管子校正》："自天地以及万物，关诸人事，莫不有形势矣。夫形必因势而立，故形端者势必直。状危者，势必倾。触类莫不然。可以一隅而反。"

（一）藏形敛势

"木秀于林，风必摧之；堆出于岸，流必湍之；行高于人，众必非之。"[①]当事物力量趋向不够强大时，藏形敛势可避免遭扼杀于萌芽之中。即便是力量趋向强大，将之藏蔽蓄敛起来，可以麻痹对手，减少纠纷、冲突、损耗。且一旦骤然发作，又可令对手措手不及。历史上，有时出于需要，或故意展示出假形假势，混淆视听，转移注意力。本质不变，现象、态势上可以大做文章；或变化形势，虚张声势，无固定趋向，让对手无隙可乘。

《淮南子·兵略训》："用兵之道，示之以柔，迎之以刚，示之以弱，而乘之以强，为之以歙，而应之以张，将欲西而示之以东。"《历代名将事略下·误敌》云："欲东而形以西，欲西而形以东，欲进而形以退，欲退而形以进。"虚张声势，"声东击西"之示形诡道既是军事攻势的妙策，亦为政治攻势所效法。

（二）明形明势

与藏形敛势相反，出于政治和特定的利害关系需要而明形明势，施威示雄，冀图振奋士气、斗志，震撼、威慑对手。精神上的攻心策略，可以消彼之势，增我之勇。楚汉战争中的"四面楚歌"，取得了加速楚霸王军事势力瓦解的作用。灵活运用明形明势的原理，还可促使恶势力或对方势力早日彰迹，暴

---

① 参见《昭明文选·运命论》。

露原形，以防患于未然。《左传·隐公元年》记载郑庄公采取欲擒故纵策略，故意让其弟共叔段发展势力，图谋不轨，待形迹充分暴露而重兵讨伐。起初，郑大夫祭仲提醒他："不如早为之所，无使滋蔓，蔓难图也；蔓草犹不可除，况君之宠弟乎？"庄公却借"多行不义必自毙，子姑待之"这句冠冕堂皇的话掩饰自己欲擒故纵的真实用心。

（三）把握形势

当大好形势已出现和明朗化了，有识之士会做到顺应潮流，推波助澜，同时审时度势，透过事物的表面现象，探究本质趋向，不蔽于假形假象。

（四）预测形势

预测形势比把握形势更为不易，这是因为把握形势，形势已明朗化了，而预测形势，形势还晦涩不明，需要有敏锐的眼光，灵敏的嗅觉，非凡的洞察力。"善持势者，早绝其奸萌。"[1]"愚者暗于成事，智者见于未萌。"[2]"明者远见于未萌，而知者避危于未形，祸固多藏于隐微，而发人于之所忽者也。"[3]哲者、智者可睹梧桐一叶落而知天下之秋，见微知著。诸葛亮的《隆中对》、宋王朴的《安边策》、毛泽东的《中国红色政权为什么能够存在》等皆可被视为不同历史时期预测形势的精辟之论。

（五）慎言慎行

慎言并非不言，慎行并非不行，要谨慎而言，三思而行。古代的统治者十分重视慎言慎行。《贞观政要·慎言》记载唐太宗谓侍臣曰："言语者，君子之枢机，谈何容易？凡在庶众，一言不善，则人记之，成其耻累，以万乘之主，不可出言有所乖失。"是书又记载了孔颖达的一段精微的进谏之言："帝王内蕴神明，外须玄默，使深不可知。"《论语》有"驷不及舌"，《老子》有"大辩若

---

① 参见《韩非子·外储说右上》。
② 参见《商子·更法》。
③ 参见《史记·司马相如列传》。

讷"。古人认为君王应当动合无形，不过多地暴露感情和行为趋向。上有所好，下必有所效。"主将不神，下将有因。"①"楚灵王好士细腰……朝有鼒黑之色。"②

中国古代，学者普遍注意到了形势的问题。道家崇尚的是"大象无形"的"玄"道，"无成势，无常形，故能究万物之情"③。兵家崇尚的是"示形"的诡道，"兵无常势，水无常形，能因敌变化而取胜者谓之神"④。《淮南子》则云，"为鱼鳖者，则可以网罟取也；为鸿鹄者，则可以矰缴取也；唯无形者，无可奈也"，感叹相对的无形的神秘不测。《六韬·发启》的"鸷鸟将击，卑飞敛翼；猛兽将搏，弭耳俯伏；圣人将动，必有愚色"，无非是告诫人们注意敛势藏形。

三、时势之辨

古代的人们十分重视时势。时与势相联系，主要指历史运动过程中转折、变化的时宜和契机。《孟子·公孙丑上》曰："虽有智慧，不如乘势，虽有镃基，不如待时。"《战国策·齐策五》："夫权籍者，万物之率也。而时势者，百事之长也；故无权籍，倍时势，而能成事者寡矣。"时势的重要可见一斑。与时相对应的还有机。《兵法圆机·机》云："势之维系处，为机；事之转变处，为机；物之紧切处，为机；时之凑合处，为机。有目前即是机，转盼即非机者；有乘之即为机，失之即无机者。"机是事物发展过程中不易觉察的征兆和事物变化的转折点、关节点。它具有强烈的时间性。势因时成。机不可失，时不再来。时机是形势赖以存在和发展的要素。时势有不可违的客观性，适合的时宜、时机本身便具有力量趋向。

"此一时，彼一时。"⑤时过境迁，时变、机变，则势亦变，风尚亦变。"当

---

① 参见《韩非子·扬权》。
② 参见《墨子·兼爱中》。
③ 参见《史记》（卷130）。
④ 参见《孙子·虚实篇》。
⑤ 参见《孟子·公孙丑下》。

尧舜而天下无穷人，非知得也；当桀纣而天下无通人，非知失也，时势适然。"①王夫之曰："主者利于守，客者利于攻，主客无定，在因其时而迁。"又曰："善取天下者，规模定乎大全，而奇正因乎时势。"②

时势具有较强大的力量趋向。班固《汉武故事》中记载的一段趣闻颇令人玩味：

> 上③尝辇至郎署，见一老翁，须发皓白，衣服不整。上问曰："公何时为郎？何其老也！"对曰："臣姓颜名驷，江都人也。以文帝时为郎。"上问曰："何其老而不遇也？"驷曰："文帝好文，而臣好武；景帝好老，而臣尚少；陛下好少，而臣已老，是以三世不遇，故老于郎署。"

颜驷三世不遇，生不逢时，表明了时势对于人的行藏意义攸关。

但人在时势面前并不都是束手无策、怨天尤人的。时势造英雄，是因为英雄具备了适应时势的素质。时势是客观的，机会是均等的。为什么有的人把握住了时机，卓有建树，而有的人则眼睁睁地看到大好时机失去了呢？很显然，时势、机会是为有准备的人而准备的。临渊羡鱼，不如退而结网。时机有时逗留的时间稍长一些，有时则一瞬即逝，时机之至，不容瞬息，先之则过，后之则不及。这就要求人们主观修为，不懈地调整自己的发展趋向，不急不躁，做好积极的准备，等待、迎接时机的到来。《周易·系辞下》曰："君子藏器于身，待时而动，何不利之有？"《诸葛亮·将苑》曰："事机作而不能应，非智也；势机动而不能图，非贤也；情机发而不能行，非勇也。"积极观察时机，等待时机，把握时机，不失时机，才算得上是智者、贤者、勇者。正如英国哲学家培根在《随笔选·论时机》所云："在开始做事前要像千眼神那样观察时机，而在进行时要像千手神那样抓住时机。"

《阴符经》云："天发杀机，龙蛇起陆。人发杀机，天地反覆。天人合发，

---

① 参见《庄子·秋水》。
② 王夫之：《读通鉴论》（卷9），清同治四年（1865年）曾氏金陵节署刻船山遗书本，第221页。
③ 指汉武帝。

万变定基。"李筌注曰："大荒大乱，兵水旱蝗，是天杀机也。虞舜陶甄，夏禹拯骸，殷系夏台，周囚羑里，汉祖亭长，魏武乞丐，俱非王者之位。乘天杀之机也，起陆而帝。君子在野，小人在位，权臣擅威，百姓思乱，人杀机也。成汤放桀，周武伐纣，项籍斩嬴婴，魏废刘协，是乘人杀之机也。覆贵为贱，反贱为贵，有若天地反覆，天人之机合发，成败之理宜然，万变千化，圣人因之而定基业也。"

四、"理""势"之辨

早在周秦时代，法家代表人物商鞅就注意了"理"和"势"的问题。《商子·画策》曰："圣人知必然之理，必为之时势，故为必治之政，战必勇之民，行不听之令。"是篇又曰："圣人见本然之政，知必然之理，故其制民也，如以高下制水，如以燥湿制火。"告诫世人"知必然之理"，"必为之时势"的重要意义。知晓事物发展的必然道理，就知道怎样做才不违背客观时势。因理、因势来治国治民，便能高下在心，游刃有余了，用韩非子的话说就是"因事之理，不劳而成"[①]。唐代刘知几则提出："古今不同，势使之然。"他认为"古今不同"是由历史运动发展必然的力量趋向造成的。稍刘知几之后的柳宗元，在其《封建论》一文里最显著的特点便是借"势"来论证"封建制"形成及其在一段时间里存在的合理性、客观性，这就是"封建非圣人意也，势也"。同时又以"势"的道理论证"封建制"随着历史发展，又将被"郡县制"代替的必然性。曹元首著《六代论》，更进一步指出："汉祖奋三尺之剑，驱乌集之众，五年之中，而成帝业。夫伐深根者难为功，摧枯朽者易为力，理势然也。"曹元首已开始用"理势然也"来看待历史运动了。

明代王夫之首次进行"理""势"之辨，用以阐明他的历史观。王夫之由自然观到历史观，提出了"理势相依""理势合一"的命题，冀图借"理""势"之辨从更深层次来揭示人类的历史实践、社会实践活动与历史运动过程的必然趋势

---

① 参见《韩非子·外储说右下》。

之相互关系。

何谓"理"？王夫之曰："理者，物之固然，事之所以然。"①"理"既是"物之固然，事之所以然"，便有客观规律之意义。然而王夫之又说："理本非一成可执之物，不可得而见；气之条绪节文，乃理之可见者也。故其始之有理，即于气上见理。迨已得理，则自然成势，又只在势之必然处见理。"②"理"又是气的运动所表现出来的"条绪节文"，即条理、头绪、规范、法则等。王夫之在《思问录·外编》还说："此理气遇方则方，遇圆则圆，或大或小，氤蕴变化，初无定质。"由此看来，"理"又不完全能等同规律。理既有必然，又并非一定成为必然之意义。"道者，一定之理也，于理加'一定'二字方是道。乃须云'一定之理'，则是理有一定者而不尽于一定。气不定，则理亦无定也。理是随在分派位置得底。道则不然，现存之路，唯人率循而已。"③这就是说，"一定之理"的"道"才是规律。"'理'在王夫之著作中有多重含义，不能一律以'规律性'训释。"④那么，究竟什么是"理"呢？综观王夫之的观点，"理"可作为"合理的物质运动和合理的历史活动"训释，既包含有合乎规律，又包含有合乎情理、事理、物理及精神规范等含义。

何谓"势"？"势"是历史运动过程所呈现的客观力量趋向。王夫之曰："凡言势者，皆顺而不逆之谓也；从高趋卑，从大包小，不容违阻之谓也。"⑤

王夫之还从更深层次论述"理"与"势"二者的关系是"理势相依""理势合一""言势理者，犹言理之势也"⑥。

（一）理成势

"势"不能离开"理"，是一种"理之势"。"势者，事之所因，事者势之所

---

① 王夫之：《张子正蒙注》（卷5），清同治四年（1865年）曾氏金陵节署刻船山遗书本，第159页。
② 王夫之：《读四书大全说》（卷9），清同治四年（1865年）曾氏金陵节署刻船山遗书本，第565页。
③ 王夫之：《读四书大全说》（卷9），清同治四年（1865年）曾氏金陵节署刻船山遗书本，第565页。
④ 萧萐父：《王夫之矛盾观的几个主要环节》，载《王夫之辩证法思想引论》，湖北人民出版社1984年版，第113页。
⑤ 王夫之：《读四书大全说》（卷9），清同治四年（1865年）曾氏金陵节署刻船山遗书本，第564页。
⑥ 王夫之：《读四书大全说》（卷9），清同治四年（1865年）曾氏金陵节署刻船山遗书本，第565页。

就，故离事无理，离理无势，势之难易，理之顺逆为之也。"①

王夫之还强调说"理当然而然，则成乎势"，"迨已得理，则自然成势"②。得"理"自然有势，得到"当然而然"的"理"则更能"成乎势"。"以其顺，成其可；以其逆，成其否，理成势者也。"③顺理形成可行之势，逆理形成行不通之势，理之顺逆，导致势之可否。理成势之论证其意义在于阐明了凡是合理的历史物质运动或合理的历史活动都具有客观力量趋向。合乎规律的活动，则可形成不可抗拒的力量趋向；合乎情理的活动亦具有一定的力量趋向。

（二）势成理

王夫之曰："循其可，则顺；用其否，则逆；势成理也。"又曰："理本非一成可执之物"，"只在势之必然处见理"④。人们的历史实践活动遵循行得通的"势"，便是顺理、得理，坚持行不通的"势"，便是逆理。"势之必然处见理"，"势既然而不得不然，则即此为理矣"⑤。也就是说"势之必然，理之固然"。可是势既有必然，又有不必然。于是，王夫之又曰："以势为必然，然而有不然者存焉。""故势者，一然，而一弗然，有可照而无适照，则有其明，而无其固明。"⑥也就是说势有必然之处，亦有偶然之处。"势之偶然"也表现了某种"理之固然"；反之"理之当然"，势亦有未必然之处。那么如何来解决人类历史运动之如此错综复杂的问题呢？王夫之进一步提出了"理势合一"的理论。

（三）理势合一

王夫之曰："言势理者，犹言理之势也"，"理势不可以两截沟分"⑦。又

① 参见《尚书引义·武成》。
② 王夫之：《读四书大全说》（卷9），清同治四年（1865年）曾氏金陵节署刻船山遗书本，第565页。
③ 王夫之：《诗广传》未刊稿，转引自《湖南历史资料》，1959年第3期。
④ 王夫之：《读四书大全说》（卷9），清同治四年（1865年）曾氏金陵节署刻船山遗书本，第565页。
⑤ 王夫之：《读四书大全说》（卷9），清同治四年（1865年）曾氏金陵节署刻船山遗书本，第565页。
⑥ 王夫之：《春秋家说》（卷1），清同治四年（1865年）曾氏金陵节署刻船山遗书本，第14页。
⑦ 王夫之：《读四书大全说》（卷9），清同治四年（1865年）曾氏金陵节署刻船山遗书本，第564页。

曰:"以理为势,以势从理。"①"迨已得理,则自然成势。"王夫之上面的言论可用一句话归纳,就是"理势合一"。"理势合一"的意义在于:(1)凡是行得通的强大的力量趋向皆有其必然的合理性,有时虽然表现为不合情理、不合规范,但却能暗合于事物和历史运动的发展规律。即使是暂时的不合理,但从发展观点上看却适应历史前进的大理。(2)凡是合理的历史运动必然会有巨大的、行得通的力量趋向,虽然暂时、偶然的没有,但历史最终会证明必然的有。王夫之的"理势合一"观较之黑格尔所说的"一切存在的东西都是合理的,一切合理的都是存在的"的命题,更为深刻。

(四)理势无定

理势不是一成不变的,它们是随时的变化而变化。"时异而势异,势异而理异"②"势因乎时,理因乎势,智者知此,非可一概以言成败也"③"夫所谓理势者,岂有定理,而形迹相若,其势均哉? 度之己,度之彼,智者不能违,勇者不能竞,唯其时而已""难得而易失,时也。已去而不可追者亦时也""知时以审势,因势以求合于理,岂可以概论哉"④时的变化乃"势""理"的变化之前提,不可离开时事言势言理。智者能知时审势,因势求理。

早在周秦时代,《列子·说符篇》就论述了同王夫之相似的观点:"理无常是,事无常非。"原文如下:

> 鲁施氏有二子,其一好学,其一好兵。好学者以术干齐侯,齐侯纳之,为诸公子之傅。好兵者以楚,以法干楚王,王悦之,以为军正。禄富其家,爵荣其亲。施氏之邻人孟氏,同有二子,所业亦同,而窘于贫。美施氏之有,因从请进趋之方。二子以实告孟氏。孟氏之一子之秦,以术干秦王。秦王曰:"当今之诸侯之力争,所务兵、食而已。若用仁义治吾

---

① 王夫之:《春秋家说》(卷1),清同治四年(1865年)曾氏金陵节署刻船山遗书本,第14页。
② 王夫之:《宋论》(卷15),清同治四年(1865年)曾氏金陵节署刻船山遗书本,第243页。
③ 王夫之:《读通鉴论》(卷12),清同治四年(1865年)曾氏金陵节署刻船山遗书本,第293页。
④ 王夫之:《宋论》(卷4),清同治四年(1865年)曾氏金陵节署刻船山遗书本,第98页。

国，是灭亡之道。"遂宫而放之。其一子之卫，以法干卫侯。卫侯曰："吾弱国也，而摄乎大国之间。大国吾事之，小国吾抚之，是求安之道。若赖兵权，灭亡可待矣。若全而归之，适于他国。为吾之患不轻矣。"遂刖之而还诸鲁。既反，孟氏之父子叩胸而让施氏。施氏曰："凡得时者昌，失时者亡。子道与吾同，而功与吾异，失时者也，非行之谬也。且天下理无常是，事无常非。先日所用，今或弃之；今之所弃，后或用之。此用与不用，无定是非也。投隙抵时，应事无方，属乎智。智苟不足，使君博如孔丘，术如吕尚，焉往而不穷哉？"

五、权势说

权势，即权力，指的是权位的力量趋向。

人类的原始时代，由于社会的分工，经历了母系氏族公社与父系氏族公社时期。男子的力量及其在生产、狩猎、征战中的作用，奠定了他们占支配的社会地位。主要是对妇女而不是对男子的一夫一妻的婚姻制度[①]，打破了母系氏族以来的男女平权局势，"从此一直到资本主义社会妇女都受着夫权的压迫，所以说一夫一妻制的确立，标志着母权制的被颠覆，女性世界史的失败"[②]。以男系计算世系，对父系祖先的崇拜导致父权、夫权应运而生。

由于原始人的生产力低下，自然界山呼海啸，石崩地裂，洪水滔天，风号雨倾，电闪雷鸣等赫赫声威使他们觉得自然万物皆有灵，有着超意志的威力。他们惧怕万物之灵的惩罚，对其顶礼膜拜。神权的概念出现了，并逐渐合法化了。

私有制的出现，首领人物在部落建设和战争中的作用；华夏民族散居的生

---

① 恩格斯说："使一夫一妻制从一开始就具有了它的特殊的性质，使它成了只是对妇女而不是对男子的一夫一妻制。"见中共中央马克思恩格斯列宁斯大林著作编译局：《马克思恩格斯选集》（第 4 卷），人民出版社 1972 年版，第 58 页。

② 王明阁：《先秦史》，黑龙江人民出版社 1983 年版，第 77 页。

产、生活方式；禅让制度的破坏等因素导致君权的产生。早期君权的特点是以血缘作纽带，以宗法作根基，以军队、刑法作依靠，以神权作依托。后期的君权基本是在早期君权建立的思维模式上有所损益。宗法制——封建制——郡县制的确立；外戚擅权、宦官专政等局面的出现，皆与王权建设有关。统治者为了显赫其权势，玩弄统治法术，或恩威并施、德刑兼用，内力、外力，柔力、刚力相结合；或集王权、神权、夫权、父权为一炉，神权等后三者都是为王权服务的。正如恩格斯说："一切宗教都不过是支配着人们日常生活的外部力量在人们头脑中的幻想的反映，在这种反映中，人间的力量采取了超人间的力量的形式。"①从某种意义上说专制和神权是君王隆势的两大主要法宝，而民主和科学则是神权、王权的两大克星。除此之外，足能与王权抗衡的还有学术文化。周秦乃至汉魏六朝围绕"天""人"之势展开激烈的辩论。"天"势究竟是自然力还是超自然力？"人"是屈从于天，还是"人定胜天"？是"天人感应"，还是"天人合一"？这些辩论具有划时代的意义。君王借专制，借"君权神授"来维护自己至高无上的权势。一些有识之士便借传说中的"大同"社会，借"天民合一"，"天明威自我民明威"等来巧妙同君王周旋，甚至采取"以其人之道还治其人之身"之策略，借天象、天意吓唬君王。墨子的"天志"就是一例。什么是"天志"呢？墨子曰："兼相爱，交相利"，"处大国不攻小国，处大家不篡小家，强者不劫弱，贵者不傲贱，多诈者不欺愚"②。归纳起来，墨子的"天意"实质便是要求甚至威吓统治者——"天子"服从"天意"——"兼爱""非攻"。"天子为善，天能赏之"，否则"天子为暴，天能罚之"③。《墨子·天志中》还说：

> 故子墨子之有天之意也，上将以度天下之王公大人为刑政也，下将以量天下之万民为文学出言谈也。观其行，顺天之意，谓之善意行，反天之意，谓之不善意行；观其言谈，顺天之意，谓之善言谈，反天之意，谓之

① 恩格斯：《反杜林论》，载《马克思恩格斯选集》（第3卷），人民出版社1972年版，第354页。
② 参见《墨子·天志上》。
③ 参见《墨子·天志中》。

不善言谈；观其刑政，顺天之意，谓之善刑政，反天之意，谓之不善刑政。故置此以为法，立此以为仪，将以量度天下之王公大人卿大夫之仁与不仁，譬之犹分黑白也。

借天势来表述自己的理论主张的除了墨子外，还有老子，老子用的是"天道"，只不过二人的"天"有本质不同，墨子的"天意"借的是超自然力，老子的"天道"借的是自然力。

孔孟之后，儒门的另一宗师荀子改造了神鬼意义的天，认为天便是自然。荀子给"天"下定义说："列星随旋，日月递炤，四时代御，阴阳大化，风雨博施，万物各得其和以生，各得其养以成……是使谓天。"①荀子的《天论篇》可被视为与西周以来的上帝神的"天道"观分道扬镳的宣言书。荀子不但给天明确下了是自然天而非鬼神天之定义，而且充分肯定了人在自然中的作用和价值，提出"大天而思之，孰与物蓄而制之，从天而颂之，孰与制天命而用之"等主张，建立了其"人定胜天"的勘天思想。

权衡庄子的一味因任自然和荀子的改造自然之利弊，古人更乐于接受《易传》的天、地、人"三才"学说。天与自然与人的关系之辨，既为哲学家亦为政治家所关注。

有权有势，是一定历史时期的客观存在。科学越发达，民主越健全，君王的权势就越受到限制，神权就更无法站住脚跟。夫权、父权随着历史发展到一定的阶段，亦逐渐淡化。

关于权势，特别是帝王的权势，古代学者论述很多，最有影响的当首推周秦时代的韩非子。韩非子提出的"法""术""势"相结合的社会控制观点为秦代封建专制主义中央集权的产生提供了有效的理论依据，对此，后文将有专章论述。

六、"择人任势"和"因势利导"说

"择人任势"见于《孙子·势篇》。"择人任势"首先要选择合适的人，即任

---

① 参见《荀子·天论》。

长，选择适合具体物势、形势、情势者来从事实践活动。"择人任势"是"势者，因利而制权也"①之理论的具体化。权，秤锤也。秤锤是随着被称的物体轻重而移动，任势者之势亦要与具体物势等相一致。借用数学术语，当任势者的力量趋向与具体的事物之力量趋向∽（相似于）或≌（全等于）时，便有助于任势者优势的发挥，亦有益于具体的事物之发展。比如打篮球，打篮球是一项需要具备速度快、耐力强、弹跳高、协调好能力的运动，具备上述素质者从事这项运动，优势就会很快体现出来。作为个人要善于选择，善于发挥优势。作为领导要善于任长，做到人尽其才，地尽其用。哪怕是鸡鸣狗盗之徒，在特定的条件下，也会体现出长处和优势来。《战国策·齐三》记载鲁仲连谓孟尝君曰："猿猴错木，据水则不若鱼鳖；历险乘危，则骐骥不如狐狸；曹沫之奋三尺剑，一不能当。使曹沫释其三尺之剑而操铫耨，与农夫居垄亩之中，则不若农夫。故物舍其所长，之其所短，尧亦有所不及矣。"唐赵蕤《长短经·任长》曰："昔伊尹之兴土工地，强脊者，使之负土；眇者，使之推；伛者，使之涂，各有所宜而人性齐矣。"《诸葛亮·将苑·情势》曰："夫将有勇而轻死者，有急而心速者，有贪而喜利者，有仁而不忍者，有智而怯者，有智而心缓者。是故，勇而轻死者，可暴也；急而心远者，可久也；贪而喜利者，可遗也；仁而不忍者，可劳也；智而心怯者，可窘也；智而心缓者，可袭也。"

人的情势不易改变，而人的发展趋向则可调整。优势是相对于时势、社会形势而言的。此一时，彼一时也。一个人一个时期的优势，在另一时期可能是其致命的劣势。兵家讲"兵无常势，水无常形，因敌变化而取胜者谓之神"。人们应当"无成势，无常形"，因时势、因社会趋势之变化而形成自己的优势。

"因势利导"一词，最早见于《史记·孙子吴起列传》。是书记载孙子（孙膑）谓田忌说："彼三晋之兵素悍勇而轻齐，齐号为怯，善战者因其势而利之。""因势利导"意为按照客观形势，作出恰当和相适应的决策，实际上便是因势而成势。古代哲者皆懂得如何因势利导，或因天势，或因地势，或因人势，或因物势，或因时势而为之。墨子曰："凡入国必择务而从事焉。国家昏

---

① 参见《孙子·计篇》。

乱，则语之尚贤、尚同；国家贫则语之节用、节葬；国家熹音湛湎，则语之非乐、非命；国家淫僻无礼，则语之尊天、事鬼。国家务夺侵凌，即语之兼爱、非攻。故曰择务而从事焉。"墨子之"因势利导"观带有理性色彩和社会责任感。和墨家相比，纵横家的"因势利导"观则重在实用。《鬼谷子·忤合》曰："用其意，欲入则入，欲出则出，欲亲则亲，欲疏则疏，欲就则就，欲去则去，欲求则求，欲思则思。""凡趋合倍反，计有适合，化转环属，各有形势，反复相求，因事为制。"

势的原理无处不在，文章有文势，书法有书势，棋有棋势，甚至风水建筑亦有形势之论。君王的权势及道家的宁和之势影响到风水建筑领域。古代的建筑多呈子午向，坐北朝南，风水先生认为房子北高南低之势最为理想，是故有登堂入室之说。房子地势北高南低，除便于朝阳避风外，更在于来客仰视屋主，给屋主添加至尊之威之感。倘若房子地势北低南高，来客必俯视屋主，咄咄逼人。风水建筑中还十分崇尚对称中正宁和之势。"主山降势，众山必辅，相卫相随，为羽为翼"①和"真龙落脉，必顿成星体，开面展肩，挺胸突背，有大势降下，如妇人生产努力向前"②等建筑格局，皆为风水中的大形大势。

宗教的寺观之所以建于山巅，庄严肃穆；君王的殿堂，之所以富丽堂皇，为的是渲染气势，让人顿生"仰之弥高，钻之弥深"之感。寺观、皇宫乃神权、皇权的象征。气势雄伟的建筑可渲染神权、王权之势。汉朝刚建立，萧何便上告刘邦说："天子以四海为家，非令壮丽，亡以重威。"③风水建筑之势的政治意义一言已蔽之矣。

势的理论甚至影响到弈棋之类的"小数"。宋代的张学士仿《孙子》十三篇作《棋经》十三篇，势的原理及运用尽见其中。围棋中的"势子"可谓布局中的最佳点位，其退可稳守实地，进可腾挪，侵凌大场，极有利于形成"大形势""大模样"。

书法亦重势，汉代蔡邕著《九势》以论书法。《九势》首先指出："夫书肇于

---

① 参见《儒门崇理折衷堪舆完孝录·论砂》。
② 参见孟浩：《辩论三十篇》之《落脉辨》。
③ 参见《汉书·高帝纪》。

自然，自然既立，阴阳生焉；阴阳既生，形势出矣。"又虞世南《笔髓论》中曰："故兵无常论，字无常体，谓如水火，势多不定，故云字无常定矣。"由势入手，最能识得书法艺术之真谛。

文章亦离不开势。刘勰《文心雕龙》在谈到文章的"定势"时，要求法弓弩，流水的"乘利而为制"的"自然之趣"，"因情立体，即体成势"，以纠正矫揉造作、"率好诡巧"的"讹势"风气。

棋势、书势、文势等是势的哲学理论在棋艺、书艺、文艺等上面的表现。

一切事物皆不能"逃乎数而越乎势"。权势有其溯及力，法律有其约束力，道德有其感召力，物理学有张力、向力、离心力，地球有地心引力，民族有其凝聚力，如此等等，盈天地之间一势耳！人们认识势的原理，是为了更好地把握势，把握势又会促进对势的原理的更深认识。抓住势的原理，可用来读史，可用来解经，可用来指导实践，正如荀子所云"若挈裘领，诎五指而顿之，顺者不可胜数也"。窃自思无太史公"究天人之际，通古今之变"之才以旁征博引，写出一部纵横五千年的势论巨著，只着重就周秦时代的史事资料来分析诸子的势观，阐述自己的一管之见。

周秦诸子百家势观概论

周秦时代，是"势"的理论发蒙和形成时期。

在漫长的原始社会里，原始人的实践活动主要表现为设法生存和与恶势力（自然灾害、凶猛野兽）作斗争。由于生产力的极其落后，早期的人类在大自然面前显得十分渺小和无力。"凡人之性，爪牙不足以自守卫，肌肤不足以扞寒暑，筋骨不足以从利辟害，勇敢不足以却猛禁悍"①，这是生民之初的最好写照。

艰难的岁月，本身力量的有限，使人类犹如汪洋中的小舟，随时都有被风浪吞噬的危险，随时都有灭顶之灾，原始人的寿命也十分有限。山呼海啸、风吼雷鸣等自然现象，震慑着原始人类，使他们相信万物似乎有灵，神鬼之势的心理意识逐渐产生了。但人毕竟是人，与动物的区别在于：人类不但具有"物竞天择，适者生存"的求生本能，更具有意志。他们顽强地生息、繁殖，不断地同自然势力抗争，增强适应环境、改造环境的能力。原始人的钻木取火具有划时代的意义，"因为摩擦生火第一次使人支配了一种自然力，从而最终把人同动物界分开"②。"女娲补天""后羿射日""精卫填海"等神话反映先民们试图支配自然的强烈愿望。正如恩格斯所说："一切神话都是在想象中和通过想象

---

① 参见《吕氏春秋·恃君览》。
② 中共中央马克思恩格斯列宁斯大林著作编译局：《马克思恩格斯选集》（第3卷），人民出版社1972年版，第154页。

以征服自然力，支配自然力，把自然力形象化。"①

"昔太古尝无君矣，其民聚生群处。"②早期人类结成同伙，群居生活，他们之间没有等级差别，"每个人以社会一员的资格，同其他社会成员协力，结成一定的生产关系，从事生产活动，以解决人类物质生活问题"③。人类发展到新人阶段，由于妇女无论是在社会生产实践上，还是在血缘关系上都起到了举足轻重的作用，所以历史上称新人阶段为母系氏族公社时代。随着氏族的发展，劳动的强化，征战的需要，男子的力量趋向逐步显示出来，妇女所占的主导地位发生了动摇，男女地位互易。"男子的劳动就是一切，妇女的劳动是无足轻重的附属品。"④于是，历史进入了父系氏族公社时期。

父系氏族公社时期，男子体力上的优势，使男子在男女关系上居于支配地位，母系氏族时男女平权的局面结束了。婚姻状况由对偶婚发展到以男子为中心的一夫一妻制。考古发现在父系氏族时期，随葬品主要放置在男子的身边。男子葬在墓地的正中，仰身直肢，女子（一名或几名）或小孩侍葬在男子的旁边，面向男子，侧身屈肢。世系以男系计算，于是，夫权、父权产生了。考古发现的陶祖、石祖、裸体男性陶罐，皆为男性崇拜、父权崇拜的物证。

父系家族及其宗族群聚构成部落，亲近的部落协力组成相对稳固的部落联盟。各个部落联盟为了扩充势力范围，频繁地发动战争。部落及部落联盟之间，一个时期划定的势力范围，随着各个部落联盟势力的消长，过一段时间后又要重新来一次再分配。黄河流域，由于得天独厚的自然条件，生存着不少部落或部落联盟。它们经过长时间的势力倾轧，集中形成了为数不多的几个部落联盟，其中最有势力的是炎帝和黄帝部落联盟。具有强大力量趋向的炎黄部落遂成为华夏各民族的代名词，一直到几千年后中华民族各族人民无不乐意地自

---

① 中共中央马克思恩格斯列宁斯大林著作编译局：《马克思恩格斯全集》（第12卷），人民出版社1962年版，第761页。

② 参见《吕氏春秋·恃君览》。

③ 毛泽东：《实践论》，载中共中央毛泽东选集出版委员会：《毛泽东选集》合订本，人民出版社1964年版，第260页。

④ 中共中央马克思恩格斯列宁斯大林著作编译局：《马克思恩格斯选集》（第4卷），人民出版社1972年版，第158页。

诩为炎黄子孙。

　　早期部落联盟的首领是经过早期民主制度——禅让方式推举的。被推举者必须德高望重且具有较强的管理能力，被推举者亦没有什么特权，重大的事情由各部落首领参加讨论，通过部落联盟会议共同作出决定。

　　然而，随着私有财产的大量增加，产品交换的出现，氏族内部的贫富分化日趋悬殊，家族、氏族之间的经济、政治平均局势被打破了，禅让制度遭到破坏，显赫家族恃势夺取统治地位，人类历史进入了阶级社会——奴隶社会。氏族中的贫穷者，或被征服的其他部落战俘沦为了奴隶，有经济、政治实力者成为奴隶主阶级。国家产生了，君王的权势产生了，为巩固权势及统治的刑法也应运而生了。有权便有势作为一种客观事实影响了远远不止封建社会一代。人类的实践活动已由单纯的人与自然的关系演变为错综复杂的人与人、人与社会的关系。

　　人类社会由低级到高级运动，人类社会实践活动由单纯到包罗宏富，禅让制度之被替代等乃是历史发展的必然趋势。

　　从禹、启的家天下到分封制度、宗法制度，以及周代的"封藩建卫"制度的建立，目的不外乎是政权建设、贵族统治和"王"的独尊——至高无上的权势。

　　大禹治水，疏通百川；弓箭在狩猎、征战中的广泛应用；坚固的城墙、城楼、护城河①的出现；鬼神、天神、祭祀；占卜的盛行等表明商、周以前的人们已不自觉地顺势和利用天势、神势和地势、物势了。

　　军队、刑法是维护"天子"至高无上权势、禁止等级僭越的外力。礼、乐则是内力。"礼不下庶人，刑不上大夫。"②周秦时代刑法、礼乐自从产生之日起便相对带上了不公平的色彩。

　　神权、王权结合施用，往往是十分行之有效的。盘庚迁都，摆脱旧势力的成功，便是一个例子。"盘庚坚决主张迁都，是要离开腐化保守势力所盘踞的

---

① 甲骨文中有墉(郭)字，写作 ✤ 形，象征城垣和城楼。参见王明阁：《先秦史》，黑龙江人民出版社1983年版，第138页。

② 参见《礼记·曲礼》。

旧都，摆脱他们的支配，把保守分子分散，而迁往新都殷，去依附新进势力，贯彻其改良主张。这是盘庚迁都的一个原因；为避免水患，以图一劳永逸，则是又一个原因。这在《盘庚》下篇叙述了这两个目的。如果当时故都已面临不可终日的水灾威胁，就谁也不反对迁徙；如果单是为着故都容易受水灾而迁都，小屯也不是不易受水灾的地点。所以保守派不只直接起来反对，并鼓动一般自由民和属领的人民，共同来集中反对盘庚，而形成弥漫全国的反迁都大风潮。"①"千百万人的习惯势力是最可怕的势力"②，盘庚迁都，阻力重重。面对当时如此嚣张的保守势力，盘庚除了用利益、地位诱惑和用国家机器、法纪威慑一些保守分子外，最主要的还是借用神权的威势恐吓，以确保迁都的成功。《尚书·盘庚上》曰："先王有服，恪谨天命。"《尚书·盘庚中》曰："自上其罚汝，汝罔能迪。"（按：上，上帝也；迪，逃也。）《尚书·盘庚下》则曰："朕及笃敬，恭承民命，用永地于新邑。"（按：民命，即天命。今人王世舜说："民命，也指天命，古有天民合一的观念，如'天聪明自我民聪明'，'天明威自我民明威。'"）③殷周时代，"宗教迷信所树立出来的最高权威'上帝'观念，实际上是地上王权统治力量加强的反映，所谓上帝，是地上最高统治者在天上的影子"④。借天势来维护统治地位和实施统治意图，是周天子惯用的伎俩。神权和王权结为连襟，为整个古代社会所效法。改朝换代的统治者似乎每一个人都是受命于天，天命所归，都有一段神遇、符命、瑞征和奇特不凡的经历。帝王为隆势，不惜把自己说成神与人的"作品"，是故一些学者称之为"杂种皇帝"。

然而"天命靡常"⑤。周朝的统治者看到了自恃天命的、强大的商王朝顷刻崩溃的历史教训，在重视天命的同时，亦注重德势、民势，敬德保民，并把它同天命结合起来。《尚书·洪范》记载武王曰："予攸好德，汝则锡之。"《尚书·召诰》云："王其疾敬德，王其德之用，祈天永命。"《尚书·酒诰》引古人

---

①　吕振羽：《简明中国通史》（上册），人民出版社1959年版，第92页。

②　中共中央马克思恩格斯列宁斯大林著作编译局：《列宁选集》（第4卷），人民出版社1972年版，第200页。

③　王世舜：《尚书译注》，四川人民出版社1982年版，第97页。

④　任继愈：《中国哲学史简编》，人民出版社1984年版，第8页。

⑤　参见《诗经·大雅·文王》。

之语曰："人无于水监，当于民监。"《国语·周语上》云："防民之口，甚于防川，川雍而溃。"重德势、得民势被当作美谈流传，是最佳的政势之重要组成部分，焕发出早期民本思想的光辉。

东周末期，周天子唯我独尊的地位受到严重的挑战，以前的"溥天之下，莫非王土，率土之滨，莫非王臣"的局面瓦解了。"文明国家的一个最微不足道的警察，都拥有比氏族社会的全部机关加在一起还要大的'权威'；但是文明时代的最有势力的王公和最伟大的国家要人或统帅，也可能要羡慕最平凡的氏族酋长所享有的，不是用强迫手段获得的，无可争辩的尊敬。"①一些有势力的王臣、诸侯、士大夫把"礼乐征伐自天子出"的制度抛在一边，诸侯、大夫之间互相夺田，乃至同周天子争田，导致经济权力的下移，又促使政治权势的瓜分。周天子已名存实亡，无从号令诸侯。势臣们为了称霸，取得盟主资格，对下收买民心，对上借势，挟天子以令诸侯。从公元前 770 年到公元前 476 年长达 290 多年的历史，由于政出多门被称作"春秋"时代。

"春秋"时代，社会历史在纵切面呈现为封建制与奴隶制的新旧势力之争，在横断面表现为诸侯间势力的倾轧。由于各诸侯国都未能从根本上彻底地适应历史趋势，彼此之间无法拉开悬殊的势差，形成了五霸迭起相对的均势局面。各个集团势力相互角逐，相互冲突，组成一股合力推动历史向前发展。

春秋争霸打击了旧贵族的势力，促进区域的统一，为封建制的建立铺平了道路。到战国时代，各国的改革变法，加快了封建制替代宗法制的步伐，这也是历史的必然趋势。正如柳宗元在《封建论》所云："封建非圣人意，势也。"

"战国之时，君德浅薄，为之谋策者，不得不因势而为资，据时而为。故其谋扶急持倾，为一切之权，虽不可以临国教化，兵革救急之势也。"②战国时代，社会动荡，七雄割踞一方，诈力并举。孔、孟、荀的儒术不受重用，王道不兴，德势之主张弃捐于世。社会崇尚法术兵革，韩非子、张仪、苏秦等因倡导法术而名闻天下。韩非子的"势治"观点为以后的秦王朝的建立提供了理论纲领。张仪、苏秦等从情势着手，鼓唇弄舌，张仪的连横亲秦，苏秦的合纵抗

---

① 恩格斯：《家庭、私有制和国家的起源》，人民出版社 1955 年版，第 165 页。
② 刘向：《汉刘子政集》，光绪己卯信述堂重刻汉魏六朝百三名家集本，第 37 页。

秦，无非是要形成均势或倾势的局面。秦始皇奋六世之余烈，用武力强威一举统一了中国。关于多民族国家为什么由秦而不是六国之一来统一，史家自有论定，在此不再赘述，只需着重强调一点的是秦统一天下得天独厚的优势在于"秦国势便形利"①。《荀子·强国》记载荀况见应侯范雎，范雎问曰："入秦何见？"孙卿子（荀况）曰："秦地其固塞险，形势便，山林川谷美，天材之利多，是形胜也。"《汉书·高帝纪下》亦曰："秦，形胜之国也……地势便利，其以下兵于诸侯，譬犹居高屋之上建瓴水也。"清人顾炎武就此进一步论证道："秦地华阴，绾毂关河之口，虽足不出户而能见天下之人，能闻天下之事。一旦有警，入山守险，不过十里之遥。若志在四方，一出关门，亦有建瓴之势。"②近人麦梦华在《商君评传》甚至把地理当作"建国的第一要素"③。

尝够形胜势便甜头的秦始皇统一六国后，充分意识到地势对建国的作用，派大将军蒙恬役使三十余万军民，依山凭险，因地制宜，将位于北部的燕、赵等国的古城墙改造成西起临洮、东至辽东连成一道完整的军事屏障，后来的万里长城只是对秦长城的巩固和延伸。由于长城在历史上对华夏民族的重要作用，它被当作华夏民族"国势"的象征，也被称为世界"七大奇观"之一。可悲的是秦始皇父子在统一天下以后，过多地依赖地势和信奉刑法强力的作用，不重德势，很快，秦始皇所梦想的万世基业便烟消云散了。"一夫作难而七庙堕，身死人手，为天下笑者，何也？仁义不施，而攻守之势异也。"④

在秦的废墟上建立起来的汉王朝，吸取强秦灭亡的教训，把道家的柔势、法家的刚势、儒家的德势理论有机地结合起来，用于政权建设。《汉书·元帝记》曰："汉家制度，本以霸王道杂之。""王霸兼用""内圣外王"等成了后来中国封建社会沿用的统治方法。

春秋战国时期，由于列国之间相对势均力敌，给学术带来了繁荣和生机。在当时的情势下，士阶层十分活跃，走"公门"串"私门"，择主附势，期望得

---

① 刘向：《汉刘子政集》，光绪己卯信述堂重刻汉魏六朝百三名家集本，第36页。

② 参见《诸子集成·商君评传》。

③ 参见《诸子集成·商君评传》。

④ （汉）司马迁：《史记》，武英殿本，第209页。

到重用，借以立言、立功（其中当然亦不乏狗苟蝇营之辈）。列国君主及势臣，出于富国强兵和各种目的和需要，也乐意网罗人才。孟尝君、春申君、信陵君、平原君四君子以养士闻名。春秋战国时代，君臣之间关系松散，士的生命安全，较有保障，游说相对自由，有的甚至借他国的势力来加重自己的筹码。措辞激烈、抨击时弊、消遣诸侯之类的文章可以随心所欲，无须怕触犯忌讳。这令以后专制集权下的知识分子企羡不已。"诸侯并争，原招游学"①，诸子百家"率其群徒，辩其谈说"②，"百家争鸣"、文化繁荣的形势出现了。"百家争鸣"为中国文化乃至世界文化留下灿烂的篇章。一定的学术与一定的政治是分不开的，百家学说、诸子势观明显地带上了"干政"色彩。"《易》大传曰：'天下一致而百虑，同归而殊途。'夫阴阳、儒、墨、名、法、道德，此务为治者也。"③"百川异源，而皆归于海，百家殊业，而皆务于治。"④"务为治"，"务于治"，一语中的，抓住百家的根本、核心所在。

阴阳家论证宇宙乃阴阳二势交感而成，要求统治者"序四时之大顺"⑤以"敬授民时"，"历象日月星辰"以"敬顺昊天"。⑥

名家正名实以禁僭越，客观上维护了君王权势独尊的地位。

纵横家揣情摩势，纵横捭阖，以游说诸侯为能事。

法家提倡"抱法处势"，认为"万乘之主，千乘之君所以制天下而征诸侯者，以其威势也"⑦。在过于重视权势的前提下，法律的威慑力与君王权势相比，不免黯然失色。

儒家看起来似乎不识时势，逆势复古。但其理论有益于汉以后封建集权统治。儒家在维护王权的同时，提出了"为政以德"的主张。在儒家心目中，德势高于一切。"为政以德"闪烁着理性的光辉。

①　参见《史记·秦始皇本纪》。
②　参见《荀子·儒效》。
③　参见《史记》（卷130）。
④　参见《淮南子·氾论篇》。
⑤　参见《史记》（卷130）。
⑥　参见《汉书·艺文志·诸子略》。
⑦　参见《韩非子·人主》。

道家由自然之势而社会之势，贵柔势，尚"无成势，无常形"的阴阳之"道"。阴柔之势是阳刚之势的有机补充成分。

兵家重正势，更重奇势，周秦时代的军事将领，多能对兵形势运用之妙，存乎一心。

道家与势

道家的经典著作《道德经》即《老子》虽然表面上直接谈"势"者甚少，只是在《五十一章》论述说："道生之，德畜之，物形之，势（帛书本作"器"）成之"，将"势"与"道""德""物"等并举。但《老子》五千余言，通篇无不是在讲"势"的道理。只不过老子的学说博大精深，玄之又玄。老子所阐明的"形""势"，乃是"大象无形"、大势无势。人们不仔细琢磨，难以窥其门户，识其要旨。

一、无成势，无常形

《史记·老庄申韩列传》曰："老子修道德，其学以自隐无名为务。居周久之，见周之衰，乃遂去。至关，关令尹喜曰：'子将隐矣！强为我著书。'于是老子乃著书上下篇，言道德之意五千余言而去，莫知其所终。"是篇又记载孔子曾问礼于老子，老子曰："君子得其时则驾，不得其时则蓬累而行。"由此可见，老子《道德经》一书乃是在不得其时、失其势的情况下写出的。周室衰微，"像老子这样由贵族下降的隐士"[1]感到世风日下，人心不古，却又无奈大势已去，人微言轻，只好别出心裁地创造出一个"道"来约制"圣人"，冀图借"道"实现其政治主张，回天有力。

---

[1]　任继愈：《中国哲学史简编》，人民出版社1984年版，第87页。

（一）"道"的核心是"无成势，无常形"

老子学说的主题是"道"。道的宗旨是为了实现其政治主张，道的核心是"无成势，无常形"①，而顺乎自然之势。《老子》五千余言，据有人统计，"道"字共出现过 74 次，如再加上作为"道"相似意义的"一""德"等则使人感到整个老子的学说无处不是在说"道"。为了胁迫"圣人"就范，危言耸听，老子蓄意将"道"弄得玄之又玄。老子曰："有物混成，先天地生。寂兮寥兮，独立不改，周行而不殆，可以为天下母，吾不知其名，字之曰'道'，强为之名曰'大'。"②又曰："道之为物，惟恍惟惚。惚兮恍兮，其中有象；恍兮惚兮，其中有物；窈兮冥兮，其中有精，其精甚真。"③又曰："视之不见，名曰夷；听之不闻，名曰希；搏之不得，名曰微。"④

尽管老子把"道"说得神乎其神，但我们从《老子》一书里"其中有象"，"其中有物"，"是谓无状之状，无物之象"，"大方无隅，大器晚成，大音希声，大象无形"，"大制不割"，"朴散则为器"，"大道泛兮，其可左右"等语句中仍可以看到"道"是一种无形却又实在的物质运动。这种物质运动有却似无，无中却又生有，就像娘胎孕育混沌未成形的原始生命一样，无固定之状，无具体之象。就像未经雕琢的"朴"一样。《六十七章》曰："天下皆谓我道大，似不肖。夫唯大，故似不肖。若肖，久矣其细也夫！"老子的这番话讲的便是"无状之状，无物之象"才能成其大的道理。老子认为如果"道"过于具体、形象的话，"道"就早已显得渺小了。

老子所说的"大象无形""道常无名""道常无为""复归于朴"等是要求将有形化为无形，保持其"大"，避免其"细"。老子所言的"大直若屈，大巧若拙，大辩若讷"，"明道若昧，进道若退……广德若不足，建德若偷"，"古之善为道者，微妙玄通，深不可识"等皆是藏敛形势、以退为进、以柔克刚的道理。

---

① 参见《史记·太史公自序》。
② 参见《老子·二十五章》，引文皆出自《诸子集成》，以下只注明篇章。
③ 参见《老子·二十一章》。
④ 参见《老子·十四章》。

《淮南子·兵略训》："凡物有朕，唯道无朕，所以无朕者，以其无常形势也。"（按：朕，形迹，预兆也）。《淮南子》中的这几句话，最有助于对老子的"道"的理解。

《老子》五千言，探究的是自然界和人类盛衰荣枯的道理。在老子看来，自然界和人类都遵循着虚、壮、老、衰周而复始的轨迹发展。《三十章》和《五十五章》中反复强调"物壮则老，是谓①不道，不道早已"。认为事物发展趋势必然是盈、盛到达极点，老、衰便会随之而来。事物到了盈、盛，形势太明朗、太具体，不利于变化；事物到达了老、衰，则更无变化可言。就像树木一样，一旦参天耸立，便已定形；就像木头一样，一旦割制成器，木已成舟，想有所变化也不可能。是故老子崇尚"大制不割""大方无隅""大象无形""大音希声"。老子一次又一次地谈到"归朴""归根"，"含德之厚，比于赤子"，"如婴儿之未孩"，"复归于婴儿"之类的话题，便是看到了种子在未长成花木之前，朴未散为器之前，婴儿未成年之前变幻莫测，无成势，无常形，顺着自然之势发展的好处。"赤子"无知无欲，精气充沛，我无执心，最能顺应自然。因其无成势，无常形，亦最有潜力。谋略家由此受到借鉴，认为心中有把刀的人比手中有把刀的人危险得多。武术家便感到无门无派的武术最令人防不胜防。顺其自然之势，见招拆招，借力打力，四两拨千斤，是习武者企羡的境界。许禹生注《太极拳经》曰："随机应变，毋固毋我。"《周易·系辞下传》云："易之为书也不可远，为道也屡迁。变动不居，周流六虚。上下无常，刚柔相易，不可为典要，唯变所适。"《管子·心术》云："虚无无形谓之道。""天之道，虚其无形，虚则不屈，无形则无所位赿。无所位赿，故遍流万物而不变。"如此看来，打拳也好，为道也好，应毋固毋我，无常形成势而循自然之势。

司马谈论及六家要旨时，十分推崇道家，认为"道家无为，又曰无不为，其实易行，其辞难知。其术以虚无为本，以因循为用，无成势，无常形，故能究万物之情。不为物先，不为物后，故能为万物主。有法无法，因时为业。有度无度，因物与合"。②"无成势，无常形"，"因时为业"，"因物与合"，道出

① 《五十五章》作"谓之"。
② 参见《史记·太史公自序》。

了道家之显著特征和"道"的核心。

诚然，司马谈论六家要旨时所言的道家指的是兴起于战国末而流行于两汉初的黄老之学，有的学者称之为"新道家"。黄老学派将老子的"道"加以发展，明确化，具体化。老子的隐约之言，匠心之处，被他们破译。于无形中见巨形，于无势中见大势，于无为中见有为之理论经过发挥和完善而彰迹天下。

此文在分析"道家与势"时，还是以老子为代表。其原因是因为黄老之学，顾名思义，当与黄帝、老子有关。王充《论衡》曰："贤之纯者，黄老是也。黄者，黄帝也；老者，老子也。黄老之操，身中恬淡，其治无为，正身共己而阴阳之和，无心于为而物自化，无意于生而物自成。"如此看来，黄老之学，便是"托名黄帝的治国之术与老子的卫生之道相结合的学说"①。黄老之学，托名于黄帝，无非是借古代"贤人"之势，来夸大其学说的神秘和作用。《淮南子·修务训》曰："世俗之人，多尊古而贱今，故为道者，必托之于神农、黄帝，而后能入说。乱世暗主，高远其所从来，因而贵之。为学者蔽于论而尊其所闻，相与危坐而称之，正领而诵之，此见是非之分不明。"由此可见，真正构成"黄老之学""新道家"的主题及理论基础的主要是老子的"无为""无形"以顺自然之势的"道"。这种"无为自化，清静自正"②之道，影响后来的"稷下道家"，乃至法家、兵家、政治家等。人们从其"无成势，无常形"，却能究万物之情中得到启发。仁者见仁，智者见智。政治家参之而为"君王南面之术"；"大成若缺"等理论"以为后世阴谋者法"③；法家衍之而得出"圣人不期修古，不法常可，论世之事，因为之备"④之进化论；兵家触类旁通，而提出了"兵无常势，水无常形，能因敌变化而取胜者谓之神"⑤之谋略论。

(二)《老子》一书包罗万象

《老子》其书在客观上取得了"无成势，无常形"之效果。

---

① 罗炽：《老子、道家、道教与中国文化传统》，载萧萐父、罗炽主编：《众妙之门——道教文化之谜探微》，湖南教育出版社 1991 年版，第 95 页。

② 参见《史记·老庄申韩列传》。

③ 章炳麟：《訄书》，清光绪三十一年日本印本，第 11 页。

④ 参见《韩非子·五蠹》。

⑤ 参见《孙子·虚实篇》。

《老子》虽只不过五千言，探究的却是万物之情理。天之道、地之道、人之道靡不备于其中。说《老子》为兵家著作者可持之有据。明代王夫之称其为"持机械变诈以徼幸之祖也"，"言兵者师之"①。近人章太炎(章炳麟)说它"约《金版》《六韬》之旨(约金版六弢之旨)"②。大抵因为《老子》书中所讲的"以奇用兵"，"夫慈以战则胜，以守则固"，"进道若退"，"将欲歙之，必固张之；将欲弱之，必固强之；将欲废之，必固兴之；将欲夺之，必固与之。是谓微明，柔弱胜刚强"，"哀者胜矣"，"反者道之动也"等道理以及老子"道"的"无成势，无常形"清静无为之主张足以为后世用兵之法。唐代王真甚至认为"五千之言""未尝有一章不属意于兵也"③。说《老子》一书为养身荣卫之要籍者更是振振有词，《老子》学说本来就是顺应自然，我无执心，后来的"气功""导引""内丹""修身养性"等养生之术无不受到《老子》书中"道法自然"，"深根固柢，长生久视之道"，"见素抱朴，少私寡欲"，"至虚极，守静笃"，"载营魄抱一"等思想的影响。《老子》又与法家思想息息相关，《史记》把老、庄、申、韩合为一传，认为"申子之学，出入黄老而主刑名"；韩非"喜刑名法术之学，而归本于黄老"。近代思想家魏源甚至把《老子》称为"救世之书"。这便是有势而无成势，有形而无常形的高妙之处。正如李泽厚先生所云："后世的人们从《老子》辩证法里获得的，也并非对自然的认识，或思维的精确，或神意的会通，而主要仍然是生活的智慧。只是在这种生活智慧的领悟中，由于它本身具有的多义性，不确定性和极为宽泛的概括性和包容性，似乎又能感受到某种超越的哲理而得到精神的极大满足。"④

(三)老子其人之高深莫测

文如其人也好，人如其文也好，老子的确是一个神龙见尾不见首式的人物。周秦诸子，论其神秘，当首推老子。老子的行藏，人莫能说得完全。孔子

---

① 王夫之：《宋论》(卷6)，清同治四年(1865年)曾氏金陵节署刻船山遗书本，第118页。

② 章炳麟：《訄书》，清光绪三十一年日本印本，第11页。

③ 王真：《道德经论兵要义述·述状》，正统道藏本，第4页。

④ 李泽厚：《中国古代思想史论》，人民出版社1986年版，第94页。

以龙嘉许老子，是颇有见地的。《史记·老庄申韩列传》记载孔子问礼于老子后，退谓弟子曰："鸟，吾知其能飞；鱼，吾知其能游；兽，吾知其能走。走者可以为罔（网），游者可以为纶，飞者可以为矰。至于龙，吾不能知其乘风云而上天。吾今日见老子，其犹龙邪！"龙、凤、麒麟为我国传说中三大具有神秘性的动物。而在这三个灵物中，唯龙最为奇妙。龙聚百兽之长，自身无形，却能依托百兽之形。李时珍在《本草纲目》中说："龙，其形有九：头似驼，角似鹿，眼似兔，耳似牛，颈似蛇，腹似蜃，鳞似鲤，爪似鹰，掌似虎也。"龙，无定势，无常形，善于应时、应物、应景变化。许慎《说文》曰："龙，鳞虫之长，能幽能明，能细能巨，能短能长，春分而登天，秋分而潜渊。"《三国演义》的作者罗贯中在二十一回中，借曹操之口谈龙，至为明了、精论。是回描述道："曹操、刘备二人对坐畅饮，酒至半酣，忽阴云漠漠，骤雨将至。从人遥指天外龙挂，操与玄德凭栏观之。操曰：'使君知龙之变化否？'玄德曰：'未知其详。'操曰：'龙能大能小，能升能隐。大则兴云吐雾，小则隐介藏形；升则飞腾于宇宙之间，隐则潜伏于波涛之内……'"

如果《史记·老庄申韩列传》所言不虚，则孔子以龙比作老子，算是知老子者，莫过于孔子也。龙的特征与司马谈论六家要旨时所论述的道家"与时迁移，因物变化"，"无成势，无常形"之特征有极其的相似之处。

老子因其自身的高深莫测及《道德经》五千言中的神秘性，被后来道教奉为开山祖师，继之又被尊为"老君""太上老君""玄元黄帝"，享受善男信女的顶礼膜拜；老子所提出的被后学进一步完善的"无成势，无常形""与时迁移，应物变化"的"道"，因其妙不可言，极符合统治者的胃口，被奉为"君王南面之术"。"无成势，无常形"竟有如此显赫的威力，"无为"却能如此"无不为"，这正是老子及老子以后的道家崇尚"无为"之道的微旨之处。是故刘纲纪先生在《老子思想论纲》一文中说："被老子视为产生天地万物的东西是一种无形而实存的、非观念性的东西。在这个意义上，可以说它是一种物质性的力量、功能。"①

---

① 刘纲纪：《老子思想论纲》，载萧萐父、罗炽主编：《众妙之门——道教文化之谜探微》，湖南教育出版社 1991 年版，第 29 页。

二、法自然之势

老子关于"道"的理论，与其说是他的宇宙观，倒不如说是他借宇宙观来表达他的政治主张则更为合适。老子大谈地之道、天之道、自然之道，倘若仔细琢磨，其落脚点还是人事之道。老子论述自然之道、自然趋势之不可违背，目的是表明他加之于"圣人"的统治之"道"的权威性。

"人法地，地法天，天法道，道法自然"是贯穿《老子》全书的中心思想，是老学的精髓。老子曰："辅万物之自然而不敢为"①，就是要求顺其万物的发展趋势而不妄加干涉。又曰："是以万物莫不尊道而贵德，道之尊，德之贵，夫莫之命而常自然"②，意思是说"道""德"受崇尚、注重之处在于它们顺乎万物生长之势而不要有意加以干涉。老子曰："天地不仁以万物为刍狗；圣人不仁以百姓为刍狗。"③"圣人"效法"天地"，不存仁恩之心，把"百姓"视为祭神时用草扎成的狗，任其自生自灭。老子曰："治大国若烹小鲜。"就是要"圣人"只管高拱而治，心不役万物，不必花过多的心思，费过多的形神，执意强为，只会适得其反。是故《十八章》云："大道废，有仁义，智慧出，有大伪；六亲不和，有孝慈；国家昏乱，有忠臣。"如何顺应自然之势呢？在老子看来便是要做到"无为""清静""寡欲""绝圣""弃智""无事"，等等。《二章》曰："圣人处无为之事，行不言之教，万物作而弗始，生而弗有，为而不恃，功成而弗居。"《十六章》曰："致虚极，守静笃。"《十九章》曰："绝圣弃智，民利百倍……见素抱朴，少私寡欲。"《六十四章》曰："圣人无为故无败，无执故无失。"《三十七章》曰："道常无为而无不为，侯王能守之，万物将自化。"《三十八章》曰："上德无为而无以为，下德为之而有以为。"《三十八章》曰："清静为天下正。"《四十八章》则曰："无为而无不为，取天下常以无事；及其有事，不足以取天下。"

---

① 参见《老子·六十四章》。
② 参见《老子·五十一章》。
③ 参见《老子·五章》。

晋人王弼便用"顺自然也"来诠释老子的"无为"。王弼注(《老子·二十七章》)曰:"顺自然而行,不造不始。"又注(《老子·二十九章》)曰:"万物以自然为性,故可因而不可为也,可通而不可执也。物有常性而造为之,故必败矣。"

清人曾国藩把顺其自然之道用于养儿。曾国藩于同治八年二月十八日致书给他的儿子曾纪泽曰:"吾观乡里贫家儿女愈看得贱,愈易长大,富户儿女愈看得娇愈难成器。尔夫妇视儿女过于娇贵,柳子厚《郭橐驼传》所谓'旦视而暮扶,爪肤而摇本者,爱之而反以害之'。彼谓养树通于养民,吾谓养树通于养儿,尔与冢妇宜深晓此意。庄子每说委心任运听其自然之道,令人读之首肯……"

老子的无为观的真实含义并不是说芸芸众生都不为了,当为的,还是要为,"圣人"讲究无为,目的是让百姓有为。老子曰:"我无为,而民自化;我好静,而民自正;我无事,而民自富;我无欲,而民自朴。""圣人""无为""好静""无事""无欲",臣民便可"自化""自正""自富""自朴"。"为无为,则无不治"①。是故文子针对老子"我无为,而民自化"曰:"所谓无为者,非谓引之不来,推之不往,谓其循理而举事,因资而立功,推自然之势也。"②庄子所谈的"庖丁解牛"便是我无执心,顺其自然之势,无为而无不为的最好的事例。

老子的政治主张是建立在"人法地,地法天,天法道,道法自然"的法则之上的。他要求"圣人"法自然的"均势""宁和之势""柔势"等。

(一)均势

"人法地,地法天。"③

"天之道,其犹张弓欤? 高者抑之,下者举之,有余者损之,不足者补之。"④

---

① 参见《老子·三章》。
② 赵蕤:《长短经·适变》(卷3),四库全书本,第124页。
③ 参见《老子·二十五章》。
④ 参见《老子·七十七章》。

老子认为"天之道"最大的一个特点便是"均平"，好似张弓射箭，弓弦偏高便压低一些，偏低便抬高一点；弓弦拉得过紧，便调松一些，拉得不够劲，就加大一点，总而言之要均平合度，戒过而不及。老子崇尚这种均平之势的"天之道"，不满意"损不足以奉有余"，富者愈富、贫者愈贫的"人之道"。要求"人之道"法"天之道"，损有余而补不足①。老子揭露人民的贫穷、不足是由于统治者的赋税太多、奢侈无度。他说："民之饥，以其上食税之多，是以饥。""天下多忌讳，而民弥贫。"老子甚至咒骂凭借权势对人民专横跋扈者是"强盗头子"。《五十三章》曰："朝甚除，田甚芜，仓甚虚，服文采，带利剑，厌饮食，财货有余，是谓盗夸，非道也哉。"是故老子要求有"道"的"圣人""去甚、去奢、去泰"②，要求"圣人为而不恃，功成而不处"③。老子的均势思想为历代农民起义借鉴为政治纲领，宋代农民起义便打出了"等贵贱，均贫富"的政治口号。

（二）宁和之势

老子崇尚事物之间的宁和之势，即事物之间的和谐统一的一面。老子看到了自然界"万物负阴而抱阳，冲气以为和"④的现象，认为自然界阴阳两方面有对立的一面，更有和谐、统一的一面。老子的"负阴抱阳"理论，有些近似于太极图，阴阳二仪（二势）相依相成，互为其根，和谐地处于太极体中。老子看到了自然万物"不争""清静"之好处，要求"圣人"法自然之势，"无为""无事"，尽量减少矛盾的冲突，回到混沌未分的"朴"的状态，与民和好相处，相安无事。老子曰："治大国若烹小鲜。"⑤又曰："我无为，而民自化；我好静，而民自正；我无事，而民自富；我无欲，而民自朴。"⑥统治者做到"无为""好静""无事""无欲"，不与百姓冲突，宁和的局势、大治的社会就出现了。这种

---

① 参见《老子·七十七章》。
② 参见《老子·二十九章》。
③ 参见《老子·七十七章》。
④ 参见《老子·四十二章》。
⑤ 参见《老子·六十章》。
⑥ 参见《老子·五十七章》。

宁和的局势，大治、理想的社会便是《老子·八十章》所描绘的那样——"小国寡民，使有什伯之器而不用，使民重死而不远徙。虽有舟舆无所乘之。虽有甲兵无所陈之。使人复结绳而用之。甘其食，美其服，安其居，乐其俗。邻国相望，鸡犬之声相闻，民至老死不相往来。""邻国相望，鸡犬之声相闻"的"小国寡民"——乌托邦式的社会，是老子所梦寐以求的。

（三）柔势

尽管老子崇尚均势和宁和之势，但老子并不否认势差的存在。势差是一种矛盾现象。势均和势差可视为矛盾运动的两个方面。老子承认势差现象的存在。老子曰："有无相生，难易相成，长短相形，高下相盈，音声相和，前后相随，恒也。"[1]《老子》一书中列举有很多势差概念，如高下、难易、刚柔、强弱、胜败、正奇、动静、攻守、进退，等等，并把事物之间的相倾相均、相反相成、对立统一视为永恒的现象。老子的理想是尽量减少势差，崇尚宁和之势，但老子亦意识到了势差的出现是躲避不了的客观存在。是故老子别出心裁地提出了物极必反，以柔克刚，看似消极，实藏积极，看似无为，实含有为的不争之"道"。认为势差的形成，优势、倾势的出现不是靠暴力或强为，而是靠"贵柔""守雌""不争""无为"之法则。柔弱胜刚强是老子的心得。老子不赞成任何用刚强有为之势解决问题。老子针对当时夸耀武力、争强好胜之现象，指出"木强则折，兵强则灭，坚强处下，柔弱处上"[2]。老子反感用兵。老子曰："以道佐人主者，不以兵强天下。""善有果而已，不敢以取强。"[3]又曰："夫兵者不祥之器，物或恶之，故有道者不处。"[4]老子认为万一要救亡图存，不得已非要用兵不可的话，亦要做到"恬淡为上，胜而不美"，甚至"战胜以丧礼处之"。老子曰："善为士者不武，善战者不怒，善胜敌者不与。"[5]"用兵有言，吾不敢为主而为客，不敢进寸而退尺，祸莫大于轻敌，轻敌几丧吾宝，故

① 参见《老子·二章》。
② 参见《老子·七十六章》。
③ 参见《老子·三十章》。
④ 参见《老子·三十一章》。
⑤ 参见《老子·六十八章》。

抗兵相加，哀者胜矣。"①又曰："慈故能勇"，"夫慈以战则胜，以守则固，天将救之，以慈卫之"②。就是说别人用兵讲究狠势、进势、强势、攻势、张势，而老子用兵崇尚慈势、退势、柔势、守势、敛势。老子的慈、柔、忍并不是束手让人宰割，而是在慈、柔、忍的同时，将力量收敛、再收敛到极点。这种收敛的柔势、慈势与完全虚弱不堪一击的柔、慈大不相同。采取退势、守势，可以静制动，以逸待劳，可以避敌锋锐，让威。"弱者，道之用"，"反者，道之动"。柔、慈之极，便是强猛之时。我们可从《老子·三十六章》中进一步看到老子柔弱的真实含意。是章曰："将欲歙之，必固张之；将欲弱之，必固强之；将欲废之，必固兴之；将欲夺之，必固与之。是谓微明，柔弱胜刚强。"看来《老子》外示柔、慈，实则不然。宋人朱熹便说："老子心最毒。"③明代王夫之评述《老子·三十六章》说："斯道也，用兵者以为制人之机，欲富者以为巧取之术……是则忍也，容也，异端之所宝，权谋者之所尚也。"④

　　正因为如此，唐代王真说："五千之言……未尝有一章不属意于兵也。"其实《老子》一书，正如我在前文所论述的，并不是专门为用兵而写的，它探究的由自然而后人事的道理，向"圣人"及人们昭示它的"无为"之道，也就是以"不争"到"莫与之争"，以"无为"到"有为"，以"柔弱胜刚强"之道的厉害。这种道，无处不在，无处不起作用。明代焦闳所撰《老子翼序》中一段话讲得十分中肯："老子，明道之书也，而唐王真也者，至以为谈兵而作。岂其佳兵善战之言，亦有以启之欤？余曰：老子非言兵也，明致柔也。天下唯兵喜强，而犹然以柔诎，即无之而不柔，可知已。柔也者，刚之对也。道无不在，而独主柔而宾刚，何居？余曰：'《老子》非言柔也，明无为也。柔非即为道，而去无为也近；刚非外于道，而去无为也远。故自柔以求之，而无为可几也。'"老子反感用兵，却又屡次谈兵，只不过借以说明像"兵者"这样的"不祥之器"、暴力的产物，柔弱、无为之"道"都能起作用，天下还有何事能游离于"柔弱胜刚

---

① 参见《老子·六十九章》。
② 参见《老子·六十七章》。
③ 朱熹：《朱子语类》(卷137)，中华书局1986年版，第3266页。
④ 转引自黄钊主编《道家思想史纲》(第3章)，湖南师范大学出版社1991年版，第64页。

强"这一道理之外呢?

老子曰:"人之生也柔弱,其死也坚强。万物草木之生也柔脆,其死也枯槁。故坚强者,死之徒;柔弱者,生之徒。"①又曰:"天下之至柔,驰骋天下之至坚。"②老子从自然和人生中观察到"物壮则老,是谓不道,不道早已"③的"物极必反"的现象,观察到柔弱的事物往往生机无限,强盛的事物随之而来的是衰亡,从而得出经验:"是谓微明,柔弱胜刚强。"老子从柔势、弱势必然胜刚势、强势的经验出发,要求人们尤其是"圣人",不但要懂得"柔弱胜刚强"的道理,还要将之付诸实践。老子曰:"弱之胜强,柔之胜刚,天下莫不知,莫能行。"④老子还要求"圣人"法水的"柔""不争"。"天下莫柔弱于水,而攻坚强者莫之能胜。"⑤"江海所以能为百谷王者,以其善下之,故能为百谷王。"⑥老子之所以要求法水的品质,是因为"水善利万物而不争,处众人之所恶,故几于道"⑦。老子把自然现象搬到人事上,建立起他的处世哲学,这便是"知雌""守柔""致虚静,守静笃"。

老子曰:"曲则全,枉则直,洼则盈,敝则新,少则得,多则惑。是以圣人抱一为天下式。不自见,故明;不自是,故彰;不自伐,故有功;不自矜,故长。夫唯不争,故天下莫能与之争。古之所谓曲则全者,岂虚言哉。"⑧又曰:"善为士者,不武;善战者,不怒;善胜敌者,不与;善用人者,为之下。是谓不争之德,是谓用人之力,是谓配天古之极。"⑨以上两段话,皆是"柔弱胜刚强"经验的具体运用。在老子看来要想获得威势,驾驭臣民,使其俯首帖耳供驱使任用,不是靠强势、刚势威迫所能够成功的。"民不

---

① 参见《老子·七十六章》。
② 参见《老子·四十三章》。
③ 参见《老子·三十章》。
④ 参见《老子·七十八章》。
⑤ 参见《老子·七十八章》。
⑥ 参见《老子·六十六章》。
⑦ 参见《老子·八章》。
⑧ 参见《老子·二十二章》。
⑨ 参见《老子·六十八章》。

畏死，奈何以死惧之。"①"民不畏威，则大畏至。"②"夫代大匠斫者，希有不伤其手矣。"③"强梁者不得其死。"④老子这些话近乎是在警告和威吓统治者，靠逞强恃暴手段即使树立起统治威势，多少还是会付出代价的。老子深通人的情理，柔化比强为有效，易于接受。

为了投桃报李，避免以牙还牙，老子曰："夫唯不争，故无尤。""无为故无败。"又曰："是以圣人欲上民，必以言下之；欲先民，必以身后之。""无私"，"故能成其私"。"贵以身为天下，若可寄天下。"又曰："善用人者，为之下。"老子认为柔弱胜刚强，既是自然之理，亦是人情之理。

在老子看来，"圣人"贵柔守雌，尚静不争，理想的"小国寡民"社会就可指日可待。老子曰："天下皆知美之为美，斯恶已；天下皆知善之为善，斯不善已。"⑤也就是说，天下都知道什么是"美"，"丑"便被分别出来了，天下知道什么是"善"，"恶"便被分别出来了。同样的道理，天下人知道柔化不争、人和民朴、"无为"而治的统治不错，便会乐于接受，就会对"圣人"之威心悦诚服，于是最好的形势便出现了。

《吕氏春秋·不二》云："老聃贵柔。"贵柔是老子学说的重要特征之一。老子之所以贵柔，正如明代焦闳所说的"柔非即为道，而去无为也近"。

（四）敛势、藏势

"飘风不终朝，骤雨不终日。"⑥"物壮则老，是谓不道，不道早已。"⑦物极必反，物壮则老，物盛则衰，是自然万物的发展趋势。老子注意到了这一趋势。为了避免"不道"，避免"早已"（衰亡），老子要求"圣人"保持柔弱之势，"复归于朴"，"复归于婴儿"。老子曰："知其雄，守其雌，为天下溪……知其

---

① 参见《老子·七十四章》。
② 参见《老子·七十二章》。
③ 参见《老子·七十四章》。
④ 参见《老子·四十二章》。
⑤ 参见《老子·二章》。
⑥ 参见《老子·二十三章》。
⑦ 参见《老子·三十章》。

白，守其黑，为天下式……知其荣，守其辱，为天下谷。"①可见，何为强雄，何为光亮，何为荣耀，老子最了解不过，但他却安于守柔雌、蒙昧、卑辱。老子"知雌""守柔"，客观上给人以敛势感觉。"朴散则为器"，最好不让它散，要求"圣人""复归于朴"。老子曰："夫物芸芸，各复归其根。"②何谓"根"，老子曰："元牝之门，是谓天地根。"③可见"复归其根"，就是要反归、收敛到生命的最原始状态。物盈则消，就应该让事物处于"虚""谷"的状态，做到"不欲盈"，"夫唯不盈，故能蔽不新成"④。"物壮则老"，就应该让生命处于柔弱不壮的阶段。老子曰："常德不离，复归于婴儿。"⑤又曰："专气致柔，能婴儿乎？"⑥要求有道圣主，能像婴儿一样纯真柔和，精气充沛，元气充盈；如同"含德之厚"的"赤子"一样，"虺蛇不螫，猛兽不据，攫鸟不搏，骨弱筋柔而握固。未知牝牡之合而全作，精之至也。终日号而不嘎，和之至也"⑦。

知道壮、器、盈，却刻意处于虚、朴、赤子甚至"惚兮恍兮，其中有象；恍兮惚兮，其中有物；窈兮冥兮，其中有精"的"元牝之门"的状态，到了这种状态便容易顺其自然之势，也就是"无成势，无常形，故能究万物之情"。这就是老子学说给后来的"新道家"也好，"道法家"也好，哲者也好，统治者也好的启示。为了防止"朴散"，防止"物壮则老"，物老则衰，防止力量暴露得过早，成为众矢之的，树大招风，老子之学显示出了许多藏势的道理。所谓藏势，便是将真实的力量趋向隐藏起来，给人以假形假象，以减轻压力，从而达到以虞待不虞、以幽待明、以逸待劳、以静制动、以柔克刚之目的。老子讲的"大象无形"，"大成若缺"，"大盈若冲"，"大直若屈，大巧若拙，大辩若讷"，便是讲明明是"大成""大盈""大直""大巧""大辩"，却要隐藏起来，故意显示"缺""冲""屈""拙""讷"等卑弱的样子；明明是"大象"，却人为地给

---

① 参见《老子·二十八章》。
② 参见《老子·十六章》。
③ 参见《老子·六章》。
④ 参见《老子·十五章》。
⑤ 参见《老子·二十八章》。
⑥ 参见《老子·十章》。
⑦ 参见《老子·五十五章》。

人以"无形"的感觉。"俗人昭昭，我独昏昏；俗人察察，我独闷闷"①所阐明的是绌聪明、装愚傻的道理。"挫其锐，解其纷；和其光，同其尘"②所讲的是藏匿锋芒、涵掩光华、韬光养晦的道理。笔者的导师张舜徽先生认为这些"不外一个'装'字"③。李泽厚先生认为《老子》重视"柔""弱""贱"的一方，"主要是要人们注意到只有处于'柔'、'弱'的一方，才永远不会被战胜。这就是说，不但不要过分地暴露了自己的才能、力量和优势，要善于隐藏优势或强大，而且不要去竞赛或争夺那种强大"④。

"人法地，地法天，天法道，道法自然。""寂兮寥兮，独立不改，周行而不殆，可以为天下母，吾不知其名，字之曰'道'，强为之名曰'大'。大曰逝，逝曰远，远曰反。"⑤

既然道法自然，自然趋势是物壮则老，物盈则虚，循环运行不息，强壮最终还要发展到柔弱，那么，从自然意义讲，贵柔守弱，符合自然之势就可以避免老衰，常壮不老。从人事意义上讲，收敛形势，返璞归真，便无须乎仁义，而"民复为慈"。老子认为古朴的、最原始的社会是比任何文明社会都理想的社会。人类社会发展绕一大圈，本着盈虚消长的道理，最终还是要归其根，回归到古朴的社会，这便是老子"道法自然"的话中之话、弦外之音。收敛形势，返璞归真表露了老子对远古古朴社会的留恋和执着追求。但老子所处的时代，是变革急剧的时代，老子为统治者提供的顺其自然之势，"无成势，无常形"、贵雌守柔等统治术，被当代或后来统治者或多或少地采纳了，而老子想让社会退回到"小国寡民"的时代是行不通的。这是因为老子未能区别开勃勃生机的新生事物之柔弱与衰败、没落的腐朽事物的柔弱之间的本质差异。是故《老子·七十章》云："吾言甚易知，甚易行。天下莫能知，莫能行。""知我者希，则我者贵。"感叹自己的理论及主张不能被了解，更不能被施行。老子这段话透露出了他对历史发展的大势所趋的无可奈何。

---

① 参见《老子·二十章》。
② 参见《老子·四章》。
③ 张舜徽：《周秦道论发微》，中华书局 1982 年版，第 12 页。
④ 李泽厚：《中国古代思想史论》，人民出版社 1986 年版，第 90 页。
⑤ 参见《老子·二十五章》。

三、借"道"之威势

周秦时期有一个通例，便是或借天势，或借神势，或借古人及圣贤之势来表述自己的政治主张。郭沫若说："老子的最大发明，便是取消了殷周以来的人格神的天之至上权威。"①老子以道的权威来替代天神的权威，别出心裁地提出一个"道"来，由自然之道入手，而推论人事之道，借"道"来游说乃至规范"圣人"，兜售自己的政治主张。

老子曰："道常无名，朴虽小，天下莫能臣也。侯王若能守之，万物将自宾……譬道之在天下，犹川谷之于江海。"②又曰："道常无为而无不为，侯王若能守之，万物将自化。"③老子反复阐明"侯王"守道，照道行事的好处。君王"守道"便可为"百谷王"，便可大有作为。统治者依道治天下，人心所归就像河川溪流涌入江海一样。

"道者，万物之奥，善人之宝，不善人之所保。"④

"有物混成，先天地生。寂兮寥兮，独立不改，周行而不殆，可以为天下母，吾不知其名，字之曰'道'。"⑤

"古之善为道者，微妙元通，深不可识。"⑥

老子把道说得"玄之又玄"，说到底，无非是要善人像珍惜宝贝一样来珍惜它，不善的人亦要保持它。

老子曰："物壮则老，是谓不道，不道早已。"⑦又曰："服文采，带利剑，厌饮食，财货有余，是谓盗夸，非道也哉。"⑧"上士闻道，勤而行之；中士闻

---

① 郭沫若著作编辑出版委员会编：《郭沫若全集·历史篇》(第1卷)，人民出版社1982年版，第351页。
② 参见《老子·三十二章》。
③ 参见《老子·三十七章》。
④ 参见《老子·六十二章》。
⑤ 参见《老子·二十五章》。
⑥ 参见《老子·十五章》。
⑦ 参见《老子·三十章和五十五章》。
⑧ 参见《老子·五十三章》。

道，若存若亡；下士闻道，大笑之。不笑不足以为道。"①"孰能有余以奉天下？唯有道者。"②"天道无亲，常与善人。"③在老子看来损不足以奉有余，是强盗，而不是有道者；讥笑为道之流是下士，而不配做上士；不遵循道，不知雌守柔、清静无为是恶人，而不是善人。老子甚至警告和威吓"不道者"说："飘风不终朝，骤雨不终日……天地尚不能久而况于人乎？""强梁者不得其死"，"不道早已。"

老子感叹实现"小国寡民"的政治理想之艰难，只好以"知我者希，则我者贵。是以圣人被褐怀玉"④而自我解嘲。但老子的顺其自然、"无为"而治、"柔弱胜刚强"的思想却给历代政权建设以有益的启示。

刘纲纪先生在《老子思想论纲》一文中论述道："'柔弱胜刚强'的思想给中国传统文化注入了一种宏大的、超越的精神，使中华民族具有一种不为强大的力量和各种艰难曲折所吓倒的伟大气魄。中华民族所具有的豁达、恢宏的精神，很大一部分来自道家。"⑤

唐明邦先生等人认为："道家十分强调热爱自然，尊重客观自然规律，诱导人们去探索自然和生命的奥秘。这一思想，极大地影响古代中国人的自然观及生命观，成为古代科学技术发展的重要思想基础，中国古代许多科学技术成就，都应归功于道家。"⑥

---

①　参见《老子·四十一章》。

②　参见《老子·七十七章》。

③　参见《老子·七十九章》。

④　参见《老子·七十章》。

⑤　刘纲纪：《老子思想论纲》，载萧萐父、罗炽主编：《众妙之门——道教文化之谜探微》，湖南教育出版社 1991 年版，第 310 页。

⑥　唐明邦、何建明：《道家文化的现代意义》，载萧萐父、罗炽主编：《众妙之门——道教文化之谜探微》，湖南教育出版社 1991 年版，第 310 页。

兵家与势

周秦兵书，蔚为大观，惜年代久远，多有失传，从保存完好的兵书来看，周秦兵家一个显著之特点便是十分重视"势"的理论和运用。

一、周秦兵家普遍重势

《孙子兵法》《孙膑兵法》《六韬》①等兵家著作皆辟有专章论势。《孙子兵法》有《势篇》，《孙膑兵法》有《势备篇》，《六韬》则有《军势》篇。孙武首开兵家重"势"之先河，就"势"的阐释、"势"的作用、如何任"势"、如何为"势"而形成理想的兵势等留下了精辟的言论。孙武曰："激水之疾，至于漂石者，势也。""势如彍弩，节如发机。""任势者，其战人也，如转木石。木石之性，安则静，危则动，方则止，圆则行。故善战人之势，如转圆石于千仞之山者，势也。"阐明了什么是"势"和如何任"势"、为"势"。又曰："计利以听，乃为之势，以佐其外。""善战者，求之于势，不责于人。""勇怯，势也；强弱，形也。"论证了"势"之重要性。又曰："势者，因利而制权也。""战势不过奇正，奇正之变，不可胜穷也。""故兵无常势，水无常形，能因敌变化而取胜者谓之神。"论述了理想的兵势在于灵活机动，变化无穷。

---

① 《六韬》，过去有人认为是伪书或《汉志·诸子略》"儒家"类中的《周史六弢》，皆误也。1972 年 4 月在山东临沂银雀山西汉初期墓葬出土的数千枚竹简中，《六韬》《孙子兵法》《孙膑兵法》《尉缭子》诸兵书俱在，信为先秦兵书遗篇无疑。

孙膑述其祖说，贵势、重势。《孙膑兵法·纂卒篇》谈道："兵之胜在于纂卒，其勇在于制，其巧在于势。"《势备篇》谈道："凡兵之道四：曰阵、曰势、曰变、曰权。察此四者，所以破强敌，取猛将也。"《客主人分篇》谈道："所谓善战者，便势利地者也。"《见威王篇》谈道："夫兵者，非士恒势也，此先王之傅道也。"并将"势"之理论用于军事实践，为历史留下了著名的战争范例"桂陵之战"和"马陵之战"。是故吕不韦在率其门客撰著的《吕氏春秋·不二》中云："老耽贵柔，孔子贵仁，墨翟贵廉，关尹贵清，子列子贵虚，陈骈贵齐，阳生贵己，孙膑贵势，王廖贵先，儿良贵后。"他把"贵势"作为对孙膑一生的评价。

今本《吴起兵法》虽未见到专篇论"势"，但其中《料敌》一篇却是分析六国形势以及因势利导、因敌制胜的妙论高见。

《六韬》对"势"推崇备至。《奇兵》篇曰："古之善战者，非能战于天上，非能战于地下，其成与败，皆由神势，得之者昌，失之者亡。"《军势》篇又曰："势因敌家之动，变生于两阵之间，奇正发于无穷之源。"深得孙武兵势观之精微。班固著录兵家书籍时，分兵家书籍为"兵权谋""兵形势""兵阴阳""兵技巧"四类。将《吴孙子兵法》《齐孙子》《公孙鞅》《吴起》等归之为"兵权谋家"，将《尉缭子》等归之为"兵形势家"。《汉志·兵书略》释"兵形势"曰："形势者，雷动风举，后发而先至。离合背向，变化无常，以轻疾制敌者也。"向人们昭示了"兵形势"之特点。而释"兵权谋"曰："权谋者，以正守国，先计而后战，兼形势，包阴阳，用技巧者也。""兵权谋"亦不外乎由"兵形势"等要素构成。

二、设物象以喻兵势

正如《周易·系辞下》所云：伏羲氏"仰则观象于天，俯则观法于地，观鸟兽之文，舆地之宜，近取诸身，远取诸物，于是始作八卦，以通神明之德，以类万物之情"。周秦兵家孙武等为了生动形象地阐明兵形势"雷动风举，后发而先至，背合离向，变化无常，以轻疾制敌者"之特征，常常设物象以喻示之。

（一）以流水的高下之差喻示

孙武曰："激水之疾，至于漂石者，势也。"①沉重的石块能漂起来，是因为流水湍急、迅猛冲击的缘故。激水形成的这种趋向力便是势。水的位差越大，产生的势能和冲击力也就越大。周秦兵家注意到了这点，是故孙武在兵法《形篇》中又曰："胜者之战民也，若决积水于千仞之溪者，形也。"尉缭子亦曰："三军成行，一舍而后成三舍，三舍之余，如决川源。"②"便吾器用，养吾武勇，发之如鸟击，如赴千仞之溪。"③将千仞高山上所蓄积的溪水决开，这种运动着的物质加上非同寻常的运动速度必然会产生不同寻常的势。兵势所要仿效的便是这种自然加人为之势，险疾迅猛，锐不可当。

（二）以流水的自然之趋喻示

孙武曰："夫兵形象水，水之形，避高而趋下，兵之形避实而击虚。水因地而制流，兵因敌而制胜。故兵无常势，水无常形。"④

尉缭子曰："胜兵似水，夫水，至柔弱者也，然所触丘陵必为之崩，无异故也，性专而触诚也。"⑤

灵活机巧，避高趋下，性专触诚是水的自然特征。水势之形成是因地势之便，地势陡则急，趋下则有势，坦则缓，涧曲则湍回，遇到限制则"性专而触诚"，无隙找隙，有隙便乘。兵势应法水势，因敌势变化而变化，避开敌之优势、实势所在，寻找和攻击敌之虚弱环节，不备之处，机动灵活，无成势，无常形。是故孙武又以川流不息来比喻兵势的奇正之变。孙武曰："战势不过奇正"，"善出奇者……不竭如江河"⑥。兵势有奇有正，尤贵出奇。奇妙之变，有如江河奔腾，滔滔不绝。

---

① 参见《孙子·势篇》。
② 参见《尉缭子·武议》。
③ 参见《尉缭子·制谈》。
④ 参见《孙子·虚实篇》。
⑤ 参见《尉缭子·武议》。
⑥ 参见《孙子·势篇》。

何为"兵势"？怎样形成"兵势"？答案可从流水中寻得。

作为五行之一、人类生命之源的水，因其灵性，荡起了远古文化的涟漪，给人类的哲者、智者以莫大的启示。

水性柔，却至柔成至刚，又可至刚成至柔。"天下莫柔弱于水，而攻坚强者莫之能胜。"①"冰，水为之，而寒于水。"②"金炀则液，水冻则坚，刚柔之畛也。"③在一定条件下，水可以成为坚冰，也可以成为蒸气。古人甚至有云水流补之说。

水，时静时动，静则清澈透莹，一平如镜，波澜不惊；动则劈山穿壑，摧枯拉朽，或现为千丈瀑布，或化为逆流漩涡。运动给水增添了生机，涧曲湍回，变化万端。"流水不腐，户枢不蝼。"④

水，既有顺流、主流，亦有逆流、支流、漩流、暗流乃至沧海横流。顺流、主流等是"正"，暗流、漩流等是"奇"。

火就燥，水就湿，避高就下是水的自然之趣。

"知者乐水，仁者乐山。"⑤古代的哲者、知者，利用水的势能可以转化为动能之原理，进行生产建设。或"刊山导水"，或蓄池灌溉，化水患为水利。春秋时期著名的水利工程有楚国的"芍陂"水库，"陂径百里，灌田万顷"。战国时期，秦国的蜀郡守李冰"凿离碓，辟沫水之害，穿二江于成都之中"⑥，以分岷江水势，筑成防涝抗旱、灌田三百万亩的都江堰。水，更重要的还用来作为治国兴邦之借鉴，"是以圣人之治于世也，不人告也，不户说也，其枢在水"⑦。

周秦兵家孙武等亦感叹水的变化万千，从水之三昧中悟出了兵机、兵势。

"兵无常势，水无常形"成为两千年来华夏治兵的格言！

---

① 参见《老子·七十八章》。
② 参见《荀子·劝学》。
③ 王夫之：《周易外传》，清同治四年（1865年）湘乡曾氏金陵节署刻船山遗书本，第235页。
④ 参见《吕氏春秋·尽数》。
⑤ 参见《论语·雍也》。
⑥ 参见《史记·河渠书》。
⑦ 参见《管子·水地》。

（三）以天地日月四时之趋喻示

"凡战者，以正合，以奇胜。故善出奇者，无穷如天地，不竭如江河。终而复始，日月是也。死而复生，四时是也……奇正相生，如环之无端，孰能穷之。"①

孙武用天地日月四时之趋势以喻兵势，认为兵势不外乎奇势、正势。奇复为正，正复为奇，"奇正之变，不可胜穷也"，就像天地那样奥妙无穷，像日月那样交替运行，像春、夏、秋、冬四季那样周而复始，像圆环那样循环无端。

奇、正之势周而复始，如环无端，乍看好似"循环论"，实则不然。结合《孙子·虚实篇》中"故兵无常势……四时无常位，日有短长，月有死生"进行分析，可知"战势不过奇正，奇正之变，不可胜穷也。奇正相生，如环之无端，孰能穷之"一席话中包含有正中有奇、奇中有正、当正则正、当奇则奇、因势利导、因敌制胜之哲理。"奇正相生"是原则性与灵活性、一般性与特殊性的统一。日月"终而复始"，但日自身还有日照长短的时候，月自身既有月映万川，亦有残缺亏虚的时候。春、夏、秋、冬四季，各个季节的气候亦有反常之变化。

以天地日月四时喻示兵势，兵势在于有常有变，奥妙无穷。

（四）以鸟兽虫蛇搏击之状喻示

1. 鸟兽

孙武曰："鸷鸟之疾，至于毁折者，节也。是故善战者，其势险，其节短。"②

尉缭子曰："便吾器用，养吾武勇，发之如鸟击。"③

---

① 参见《孙子·势篇》。
② 参见《孙子·势篇》。
③ 参见《尉缭子·制谈》。

《六韬·发启》云："鸷鸟将击，卑飞敛翼；猛兽将搏，弭耳俯伏；圣人将动，必有愚色。"

鸷鸟迅飞猛搏，猛兽突然发难，使其他的鸟兽在劫难逃，是因为其节奏短促的缘故，险则迅疾，短则劲猛。王晳注《孙子兵法》曰："鸷鸟之疾亦势也，由势然后有搏击之节。"善战者所形成的兵势便应当如鸷鸟、猛兽之搏击之势，险疾节短。

鸷鸟，如鹰、雕、鹫之属，猛兽如狼、豺之类，非但凶狠勇猛，且狡诈异常。在袭击目标之前，往往藏形蔽体，敛势待发。一旦搏击，其节奏快捷无比，待猎物有所反应时，已受制于其利爪锐齿之下。史书记载的周灭商的牧野之战就是采取"鸷鸟将击，卑身翕翼；猛兽将搏，弭耳俯伏；圣人将动，必有愚色"的策略。慎子亦曰："鸷鸟之击，卑飞敛翼；猛兽之搏也，弭耳俯伏。"将这些与上文所引的《六韬·发启》中一段话作比较，只不过少数文字略有出入罢了。清人沈德潜《古诗源》收有古诗"将飞者翼伏，将奋者足局，将噬者爪缩，将文者且朴"。"虎卑其势，将有所击，狐缩其身，将有所取"已流传而成为引人深思的谚语。

以鸟兽喻兵势，兵势贵藏，贵敛，贵节短，贵迅捷。未发之前卑势隐形，以无形制有形，人莫能识，发则快疾异常，出其不意，攻其不备，亦就是班固所说的"雷动风举，后发而先至"。

2. 虫蛇

孙武曰："故善用兵者，譬如率然。"[1]孙武将理想的兵势比之于率然。何谓"率然"？孙武进一步论述说："率然者，常山之蛇也，击其首则尾至，击其尾则首至，击其中则首尾俱至。"汉代的东方朔在《神异经·西荒经》中对"率然"有更具体的解释。《西荒经》云："西方山中有蛇，头尾差大，有色五彩。人物触之者，中头则尾至，中尾则头至，中腰则头尾并至，名曰'率然'……《孙子兵法》三军势如率然者，是也。"

---

① 参见《孙子·九地篇》。

唐赵蕤著《长短经》，将常山之蛇"率然"抗击敌者之特点，归纳而名之为"蛇势"。

以"率然"喻兵势，兵势贵浑然一体，无隙可乘，心如一人，应变自如，做到"纷纷纭纭，斗乱而不可乱也。浑浑沌沌，形圆而不可败也"①。

（五）以弓弩及其他诸物之特性喻示

孙武曰："是故善战者，其势险，其节短。势如彍弩，节如发机。"②《六韬·奇兵》曰："疾如流矢，击如发机者，所以破精微也。"

弩，一种用机栝发射的弓。发机，是勾住弓弦的机栝。机栝触动，箭如流星。孙膑对"势如彍弩"有更具体的阐述。《孙膑兵法·势备篇》曰："羿作弓弩，以势象之。""何以知弓弩之为势也？发于肩膺之间，杀人百步之外，不识其所道至。故曰'弓弩势也'。"羿制作的弓，可能是普通的木弓、竹弓。但铁弩在战国初期已出现，并用于战争之中，其威势远胜一般的竹木弓箭。弓弦拉满，百步之外便随时笼罩着杀气。令敌人悲哀的是，其却不知这种潜在的危险来自何方。

兵势的险峻，就要仿效弓弩，如同发机，时刻形成最佳状态之趋向力，未发则无形，发则雷动风举，后发而先至。像《六韬·军势》篇所云的"迅雷不及掩耳，迅电不及瞑目。赴之若惊，用之若狂，当之者破，近之者亡"。

以弓弩喻兵势，除其"势险""节短"外，还有"一"的特点。这点孙武没有论及，孙膑则作了补充和展开。《孙膑兵法·兵情篇》③曰："兵胜敌也，不异于弩之中招也。"并把士卒、将帅、君王之间的关系与弓弩中招相联系加以说明："矢，卒也。弩，将也。发者，主也。""矢，金在前，羽在后，故犀而善走……弩者，将也。弩张柄不正，偏强偏弱而不和，其两洋之送矢也不壹，矢虽轻重得，前后适，犹不中……而弩张正，其送矢壹，发者非也，犹不中招

---

① 参见《孙子·势篇》。

② 参见《孙子·势篇》。

③ 是篇为《孙膑兵法》之十，简文残缺甚多。银雀山汉墓竹简整理小组据是篇首句"若欲知兵之情"，定篇名为"兵情"，并注释云："本篇字体与前《势备篇》相同，文章思路亦近，可能本是《势备篇》之后半。"

也。"金前羽后，前重后轻，犀利善走，乃势之所在也。弩欲中招，除了箭头轻重相宜外，还要弩臂平正，两翼推力一致，同时还要发射方向正确。由弓弩之道窥见用兵之道，行军作战中同样得兵力部署重轻适宜，将帅同心，君王指挥得当。士卒、将帅、君王同仇敌忾，合心勠力，步调一致，才能形成最佳状态的兵势——军事趋向力。弩的这种"一"特点，实际上就是孙武在《计篇》中所说的"道"，在《九地篇》中所说的"用兵如率然"。

兵势贵一，颇受周秦诸子之重视。

"古之道，凡用兵攻战之本，在乎壹民。弓矢不调，则羿不能中微……"①

"兵以静固，以专胜，力分者弱，心疑者背。"②

"一人之兵，如狼如虎，如风如雨，如雷如霆，震震冥冥，天下皆惊。"③

"凡兵之道，莫过乎一。黄帝曰：'一者阶于道，几于神。'"④

孙武除以水、以鸟兽器物之势以喻兵势外，还以转动木石以喻兵势。"任势者，其战人也，如转木石。木石之性，安则静，危则动，方则止，圆则行。故善战人之势，如转圆石于千仞之山者，势也。"⑤木石的特性：圆则滚动，方则静止。兵家所要形成的势，就像从千仞高山上把圆石滚下来一样。把地势稍有倾斜就滚动的圆木圆石置于陡险的千仞之山，由于运动速度的加快，其趋向力是可想而知的。即使是把方木方石放在千仞之山，促成物质的高速度运动，其产生的威势也不可等闲视之。

综上所述，无论是以水、以天地、以鸟虫，抑或以弓弩、以木石等喻示兵势，孙武等所要阐明的理想兵势乃险、疾、猛、一、敛、藏、灵、奇等众多优势的结集。势，是物质的运动和运动的物质所呈现的力量趋向。兵势、战势即是军事力量趋向、战斗力量趋向，战争是对参战的各集团之势力的检验和考核。孙武等刻意要形成的兵势，不只是一般的军事力量趋向，而是要在不悖于事物自然力量趋向之理的基础之上，发挥主观能动作用，形成集众多优势为一

---

① 参见《荀子·议兵》。

② 参见《尉缭子·攻权》。

③ 参见《尉缭子·武议》。

④ 参见《六韬·兵道》。

⑤ 参见《孙子·势篇》。

身的最佳军事力量趋向。《孙子·形篇》阐明"自保而全胜"的理想之形是"善守者藏于九地之下，善攻者动于九天之上"的高深莫测之形；《孙子·势篇》论述最佳状态的势是"治众如治寡"，"斗众如斗寡"，熔"奇正""虚实"之变为一炉的力险节短之势。周秦兵家以某些自然之势来喻示兵势，一方面要求兵势法自然物之势；另一方面要求法某些自然物成势的顺乎自然。兵势是自然和人为力量趋向相结合的产物。

三、孙武的兵势观

《汉书·刑法志》云："春秋之后，灭弱吞小，并为战国……雄桀之士，因势辅时，作为权诈，以相倾覆。吴有孙武，齐有孙膑，魏有吴起，秦有商鞅。皆擒敌立胜，垂著篇籍。当此之时，合纵连横，转向攻伐，代为雌雄。齐愍以技击强，魏惠以武卒奋，秦昭以锐士胜。世方争于功利，而驰说者以孙吴为宗。""因势辅时"一语，道出了雄桀之士的共同特点。"驰说者以孙吴为宗"，并非溢美之词。《韩非子·五蠹篇》云："藏孙吴之书者，家有之。"《史记》将孙吴共列一传。《史记·孙吴列传》曰："世俗所称师旅，皆道《孙子十三篇》《吴起兵法》，世多有，故弗论。"因历时久远，今本《吴起兵法》六篇，"辞意浮浅，殆非原书"[1]，兹以《孙子》十三篇为主来探讨以孙武为代表的周秦兵家之兵势观。

军队是重要的国家机器，兵势则是国势的保证，亦是国势不可分割的组成部分。如果把国势视为由无数个子系统按一定的网络结构组成的"大复合体"，那么作为国势这个有机整体之子系统的兵势则可被视为汇集一些兄弟系统和自己的子系统按一定的网络结构组成的"小复合体"。一方面，它隶属于"大复合体"；另一方面，它又包罗宏富，相对独立。孙武注意到了兵势这种不同寻常的特殊形态。《孙子》十三篇以形象的语言将"势"理论引进军事领域，提出了"兵无常势，水无常形"，"战势不过奇正，奇正之变，不可胜穷也"，"善出奇

---

① 张舜徽：《汉书·艺文志通释》，湖北教育出版社 1990 年版，第 237 页。

者，无穷如天地，不竭如江河"等精妙之论，以示兵势的常和变、普遍性和特殊性。又从整体思维的角度，把兵势纳入国势中加以考察与分析，阐明敌我双方的天势、地势、人势、政势、财势等与兵势的关系。既注重了兵势的本身和局部的优势，又注重了天势、地势、人势、财势、政势等与兵势有机相结合而形成的总体军事优势；既注重正势，又特别注重奇势；既注重兵势的整体观，又注重兵势的辩证观，势因自然，势更在人为，把因自然和因人为嫁接成一体，求得辩证的统一。

（一）整体之兵势观

天、地、人等要素即是政治家亦是军事家谈论的热门话题。被誉为东方兵学鼻祖的孙武在《孙子兵法》中以"计"开篇，开宗明义地阐述了决定战争胜负的"五事"："一曰道，二曰天，三曰地，四曰将，五曰法。道者令民与上同意，可与之死，可与之生，而不畏危也。天者，阴阳、寒暑、时制也。地者，远近、险易、广狭、死生也。将者，智、信、仁、勇、严也。法者，曲制、官道、主用也。凡此五者，将莫不闻，知之者胜，不知者不胜。""五事"中，除天、地以外，道和后二者实则为人事范畴。

孙膑则用"道"来概括天、地、人等要素。《孙膑兵法·八阵篇》曰："知道者，上知天之道，下知地之理，内得其民之心，外知敌之情，阵则知八阵之经；见胜而战，弗见而诤。"孙膑所要知的"道"包括天时、地理、民心、敌情、战术等内容。

天时、地利、人和等实际上指的是天势、地势、人势。三国时，蜀相诸葛亮便把天、地、人三要素归结为行师三势。诸葛亮《将苑》云："夫行师之势有三焉：一曰天、二曰地、三曰人。天势者，谓日月清明，五星合度，彗孛不生，风气顺调；地势者，谓险易形殊，或石门幽洞，羊肠险要，或峻岭重岩，洪流千里；人势者，谓主圣将贤，三军有礼，士卒用命，粮甲坚备也。善将者，因天之时，就地之势，依人之利，则所向者无敌，所击者万全矣！"诸葛亮所阐述的天势、地势、人势等内容与孙武的"五事"、孙膑的"道"，大体上是一致的。

孙武及其后的兵家有一共同之处就是注重知势和审时度势。尤其是孙武更是贵"知",把"知"贯穿到用兵的整个过程中,反映了他一切从客观实际出发的朴素唯物主义思想。孙武认为,明君贤将兴兵征战,每每旗开得胜,是因为做到了"先知"。《孙子·用间篇》云:"故明君贤将,所以动而胜人,成功于众者,先知也。"如何"先知"呢?孙武阐明道:"先知者,不可取于鬼神,不可象于事,不可验于度,必取于人,知敌之情者也。"①先知不是迷信于鬼神,不是机械地套用以往的经验,不是靠占星望气等,而是依赖对敌情的认识。《孙子兵法》第一篇曰:"计利以听,乃为之势。"②明确告诉人们,"知""计"是为势的基础。同篇又曰:"故善战者,求之于势。"求之于势,就是要求助于对客观形势的把握,对战略形势的估量,并在认识的基础上,因势利导,"因利而制权"③,从而形成有利于我、不利于彼的具体兵势和战势。具体地说"求之于势",就是要求之于天、地、风、水、火等自然之势,求之于万众一心的人势、有道有义的政势,求之于有委有积的财势,等等,同时还要求之于"因利而制权"的人为之势。对客观形势认识、分析得越深刻,所为的势越恰到好处,人的主观能动性也越会得到极大的发挥。这是因为"战争的胜负,主要地决定于作战双方的军事、政治、经济、自然诸条件,这是没有问题的。然而不仅仅如此,还决定于作战双方主观指导的能力。军事家不能超过物质条件许可的范围外企图战争的胜利,然而军事家可以而且必须在物质条件许可的范围内争取战争的胜利。"④

《孙子·形篇》:"胜兵先胜而后求战。"打胜仗的军队必须首先创造必胜的条件,然后才作战,这句话表明了孙武对创造有利条件的重视。作为战争取得胜利的因素的天、地、彼、己,甚至"屈伸之利,人情之理"等都在孙武的考虑之列。

---

① 参见《孙子·用间篇》。
② 参见《孙子·计篇》。
③ 参见《孙子·计篇》。
④ 毛泽东:《中国革命战争的战略问题》,载中共中央毛泽东选集出版委员会:《毛泽东选集》合订本,人民出版社1964年版,第166页。

1. 求之于天势——"知天"而"因天之时"

对天时也就是天势的重视，周秦兵家的意见是一致的。但对天时的解释则不尽相同。《孙膑兵法》有《月战篇》，阐明军旅之事与天时的关系，认为"十战而六胜，以星也。十战而七胜者，以日者也。十战而八胜，以月者也……"把日德、星德、月德等作为克敌制胜的因素（按：篇名题以"月战"，乃囿于古人的迷信。古人多以月属阴，主刑杀，凡征伐等军旅之事宜选在月盛之时）。《左传·成公十六年》有"陈（同阵）不违晦……以犯天忌"之语，杜预注曰："晦，月终，阴之尽，故兵家以为忌。"孔颖达疏曰："日为阳精，月为阴精。兵尚杀害，阴之道也。行兵贵月盛之时，晦是月终，阴之尽也，故兵家以晦为忌，不用晦日陈兵也。"

《六韬·王翼》论及司令部成员建制时，主张设天文三人，"主司星历，候风气，推时日，考符验，校灾异，知无心去就之机"。《兵征篇》还推出一套望气、察敌之说。

《孙膑兵法》和《六韬》等重视天时，但其强调的天时染上了浓厚的迷信色彩。这种因天之时观，在历史上是有一定的市场的，影响着几乎整个封建时代。《淮南子》和《汉书·艺文志》对此有更具体的论述。《淮南子·兵略》曰："明于星辰日月之运，刑德奇赅之数，背乡（向）左右之便，此战之助也。"《汉书·兵书略》释兵阴阳曰："阴阳者，顺时而发，推刑德，随斗击，因五胜，假鬼神而为助者也。"

孙武重视天时，但他对"天"的解释与当时杂有唯心意识的天时观大异其趣，表现了其鲜明的无神论思想。何谓"天"，孙武曰："天者，阴阳、寒暑、时制也。"孙武谈到的"天"，既非日、月、星、神，更非子虚乌有的天意、鬼神之属，而是指昼夜、晴雨、寒来暑往、四时交替等自然趋向。这种天时观与其兵法《用间篇》所阐述的"先知者，不可取于鬼神，不可象于事，不可验于度"和《地形篇》所讲的"兵有走者，有驰者，有陷者，有崩者，有乱者，有北者。凡此六者，非天之灾，将之过也"之意旨是一致的。孙武这种朴素的唯物思想影响着后来的尉缭子等兵家。《尉缭子·武议》篇曰："今世将考孤虚，占咸池，合龟兆，视吉凶，观星辰风云之变，欲以战胜立功，臣以为难。"孤虚，古时占卜依干支推时日吉凶之法。天干为日，地支为辰，日辰不全称空亡，亦称孤虚。出兵占卜得孤虚，主事不济。咸池，据《史记·天官书》记载，为主兵之星。尉缭子认为将帅迷信于天象神鬼，并赖以战胜立功，是行不通的。

"知天知地，胜乃不穷。"①"知天"在于因天之时，积极利用昼夜寒暑、风雪雨雾等自然趋势，或因风放火，或依风挂帆，或顺风呐喊，或暗夜奇袭，或浓雾骚扰。前者可达到风添火势，火助风威，风火之势以壮军威的目的。后者可造成敌方弄不清己方兵势的虚实底细，变己被动为主动，变敌主动为被动。孙武在兵法中对风势、火势皆有专门的阐述，兹不具论。历史上流传的"借东风""草船借箭"等可作祖述兵法，有效地借用天势的例证。

2. 求之于地势——"知地"而"就地之利"

孙武等周秦兵家皆论及地势，但唯有他对地势的论述最为详备、具体、系统且富有特色。《孙子兵法》十三篇，专篇论及地势的有《地形篇》《九地篇》，兼论地势的有《九变篇》《行军篇》和《军争篇》等。举凡地势的概念、地势的作用、地势的分类、普通的地势和特殊的地势的处置等，孙武都有较科学的阐述。倘若将孙武的地势观加以推而衍之，可成为一门系统的军事地理学。孙武等人重视地势，是因为在科学不太发达的古代，地势比天势容易把握和利用。

何谓"地"，孙武曰："地者，远近、险易、广狭、死生也。"路途的远近，地势的险要平坦，宽广狭窄，绝路生路皆被孙武视为地势的范畴(汉简《孙子兵法》，此句为："地者，高下、广狭、远近、险易、死生也。"多"高下"二字)。

"夫地形者，兵之助也。料敌制胜，计险厄远近，上将之道也。知此而用战者必胜，不知此而用战者必败。""知天知地，胜乃不穷。"②"不知山林、险阻、沮泽之行者，不能行军；不用乡导者，不能得地利。"③孙武寥寥数语，阐

---

① 参见《孙子·地形篇》。
② 参见《孙子·地形篇》，以下只引篇名。
③ 参见《孙子·军争篇》。

明了地势同天势一样是佐助兵势的一个重要因素，同时亦阐明了将帅的主观能动作用。地理走向、山水形势是一种存在着的客观事实，为将者必须判明敌情，对山林、沮泽之类地理形势的险易、路程的远近等要了然于胸，并有效地利用地势克敌制胜。

在地理形势的划分及其对行军作战的影响和具体处置办法等问题上，《孙子兵法》留下了丰富的篇章。《地形篇》按自然地理形态将地形分为"通""挂""支""隘""险""远"六形。《九地篇》又按实战经验和用兵法则分地形为"散地""轻地""争地""交地""衢地""重地""圮地""围地""死地"等类型。对于不同的地理形势，作不同的对待："通形者，先居高阳，利粮道，以战则利"；"挂形者，敌无备，出而胜之，敌若有备，出而不胜，难以返，不利"；"支形者，敌虽利我，我无出也，引而去之，令敌半出而击之，利"；"隘形者，我先居之，必盈之以待敌。若敌先居之，盈而勿从，不盈而从之"；"险形者，我先居之，必居高阳以待敌，若敌先居之，引而去之，勿从也"；"远形者，势均，难以挑战，战而不利。"

"散地则无以战，轻地则无止，争地则无攻，交地则无绝，衢地则合交，重地则掠，圮地则行，围地则谋，死地则战。"①

对地势的论述，孙武不仅注意到了常见的地势，而且注意到了特殊的地势，更注意到了非常之战略要地。

《行军篇》谈到"凡地有绝涧、天井、天牢、天罗、天陷、天隙"，对于这些特殊而不利的地形，"必亟去之，勿近也。吾远之，敌近之，吾迎之，敌背之"。

孙武在《九地篇》中谈到的"争地""衢地"和"围地"等便属非常之战略要地。孙武曰："我得则利，彼得亦利者，为争地"；"诸侯之地三属，先至而得天下之众者，为衢地"；"所由入者隘，所从归者迂，彼寡可以击吾之众者，为围地"。"争地则无攻"，"争地，吾将趋其后"；"衢地，则合交"，"衢地，吾将固其结"；"围地则谋"，"围地，吾将塞其阙"。对于这些重要地形，孙武

---

① 　参见《孙子·九地篇》。

主张要么派重兵抢先占领，要么通过外交结盟而据有，要么巧设奇谋而攫取，以便制人而不制于人。汉代人则称交通方便、地理环境优越的地盘为"势居"。《盐铁论·通有》云："故物丰者民衍，宅近市者家富。富在术数，不在劳身。利在势居，不在力耕也。"

在孙武看来，"就地之利"除了常规地利用地形的自然趋向力外，还要知九变之术。《九变篇》曰："故将通于九变之利者，知用兵矣；将不通于九变之利者，虽知地形，不能得地之利矣。"九变，九者，数之极矣。九变，言变化之多。又《孙子》有《九地篇》，言地势的复杂众多，要求将帅"九地之变，屈伸之利，人情之理，不可不察"。"九变"，"九地之变"，即结合"屈伸之利，人情之理"灵活多变地利用地势，把地势同人情之势结合起来，打破常规，善于变化，出奇制胜。"凡军好高而恶下，贵阳而贱阴，养生而处实"[1]和"高陵勿向，背丘勿逆"[2]等讲的是行军作战所遵循的常规法则。但在一定条件下，孙武认为可将兵士陷于围地并"塞其阙"，投之于险地、绝地、死地、亡地而"示之以不活"，以收到"投之亡地然后存，陷之于死地然后生"的效果，这种巧妙利用地理劣势和"夫众陷于害，然后能为胜败"——人的幸生则死，必死则生的心理情势之非凡手段，令后来的兵家大开眼界，给政治家、思想家亦启示良多。

3. 求之于人势——"知道"而依"人和"

因天之时，就地之利，更要依人之势。在天势、地势、人势三要素中，人势最为重要。人是主体，客体的优势只有人的参与才能形成。人势的范畴甚广，除了人丁的数量外。主要指的是人的素质，它包括：主圣、将贤、士勇；君主、将帅、士卒的上下一心；用以提高将士素质的法令、建制、方略，等等。

孙武注意到人势的重要。《计篇》曰："兵者，国之大事，死生之地，存亡之道，不可不察也。故经之以五事，校之以计而索其情。"察，就是要经"五

---

① 参见《孙子·行军篇》。

② 参见《孙子·军争篇》。

事"："一曰道，二曰天，三曰地，四曰将，五曰法"；计"七情"："主孰有道？将孰有能？天地孰得？法令孰行？兵众孰强？士卒孰练？赏罚孰明？"而"五事""七情"，除天地以外，皆指的是人势范畴。

君主之圣明，将帅之多智多谋、诚信、果敢，兵力之强大，士气之旺盛，士卒素质之优良，法纪之严明，训练之严格，建制之合度，管理之健全，赏罚之公正等乃是形成强大兵势之保证，不可不察，不可不计。然而"五事""七情"中，最重要的却是君主、将帅、士卒的上下一心，齐心合力，趋向力的一致。孙武将其称之为"道"。何为"道"，孙武解释曰："道者，令民与上同意，可与之死，可与之生，而不畏危也。"①"道"的核心，是"民与上同意"，"民与上同意"则"可与之死，可与之生"，"上下同欲者胜"②。

为了使"民与上同意""上下同欲"，实现君臣、士卒力量趋向的一致，孙武要求君明将贤；主张"令之以文，齐之以武"；"愚士卒之耳目"；"投之于险"，以收到"并敌一向"之效果。

（1）君明将贤。孙武要求君主、将帅首先必须做到政治修明，法纪严明，指挥得当。《形篇》曰："善用兵者，修道而保法，故能为胜败之政。"《九地篇》曰："齐勇若一，政之道也。"士卒趋向一致，是由于政治修明，军纪森严，治理、指挥有方。三者中，其一，政治修明。汉简《孙子·吴问篇》记载了孙武劝谏吴王厚爱其民，提出"得道多助，失道寡助"的政治观点。其二，不可以愠怒而兴师致战。发动战争，不能凭主观情感，要以国家利益为重，要做到师出有理且慎之又慎。这是因为喜怒可以无常，而国亡、人死则不可复存复生。唯此，才无愧于"明君""良将"之称号。《孙子·火攻篇》曰："非利不动，非得不用，非危不战，主不可以怒而兴师，将不可以愠而致战。合于利而动，不合于利而止。怒可以复喜，愠可以复悦，亡国不可以复存，死者不可以复生。故明君慎之，良将警之。此安国全军之道也。"其三，不得已而用兵。老子曰："兵者不祥之器也，非君子之器，不得已而用之。"孙武继承了老子这种思想，要求君王、将帅在用兵之前，运筹帷幄，尽量用不血刃的方式解决问题，不得

---

① 　参见《孙子·计篇》。
② 　参见《孙子·谋攻篇》。

已才伐兵、攻城，尽可能地减少财力的消耗、兵士的死亡。"上兵伐谋，其次伐交，其次伐兵，下次攻城。"①其四，择人任势。作为明主应选贤授能，"择人而任势"。选择具备"智、信、仁、勇、严"素质的人才为将帅。选贤授能应不拘一格。即令曾经是敌人，只要他诚心归顺又确有卓识良谋，也要敢于委之重任。物尽其力，人尽其能。孙武曰："昔殷之兴也，伊挚在夏；周之兴也，吕牙在殷。"②孙武认为殷周之兴是因为重用了夏朝的旧臣伊尹与商之遗臣吕尚反间的缘故。所谓择人任势，就是选择合适的人才，形成和利用具体的力量趋向。杜牧注曰："先料兵势，然后量人之材，随短长以任之。"借用数学术语来说，当人才的特长（最佳力量趋向）〰（相似于）或≌（全等于）要形成利用的具体兵势时，即可大大增强具体兵势的威力和效果。而作为贤将，则要选择好精锐部队，"兵无选锋曰北"③，并做到"刚柔皆得"，使强者、弱者都能发挥作用。天下之人，才有修短，行有高下，善用人者，必须懂得择人之术，任长之道，方可使各种人才所具备的潜力都能得到淋漓尽致地发挥。"鸡鸣狗盗"之徒，只要恰到好处地任用，也会派上大用场。其五，君臣的亲密无间。君要明，要诚信，用人勿疑。"将能而君不御者胜"④。君主不了解军情，就不要过多地干预军旅之事。孙武曰："故君之所以患于军者三：不知军之不可以进而谓之进，不知军之不可以退而谓之退，是谓縻军；不知三军之事而同三军之政者，则军士惑矣；不知三军之权而同三军之任，则军士疑矣。"⑤为将者，要贤明，要懂得如何做才是真正的尽忠。"夫将者，国之辅也，辅周则国必强，辅隙则国必弱。"⑥将受命于君，应当尽忠，但尽忠并非愚忠。战或不战，如何战法，是由具体形势决定，而不是凭君王的一句话，"将在外，君命有可不受。"⑦《地形篇》又曰："战道必胜，主曰无战，必可战也；战道不胜，主曰必

---

① 参见《孙子·谋攻篇》。
② 参见《孙子·用间篇》。
③ 参见《孙子·地形篇》。
④ 参见《孙子·谋攻篇》。
⑤ 参见《孙子·谋攻篇》。
⑥ 参见《孙子·谋攻篇》。
⑦ 参见《孙子·九变篇》。

战，无战可也。"将帅要不怕担责任和风险，不要贪图功名，"合于利而动，不合于利而止"①。

（2）"令之以文，齐之以武"。孙武曰："令之以文，齐之以武，是谓必取。"②"文"，便是通过恩惠、怀柔等手段使士卒亲附而听令效命。"武"，指的是以威罚、严纪等手段使士卒畏服而并力赴死。"文""武"结合便是恩威并施，赏罚并行。张预注《孙子兵法》曰："文恩以悦之，武威以肃之，畏爱相兼，故战必胜，攻必取。"《尉缭子·攻权》曰："善将者，爱与威而已。"

"视卒如婴儿，故可与之赴深溪；视卒如爱子，故可与之俱死。"③和吴起的"撮嘴吮疽"等所阐明的皆是"令之以文"的道理；《军争篇》强调的用众法，即用金鼓旌旗发号施令，统一士兵的行动，"则勇者不得都独进，怯者不得独退"；《势篇》阐述的"斗众如斗寡，形名是也"（曹操注曰："旌旗曰形，金鼓曰名"）；《史记·孙子吴起列传》记载的孙武操练宫中美女，斩吴王爱姬示众，以申军令，使"左右前后跪起皆中规矩绳墨，无敢出声"；《尉缭子·制谈》所说的"民非乐死而恶生也，号令明，法制审，故能使之前。明赏于前，决罚于后，是以发则中利，动则有功"；《尉缭子·武议》所说的"起兵直使甲胄生虮虱者，必为吾所效用也。鸷鸟逐雀，有袭人之怀，入人之室者，非出生（性）也，后有惮也"；《尉缭子·重刑令》所说的"使民内畏重刑，则外轻敌，故先王明制度于前，重威刑于后。刑重则内畏，内畏则外坚矣"等讲的皆是"齐之以武"的道理。

（3）"愚士卒之耳目"。"愚士卒之耳目"，就是蒙蔽士卒，一切作战意图、军事力量趋向皆由将帅掌握，而不让士卒知道。

> 将军之事，静以幽，正以治，能愚士卒之耳目，使之无知。易其事，革其谋，使人无识；易其居，迂其途，使人不得虑。帅与之期，如登高而去其梯；帅与之深入诸侯之地，而发其机，焚舟破釜，若驱群羊，驱而

---

① 参见《孙子·火攻篇》。
② 参见《孙子·行军篇》。
③ 参见《孙子·地形篇》。

往，驱而来，莫知所之。①

孙武认为计谋要经常更新，军事力量趋向要经常变动，安营扎寨经常变换地方，行军多兜圈子，士卒就会"无识"，"无虑"。"犯之以事，勿告以言；犯之以利，勿告以害。"②只让士卒去作战，而不让其知道为什么要去作战，只向士卒昭示利的一面，而不告诉害、危险的一面，甚至人为地把士卒投之于险地、围地、亡地、死地，或"登高而去其梯"，而不让士卒知道这是将帅的有意存心之安排。士卒"无知""无识""无虑"，就不生异心他念，便可以"驱而来"，"驱而往"，"并敌一向"。

(4)"投之于险"。孙武曰："聚三军之众，投之于险，此谓将军之事也。"③"投之于险"，其意是把三军之众投之于"险地""围地""死地""绝地"等，巧妙利用"兵士甚陷则不惧，无所往则固，深入则拘，不得已则斗"④之情理。"险地""围地""死地""绝地"等特定的环境能使士兵"不得已""携手若使一人"。"击其首则尾至，击其尾则首至，击其中则首尾俱至"的"率然"之势（蛇势）甚为可贵，士兵也可形成像"率然"一样的势。如何形成呢？就是"投之于险"。孙武举例说："夫吴人与越人相恶也，当其同舟共济，遇风，其相救也如左右手。"意思是说吴国人与越国人虽然互相仇视，当他们同乘一条船过渡，遭到狂风的时候，为了渡过难关，也会互相援助，如同一个人的左右手那样协调。

"是故方马埋轮，未足恃也；齐勇若一，政之道也；刚柔皆得，地之理也。"⑤孙武认为采取缚住战马、埋住车轮防范士卒逃跑之办法是靠不住的。要想士卒一致奋战，强弱勠力，最佳的办法是利用人的畏死求生的心理，把他们投之于特殊的地形而事先不让其得知是将帅的有意所为，造成使他们"不得已""携手若使一人"之情势。

---

① 参见《孙子·九地篇》。
② 参见《孙子·九地篇》。
③ 参见《孙子·九地篇》。
④ 参见《孙子·九地篇》。
⑤ 参见《孙子·九地篇》。

韩信将兵，多多益善，大概得益于孙武的"犯三军之众，若使一人"等智慧。公元前203年前后，韩信的背水结阵，可说是孙武"投入亡地然后存，陷之死地然后生，夫众陷于害，然后能为胜败"①的理论结出的丰硕果实。

孙武为了做到"齐勇若一"，把士卒比作为"驱而往，驱而来，莫知所之"的"群羊"，"投之于险"而"塞其阙"，"示之以不活"，反映出了春秋末战国初时期平民与贵族之间在地位上的极不平等，以及当时帝王将相创造历史的唯心史观。孙武所主张"视卒如婴儿"，"视卒如爱子"，毕竟是有代价的，士兵是要加倍甚至拿性命偿还主上之人情债的。《史记》记载的吴起为士兵"撮嘴吮疽"，便是最好的例证。《史记·孙子吴起列传》记载曰："卒有病疽者，起为吮之，卒母闻而哭之。人曰：'子，卒也。而将军自吮其疽，何哭为?'母曰：'非然也! 往年吴公吮其父，其父战不旋踵，遂死于敌。吴公今又吮其子，妾不知其死所矣，是以哭之。'"

孙武的"令之以文，齐之以武"，视卒如婴儿，投卒于死地，驱卒若群羊，吴起的撮嘴为士卒吮疽等无非是使卒与上"同欲"，以便一旦国有戎事，"人人无不腾陵张胆，绝乎疑虑，堂堂决而去"。②

主圣将贤，三军用命，上下协力齐心，众志成城，乃是最理想的"道"，最理想的一种人势。

孙武推崇这种"道"，把它列在"五事""七计"之首，表现了他对人势和政势的重视。这种"道"有别于"兵者存亡之道"，"兵者，诡道也"，"计险厄远近，上将之道也"等句中的"道"，亦有别于老子、孔子所言的"道"，近似于孟子所讲的"人和"。《孟子·公孙丑下》有"天时不如地利，地利不如人和"，也就是说天时、地利不如人的趋向力(亦称为人的凝聚力)的一致。孙武主张的"道"则是维系君民、将士趋向力一致的纽带。

除上述之外，孙武还主张求之于政势、财势等。政势近似于上文中的"道""人和"，兹不多论。在这里，着重论述财势对兵势的影响。

《孙子·作战篇》云："凡用兵之法，驰车千驷，革车千乘，带甲十万，千

---

① 参见《孙子·九地篇》。
② 参见《尉缭子·兵谈》。

里馈粮，则内外之费，宾客之用，胶漆之材，车甲之奉，日费千金，然后十万之师举矣。"意思是说兴兵打仗是非常耗费财力的。车、马、粮、草、武器装备、人员开支都仰仗于财神爷、孔方兄。"日费千金"，十万大军才能够运转。因此要进行一次规模较大的战争，决策者必须充分考虑到本国的财势。《商子·战法》亦说过："兵起而程敌，政不若者勿与战，食不若者勿与久。"为了避免财势的不足，孙武主张"拙速"，速战速决。这是因为"久则钝兵挫锐，攻城则力屈，久暴则国用不足。夫钝兵挫锐，屈力殚货，则诸侯乘其弊而起"①。在当时的社会经济条件之下，一个国家的财力、物力是很难支持长期的战争。战争拖延过长，势必导致国库空虚，财势枯竭，士气受挫，从而给诸侯列国以可乘之机。

（二）辩证的兵势观

"计利以听，乃为之势。"②"计"是为势的前提。所谓"计"，就是察形索情，审时度势。通过各种渠道了解天势、地势，了解敌我双方的军事形势，将其综合比较分析，处理好优势与劣势、实势与虚势、正势与奇势、动势与静势、勇势与怯势、强势与弱势、合势与分势、攻势与守势、治势与乱势、众势与寡势、劳势与佚势、胜势与负势等之间的辩证关系。根据天地等势，根据敌我形势，"杂于利害"③，筹划而制定出具体的作战方略，形成利于己而不利于彼的兵势。

1. 知彼知己，扬长补短

战争的过程是敌对双方共同完成的，"兵因敌而制胜"，因此指挥员在确定具体的兵势时，必须考虑到敌我双方之情势。早在两千多年前，军事家孙武便注意到了这一点，提出了"知彼知己，百战不殆"这句不只是兵学，甚至远远超出兵学意义之外的至理名言。孙武曰："知己知彼，百战不殆；不知彼而

---

① 参见《孙子·作战篇》。
② 参见《孙子·计篇》。
③ 参见《孙子·九变篇》。

知己，一胜一负，不知彼，不知己，每战必殆。"①把"知己知彼"作为决定战争胜负的首要条件。孙武在《地形篇》更具体地说："知吾卒之可以击，而不知敌之不可以击，胜之半也；知敌之可击，而不知吾卒之不可以击，胜之半也；知敌之可击，知吾卒之可以击，而不知地形之不可以战，胜之半也。故知兵者，动而不迷，举而不穷。故曰：知彼知己，胜乃不殆；知天知地，胜乃不穷。"孙武要求把"知彼知己"同"知天知地"结合起来考虑。根据敌我双方的形势和敌我在时空中所占的位置来决定是"伐谋""伐交"，还是"伐兵""攻城"；来决定是战还是不战，是取攻势，还是取守势等具体的兵势。"合于利而动，不合于利而止。"

所谓"知彼知己"，就是要了解敌我双方的优势、劣势。《孙子·计篇》中所说的"七情"："主孰有道？将孰有能？天地孰得？法令孰行？兵众孰强？士卒孰练？赏罚孰明？"《谋攻篇》中所说的"知胜有五"："知可以战与不可以战者胜；识众寡之用者胜；上下同欲者胜；以虞待不虞者胜；将能而君不御者胜。"如此等等，可视为"知彼知己"的具体的、展开的论述。洞悉了敌我双方的优劣势，才能发挥优势，化劣势为优势，变被动为主动，集中优势兵力，各个击破。

毛泽东在《论持久战》一文中给孙武"知彼知己，百战不殆"这一理论以高度的评价。毛泽东说："战争不是神物，仍是世间的一种必然运动，因此，孙子的规律，'知彼知己，百战不殆'，仍是科学的真理。"②

孙武之后裔孙膑深得其祖"知彼知己"之真谛。孙膑初入齐国，齐将田忌善待之。田忌常与诸王及公子赌资赛马，每每败北而归。孙膑观察到田忌的马之脚力与诸王的相差不甚悬殊，便向田忌献策曰："今以君之下驷与彼上驷，取君上驷与彼中驷，取君中驷与彼下驷。"田忌依计，以下等马对王之上等马，以上等马对王之中等马，以中等马对王之下等马，赛马结果二胜一负，赢得赌资千金(详见《史记·孙子吴起列传》)。这个故事揭示出很深刻的道理——发

---

① 参见《孙子·谋攻篇》。
② 中共中央毛泽东选集出版委员会：《毛泽东选集》合订本，人民出版社1964年版，第458页。

挥己方的优势，扬长补短，或以局部劣势，换取全局优势。孙膑所献的赛马之策，乃当今运筹学所要研究和重视的课题。

2. 知虚知实，"避实击虚"

何谓"虚势""实势"？孙武在《势篇》用形象的语言说："兵之所加，如以碬投卵者，虚实是也。"意思是说，兵势所趋，犹如以石块击打禽蛋，这就是虚势、实势道理运用得当的缘故。《唐太宗李卫公问对》把虚势、实势视为《孙子兵法》十三篇的要旨。太宗曰："朕观诸兵书，无出孙武。孙武十三篇，无出虚实。夫用兵者，识虚实之势，则无不胜焉。今诸将中，但能言（避）实击虚，及其临敌，则鲜识虚实者。"

要想避实击虚，首先得知晓敌我的虚势、实势所在。

"兵以诈立。"[1]战争是十分复杂的，加之敌人亦有狡黠的一面，他们是不会轻易地暴露自身的实力和薄弱之处的，甚至以假象来混淆视听。为此，孙武主张用"相敌""用间""动敌"等手法来弄清敌方的真实军事趋向和虚实之处。

（1）相敌：相敌指的是在行军作战中，仔细观察敌军动向、征候。透过现象，辨伪求真，循虚求实。孙武曰：

> 敌近而静者，恃其险也；远而挑战者，欲人之进也；其所居者，易利也；众树动者，来也；众草多障者，疑也；鸟起者，伏也；兽骇者，覆也；尘高而锐者，车来也；卑而广者，徒来也；散而条达者，樵采也；少而往来者，营军也；辞卑而益备者，进也；辞诡而强进驱者，退也；轻车先出居其侧者，陈也；无约而请和者，谋也；奔走而陈兵者，期也；半进半退者，诱也；倚仗而立者，饥也；汲而先饮者，渴也；见利而不进者，劳也；鸟集者，虚也；夜呼者，恐也；军扰者，将不重也；旌旗动者，乱也；吏怒者，倦也；粟马肉食，军无悬瓴，不返其舍者，穷寇也；谆谆翕翕，徐言入入者，失众也；屡赏者，窘也；数罚者，困也；先暴而后畏其

---

① 参见《孙子·军争篇》。

众者，不精之至也；来委谢者，欲休息也；兵怒而相迎，久而不合，又不相去，必谨察之。①

孙武一连列举三十多种"相敌"——观察、判断敌情之方法，其中许多可视为由表及里，识别实势与虚势的经验之谈。这些方法影响着周秦其他兵家。《尉缭子·兵令上》曰："矢射未交，长刃未接，前譟者谓之虚，后譟者谓之实，不譟者谓之秘。虚、实、秘者，兵之体也。"《尉缭子·兵教下》又曰："众夜击者，惊也；众避事者，离也；待人之救，期战而蹙，皆心失而伤气也。"《六韬·垒虚》通篇皆为论述登高远望，侦察敌人营垒虚实的方法。

（2）用间：孙武曰："故惟明君贤将，能以上智为间者，必成大功，此兵之要，三军之所恃而动也。"②孙武对间谍给予高度的评价，认为用间是料敌虚实、蒙敌的关键手段。要求"三军之亲，莫亲于间，赏莫厚于间，事莫密于间"，甚至不惜"爵禄百金"网罗间谍。孙武把用间分为五种：因间、内间、反间、死间、生间，其中前三种是从敌人阵营中物色间谍，获取情报，为己方服务。死间，则是利用己方间谍，散布虚假情报，使敌方莫辨真伪虚实，上当中计。

孙武曰："五间俱起，莫知其道，是谓神纪，人君之宝也。"意思是说，五种间谍同时启用，使敌人晕头转向，高深莫测，防不胜防，此乃君王秘不示人的神妙法宝。

（3）形人：孙武曰："形人而我无形。"③所谓"形人"，就是采取非凡的手段，让敌人把真实的军事趋向暴露出来。"策之而知得失之计，作之而知动静之理，形之而知死生之地，角之而知有余不足之处。"通过或"策之"，或"作之"，或"形之"，或"角之"，以了解敌方的动静虚实之势以及我方对敌之虚实的判断是否正确。

战争是一种双边活动的过程。作为一名高明的将帅，一方面对敌人的虚

---

① 参见《孙子·行军篇》。
② 参见《孙子·用间篇》。
③ 参见《孙子·虚实篇》。

势、实势应了如指掌；另一方面必须想方设法使己方的形势深不可测，让敌方摸不着边际，"形人而我无形"，是故孙武提出"示形"之主张，"示形"就是故意把虚假的趋向展现给敌方，将真实的本质的军事趋向隐藏起来，达到迷惑敌人、陷敌为被动之目的。

孙武曰："兵者诡道也，故能而示之不能，用而示之不用，近而示之远，远而示之近。"①能战而装作不能战，要用兵却有意装作不用兵，讲的皆是藏形敛势的道理，即与前文中"鸷鸟将击，卑飞敛翼；猛兽将搏，弭耳俯伏；圣人将动，必有愚色"一席话意旨相同。"能而示之不能，用而示之不用"，"卑而骄之"皆为麻痹敌方的诡诈之道，为的是"攻其不备，出其不意"。《孙子·形篇》所阐述的皆为藏形敛势的道理。

从"近而示之远，远而示之近"的对举中，可知孙武的示形还蕴含有不能而示之能，能而更夸大其能(亦就是示威)之意。有威而明，无威而佯装有威，虚张声势，将军事威势高高隆起，彰明天下，达到震撼敌人、不战而屈人之兵之目的。孙武曰："夫霸王之兵……威加于敌，则其交不得合……威加于敌，故其城可拔，其国可隳。"②意思是说，示强大的威势于敌国，其他国家就不敢与它建交，敌军会闻风丧胆，都城就会不攻自破。《尉缭子·战权》亦曰："千人而成权，万人而成武。权先加人者，敌不力交；武先加人者，敌无威接。"孙武又曰："勇怯，势也；强弱，形也。"③李筌注《孙子兵法》曰："得势而战，人怯者能勇。"既然勇怯、强弱产生于力量之对比，那么己方便应对敌人显示出强大的军威。楚汉战争中的"四面楚歌"是其例证。

后来的兵家又在"能而示之不能"的基础上，演变出不能而示之不能之诡道。不能而示之不能并不难做到，但难就难在虽然不难，却要达到给人以"能"的感觉。托诸葛亮所为的"空城计"④使这条虚中之虚的理论得到了肯定。

强示强，弱示弱，强示弱，弱示强，虚中有实，实中有虚，实实虚虚，虚

①　参见《孙子·计篇》。
②　参见《孙子·九地篇》。
③　参见《孙子·势篇》。
④　"空城计"最早见于魏末晋初鱼豢《魏略》，原是魏将文聘的故事。

虚实实，变化无穷。

毛泽东在《中国革命战争的战略问题》一文中，将孙武的"示形"称为"声东击西"。①

示形的最高境界是无形。《孙子·形篇》曰："善守者藏于九地之下，善攻者动于九天之上。"《虚实篇》又曰："故形兵之极，至于无形。无形，则深间不能窥，智者不能谋。"《淮南子》亦曰："为鱼鳖者，则可以网罟取也；为鸿鹄者，则可以矰缴取也；惟无形者，无可奈也。""无形"则使敌方摸不清虚实，不知从何处下手，无可奈何。

无形，并不等于说是不存在军事趋向，而是指示形要运用精妙，恰到好处，善于变化，收到敌人丝毫看不出一点我方军事趋向之效果。孙武称赞示形以至于无形，感叹无形的微妙："微乎，微乎，至于无形，神乎，神乎，至于无声，故能为敌之司命。"②我知敌方的虚实，敌方却捉摸不到我方的一点痕迹，"难知如阴"③，就可掌握主动权，牵着敌人的鼻子转。敛势、藏势的目的是放，敛、藏做到"始如处女，敌人开户"，发、放则要做到"后如脱兔，敌不及拒"④。为了做到"无形"，孙武主张"政举之日，夷关折符"⑤，其意思是作战前夕，封锁关卡，毁掉通行证件，防止军机泄露。

"故形人而我无形，则我专而敌分。我专为一，敌分为十，是以十共其一也，则我众而敌寡。能以众击寡者，则吾之所与战者约矣。吾所与战之地不可知，不可知，则敌所备者多。敌所备者多，则吾之所与战者寡矣。故备前则后寡，备后则前寡，备左则右寡，备右则左寡，无所不备则无所不寡。"⑥成功的示形，以至天衣无缝。敌不知我之虚实之处、攻击所在、运动趋向，势必处处防备，平均用力，处处有备，处处分力，设防的越多，兵力越分散，破绽也就越多。而我方则可集中优势兵力，十击其一，专攻敌之薄弱环节，各个击破，

① 中共中央毛泽东选集出版委员会：《毛泽东选集》合订本，人民出版社1964年版，第193页。
② 参见《孙子·虚实篇》。
③ 参见《孙子·军争篇》。
④ 参见《孙子·九地篇》。
⑤ 参见《孙子·九地篇》。
⑥ 参见《孙子·虚实篇》。

即使总体优势不如敌，也可取得局部的优势和胜利。

周秦兵家大多懂得示形的道理。《孙膑兵法·擒庞涓》曰："吾将示之疑"，"吾将示之不知事"，"示之寡"。在桂陵之战、马陵之战中上述的理论皆得到有效的运用。《尉缭子·兵谈》云："治兵者，若秘于地，若邃于天，生于无。"阐明用兵应不露形迹，如同藏在天上地下，使敌方无由得知。《六韬·兵道》借姜太公之口说："外乱而内整，示饥而实饱，内精而外钝。一合一离，一聚一散，阴其谋，密其机，高其垒，伏其锐。士寂无声，敌不知我所备，欲其西，袭其东。"《六韬·军势》又云："故至事不语，用兵不言。""善胜敌者，胜于无形……用莫大于玄默，动莫神于不意，谋莫善于不识。"《尉缭子·战权》曰："有者无之，无者有之，安所信之？"

示形之最高境界是达到"形人"而我"无形"，也就是说让敌人暴露真实军事趋向，而不让敌人明白我之行动意图。我形敌，敌不能形我，以我之"无形"，促成敌之有形，从而以"无形而制形"，"避实击虚"，出奇制胜。孙武曰："见胜不过众人之所知，非善之善者也；见胜而天下曰善，非善之善者也。故举秋毫不为多力，见日月不为明目，闻雷霆不为聪耳。"[1]孙武认为预见胜势能超过常人的洞察力，防患、消患于未然，才称得上是善之善者也，高明中最高明者也。

通晓敌我双方的虚实之势，便能避实击虚。孙武曰："夫兵形象水，水之形避高而趋下，兵之形避实而击虚。"[2]

避实势："无邀正正之旗，勿击堂堂之阵。""高陵勿向，背丘勿逆"，"锐卒勿攻"。对于那些旌旗整齐，阵营强大，占据战略要地，处于明显实势的敌军尽量避免正面拼杀。"佯北勿从"，"饵兵勿食"。对于那些假装败势，故为诱饵，虚中有实的敌军不要贪功冒进，"归师勿遏，围师必阙，穷寇勿迫"。[3]兵忌老势，困兽犹斗，不可不防。

---

① 参见《孙子·形篇》。

② 参见《孙子·虚实篇》。

③ 俱见《孙子·军争篇》。

击虚："出其所不趋，趋其所不意"，"攻其所不守者。"①"由不虞之道，攻其所不戒也。"②选择敌军的薄弱环节和意想不到之处下手。《六韬·兵道》曰："兵胜之术，密察敌人之机而速乘其利，复疾击其不意。"

"避实击虚"的战例甚多，这里着重谈谈春秋鲁、齐的长勺之战和战国齐、魏的桂陵之战。

①长勺之战。公元前 684 年，齐国进攻鲁国，战于长勺。两阵刚刚对圆，鲁庄公便欲令擂鼓出击，曹刿劝止说："不可。"待到齐军击鼓三次，进攻锐气受挫时，曹刿说：可以进行反击了。鲁庄公听从曹刿的意见，果然大败齐军。战后鲁庄公问曹刿能打败齐军的原因，曹刿说："夫战，勇气也。一鼓作气，再而衰，三而竭，彼竭我盈，故克之。"③孙武将曹刿论战经验加以总结，写进兵书之中，称之为"夺气"之术。《孙子·军争篇》云："故三军能夺气，将军可夺心。是故朝气锐，昼气惰，暮气归。善用兵者，避其锐气，击其惰归。"大凡用兵或比武，较量之初，双方皆跃跃欲试，气势汹汹，锐气可嘉；及其拼搏渐久，力量损耗，必见怠惰，到了后期，屡战受挫，更是气衰力竭，罢战欲归。尤其是寻找不到敌方的虚实之处，无的放矢，劳而无成，疲于奔命，则益显松懈，神颓气泄。明代戚继光《纪效新书·总叙》曰："凡人之为兵，任是何等壮气，一遇大战后，气必少泄，又复治盛之以再用，庶气常盈。若一用之而不治，再用则浊，三用则涸。"梅尧臣注《孙子·军争篇》曰："朝，言其始也；昼，言其中也；暮，言其终也。"孙武主张避开敌方雄锐的朝气——"实"，也就是后来《孙膑兵法·见威王篇》中所说的"让威"，利用和造成敌方懈怠的昼气、暮气——"虚"，不失时机地攻击敌人。《素书通评虚实论》云："精气夺则虚。"

《孙子·作战篇》："卒善而养之。"以友善的态度对待和供养俘虏，达到柔治、分化敌人之目的。《军争篇》："围师必阙"，围攻敌人，留个缺口，趁其仓皇逃命时，伏兵击之，以避免鱼死网破。这些亦未尝不是一些行之有效的

①　参见《孙子·虚实篇》。
②　参见《孙子·九地篇》。
③　参见《左传·庄公十年》。

"夺气"之法。

　　"夺气"的目的就是使敌气常虚，我气常盈。为了使我之气势常盈，除"夺气"外，孙武还主张忿民、明威、厚赏、用险等。

　　《孙子·作战篇》曰："故杀敌者，怒也。"要想士兵奋勇杀敌，必须激发他们的怒气。善于用兵者，大多重视培养士气，蓄积精神力量，撩起或燃起士兵的怒火，使士兵莫不腾越张胆，怒发冲冠，效命沙场。《乾坤大略四囊书》云："兵之所以战者，气也；气之所以激者，怒也。"激怒士气有多种途径：或晓以大义，以民族、国家荣誉感来激发士兵对敌人的恨意，"楚虽三户，亡秦必楚"，越国"十年生聚，十年教训"及与吴临战之日"父勉其子，兄勉其弟，妇勉其夫"，誓与吴国决一死战等皆可作以义兴怒的例证；或动之以情，挑起复仇火焰，如公元前284年，齐将田单用反间之谋，故意向燕军散布说齐人害怕燕军割掉齐降兵的鼻子并用其作为先导，更恐惧掘齐先人的坟墓。燕军中计，把齐降兵鼻子悉数割掉，将城外齐人的祖墓挖掘，焚烧死人的尸骨，城中的齐人望见燕军之兽行，先祖受辱，物伤其类，"皆涕泗，共欲出战，怒自十倍"[1]，大败燕军。

　　《孙子·势篇》曰："勇怯，势也；强弱，形也。"《九地篇》曰："威加于敌，故其城可拔，其国可隳。"明威示强，渲染声势，旌旗猎猎，钟鼓不辍，呐喊起伏等可造成士兵在精神上具有压倒一切敌人之气概。明威可起到扬我士气、震慑敌心的作用。

　　《孙子·作战篇》曰："取敌之利者，货也。"重赏之下，必有勇夫。精神上、道义上培养士气，善之又善，而物质上刺激士气同样不可忽视。

　　把士兵投之于险地，除了能使士兵齐心合力，"并敌一向"外，还能收到斗志昂扬之效。孙武曰："兵士甚陷则不惧，无所往则固，深入则拘，不得已则斗……令发之日，士卒坐者涕沾襟，卧者涕交颐，投之无所往者，诸、刿之勇也。"[2]一人拼命，百夫莫挡，困兽犹斗，鱼死网破。生与死之间进行选择，谁不愿生？久困的士兵，当战令下达，自然激动不已，泪水洗面。生的希望就

---

① 参见《史记·田单列传》。
② 参见《孙子·九地篇》。

在前面，如何不斗志顿生，士气陡涨，同仇敌忾，而勇比专诸、曹刿呢？

周秦兵家皆重视培养和激发士气，其原因在于："民之所以战者，气也。气实则斗，气虚则走。"①士兵气势的培养和提高、鼓舞，牵涉政治思想工作、领导指挥艺术、战势的胜负等诸方面。

《孙膑兵法·延气篇》具体阐述了"激气""利气""厉气""断气""延气"之法，乃孙武以后激扬士气的高见佳作。《尉缭子·战威》既言气，又讲"励士之道"。

②桂陵之战。公元前353年，魏围攻赵都邯郸，赵国向齐国告急求救，齐王命田忌、孙膑率兵救赵。孙膑分析形势，认为魏国的精锐在赵，魏都大梁势必空虚，主张麾师攻击魏都，待魏军回师相救时，趁其疲惫无备，中途击之。《孙膑兵法》《史记》皆记载了这次战争经过。《史记·孙子吴起列传》云："田忌欲引兵之越，孙子曰：'夫解杂乱纷纠者不控卷，救斗者不搏撠，批亢捣虚，形格势禁，则自为解耳。今梁越相攻，轻兵锐卒必竭于外，老弱罢于内。君不若引兵疾走大梁，据其街路，冲其要虚，彼必释赵而自救，是我一举而解越之围而收弊于魏也。'田忌从之，魏果去邯郸，与齐战于桂陵，大破梁军。"

孙膑不直接救赵是"不控卷"，"不搏撠"，是"批亢"（避其锋芒、实力所在），"疾走大梁"（直捣大梁），是出其不意。"据其街路，冲其要虚"，伏锐桂陵是攻其无备，调动魏军长途跋涉，回救大梁，利用魏军疲于奔命、仓促行动、疏于防范（无备）之劣势，利用齐军士气旺盛，占据要冲，兵力集中之优势，一举取得了既"解赵之围"，又"收弊于魏"的可喜成果。

3. 附"兵形"与"兵势"之辨

《孙子》十三篇论及兵势时，多次谈到"形"与"势"。从孙武将"形"与"势"对举和历代注家对"形"的注释，可知道作为物质力量趋向所呈现的状态的"形"与"势"在意义上有兼通之处。有形必潜藏着势，有势必有形。形指的是潜藏着势的形。

———————————

① 参见《尉缭子·战威》。

"兵无常势，水无常形"可互文为"兵无常形，水无常势"。孙子曰："夫兵形象水，水之形避高而趋下，兵之形避实而击虚。"句中"兵形"，"水之形"，"兵之形"便是上面互文的最好注脚。

"若决积水于千仞之溪者，形也"与"如转圆石于千仞之山者，势也"二句中的"形""势"可互位。

梁孟氏注"夫兵形象水"曰："兵之形势如水流，迟速之势无常也。"曹操注"若决积水于千仞之溪者，形也"曰："八尺曰仞，决水千仞，其势疾也。"张预亦注之曰："千仞之溪，谓不测之渊，人莫能量其浅深。及决而下之，则其势，莫之能御。"

张舜徽先生的《汉书·艺文志通释》释兵形势时曰："用兵之事，变化多端，贵在审形度势，临机应变。故《孙子》十三篇中，既有《形篇》，又有《势篇》。"

4. 知奇知正，"奇正相生"

孙武曰："战势不过奇正。"又曰："三军之众，可使必受敌而无败者，奇正是也。"[1]孙武从战争艺术和技巧的角度将战势归结为奇势、正势两种。奇、正之道的掌握与否关系到三军之众的生死存亡。具体到何为"奇""正"，孙武没有作深入的论述。后来的兵家根据《孙子·势篇》中"凡战者，以正合，以奇胜"之意作出不同的诠释。孙膑曰："形以应形，正也；无形而制形，奇也。"[2]孙膑将以有形对付有形视之为正势，以无形制服有形视之为奇势。孙膑又曰："发为正，未发为奇。"[3]尉缭子曰："正兵贵先，奇兵贵后。"[4]曹操注释《孙子兵法》曰："正者当敌，奇兵从旁击不备也。"李靖曰："大众所合为正，将所自出为奇。"梅尧臣注释《孙子兵法》曰："动为奇，静为正。"

"奇""正"含义较广，综合上面诸家之说可知，"正"，乃常规、诚信意，

---

① 参见《孙子·势篇》。
② 参见《孙膑兵法·奇正》。
③ 参见《孙膑兵法·奇正》。
④ 参见《尉缭子·勤卒令》。

具体指的是常规的军事趋向。"奇",乃意外、诡诈意,具体指的是特殊多变的军事趋向。以主力部队约好一定时间、地点从正面堂堂正正,以实对实,以有形对有形进行作战皆属"正"的范畴。以机动部队不受时间、地点约束,从侧面、不虞之处,以实击虚,以无形对有形进行偷袭、暗袭为"奇"的范畴。

(1)"以正合","以奇胜"。"以正合,以奇胜。""正合"是基础,"以正合",首先得有强大的、训练有素的部队从正面钳制敌方的主力,才能给出奇制胜创造条件和契机。"正"势贵明、贵显。稳住敌方,使其不察,投入一些部队以常规、常道迎战使其不识。若是没有足够的力量与敌抗衡,一触即溃或凭侥幸取胜,势必会弄巧成拙,反受其害。《唐太公李卫公问对》曰:"先正而后奇,先仁义而后权谲。"又曰:"不识用正,焉可语奇。"奇由正生,无"以正合",便难有"以奇胜"。然而战争又是残酷和无情的,既要斗勇、斗力,又要斗智、斗谋。"战胜,则所以存亡国而继绝世也。战不胜,则所以削地而危社稷也。"①要想存国继世,就不得不以非常的手段来保证战争的胜利。像春秋宋襄公那样"君子不重伤,不擒二毛,不以阻隘也……不鼓不成列"的愚人之见和"蠢猪式的仁义道德"②是行不通的,是故孙武注重"以奇胜"。奇缘于正,正服务于奇。了解对方的常规思维和军事趋向,为的是用奇。"善御敌者,正兵先合而后扼之。"③用正兵先交战,为的是后出奇兵扼之。势贵出奇,奇之关键在于反思维定式,"出其不意,攻其不备"。奇在暗,在无形,在不识,在不意和不备。若奇势在对方意料之中,非但无隙可乘,且极有可能被对手将计就计。《孙子·形篇》曰:"善守者藏于九地之下,善攻者动于九天之上。"前者旨在防奇,后者旨在用奇。老子曰:"以正守国,以奇用兵。"杜牧注《孙子》亦曰:"先王之道,以仁为首,兵家者流,以智为先。"一言以蔽之,"兵以诈立"。

(2)"奇正相生"。奇势和正势是辩证的统一,并不是固定不变的。在一定的情况下,正复为奇,奇复为正。孙武曰:"战势不过奇正,奇正之变,

---

① 参见《孙膑兵法·见威王》。
② 中共中央毛泽东选集出版委员会:《毛泽东选集》合订本,人民出版社 1964 年版,第 460 页。
③ 参见《尉缭子·兵令上》。

不可胜穷也。奇正相生，如循环之无端，孰能穷之?"①千变万化的战势，呈现于奇正相生、变化无穷的过程中。奇正之变，如同"五声"，即情成曲；如同"五色"，即景成画；如同"五味"，即筵成飨。当正则正，当奇则奇。正如唐太宗在论及《孙子兵法》虚实之势时所说的："以奇为正者，敌意其奇，则吾正击之；以正为奇者，敌意其正，则吾奇击。使敌势常虚，我势常实。"②

孙武的"奇正相生"观，蕴含有深刻的哲理，既有原则性与机动性的统一，又有普遍性与特殊性的依存和转化。"奇正相生"，奇也好，正也好，宗旨是战胜敌人。尉缭子曰："正兵贵先，奇兵贵后，或先或后，制敌者也。"③李靖曰："善用兵者，无不正，无不奇，使敌莫测。故正亦胜，奇亦胜。"④二者算是抓住了孙武"奇正相生"之要义。必然中存在着偶然，偶然中存在着必然。奇势用多了，对方有所警觉和戒备，就谈不上是奇势了。所以，孙武曰："善出奇者，无穷如天地，不竭如江河。"⑤用兵要能举一反三，正中有正，奇中有奇，变中再变，善于把握一瞬即逝的战机，创造性地、跳跃性地思维，"运用之妙，存乎一心"⑥。

除"知彼知己""避实击虚""奇正相生"之外，《孙子兵法》就战争过程中的主客、动静、攻守、专分、利害、众寡、强弱等一系列现象及其相生、相克、互动、互变之趋向都有论述，表现了孙武兵势观中浓厚的辩证法色彩。

（三）主动的兵势观

主动的兵势为兵家所刻意追求，令兵家神往。得之则为敌之司命，失之则被动挨打。孙武十分重视形成和争取主动的兵势。《孙子·虚实篇》曰："凡先处战地而待敌者佚，后处战地而趋战者劳，故善战者，致人而不致于人。""致

---

① 参见《孙子·势篇》。
② 参见《唐太宗李卫公问对》卷上。
③ 参见《尉缭子·勒卒令》。
④ 参见《唐太宗李卫公问对》卷上。
⑤ 参见《孙子·势篇》。
⑥ 语见《宋史·岳飞传》。

人"就是牵着敌人的鼻子走,"致于人"便是跟着敌人脚后跟转。孙武主张用积极的办法"动敌",调动敌人。《势篇》曰:"善动敌者,形之,敌必从之;予之,敌必取之。"《虚实篇》又曰:"能使敌人自至者,利之也;能使敌人不能至者,害之也。故敌佚能劳之,饱能饥之,安能动之。"以利害、虚实之势诱敌,迫敌就范。

主动兵势之形成是建立在优势的战斗力量的基础之上的。"主动是和战争力量的优势不能分离的,而被动则和战争的劣势分不开。战争力量的优势或劣势,是主动或被动的客观基础。"[1]兵家鼻祖孙武充分认识到了优势对于掌握主动权的意义。《孙子兵法》所强调的"知彼知己""知天知地""择人任势""避实击虚""识众寡之用"等无非是想争取战争的优势和主动权,避免劣势和被动。唐朝李靖与太宗讨论《孙子兵法》时,李靖便认为《孙子》一书"千章万句,不出乎'致人而不致于人'而已"(《唐太宗李卫公问对》卷中)。

军事优势之理论是辩证的。我的优势是相对于敌的劣势而存在的,敌我力量相差不大就称不上优势,且优势和劣势在一定条件下还会消长转化。高明的指挥员能"知彼知己",利用时、空等因素拉大势差,创造优势,保持优势,化我劣势为优势而变敌优势为劣势,争取全局与总体的优势,不得已的话也要求得局部优势。

1. 拉大势差

军事势差是指敌我双方战斗力量之间的对比差。形成战斗力之差的因素很多,诸如时速、空间、士气、斗志、思维、情感等对比差。势差越悬殊,其产生的势能越大,战斗趋向力亦越大。势均,便无优势可言。

孙武曰:"远形者,势均,难以挑战,战而不利。"[2]梅尧臣注曰:"势既均一,挑战则劳,致敌则佚。"张预注曰:"营垒相远,势力又均,止可坐以致敌,不宜挑人而求战也。"孙武及后来的梅尧臣、张预认为在敌我双方势均力敌、旗鼓相当情况下挑战兴兵是不明智的,必然会导致己方兵力的疲惫和重大

---

[1] 中共中央毛泽东选集出版委员会:《毛泽东选集》合订本,人民出版社 1964 年版,第 456 页。
[2] 参见《孙子·地形篇》。

伤亡。孙武明确地指出军队在战场上溃逃，一哄而散，不怪天灾，应归咎于人祸。孙武曰："兵有'走'者，有……凡此六者，非天之灾，将之过也。"①张预注曰："势均，谓将之智勇，兵之利钝，一切相敌也。夫体敌势等，自不可轻战，况奋寡以击众，能无'走'乎？"双方从总体优势上本来就平分秋色，而将帅不量力而行，坚持以少数兵力对付强大的敌人，侥幸求胜，结果是必败无疑。李筌注曰："不量力也。若得形便之地，用奇伏之计，则可矣。"但正因为将帅的智勇、士兵的素质相当，便不易设伏用奇。

势均，是不利于雄霸天下的。要想战无不胜，就必须打破均势或平衡局面，造成和利用势差。《孙子·势篇》曰："故善战者，求之于势，不责于人。"求之于势，既要求之于客观的势，如天势、地势、人势、财势等(实际上人势的形成可通过训练等途径实现，财势的厚实可通过"委积"实现，亦带上了能动色彩)，亦要求之于将天地人等势高下在心有机结合而形成的势，"计利以听，乃为之势"②。这种势要"势险节短"，势差悬殊，"若决积水于千仞之溪"，"如转圆石于千仞之山"。

造势，并不是唯心地、主观地臆造，而是建立在不悖事理、因敌计情的基础之上。"求势""为势"，利用和创造势差，促成我方的优势提高，敌方的劣势加大，从时空、士气、斗志、运动、思维、心理等方面来争得优势。

2. 时间差

"兵闻拙速，未睹巧之久也。"③

"后人发，先人至"，"其疾如风……侵掠如火。"④

"兵之情主速，乘人之不及。"⑤

时间和速度对于行军作战来说意义重大。

---

① 参见《孙子·地形篇》。
② 参见《孙子·计篇》。
③ 参见《孙子·作战篇》。
④ 参见《孙子·军争篇》。
⑤ 参见《孙子·九地篇》。

3. 方位差

"通形者，先居高阳，利粮道，以战则利……隘形者，我先居之，必盈之以待敌……险形者，我先居之。"①

"料敌制胜，计险厄远近，上将之道也。"②"以近待远。"③

人类的实践活动总是要占领一定的时间和空间的。军事运动亦跑不出时空大舞台，赢得时间，争取速度，抢占有利地理位置，处阳凭险，以近待远等可收到事半功倍之效。

4. 思维差

"出其不意，攻其不备。"④

"出其所不趋，趋其所不意。"⑤

"由不虞之道，攻其所不戒也。"⑥

以实击虚，攻其不虞之处，如同"以碫投卵"，所向披靡。

5. 士气、斗志差

"威加于敌，故其城可拔，其国可隳。"⑦(按：隳，毁灭也)示威明势，可长我志气，灭敌威风。

"故三军可夺气，将军可夺心。""避其锐气，击其惰归，此治气者也；以治待乱，以静待哗，此治心者也；以近待远，以逸待劳，以饱待饥，此治力者也。"⑧

---

① 参见《孙子·地形篇》。
② 参见《孙子·地形篇》。
③ 参见《孙子·虚实篇》。
④ 参见《孙子·计篇》。
⑤ 参见《孙子·虚实篇》。
⑥ 参见《孙子·九地篇》。
⑦ 参见《孙子·九地篇》。
⑧ 参见《孙子·军争篇》。

"故杀敌者，怒也。"①

"治气""治力""治心"，可导致敌人的士气、斗志衰竭，我军的士气、斗志充盈。

6. "因粮于敌"——造成财势差

"因粮于敌"的好处在于一方面避免己方"远输"。孙武曰："国之贫于师者远输，远输则百姓贫。近于师者贵卖，贵卖则百姓财竭，财竭则急于丘役。力屈、财殚，中原内虚于家。"②这就是说，"远输"必然会导致"国之贫""百姓贫""贵卖""财竭""急于丘役"(急于加征赋税徭役)等情况出现；另一方面，"因粮于敌"还可以消耗敌方的财势，使彼竭我盈，反客为主(变客势为主势)，"故智将务食于敌。食敌一钟，当吾二十钟；秸秆(一种饲料)一石，当吾二十石"③。

"军无辎重则亡，无粮食则亡，无委积则亡。"④财势、物势对兵势的影响不可忽视，没有积蓄足够的财力、物力，就不要轻易地兴师举兵。商鞅亦曰："过势本于心而饰于备势。"⑤强调压倒、超过敌人的优势是建立在兵士旺盛的斗志、丰厚的物势(物质装备、财力)基础之上的。为了减少战斗力的伤亡和财力、物力的消耗，杜绝后患，用兵要速战速决，"兵贵胜，不贵久"⑥，要"役不再籍，粮不三载，取用于国，因粮于敌"⑦。用兵最理想的结果是"全国""全军""全卒""不战而屈人之兵"⑧。

7. 运动差

设法调动敌人，在运动中发现破绽，消灭敌人。

---

① 参见《孙子·作战篇》。
② 参见《孙子·作战篇》。
③ 参见《孙子·作战篇》。
④ 参见《孙子·军争篇》。
⑤ 参见《商子·立本》。
⑥ 参见《孙子·作战篇》。
⑦ 参见《孙子·作战篇》。
⑧ 参见《孙子·谋攻篇》。

孙武认为，敌人安逸，就设法"调动"他们，"佚而劳之"，"安能动之"①。"善动敌者，形之，敌必从之；予之，敌必取之；以利动之，以卒待之。"②用假的趋向、饵兵、小利引诱敌人，抓住机会，"乱而取之"③，促使"敌人前后不相及，众寡不相恃，贵贱不相救，上下不相收，卒离而不集，兵合而不齐"④，达到我优敌劣、我众敌寡、我专敌分之目的。

巧设奇谋，将士兵置身（运动）于绝地、死地，士兵"深则专，浅则散"；"投之亡地然后存，陷之死地然后生"⑤。进入敌国越深，军心就会越一致，为能死里求生，人类会将自身的潜力无遗地甚至超限度地发挥出来，此乃"人情之理"。恰当地运用这种人情趋势和"势差"原理可化劣势为优势，获得局部的优势。局部的优势和主动权的日积月累，就会逐渐形成整体的军事优势。

现代西方军事家所提倡的"三S"战术，即"Speed（快速）""Surprise（奇袭）""Superiority（优势）"与孙武的上述理论十分相似。

（四）灵活的兵势观

兵家之势，要灵活机动，随机应变。张舜徽先生注《汉书·艺文志·兵形势》说："用兵之事，变化多端，贵在审形度势，临机应变。故《孙子》十三篇中，既有《形篇》，又有《势篇》。分篇立论，言简旨远，运用之妙，存乎其人。"⑥孙武就兵势的灵活多变，留下了宝贵的理论。孙武曰："势者，因利而制权。"⑦权，秤锤也，秤锤依被称物体之轻重而改变位置，孙武要求形成兵势，当效法秤锤（权）"悬权而动"⑧，因具体形势而变化。孙武又曰："夫兵形象水，水之形避高而趋下，兵之形避实而击虚。水因地而制流，兵因敌而制

---

① 参见《孙子·虚实篇》。
② 参见《孙子·势篇》。
③ 参见《孙子·计篇》。
④ 参见《孙子·九地篇》。
⑤ 参见《孙子·九地篇》。
⑥ 张舜徽：《汉书·艺文志通释》，湖北教育出版社1990年版，第244页。
⑦ 参见《孙子·计篇》。
⑧ 参见《孙子·军争篇》。

胜。故兵无常势，水无常形，能因敌变化而取胜者谓之神。"①妙哉斯言！无生命的水都可以避高趋下，因地制流，况乎善于思考、"庙算"的谋略家。灵活多变的兵势观之形成不是随心所欲，凭空设想的，必须因其便利，审时度势，审形度势，因敌势变化。敌无变化则待之或诱之、扰之、动之，趁其有变，随而应之。根据敌势、我势、天势、地势，"人情之理"，"屈伸之利"，识"众寡之用"，"奇正之变"，"九变之术"，"合于利而动，不合于利而止"。"悬权而动"，"十则围之，五则攻之，倍则分之，敌则能战之，少则能逃之，不若则能避之"。当战则战，当守则守，或"伐谋"，或"伐交"，或"伐兵"，或"攻城"，或"全国""全军""全旅""全伍"，或"破国""破军""破旅""破卒"。奇正兼施，虚实并用，运用之妙，存乎一心。《六韬·军势》曰："势因敌家之动，变生于两阵之间，奇正发于无穷之源。"其撰者算是识得孙武灵活兵势观之真谛。《孙膑兵法》认为在战争中不能"以一形之胜胜万形"，必须"以万物之胜胜万形"，不能靠一成不变而靠因敌情势创造千变万化的优势取胜。《刘（昼子）子·兵术》："兵形象水，水之行，避高而就下；兵之势，避实而击虚，避强而攻弱，避治而取乱，避锐而击衰。故水因地而制形，兵因地而取胜，则兵无成势，水无定形；观形而运奇，随势而应变，反经以为巧，无形以为妙。"可视之为对孙武"因敌变化而取胜者谓之神"和"因利而制权"等理论的进一步发挥。毛泽东在《论持久战》一文中说："灵活不是妄动，妄动是应该拒绝的。灵活，是聪明的指挥员，基于客观情况，'审时度势'（这个势，包括敌势、我势、地势等项）而采取及时和恰当的处置方法的一种才能，即是所谓'运用之妙'。"②

"水因地而制流，兵因敌而制胜"便是"势者，因利而制权也"的最好注脚。

兵家重势，而尤贵兵无常势。"奇正之变，不可胜穷也。奇正相生，如循环之无端，孰能穷之？"③

---

① 参见《孙子·虚实篇》。
② 中共中央毛泽东选集出版委员会：《毛泽东选集》合订本，人民出版社1964年版，第462页。
③ 参见《孙子·势篇》。

"兵无常势，水无常形，能因敌变化而取胜者谓之神。"①此话道出了兵势的最高境界。六朝刘勰在《文心雕龙·定势篇》中说："然渊乎文者，并总群势；奇正虽反，必兼解以俱通，刚柔虽殊，必随时而适用。"并要求文章的"定势"，要"因情立体，即体成势"。"渊乎文者""善用兵者"，都要综合群势，依据具体情况，决定理想的文势和兵势。可见，天下的道理皆有殊途同归之处。

近代人魏源说："夫经之《易》也，子之《老》也，兵家之《孙》也，其道冒万有，其心皆照宇宙，其术皆合天人，综常变者也。"②孙武的兵势观的确吸取了老子等诸家的精髓，其"以正合，以奇胜"与老子的"以正守国，以奇用兵"，其"兵无常势，水无常形"与司马迁在论六家要旨时所评论的道家"无成势，无常形"实乃异曲而同工。

---

① 参见《孙子·虚实篇》。
② 参见《魏源集·孙子集注序》。

阴阳五行学与势

阴阳对立的学说起源甚早。《淮南子·览冥训》曰："昔者皇帝治天下而力牧太山稽辅之。以治日月之行律，治阴阳之气。节四时之度，正律历之数。别男女，异雌雄，明上下，等贵贱。"阴阳观起始于黄帝时代是否可信，难以定论。但根据《易》《诗》《书》等古代文献记载，阴阳学说至迟在周代就已出现。

一、原始的阴阳学与势

《诗·大雅·公刘》有"相其阴阳"；《尚书·周官》有"论道经邦，燮理阴阳"；《周易》则是专门论述阴阳的典籍。

《周易》一书由《易经》和《易传》（即十翼：彖辞上、彖辞下、象辞上、象辞下、系辞上、系辞下、文言、说卦、序卦、杂卦）组成。《易》之书名曾被解释为"日月为易，象阴阳也"①。一些学者认为《易经》中表示阴、阳之符号"--"、"—"乃女、男生殖器之象征。《易经》中的八种符号☰（乾）、☷（坤）、☳（震）、☴（巽）、☵（坎）、☲（离）、☶（艮）、☱（兑）也分别具有阴阳、雌雄之特征。这八种符号是《易经》的作者"近取诸身，远取诸物"，模拟天地、男女、牡牝、雌雄等现象有所心得而创作出来的，借此"以通神明之德，以类

---

① 参见《说文解字》引《秘书》。

万物之情"①。

人类是通过男势、女牝交媾衍存的，"男女构精，万物化生"（《易·系辞下》）。《易经》的作者认为自然、社会的万事万物也有阴阳，也同人类滋生一样，是阴阳两种势力交感的结果。

任继愈主编的《中国哲学史简编》说："《易经》从复杂的自然现象和社会现象中抽象出阴(－－)阳(－)两个范畴，它对后来的哲学、科学的发展有深远的影响。阳代表积极、进取、刚强等阳性特性和具有这些特性的事物。阴代表消极、退守、柔弱等阴性特性和具有这些特性的事物。世界就是在两种对抗性的物质势力(阴阳)运动推移之下滋生着、发展着。"②

阴阳二势力交感决定着万事万物的前景。"万物负阴而抱阳，冲气以为和。"③阴阳二势协调互补，刚柔相宜，按着理想趋势发展等皆可视为好兆头。反之，阴势盛、阳势衰，阳势盈、阴势虚，阴阳失调、失序等都不算是理想卦象。如《易经》中有既济卦(☵☲)和未济卦(☲☵)。既济卦(离)火下(坎)水上，阴水润下，阳火炎上是物质的自然发展趋势，是故此卦表示顺利，兆头不错；反之，未济卦喻示着困阻，没有多大发展变化。

《易·系辞上》认为阴阳两种势力"刚柔相摩，八卦相荡"，处于对立统一体中，由对立到统一，由统一到对立，不断地交感、发展和变化。表示时来运转意义的成语"否极泰来"便来自《易经》中的两个卦象否卦(☰☷)和泰卦(☷☰)。易，不易，变易乃《易经》一书的要旨。

圣贤所见略同，西周末年伯阳甫便以阴阳势观解释地震现象并预言奴隶主贵族之统治必将崩溃的历史趋势。

> 幽王二年，西周三川皆震。伯阳甫曰："周将亡矣！夫天地之气，不失其序，若过其序，民乱之也。阳伏而不能出，阴迫而不能(蒸)，于是有地震。今三川实震，是阳失其所而镇阴也。阳失而在阴，川源必塞，源

---

① 参见《易·系辞下》。
② 任继愈主编：《中国哲学史简编》，人民出版社1984年版，第10页。
③ 参见《老子·四十二章》。

塞，国必亡。夫水土演而民用也；水土无所演，民乏财用，不亡何待！"①

"阴与阳既指两种对立的势力，也指两种对立势力的承担者，即'气'。"②
伯阳甫认为阴阳二气激烈地迭相摩荡，阳气"伏而不能出"，阴气"迫而不能
蒸"，阴阳二势对立超过一定限度，失去平衡，对大地来说就会爆发地震；对
人类社会来说，新兴势力与腐朽势力冲突激烈，已经"失其序""过其序"了，
势必会爆发政治大地震，周朝灭亡只是时间上的迟早罢了。

二、原始的五行学与势

"五行"学说发蒙于早期的治水实践。传说鲧因不识水之趋势，填塞洪水，
惨遭失败。鲧之子禹则刊山导水，疏通百川，获得成功。鲧、禹父子的治水事
迹在《尚书》里有所记载。《尚书·洪范》云：

> 我闻在昔，鲧堙洪水，汩陈其五行。帝乃震怒，不畀洪范九畴，彝伦
> 攸斁。鲧则殛死，禹乃嗣兴。天乃锡禹洪范九畴，彝伦攸叙。

鲧"汩陈其五行"，用填塞办法治水导致失败，禹识五行之趋，疏川导滞
取得胜利。于是五行思想便神圣化和具有权威性，作为"洪范九畴"的第一条
根本大法逐渐被当作法典尊奉。

实际上原始的"五行"说本身并不神秘。《尚书·洪范》曰："五行：一曰
水，二曰火，三曰木，四曰金，五曰土。水曰润下，火曰炎上，木曰曲直，金
曰从革，土爰稼穑。润下作咸，炎上作苦，曲直作酸，从革作辛，稼穑作甘。"

从上面一段话可以看出，原始的"五行"学说还没有明显的"五行"化生万
物之思想，只是对水、火、木、金、土五种物质元素的性能和自然之趋（如水

---

① 参见《国语·周语上》。
② 任继愈主编：《中国哲学史·秦汉》，人民出版社 1985 年版，第 22 页。

润下，火炎上）有一定的认识。它的意义在于启示人们，根据物质的自然之趋，因势利导，能动地从事实践活动。

三、发展的阴阳五行学与势

《易传》对《易经》进行阐释，对阴阳交感观有了进一步的发挥。《易·系辞上》曰："一阴一阳谓之道"，"一阖一辟谓之变"。又曰："刚柔相摩，八卦相荡。鼓之以雷霆，润之以风雨，日月运行，一寒一暑"，"刚柔相推，变在其中矣"。但《易传》则更多地将阴阳观与人事相附会。

"乾，天也，故称乎父；坤，地也，故称乎母。"①

"天尊地卑，乾坤定矣；卑高以陈，贵贱位矣。"②

"阴虽有美，含之以从王事，弗敢成也。地道也，妻道也，臣道也。地道无成，而代有终也。"③

"妇人贞吉，从一而终也。"④

《易传》将阶级、等级等人事现象同自然现象扯在一起，使君权、父权、夫权合理化。本来，阴阳二势交感、刚柔二势相推、八卦迭相摩荡是不断地变化着的，但《易传》的作者却认为天尊地卑是不能变易的，由乾坤定位类推到人类社会中的君臣、父子、男女的尊卑地位亦不能变易。这是《易传》充满矛盾之处，是其神秘的、形而上学的思想之所在，为以后汉代的董仲舒的"天人感应"，"天不变，道亦不变"的理论提供了借口。

早期的阴阳学、五行学是较朴素的，且两门学问联系不多。战国时代，齐国出了一个以邹衍为代表的阴阳家学派，既谈阴阳又论五行。邹衍等在前人的音乐及五行势观的基础之上，"深观阴阳消息"⑤，结合当时的天文、历法知识，提出"五德始终"之观点，试图解释说明自然和人类的发展变化趋势。《史

---

① 参见《易·说卦》。
② 参见《易·系辞上》。
③ 参见《易·文言》。
④ 参见《易·象辞·恒》。
⑤ 参见《史记·孟子荀卿列传》。

记·孟子荀卿列传》曰：

> （衍）其语闳大不经，必先验小物，推而大之，至于无垠。先序今以上至黄帝，学者所共术，大并世盛衰，因载其禨祥度制，推而远之，至天地未生，窈冥不可考而原也。先列中国名山大川，通谷禽兽，水土所殖，物类所珍，因而推之及海外，人之所不能睹。称引天地剖判以来，五德转移，治各有宜，而符应若兹。

邹衍通过由小及大，由近及远，由今及古，由自然及人类的类推方法，认为人类社会的王朝更替是"五德转移"的结果。何谓"五德"？"五德"怎样转移呢？《文选·齐故安陆昭王碑》引邹衍话曰："邹子有《终始五德》，从所不胜：土德后木德继之，金德次之，火德次之，水德次之。""五德从所不胜：虞土、夏木、殷金、周火。"《吕氏春秋·应同》曰：

> 凡帝王之将兴也，天必先见祥乎下民。黄帝之时，天先见大螾大蝼，黄帝曰："土气胜"。土气胜，故其色尚黄，其事则土。及禹之时，天先见草木秋冬不杀。禹曰："木气胜"。木气胜，故其色尚青，其事则木。及汤之时，天先见金刃生于水。汤曰："金气胜"。金气胜，故其色尚白，其事则金。及文王之时，天先见火，赤鸟衔丹书，集于周社，文王曰："火气胜"。火气胜，故其色尚赤，其事则火。代火者必将水，天且先见水气胜。水气胜，故其色尚黑，其事则水。水气至而不知，数备将从于土。

邹衍认为，每一德运代表一代王朝，"同自然界一样，人类社会历史的变化也是受着水火木金土五种势力支配的，历史上每一个王朝的出现都体现一种势力"[1]。在邹衍看来，"五德各以所胜为行"[2]，木生火、火生土、土生

---

[1] 萧萐父、李锦全主编：《中国哲学史》，人民出版社1982年版，第258页。

[2] 参见《史记·集解》。

金、金生水、水又生木既是自然亦是人类历史的必然趋势，由此类推，殷（金）取代夏（木）、周（火）取代殷（金）似乎是上天的安排，是不可改变的冥冥之数。

这种牵强附会的主运说，"闳大不经"的阴阳势观对时人和后人影响甚大。

> （衍）适梁，惠王郊迎，执宾主之礼。适赵，平原君侧行撇席。如燕，昭王拥彗先驱，请列弟子之座而受业，筑碣石室，身亲往师之。作《主运》。其游诸侯见尊礼如此，岂与仲尼菜色陈、蔡，孟轲困于齐、梁同乎哉？[1]

> 自齐威、宣之时，驺（邹）子之徒，论著终始五德之运。及秦帝，而齐人奏之，故始皇采用之。[2]

邹衍"闳大不经"的阴阳五行主运之说能取悦时人和后人，特别是统治者，主要是因为其对科学知识的牵强附会更具有欺骗性，给统治者权位的巩固，给历史上的改朝换代提供了理论依据，使人感觉新的王朝的建立似乎是应运而兴、天经地义的。中国古代帝王皆自称为"奉天承运皇帝"。

秦汉统治者袭用"五德终始"说，"谓周为火德"，"自谓之水德"，尚黑色。汉初因自谓之水德，不承认秦的王朝地位，遭到了时人的异议。武帝时，便改称汉为土德，尚黄色，并在历法、礼仪上也作了相应的改变。看来"五德转移"也带有随意性，随着统治者意志的转移而转移。

《吕氏春秋》将上述思想引申发挥，以阴阳二势的消长说明季节变化，配以五行、五日、五神、五方、五色、五音、五祀等。强调政事要与时令和谐，违则遭到天责、灾变。是故春天属木德，阳气上升，统治者当仁施布德，切忌兴兵。而秋天属金德，时令一派肃杀，主兵伐之季节。这种政令与时令相合说在《管子·四时》篇中有所反映。是篇曰："是故春凋，秋荣，冬雷，夏有霜雪，此皆气之贼也。刑律易节失次，则贼气速至。贼气速至，则国多灾殃，是

---

① 参见《史记·孟子荀卿列传》。
② 参见《史记·封禅书》。

故圣王务时而寄政焉，作教而寄武焉，作祀而寄德焉。此三者圣王所以合于天地之行也。"《吕氏春秋》建立的天人图式有其很多的合理成分，但亦不乏非科学、伪科学的唯心色彩。

汉代董仲舒吸取邹衍、《吕氏春秋》中的神秘色彩，发展成为"人副天数""天人合一"学说，形成了"天人感应"的神学体系。建立在这种学说基础之上的算命术，更是荒诞不经地认为一个人出生的生辰八字所含的五行之气决定着他一生的命运和发展趋势。

东汉唯物论者王充则认为含血之物间的优胜劣败乃是势力倾轧的结果，优则胜，劣则败，与自然物质的五行之气相贼害不能等同并论。王充在《论衡·物势》曰：

东方木也，其星苍龙也；西方金也，其星白虎也；南方火也，其星朱鸟也；北方水也，其星玄武也。天有四星之精，降生四兽之体。含血之虫，以四兽为长；四兽含五行之气最较著。案龙虎交不相贼，鸟龟会不相害。以四兽验之，以十二辰之禽效之。五行之虫，以气性相刻（克），则尤不相应。凡万物相刻贼，含血之虫则相服，至于相啖食者，自以齿牙顿利，觔力优劣，动作巧便，气势勇桀。若人之在世，势不与适，力不均等，自相胜服。以力相服，则以刃相贼矣。夫人以刃相贼，犹物以齿角爪牙相触刺也。力强角利，势烈牙长，则能胜；气微爪短，诛，胆小距顿，则服畏也。人有勇怯，故战有胜负，胜者未必受金气，负者未必得木精也。孔子畏阳虎，却行流汗；阳虎未必色白，孔子未必面青也。鹰之击鸠雀，鸢之啄鹄雁，未必鹰鸢生于南方，而鸠雀鹄雁产于西方也；自是觔力勇怯，相胜服也。

夫物之相胜，或以觔力，或以气势，或以巧便。小有气势，口足有便，则能以小而制大；无骨力，角翼不劲，则以大而服小。鹊食蝟皮，博劳食蛇，蝟蛇不便也。蚊虻之力，不如牛马，牛马困于蚊虻，蚊虻乃有势也。鹿之角足以触犬，猕猴之手足以博鼠，然而鹿制于犬，猕猴服于鼠，角爪不利也。故十年之牛，为牧竖所驱；长仞之象为越僮所钩，无便故也。故夫得其便也，则以小能胜大；无其便也，则以强服于羸也。

王充的《论衡·物势》篇认为含血之物的相生相克是因为各自的形势便利之缘故，其理论冲击了当时的"君权神授""三纲五常"的宗教神学。王充的优胜劣败的物势观比起达尔文"优胜劣汰""物竞天择，适者生存"学说提出的时间早一千七百余年。

法家与势

法家普遍重视"势",法家论述的"势"有下列几种含义:

其一,君王的权势——因君王的权位而产生的威势以及与君势相对应的臣民之势。

其二,势治,即君王依靠至高无上的权位对产生的威势进行统治。

其三,自然(客观)之势与"人设之势""人之所得势"。

其四,社会历史发展趋势。

战国前期法家的政治主张分为三派:一曰法,一曰术,一曰势。商鞅等重法,申不害等重术,慎到等重势。战国后期,法家思想之集大成者韩非子有感三派主张各有弊端,提出将"法""术""势"熔为一炉,有机地结合在一起,抱法、处势和行术。韩非子认为"法""术""势"三者中尊君隆势、恃势统治是处于核心地位的。"法""术"是尊隆君王的威势和君王利用至高无上的权势进行统治的手段和工具。"君无术则弊于上,臣无法则乱于下,此不可一无,皆帝王之具也。"①而君王的权势又有助于"法""术"的实施,是"抱法""行术"的前提。"法""术""势"相结合的王权理论,丰富了专制主义政治思想,为后来的统治者所效法。韩非子的"自然之势"与"人设之势"之辩,给封建统治者的隆势、势治以启示。以"势治"为核心的王权理论对结束封建割据、建立统一的中央集权的封建国家起了重大的历史作用。但是韩非子"力多则人朝,力寡则

---

① 参见《韩非子·定法》。

朝于人，故明君务力"①，"势之为道也，无不禁"②，"势位之足恃，而贤智之不足以慕也"，"贤不足以服不肖，而势位足以屈贤矣"③之唯暴力论、唯强权论和"君执柄以处势，故令行禁止。柄者，杀生之制也；势者，胜众之资也。废置无度则权渎、赏罚下共则威分"④——把整个国家制度和法律置于君王个人意志的支配之下的专制独裁理论在以后的政权建设和历史发展过程中也产生了一定的消极作用。从某种程度上讲，秦王朝的迅速崩溃与韩非子的势治理论之片面性是分不开的。汉代贾谊总结秦代兴亡之经验教训曰：

> 然秦以区区之地，致万乘之势，招八州而朝同列，百有余年矣。然后以六合为家，崤函为宫。一夫作难而七庙隳，身死人手，为天下笑者，何也？仁义不施，而攻守之势异也。⑤
>
> 秦王怀贪鄙之心，行自奋之智，不信功臣，不亲士民，废王道立私权，焚文书而酷刑法，先诈力而后仁义，以暴虐为天下始。夫并兼者高诈力，安定者贵顺权，此言，取与守不同术也。秦离战国而王天下，其道不易，其政不改，是其所以取之守之者（无）异也。⑥

"攻守之势异"，统治之方法亦要变异。兼并天下崇尚诈力，而安定天下则应施仁义而"约法省刑"。王充批评韩非子的"偏驳"，提出治国应德力并重，认为道德同样有与刑法、权势等同的威势。《论衡·非韩》曰："治国之道所养有二：一曰养德，二曰养力。养德者，养名高之人，以示能敬贤；养力者养气力之士，以明能用兵。此可谓文武能设，德力具足者也。事或可以德怀，或可以力摧。外以德以自立，内以力自备……夫德不可独任以治国，力不可直任以御敌也。"

---

① 参见《韩非子·显学》。
② 参见《韩非子·难势》。
③ 参见《韩非子·难势》。
④ 参见《韩非子·八经》。
⑤ 参见（汉）司马迁：《史记》，武英殿本，第209页。
⑥ 参见（汉）司马迁：《史记》，武英殿本，第209页。

一、尊君隆势

（一）势之意义

在法家看来，势是一种可被依托、凭借的力量趋向：

> 今夫飞蓬遇飘风而行千里，乘风之势也……故托其势者，虽远必至；守其数者，虽深必得。今夫幽夜，山陵之大而离娄（离娄，传说黄帝时人，能明察秋毫于百步之外）不见；清朝日撽，则上别飞鸟，下察秋豪。故目之所见者，托日之势也。①

> 毛嫱、西施，天下之至姣也。衣之皮倛则见者皆走。易之以元緆，则行者皆止。由是观之，则元緆，色之助也。姣者辞之，则色厌矣……故腾蛇游雾，飞龙乘云，云罢雾霁，与蚯蚓同矣，则失其所乘也。②

> 千钧得船则浮，锱铢失船则存，非千钧轻而锱铢重也，有势之与无势也。故短之临高也以位，不肖之制贤也以势。③

一句话，"势者，胜众之资也"④。

（二）以势尊君之意义

《说文·口部》："君，尊也，从尹；发号，故从口。𠱩，古文。象君坐形。"又《𦫳部》云："君"，"读作威"，可见君、威古声相通，有尊有威乃君的含义。张舜徽先生阐明伪《古文尚书》"危微精一"之本义说："危者，高也，尊也，威也，势也。古者人君执万物之原，居百官之上，无势则威不立，无威则

---

① 参见《商君书·禁使》。
② 参见《慎子·威德》。
③ 参见《韩非子·功名》。
④ 参见《韩非子·因情》。

令不行，不极其尊高，则下不知敬上。《韩非子·喻老》篇曰：'势重者，人君之渊也'，一言得之矣。上以威势尊严临下，高不可极，深不可测，则百官莫不竦惧敬服，左右前后，无敢疑贰，君尊而臣亦荣。"①据此可见，威势对于君王的意义。

君王的地位本身潜藏着威势，"圣王之子也，有天下之后也，势籍之所在也"②。《王先谦集解》曰："先谦按，势籍犹势位。"这种威势靠尊、靠隆、要明、要渲染。"不极其尊高，则下不知敬上。""权势"与"权术"不一样。"术"欲隐，"势"欲彰、欲隆，"术者，人君之所密用，群下不可妄窥。势者，制法之利器，群下不可妄为"③。

"其势难匿者，虽跖不为非焉。故先王贵势。"④

"势之为道也，无不禁。"⑤"万物莫如身之至贵也，位之至尊也，主威之至，主势之隆也。"⑥周秦诸子，尤其是法家自然明白"势"，特别是尊隆其威（权）势对君王统治天下的意义。法家所言的"势治"，主要指的是君王借至高无上的权势进行统治。《管子》曰："明主在上位，有必治之势，则群臣不敢为非。是故群臣之不敢欺主也，非爱主也，以畏主之威势也。故明主……处必尊之势，以制必服之臣，故令行禁止，主尊而臣卑。"⑦又曰："凡人君之所为君者，势也。故人君失势，则臣制之矣。势在下，则君制于臣矣。势在上，则臣制于君矣。"⑧

《商君书·禁使》曰："先王不恃其强而恃其势……得势之王，不参官而诘。"

《荀子》曰："天子者势位至尊，无敌于天下。"又曰："故明君临之以势，

①　张舜徽：《周秦道论发微》，中华书局1982年版，第42页。
②　参见《荀子·正名》。
③　参见《尹文子·大道上》。
④　参见《商君书·禁使》。
⑤　参见《韩非子·难势》。
⑥　参见《韩非子·爱臣》。
⑦　参见《管子·明法解》。
⑧　参见《管子·法法》。

道之以道，申之以命，章之以论，禁之以刑，故其民之化道也如神。"①

《吕氏春秋·慎势》曰："强大未必王，王必强大。"韩非子以更生动形象的比喻来说明"势"对于君王统治的意义。"国者，君之车也；势者，君之马也。"②无马(舍势)之车(国)，虽有人驾驭，却难以驱动运转。又曰："夫马之所以能任重引车至远道者，以筋力也。万乘之主，千乘之群，所以制天下而征诸侯者，以其威势也。威势者，人主之筋力也。今大臣得威，左右擅势，是人主失力，人主失力而有国者，千无一人。虎、豹，所以能执人执百兽者，以其爪牙也；当使虎豹失其爪牙，则人必制之矣。今势重者，人主之爪牙也。君人而失其爪牙，虎豹之类也。"③韩非子把人主不可失其势与走马不可失其筋力，虎豹不可失其爪牙相提并论，势之重要，一目了然。

(三)造成势差

君王至高无上的权势是容不得他人分享的。《吕氏春秋·慎势》云："权钧则不能相使，势等则不能相并。"又云："王也者，势也；王也者势无敌也。势有敌，则王者废矣！"《韩非子·外储说右下》云："故王良、造父，天下之善御者也，然而使王良操左革而叱咤之，使造父操右革而鞭笞之，马不能行十里，共故也。田连、成窍，天下善鼓琴者也，然而田连鼓上，成窍擽下而不能成曲，亦共故也。夫以王良、造父之巧，共辔而御，不能使马，人主安能与其臣共权以为治？以田连、成窍之巧，共琴而不能成曲，人主又安能与其臣共势以成功乎？"韩非子的老师荀况亦曰："夫两贵之不能相事，两贱之不能相使，是天数也。势位齐而欲恶同，物不能澹则必争，争则必乱，乱则穷矣。先王恶其乱也，故制礼义以分之，使有贫、富、贵、贱之等足以相兼临者，是养天下之本也。《书》曰：'维齐非齐'，此之谓也。"④荀、韩皆意识到了势均弊端，所不同的是，韩非子侧重以法律等强硬手段来打破均势，而荀子主张以礼仪道德

---

① 参见《荀子·正名》。
② 参见《韩非子·外储说右上》。
③ 参见《韩非子·人主》。
④ 参见《荀子·王制》。

等柔性的手段来改变均势。

为了打破势均，尊隆君王至高无上的权势，造成势差，法家主张或"抱法""行术"以维护势，或"定分"以"别其势"①，或早绝奸萌以削其势。

1."抱法"以维护势治

"君王所用治者三：一曰法，二曰信，三曰权。法者，君臣所共操也；信者，君臣之所共立也；权者，君之所独制也。人主失守则危，君臣释法任私则乱。"②

"处君位，而令不行则危。"③

"百姓之争用，非以爱主也，以畏主之法令也。"④

"抱法处势则治，背法去势则乱。"⑤

法，以及与之相关的律、令等乃维护君王势治的重要手段。何谓"法"？韩非子曰："法者，宪令著于官府，刑罚必于民心；赏存乎慎法，而罚加乎奸令者也，此臣之所师也。"⑥又曰："法者编著之于图籍，设之于官府，而布之于百姓者也。故法莫如显，是以明主言法，则境内卑贱莫不闻知也。"⑦《管子》曰："夫法者，所以兴功惧暴也。律者，所以定分止争也。令者，所以令人知事也。法律政令者，束民规矩绳墨也。"⑧又曰："法者，上之所以一民使下也。"⑨由此可见，法是用强力来约束和规范人们行为的手段和工具。君王势治，一方面要"天子"至尊，大权独握；另一方面又苦于"以一人之力禁一国者，少能胜之"⑩，只好求助于法令等的约束力了。《韩非子·南面》篇曰："人主使人臣虽有智能，不得背法而专制，虽有贤行不得逾功而先劳，虽有忠

① 参见《商君书·禁使》。
② 参见《商君书·修权》。
③ 参见《商君书·君臣》。
④ 参见《管子·法法》。
⑤ 参见《韩非子·难势》。
⑥ 参见《韩非子·定法》。
⑦ 参见《韩非子·难三》。
⑧ 参见《管子·七臣七主》。
⑨ 参见《管子·任法》。
⑩ 参见《韩非子·难三》。

信不得释法而不禁，此之谓明法。"《韩非子·问辩》篇曰："明主之国，令者，言最贵者也。言无二贵，法不两适，故言行而不轨于法令者必禁。"《韩非子·有度》篇曰："法度审则上尊而不侵，上尊而不侵则主强。"用韩非子自己的话将上述概括起来说便是"法者，王之本也"①。

这种关系到国家治乱、君王尊卑安危的法，法家又把它视为柄。《商君书·算地》曰："主操名利之柄，而能致功名者，数也。圣人审权以操柄，审数以使民。"韩非子对柄有更明确的诠释。《韩非子·八经》篇曰："君执柄以处势，故令行禁止。柄者，杀生之制也！"同书《二柄》篇曰："明主之所导制其臣者，二柄而已矣。二柄者，刑、德也。何谓刑、德？曰：杀戮之谓刑，庆赏之谓德。为人臣者，畏诛罚而利庆赏，故人主自行其刑、德，则群臣畏其威而归其利矣。"综合商鞅和韩非子的观点，可知"柄"乃指的是爵、禄（赏）和刑、杀（罚）两个方面。赏和罚本是法的主要内容。"夫法者，所以兴功惧暴也。"②"法有四呈……三曰治众之法，庆赏刑罚是也。"③

恰当地运用庆赏刑罚，有助于维护君王的势治。"治强生于法，弱乱生于阿，君明于此，则正赏罚而非仁下也。爵禄生于功，诛罚生于罪，臣明于此，则尽死力而非忠君者也。君通于不仁，臣通于不忠，则可以王矣。"④

"夫人情好爵禄而恶刑罚，人君设二者以御民之志，而立可欲焉。"⑤

"凡治天下，必因人情。人情者，有好恶，故赏罚可用。赏罚可用则禁令可立而治道具矣。"⑥人君可根据臣民好名利而畏诛罚的心理情势，或重赏，或重罚。重赏之下，必有勇夫。重罚之下，"乱民"慑服。"赏莫如厚，使民利之；誉莫如美，使民荣之；诛莫如重，使民畏之；毁莫如恶，使民耻之。"⑦"赏厚而信，人轻敌矣；刑重而必，夫人不北矣。"⑧

① 参见《韩非子·心度》。
② 参见《管子·七臣七主》。
③ 参见《尹文子·卷上》。
④ 参见《韩非子·外储说右下》。
⑤ 参见《商君书·错法》。
⑥ 参见《韩非子·八经》。
⑦ 参见《韩非子·八经》。
⑧ 参见《韩非子·难二》。

法家讲究重赏，而尤注意重罚。这是因为："严刑重罚者，民之所恶也，而国之所以治也。"①"刑生力，力生强，强生威，威生惠，惠生于力。"②（按：《商君书·说民篇》作："威生德，德生于力。"）君王"通于不仁"（行法不仁慈手软），臣民则"通于不忠"（尽职而非忠君），王天下的蓝图便实现了。

为此，法家集大成者韩非子甚至强调轻罪重罚，以便能"重一奸之罪，而止境内之邪"③。韩非子用生活事例论证道："十仞之城，楼季弗能踰者，峭也。千仞之山，跛（牂）易牧者，夷也。故明主峭其法而严其刑也。"④

尽管法家认为"法者，君臣所共操也"⑤，"法不阿贵"⑥，"君臣上下贵贱皆从法"⑦，但毕竟君王权势是至高无上的，法只不过是护势的手段之一，在天子至尊的前提下，法律的约束力往往屈服于权位的威力。在君王的权势面前，法律常常显得苍白无力。

"夫生法者君也，守法者臣也，法法者民也。"⑧"夫赏罚之为道，利器也，君固握之，不可以示人。"⑨"赏罚者邦之利器也。在君则制臣，在臣则胜君。君见赏，臣则损之以为德；君见罚，臣则益之以为威。人君见赏而人臣用其势，人君见罚而人臣乘其威。故曰：邦之利器不可以示人。"⑩"夫虎之所以能服狗者，爪牙也，使虎释其爪牙而使狗用之，则虎反服于狗矣。人主者，以刑德制臣者也，今君人者释其刑德而使臣用之，则君反制于臣矣。"⑪以上之说，倒是表现出了法的实质是为君王服务的，立法权在于君王。

《韩非子·有度》有云"矫上之失，诘下之邪，治乱决缪，绌羡齐非，一民之思，莫如法"，其中的"矫上之失"，与专制主义的势治是相矛盾的，在当

---

① 参见《韩非子·奸劫弑臣》。
② 参见《商君书·去强》。
③ 参见《韩非子·六反》。
④ 参见《韩非子·五蠹》。
⑤ 参见《商君书·修权》。
⑥ 参见《韩非子·有度》。
⑦ 参见《管子·任法》。
⑧ 参见《管子·任法》。
⑨ 参见《韩非子·内储说上》。
⑩ 参见《韩非子·喻老》。
⑪ 参见《韩非子·二柄》。

时，特别是在后来高度集权的封建国家里是不容易做到的。

2．"行术"以辅助势治

"国者，君之车也；势者，君之马也，无术以御之，虽劳犹不免乱。有术以御之，自处佚乐之地，又致帝王之功也。"①"故善任势者国安，不知因其势者国危。"②

君王威势在身，"车""马"俱备，还要懂驾驭之术，善于任势、因势。"术"，广义上是指一切统治方法。君有君术，臣有臣术。法家的"法""术"并举，则指的是君王驾驭臣民进行势治所采用的权术。韩非子曰："术者，因任而授官，循名而责实，操杀生之柄，课群臣之能者也，此主之所以执也。"③君王有感"以一人之力禁一国者，少能胜之"④，有感"身察百官"，"力不敌众，智不尽物"⑤，不弄"术"，就会神衰力竭，甚至势卑国危，因此十分注重御臣之术。商鞅曰："主操名利之柄，而能至功名者，数也，圣人审权以操柄，审数以使民。数者，臣主(根据下文拟为'世主'之误)之术而国之要也。故万乘失数而不危，臣主失术而不危者，未之有也。世主欲辟地治民而不审数，臣欲(疑为'欲臣'之误)尽其事而不立术，故国有不服之民，主有不令之臣。"⑥

同"法"的作用一样，"术"亦是君王实行势治须臾不能离的。"主用术则大臣不敢擅断，近习不敢卖重。"⑦"法""术"是君王势治所依赖的两大法宝。

韩非子曰："治国之有法术赏罚，犹若陆行之有犀车良马也，水行之有轻舟便楫也，乘之者遂得其成。"⑧"君无术则弊于上，臣无法则乱于下，此不可一无，皆帝王之具也。"⑨

---

① 参见《韩非子·外储说右下》。
② 参见《韩非子·奸劫弑臣》。
③ 参见《韩非子·定法》。
④ 参见《韩非子·难三》。
⑤ 参见《韩非子·八经》。
⑥ 参见《商君书·算地》。
⑦ 参见《韩非子·和氏》。
⑧ 参见《韩非子·奸劫弑臣》。
⑨ 参见《韩非子·定法》。

法贵明、贵显，使臣民闻者足戒。而术贵幽、贵隐，使臣民感到深不可测。这就是："术者，藏之于胸中，以偶众端，而潜御君臣者也。故法莫如显，而术不欲见。是以明君言法，则境内卑贱莫不闻知也；用术则亲爱近习莫之得闻也。"①"是故明君贵独道之容。"②管子曰："人主，天下之有势者也。深居，则人畏其势……人主去其门而迫于民，则民轻之而傲其势。"③管子算是深深懂得"术"与"势"的要害关系。为防止"奸臣皆欲顺人主之心已取信幸之势"④，除以上外，法家认为君王还应多变其术，"主贵多变，国贵少变"⑤。

法贵共，术贵专。法的对象有臣亦有民，术的对象则主要是"课臣"。"明君治吏不治民"⑥。臣下当守法以尽其力，不可有私术，即"奉公法，废私术"⑦。

"术也者，主之所以执也。"⑧"主术者，君人之事也。所以因作任督，责使群臣各尽其能也。明摄权操柄以制臣下，提名责实，考之参伍，所以使人主秉数持要，不妄喜怒也。其数直施而正邪，外私而立公，使百官条通而辐辏，各务其业，人致其功，此主术之明也。"⑨

由谁施术？施术的对象是谁？施术的功用如何？从上面两段话中皆可找到答案。

"术"和"法"，一虚一实，一无形一有形，成为君王势治的两驾马车，在中国封建社会里驰骋了两千多年。

3. "定分"以"别其势"

所谓"定分"，便是确定名分，明确君臣、上下、贵贱之地位，禁止僭越

---

① 参见《韩非子·难三》。
② 参见《韩非子·扬权》。
③ 参见《管子·形势解》。
④ 参见《韩非子·奸劫弑臣》。
⑤ 参见《商君书·去强》。
⑥ 参见《韩非子·外储说右下》。
⑦ 参见《韩非子·有度》。
⑧ 参见《韩非子·说疑》。
⑨ 参见《淮南子·要略》。

乱序。"定分"作为"大道"，颇受周秦诸子的重视，《庄子·天道篇》曰："夫尊卑先后，天地之行也，故圣人取象焉。天尊地卑，神明之位也，春夏先，秋冬后，四时之序也；天地圣神，而有尊卑先后之序，而况人道乎？"

法家中，商鞅最早提出"定分"说。《商君书·定分》曰：

> 一兔走百人逐之，非以兔也。夫卖兔者满市而盗不敢取，由名分已定也。故名分未定，尧、舜、禹、汤且皆(如鹜)加务焉而逐之；名分已定，贪盗不取。今法令不明，其名不定，天下之人得议之。其议，人异而无定。人主为法于上，下民议之于下，是法令不定，以下为上也。此所谓名分之不定也。夫名分不定，尧、舜犹将皆折而奸之，而况众人乎？此令奸恶大起、人主夺威势、亡国灭社稷也道也。今先圣人为书而传之后世，必师受之，乃知所谓之名；不师受之，而人以其心意议之，至死不能知其名与其意。故圣人必为法令置官也，置吏也，为天下师，所以定名分也。名分定，则大诈贞信，民皆愿悫(悫，驯服也)而各自治也。故夫名分定，势治之道也。名分不定，势乱之道也。故势治者不可乱，势乱者不可治。夫势乱而欲治之愈乱矣，势治而治之则治矣。故圣王治治不治乱。

商鞅由走兔与卖兔入说，喻示名分的重要。名分未定，众人皆有逐兔、逐鹿、称孤道寡之心，人主便难有至高无上之威势可言。"古者未有君臣上下之时，民乱而不治，是以圣人列贵贱，制爵秩，立名号，以别君臣上下之义。"[1] 商鞅由此得出结论："夫名分定，势治之道也。"为了达到势治目的，商鞅要求君王"别其势，难其道"[2]，设官分职，防止臣下朋比为奸。

《吕氏春秋》亦重定分与设官分职。《吕氏春秋》一书中的许多观点实际上成了吕不韦后来执政为相的政治纲领。该书《处分》篇曰："凡为治必先定分，君臣、父子、夫妇六者当位，则下不逾节，而上不苟为矣；少不悍辟，而长不简慢。""同异之分，贵贱之别，长少之义，此先王之所慎而治乱之纪也。"此

---

① 参见《商君书·君臣》。

② 参见《商君书·禁使》。

外，慎子认为："分定之后，虽鄙不争。"尹文子强调："名定则物不竟，分明则私不行。"①定分可使君臣、上下、贵贱势差存在合理化。

设官分职可起到"别其势，难其道"的作用。设官分职则"百官不敢侵职，群臣不敢失礼，上设其法，而下无奸诈之心"②。反对兼官，可防势重之臣。《韩非子·外储说左下》将齐桓公封管仲官爵之始末作为经验收录其中，是篇记载道："齐桓公将立管仲，令群臣曰：'寡人将立管仲为仲父，善者入门而左，不善者入门而右。'东郭牙中门而立。公曰：'寡人立管仲为仲父，令曰善者左，不善者右，今子何为中门而立？'牙曰：'以管仲之智，为能谋天下乎？'公曰：'能。''以断，为敢行大事乎？'公曰：'敢。'牙曰：'君知能，谋天下，断，敢行大事，君因专属之国柄焉，以管仲之能，乘公之势以治齐国，得无危乎？'公曰：'善。'乃令隰朋治内，管仲治外以相参。"

分职设官，内外牵制，令群臣各得其便，甚至勾心斗角以争宠，则大大有益于主势之隆。"朋党相和，臣下得欲，则人主孤；群臣公举，上下不相和，则人主明"③，"故圣人治吏不治民"④。

4. 势贵专而忌失、忌共

"权者，君之所独制也，人主失守则危。"⑤

"故王良、造父、天下之善御者，然而使王良操左革而叱咤之，使造父操右革而鞭笞之，马不能行十里，共故也。"⑥

"人臣之于其君，非有骨肉之亲也，缚于势而不得不事也。"⑦"以义则仲尼不服于哀公，乘势则哀公臣仲尼。"⑧

韩非子由此认为："权势不可以借人，上失其一，臣以为百，故臣得借则

---

① 参见《尹文子·卷上》。
② 参见《韩非子·难一》。
③ 参见《韩非子·外储说左下》。
④ 参见《韩非子·外储说左下》。
⑤ 参见《商君书·修权》。
⑥ 参见《韩非子·外储说右下》。
⑦ 参见《韩非子·备内》。
⑧ 参见《韩非子·五蠹》。

力多，力多则内外为用，内外为用则人主雍。""势重者，人主之渊也，臣者，势重之鱼也。鱼失于渊而不可复得也；人主失其势重于臣而不可复收也。"①毋庸多言，君王的权势是无敌的，是不可借人、不可旁落、不可共有的。但另一方面，韩非子认为"人主者，天下一力以共载之故安，众同心以共立之故尊"②，意识到齐桓公"一匡天下，九合诸侯，美之大者也"及"王霸所以能成功于天下者，非专君之力，又非专臣之力也"，乃是"君臣俱有力"③之结果，因此君王在打江山乃至在建设江山过程中还是要给臣下以一定的威势，依靠庞大的官僚系统。"任人者，使有势也。"④

这就与"权势不可以借人，上失其一，臣以为百"的专制独断相矛盾，《韩非子·难三》篇中亦不得不承认："物之所谓难者，必借人成势，而勿使侵害己，可谓一难也。"臣下借君王的威势归还得越快越好，功高震主，权势倾野是君王绝对不能容忍的。"诸侯之博大，天子之害也；群臣之太富，君主之败也。"⑤"臣未闻指大于臂，臂大于腹，若有此，则病必甚矣。"⑥"木实繁者披其枝，披其枝者伤其心；大其都者危其国，尊其臣者卑其主。"⑦

对侵害并危及君王权势的"爱臣""重人"，韩非子还是主张削势，"势不足以化则除之"，"善持势者，蚤绝其奸萌"⑧，"毋使木枝扶疏"⑨，以确保君王的至尊。韩非子的这种主张，是极富有代表性的。"狡兔死，走狗烹"，伴君如伴虎的现象在当时已是屡见不鲜了。

二、"自然之势"与人设之势

《韩非子·难势》篇中借客人对慎到之"势治"学说的辩难入手，自己又反

---

① 参见《韩非子·内储说下》。
② 参见《韩非子·五蠹》。
③ 参见《韩非子·难二》。
④ 参见《韩非子·八说》。
⑤ 参见《韩非子·爱臣》。
⑥ 参见《战国策·秦二》。
⑦ 参见《战国策·秦三》引《诗》。
⑧ 参见《韩非子·外储说右上》。
⑨ 参见《韩非子·扬权》。

驳客人的"辩难"，从而强调了自己的"势治"观，即在不否认自然之势的基础上，尤注重"人设之势"。

为了便于分析韩非子能动的"人设之势"观，现将《韩非子·难势》原文抄录如下：

　　慎子曰："飞龙乘云，腾蛇游雾，云罢雾霁，而龙蛇与蚯蚓同矣，则失其所乘也。贤人而诎于不肖者，则权轻位卑也；不肖而能服于贤者，则权重位尊也。尧为匹夫，不能治三人，而桀为天子，能乱天下。吾以此知势位之足恃，而贤智之不足慕也。夫弩弱而矢高者，激于风也；身不肖而令行者，得助于众也。尧教于隶属而民不听，至于南面而王天下，令则行，禁则止。由此观之，贤智未足以服众，而势位足以岳贤者也。"（按："岳"，《治要》本作"屈"）

　　应慎子曰："飞龙乘云，腾蛇游雾，吾不以龙蛇为不托于云雾之势也。虽然，夫释贤而专任势，足以为治乎？则吾未得见也。夫有云雾之势而能乘游之者，龙蛇之材美之也。今云盛而蚯弗能乘也，雾醲而蚓不能游也；夫有盛云醲雾之势而不能乘游者，蚯蚓之材薄也。今桀、纣南面而王天下，以天子之威为之云雾，而天下不免乎大乱者，桀、纣之材薄也。且其人以尧之势以治天下也，其势何以异桀之势也，乱天下者也。夫势者，非能必使贤者用己，而不肖者不用己也。贤者用之则天下治，不肖者用之则天下乱。人之情性，贤者寡而不肖者众，而以威势之利济乱世之不肖人，则是以势乱天下者多矣，以势治天下者寡矣。夫势者，便治而利乱者也。故《周书》曰：'毋为虎傅翼，将飞入邑，择人而食之。'夫乘不肖人于势，是为虎傅翼也。桀、纣为高台深池以尽民力，为炮烙以伤民性，桀、纣得乘四行者，（按："乘下"下脱"势"字）南面之威为之翼也。使桀、纣为匹夫，未始行一而身在刑戮矣。势者，养虎狼之心，而成暴乱之事者也，此天下之大患也。势之于治乱，本末（按："末"当为"未"）有位也，而语专言势之足以治天下者，则其智之所至者浅矣。夫良马固车，使臧获御之则为人笑，王良御之而日取千里，车马非异也，或至乎千里，或为人笑，则巧拙相去远矣。今以国位为车，以势为马，以号令为銮，以刑罚为鞭策，使尧、舜御之则天下治，桀、纣御之则天下乱，则贤不肖相去远矣。夫欲追速致远，不知任王良；欲进利除害，不知任贤能，此则不知类之患也。夫尧、舜亦治民之王良也。"

复应之曰：其人以势为足恃以治官。客曰"必待贤乃治"，则不然矣。夫势者，名一而变无数者也。势必于自然，则无为言于势矣；吾所为言势者，言人之所设也。今曰"尧、舜得势而治，桀、纣得势而乱"，吾非以尧舜为不然也。虽然，非一人之所得设也。夫尧、舜生而在上位，虽有十桀、纣不能乱者，则势治也；桀、纣亦生而在上位，虽有十尧、舜而亦不能治者，则势乱也。故曰："势治者则不可乱，而势乱者则不可治也。"此自然之势也，非人之所得设也。若吾所言，谓人之所得设也；若无所言，谓人之所得势也而已矣。贤何事焉！何以明其然也？客曰："人有鬻矛与楯者，誉其楯之坚：物莫能陷也。"俄而又誉其矛曰："吾矛之利，物无不陷也。"人应之曰："以子之矛，陷子之楯，何如？"其人弗能应也！以为不可陷之楯与无不陷之矛为名，不可两立也。夫贤之为势（按"势"应为"道"）不可禁，而势之为道也无不禁，以不可禁之势（王先慎认为应是"以不可禁之贤与无不禁之势"），此矛楯之说也。夫贤势之不相容亦明矣。且夫尧、舜、桀、纣千世而一出，是比肩随踵而生也；世之治者不绝于中，吾所以为言势者，中也。中者，上不及尧、舜，而下亦不为桀、纣，抱法处势则治，背法去势则乱。今废势背法而待尧、舜，尧、舜至乃治，是千世乱而一治也；抱法处势而待桀、纣，桀、纣至乃乱，是千世治而一乱也。且夫治千而乱一，与治一而乱千也，是犹乘骥駬而分驰也，相去亦远矣。夫弃隐栝之法，去度量之数，使奚仲为车，不能成一轮。无庆赏之劝，刑罚之威，释势委法，尧、舜户说而人辩之，不能治三家。夫势之足用亦明矣，而曰"必待贤"则亦不然矣。且夫百日不食，以待粱肉，饿者不活；今待尧、舜之贤乃治当世之民，是欲待粱肉而救饿之说也。夫曰："良马固车，臧获御之则为人笑，王良御之则日取乎千里"，吾不以为然。夫待越人之善海游者以救中国之溺人，越人善游矣，而溺者不济矣。夫待

111

古之王良以驭今之马，亦犹越人救溺之说也，不可亦明矣。夫良马固车，五十里而一置，使中手御之，追速致远，可以及也，而千里可日至也，何必待古之王良乎？且御非使王良也，则必使臧获败之，治非使尧、舜也，则必使桀、纣乱之。此味非饴蜜也，必苦莱亭历也。此则积辩累辞，离理失术，两未之议也，奚可以难夫道理之言乎哉！客议未及此论也。

韩非子以前的法家代表人物慎到认识到势的重要作用，认为"贤智未足以服众，而势位足以屈贤"，治国尚势不尚贤。

慎到的言论遭到了当时持不同意见者(即"应慎子"者)的诘难，"应慎子"者虽然承认势之作用，但认为"势者，便治而利乱"，像尧舜之类的贤者掌握、任用势则使天下治，反之，像桀纣等不肖者用之则天下乱。由于世人"贤者寡而不肖者众"，为了避免不肖人借势乱世，与其让不肖人如虎添翼趁机利用势作乱天下，倒不与舍势求贤，以待贤治。"应慎子"者讥讽"专言势之足以治天下者"乃智识浅薄之流。

究竟是"势治"还是"贤治"呢？韩非子肯定了前者，继承和完善了慎到的势治学说。韩非子又批评了"应慎子"者之属"势治者，则不可乱；而势乱者，则不可治"极端的、消极的、被动的观点及机械决定论调，认为"夫势者，名一而变无数者也"，既有"自然之势"，更有人设之势。"势治者不可乱，势乱者不可治"乃是已经存在着的自然(客观)之势，不是《韩非子·难势篇》所重点强调的论题，而"势必于自然，则无为言于势矣；吾所为言势者，言人所设也"。"若吾所言，谓人之所得设也；若吾所言，谓人之所得势也而已矣，贤何事焉！"这才是韩非子所反复阐述的论题。

在韩非子看来，人们虽然受"自然之势"所制约，但人们在"自然之势"面前并非消极无为，道可化，势可变，人们有其能动作用。韩非子认为像"应慎子"者所列举的大贤者——尧、舜，大不肖者——桀、纣毕竟不太多，需要"千世而一出"，世之治者主要是中才，即"材美"上不及尧、舜，"材薄"下不为桀、纣，这就为人之所得势提供可行性基础和广阔的天地。

如何得势、设势呢？综观《韩非子》全书，就是要"抱法"和"行术"。韩非子曰："无庆赏之功,刑罚之威,释势委法,尧舜户谈而人辩之,不能治三家","抱法处势则治,背法去势则乱"。又曰:"国者,君之车也;势者,君之马也。无术以御之,身虽劳犹不免乱,有术以御之,自处佚乐之地,又致帝王之功也。"前文所论述的"设官分职""定分""削势"皆可视为是人设之势的内容。

"使中手御之,追速致远,可以及也,而千里可日至也,何必待古之王良乎?"由此,韩非子得出结论,治国待势,重要的是待人设之势、人之所得势,而不一定要"待贤"。韩非子反对机械的、极端的待贤腔调和自然势决定论,主张治天下因人情好恶执柄设势。韩非子强调指出:"废势背法而待尧舜,尧舜至乃治,是千世乱而一治也;抱法处势而待桀纣,桀纣至乃乱,是千世治而一乱也。且夫治千而乱一,与治一而乱千也,是犹乘骥駬而分驰也,相去亦远矣。"积极主动的"人设之势"的作用由此可见一斑。

韩非子还以楚人鬻矛鬻盾之寓言来说明势治与贤治的不可两立。批判"应慎子"之属"离理失术"观点,即既认为"势之为道者无不禁",又主张"贤之为道不可禁"之类的观点,指出持这样观点的人,与夸口"不可陷之盾"和"无不陷之矛"的人相差无异。

三、进步的社会历史发展势观

前期法家商鞅变法革新,提出了"治世不一道,便国不法古""苟可以强国,不法其故,苟可以利民,不循其礼"①等主张。商鞅把过去的历史划分为"上世""中世""下世"三个不同的阶段,分析、概括各个历史阶段的特点,由"三代不同礼而王,五霸不同法而霸"②和"周不法商,夏不法虞,三代异势,而皆可以王"③的历史事实中得出结论:"故圣人之为国也,不法古,不修今,

①　参见《商君书·更法》。
②　参见《商君书·更法》。
③　参见《商君书·开塞》。

因世而为之治，度俗而为之法。"①

　　商鞅以朴素辩证的观点看待发展变化的历史时代，批判食古不化和囿于现状等形而上学思想，认为"法古则后于时，修今则塞于势"②。为了做到不落后于时代，适应形势发展，商鞅要求"圣人知必然之理，必为之时势，故为必治之政，战必勇之民，行必听之令"③。在商鞅看来，历代的"时""事"，决定历代的"礼""法"之内容。圣人必须"世事变而行道异"，做到"礼、法以时而定，制、令各顺其宜"④，以顺应社会历史发展趋势。

　　韩非子继承、发扬了商鞅等前期法家古今异势、"世不变而行道异"之因时变化之观点，针对"上古竞于道德，中世逐于智谋，当今争于气力"⑤之历史特点，提出了"圣人不期修古，不法常可，论世之道，因为之备"⑥的进步主张。

　　韩非子借寓言讥讽那些"欲以先王之政，治当世之民"的复古派"皆是守株之类也"⑦。韩非子曰："古今异俗，新故异备"，"法与时转则治，治与世宜则有功"⑧。因此圣人应根据古今特点，根据盛衰存亡之理，"因可势，求易道"⑨，因时立法，因世设治。韩非子的这些观点既对商鞅以来的变法主张作了理论上的进一步论证，亦为其"抱法""行术"而"势治"的政治学说奠定了理论依据。

① 参见《商君书·一言》。
② 参见《商君书·开塞》。
③ 参见《商君书·画策》。
④ 参见《商君书·更法》。
⑤ 参见《韩非子·五蠹》。
⑥ 参见《韩非子·五蠹》。
⑦ 参见《韩非子·五蠹》。
⑧ 参见《韩非子·心度》。
⑨ 参见《韩非子·观行》。

儒家与势

同法家"杀刑之反于德，而义合于暴也"①相比，儒家重视的则是内力、柔力的感召作用，依靠德势治国，而不倾向于外力、刚力的威慑作用。

一、为政以德

孔子曰："为政以德，譬如北辰，居其所而众星拱之。"②孔子称誉德势，认为统治者只要做到为政以德，民心所归，便犹如群星朝拱北斗，其凝聚力、向心力自然非同小可。《论语·为政篇》又曰："道之以政，齐之以刑，民免而无耻；道之以德，齐之以礼，有耻且格。"孔子认为像法制禁令这些强力的办法只能从外表上使人降服，而不能使人有羞耻之感、心悦诚服。要想从根本上解决问题，还必须依靠"德化""仁育"和"礼治"等。

孟子提倡"以德服人"，反对"以力服人"，他把治国之道，区分为"王道"和"霸道"。"以力假仁者"属"霸道"，"以德行仁者"才是"王道"。《孟子·公孙丑上》曰："以力假仁者霸，霸必有大国，以德行仁者王，王不待大。汤以七十里，文王以百里。以力服人者，非心服也，力不赡也。以德服人者，中心悦而诚服也，如七十子之服孔子也。"孟子从以上指导思想出发，反对掠夺性

①　参见《商君书·开塞》。
②　参见《论语·为政》。

战争和以暴力实现统一。他指出:"争地以战,杀人盈野;争城以战,杀人盈城。此所谓率土地而食人肉,罪不容于死。"他主张:"善战者服上刑,连诸侯次之,辟草莱,任土地者又次之。"①他甚至武断地认为:"春秋无义战。"②反之,为了使老百姓心悦诚服,孟子向统治者反复鼓吹实行仁政的妙处。《孟子·梁惠王上》曰:"王如施仁政于民,省刑罚,薄税敛,深耕易耨,壮者以暇日,修其孝悌忠信,入以事其父只,出以事其长上,可使制挺以挞秦楚之坚甲利兵矣。"《孟子·公孙丑上》又曰:"当今之时,万乘之国行仁政,民之悦之,犹解倒悬。"在孟子看来,仁者的力量是无可匹比的,"仁政无敌③;"仁者无敌于天下。以至仁伐至不仁,而何其血之流杵也。"④

荀子虽然不排斥"霸道"和"仁义之兵",但其内心仍然崇尚"以德兼人"⑤的"王道"。荀子曰:"凡兼人者有三术,有以德兼人者,有以力兼人者,有以富兼人者……以德兼人者王,以力兼人者弱,以富兼人者贫。"⑥

但由于荀子有"上可以王,下可以霸""隆礼重法"及由霸道而后王道之说,历代儒家未免崇孟抑荀,以致两千多年来荀学遭到冷落而成为绝学。但荀子的王霸之论、礼法之辩为汉以后的封建统治实行"德主刑辅"社会控制政策开启了理论先河。清谭嗣同说:"二千年来之学,荀学也。"⑦

荀子游说齐相,便希望齐相能"处胜人之势,行胜人之道"。其中的道,指的便是仁政、王道。《荀子·正论》曰:"君子可以有势辱,而不可以有义辱,小人可以有势荣,而不可以有义荣。有势辱而无害为尧,有势荣无害为桀。义荣势荣,唯君子然后兼有之;义辱势辱,唯小人然后兼有之。"荀子认为势荣和义荣是可以相统一的。但如果只注重势荣,而忽略义荣,那便是小人,而不是君子。靠外力而不是靠仁义得到的荣耀,称不上是"势荣",只能

---

① 参见《孟子·离娄》。
② 参见《孟子·尽心下》。
③ 参见《孟子·梁惠王上》。
④ 参见《孟子·尽心下》。
⑤ 参见《荀子·议兵》。
⑥ 参见《荀子·议兵》。
⑦ 参见《谭嗣同全集·仁学》(卷上)。

看作"势辱"。《荀子·正论篇》又曰："爵列尊，贡禄厚，形势胜，上为天子诸侯，下为卿相士大夫，是荣之从外至者也，夫是之谓势辱。"《荀子·正论》中的"势荣""势辱"说与《孟子·尽心上》中的一段话意义极为相似。《孟子·尽心上》曰："古之贤王好善而忘势；古之贤士，何独不然，乐其道而忘人之势。故王公不致敬尽礼，则不得亟见之。见且由不得亟，而况得而臣之乎。"在儒家心目中德势与权势可以并存，但德势重于权势。仁政的力量超过权势的力量，乃由于仁"统摄诸德完成人格之名"，而不是某一方面、一时片刻之仁。"为政以德"之仁政王道焕发着理性之光辉。①

为了有效地实行德化、仁育、礼治，促使德势的形成和完善，先秦儒家设计了一整套包括伦理和行为的社会规范。其内容既包括"君君、臣臣、父父、子子、兄兄、弟弟"等名分和社会角色观点，还包括"仁""义""礼""智""信""温""良""恭""俭""让""忠""孝""敏""宽""勇""诚""惠""节""义"等行为准则。

先秦儒家认为"为政以德"，首先，君王要起表率作用，即所谓"身自厚而薄责于人"②，所谓"子帅以正，孰敢不正"③，所谓"君子之德风，小人之德草，草上之风必偃"④。指出统治者一要善"施"功："博施于民而能济众"⑤，"己所不欲，勿施于人"⑥；二要善"推"功："推恩足以保四海，不推恩无以保妻子"⑦，"以不忍人之心，行不忍人之政"⑧；三要懂得保民、重民、养民、裕民的道理，特别要认识到民势的强大：①"保民"，"保民而王，莫之能御也"⑨。②"重民"，"民为贵，社稷次之，君为轻"⑩，"天之生民，非为君也。

---

① 高平叔编：《蔡元培全集》(第2卷)，中华书局1984年版，第15页。
② 参见《论语·卫灵公》。
③ 参见《论语·颜渊》。
④ 参见《论语·子路》。
⑤ 参见《论语·雍也》。
⑥ 参见《论语·颜渊》。
⑦ 参见《孟子·梁惠王上》。
⑧ 参见《孟子·公孙丑上》。
⑨ 参见《孟子·梁惠王上》。
⑩ 参见《孟子·尽心下》。

天之立君，以为民也"①，"马骇兴，则君子不安兴；庶人骇政，则君子不安位……《传》曰：'君者，舟也；庶人者，水也。水则载舟，水则覆舟'，此之谓也"②，"得道多助，失道寡助"③。③"养民"，"不富无以养民情，不教无以养民性"④。④"裕民"，"足国之道，节用裕民"⑤。其次，社会各阶层要奉行各自的行为规范，并且将外在的行为规范内化为主体的自觉。《论语·颜渊》云："为仁由己，而由乎人哉？"《论语·述而》云："仁远乎哉？我欲仁，斯仁矣。"《孟子·离娄上》云："行有不得者，皆反求诸己。"

为了说明德治的可能，儒家十分重视人性的研究。人性的力量趋向，即人的情势是不可低估的，人是一种有理性亦有兽性的高级生物。在对待人的情势上，儒家作了深刻的研究，为了做到"为政以德"，儒家十分重视道德教化，诱发人类的良心、良知。孔子主张"克己复礼""三省吾心"以达到"天下归仁"；子思主张"存诚尽性"以"赞天地之化育"⑥；孟子则以水喻性，以"人性之善也，犹水之就下也。人无有不善，水无有不下"⑦来说明"性善""良知"的天经地义，为德治的合理性、可行性提供了哲学基础。孟子从"性善论"出发，要求人们"放心""寡欲"以善养其浩然之气；荀子则作"性恶篇"，论证"性善"乃是"伪"——人为的结果，认为"目好色""耳好声""口好味""心好利""骨体肤理好愉佚"是"皆生于人之情性者也，感而自然，不待事而后生之者也"⑧。在荀子看来，正因为人之"性恶"，才有道德教化，"化性起伪"；才有"为之立君上之势以临之"；才有以櫽栝矫枸木，以砻厉拭钝金，以礼义、法制正恶性。钱大昕作《荀子》跋曰："愚谓孟言性善，欲人之尽性而乐于善。荀言性恶，欲人之化性而勉于善。立言虽殊，其教人善则一也。"⑨钱氏之说，甚为中肯。

---

① 参见《荀子·大略》。
② 参见《荀子·王制》。
③ 参见《孟子·公孙丑下》。
④ 参见《荀子·大略》。
⑤ 参见《荀子·大略》。
⑥ 参见《中庸·二十二章》。
⑦ 参见《孟子·告子上》。
⑧ 以上俱见《荀子·性恶篇》。
⑨ 参见《诸子集成·荀子集解·考证下》。

"化性起伪"发展到宋儒"尽天理，灭人欲"，走上了极端而违背了人的自然情势。但人的惰性、兽性、贪婪、恶欲之趋向不可放纵，又作为一个历史的经验、一个重大的哲学命题引起世人深思。

二、儒家与时势

儒家逆势复古已成了历史的定论，但这并不等于说儒家不识时势，由"甚矣！吾衰也；久矣！吾不复梦见周公"①和"道不行，乘桴于海，从我者其由与"②两段话中可以看出孔子伤痛时世、难以忘世的心情。《荀子·宥坐》记载孔子告诫子路的一番话："由(子路)不识，吾语女(汝)，女以知者为必用邪？王子比干不见剖心乎；女以忠者为必用邪？关龙逢不见刑乎；女以谏者为必用邪？伍子胥不磔姑苏东门外乎？夫遇不遇者时也。贤不肖者材也。君子博学深谋不遇时者多矣。"

孟子曰："此一时，彼一时也。"③"虽有智慧，不如乘势；虽有镃基，不如待时。"④

显而易见，孔、孟对时势的重要性是有深刻的认识的。然而孔、孟等本着民族、历史的责任感提出了"仁政""王道"观，我们排除其中的没落、消极的因素，可以发现它对中华民族理想人格的设计及"王霸杂器"的统治制度产生着巨大的影响。在奸诈并起的春秋、战国时期不受青睐的"仁政""王道"学说，汉兴以后却被视为治国法宝，以致孔学被定为国教，而儒门的祖师孔子一再受封，而成为"万世师表"。由此可见儒家要求人们或保持"善端"，或"化性起伪"之说和"德化""仁育""礼治"之论具有超时代的意义。

道德的趋向力(德势)在历史的不同时代，在华夏的各个领域都得到了展现。《宋史·文天祥传》记载文天祥殉难前题赞于衣带曰："孔曰成仁，孟曰取

---

① 参见《论语·述而》。
② 参见《论语·公冶长》。
③ 参见《孟子·公孙丑下》。
④ 参见《孟子·公孙丑上》。

义，惟其义尽，所以仁至，读圣贤书，所学何事？而今而后，庶几无愧！"
"仁""义"表现在进步方面的作用力又岂止发生在一个文天祥身上。

三、隆"礼"的意义

据杨伯峻先生《论语词典》讲，"礼"一字在《论语》中共出现有 74 次，孔子念念不忘"复礼"，除了表明他梦寐以求地要恢复西周的文化、典章制度外，除了礼具有约束、整顿、文饰功能外，更在于礼具有节序作用。儒家各门派皆重视礼，乃是因为崇礼既有助于仁政，亦有利于加强和兴隆君王的权势，形成势差。"礼"的实质，《荀子·富国》篇讲得清清楚楚："礼者，贵贱有等，长幼有差，贫富轻重皆有称者。"荀子从人性恶的思维出发，认为"夫两贵之不能相事，两贱不能相使，是天数也。势恶齐，而欲恶同，物不能澹则必争，争必乱，乱则穷矣。先王恶其穷也，故制礼义以分工，使有富、贵、贫、贱之等，足以相兼临（制约）者，是养天下之本也。《书》曰：'维齐非齐'，此之谓也"①。把维护阶级社会等级制度的礼义视为"养天下之大本"。

在《荀子·礼论篇》里，荀子把"上事天，下事地，尊先祖而隆君师"称作"礼之三本也"。为了确保君王至高无上的地位，为了避免"分均""势齐""众齐"②现象的出现，荀子主张隆"礼"尊君："君者，国之隆也；父者，家之隆也；隆一而治，二而乱，自古及今，未有二隆争重而能长久者。"③荀子甚至把"礼"看作"法之大分，类之纲纪"④，将礼作为确定法律的总纲，并且把法作为礼治的辅助手段，强调"礼""法"有同功之处是荀子的一大贡献。是故，司马谈在评论儒家时便说："序君臣父子之礼，列夫妇长幼之别，不可易也。"⑤
"礼""法""正名"和"定分使群"等儒家学说被历代王朝用来作为建立统治秩序、尊君隆势、维护等级制度之理论依据。

①　参见《荀子·王制》。
②　参见《荀子·王制》。
③　参见《荀子·致士》。
④　参见《荀子·劝学》。
⑤　参见《史记·太史公自序》。

四、天势与人势

儒家重视人的主体能动作用，尤其是儒家的一代宗师荀子提出的"明于天人相分""制天命而用之"①的学说，对于认识、征服、改造自然之势具有划时代的意义。荀子从其"制天命而用之"理论出发，反复论述了人们后天的主观努力、身体力行的意义，作《劝学篇》以说明积势、借势的好处。荀子的人定胜天思想亦明显影响到其弟子韩非子。汉儒损益而成的天人宇宙论图式，博大恢宏。"天人合一"的思想辐射到中国的政治、思想、文化、科技等各个领域，其影响所及远远超出了两汉时代。

---

① 参见《荀子·天论》。

中篇——中国社会思想史研究

老子社会控制思想研究 *

《史记·老庄申韩列传》曰："老子修道德，其学以自隐无名为务。居周久之，见周之衰，乃遂去。至关，关令尹喜曰：'子将隐矣！强为我著书。'于是老子乃著书上下篇，言道德之意五千余言而去，莫知其所终。"是篇又记载孔子曾问礼于老子，老子曰："君子得其时则驾，不得其时则蓬累而行。"由此可见，老子《道德经》一书乃是在不得其时，失其势的情况下的产物。周室衰微，"像老子这样由贵族下降的隐士"①，感到世风日下，人心不古，却又无奈大势已去，人微言轻，只好别出心裁地创造出一个"道"来约制"圣人"，冀图借"道"实现其政治主张，控制社会运转。

一、"道"的核心是"无成势，无常形"，顺乎自然之势

《老子》五千余言，据有人统计，"道"共出现过74次，如再加上作为"道"相似意义的"一""德"等则使人感到整个老子的学说无处不是在说"道"。为了胁迫"圣人"就范，老子蓄意高耸其道，玄妙其道。老子曰："有物混成，先天地生。寂兮寥兮，独立而不改，周行而不殆，可以为天下母，吾不知其名，字之曰'道'，强为之名曰'大'。"②又曰："道之为物，惟恍惟惚。惚兮恍兮，其

---

*　该文曾刊发于《人文论丛》2000年卷，第一作者，合作者徐炜。收录时略有改动。

①　任继愈：《中国哲学史简编》，人民出版社1984年版，第87页。

②　参见《诸子集成·老子道德经》。

中有象；恍兮惚兮，其中有物；窈兮冥兮，其中有精，其精甚真。"①又曰："视之不见，名曰夷；听之不闻，名曰希；搏之不得，名曰微。"②

尽管老子把"道"说得神乎其神，但我们从《老子》一书里"其中有象"，"其中有物"，"是谓无状之状，无物之象"，"大方无隅，大器晚成，大音希声，大象无形"，"大制不割""朴散则为器""大道氾兮，其可左右"等语句中仍可以感到"道"是一种无形却又实在的物质运动。③ 这种物质运动有却似无，无中却又生有，就像娘胎孕育混沌未成形的原始生命一样，无固定之状，无具体之象；就像未经雕琢的璞一样。

老子所说的"大象无形"，"道常无名""道常无为""复归于朴"等是要求将有形化为无形，保持其"大"，避免其"细"。老子所言的"大直若屈，大巧若拙，大辩若讷"，"明道若昧，进道而退……广道若不足，建德若偷""古之善为道者，微妙玄通，深不可识"等皆是藏敛形势，以退为进，以柔克刚的社会控制道理。

《淮南子·兵略训》："凡物有朕，唯道无朕，所以无朕者，以其无常形式也。"（按：朕，形迹，预兆也）。司马谈在《论六家要旨》一文中，十分推崇以黄老为代表的道家，认为"道家无为，又曰无不为，其实易行，其辞难知。其术以虚无为本，以因循为用，无成势，无常形，故能究万物之情。不为物先，不为物后，故能为万物主。有法无法，因时为业。有度无度，因物与合"④。

淮南子和司马氏上述一席话可谓是深谙"道"之三昧。"无成势，无常形"，顺乎自然之势，有所为而有所不为是老子学说的核心，而"人法地，地法天，天法道，道法自然"则是贯穿《老子》全书的脉络，是老子社会控制思想的精髓。

老子曰："辅万物之自然而不敢为。"⑤就是要求顺其万物的发展趋势而不

① 参见《诸子集成·老子道德经》。
② 参见《诸子集成·老子道德经》。
③ 萧萐父、罗炽主编：《众妙之门——道教与中国文化论文集》，湖南教育出版社1991年版，第29页。
④ 参见《史记·太史公自序》。
⑤ 参见《诸子集成·老子道德经》。

妄加干涉。又曰："是以万物莫不尊道而贵德，道之尊，德之贵，夫莫之命而常自然"①，意思是说"道""德"受崇尚，注重之处在于它们顺乎万物生长之势而不有意加以干涉。老子曰："天地不仁以万物为刍狗；圣人不仁以百姓为刍狗。"②"圣人"效法"天地"，不存仁恩之心，把"百姓"视为祭神时用草扎成的狗，任其自生自灭。老子曰："治大国若烹小鲜。"就是要"圣人"只管高拱而治，心不役万物，不必花过多的心思，费过多的形神。执意强为，只会适得其反。《老子·十八章》云："大道废，有仁义，智慧出，有大伪；六亲不和，有孝慈；国家昏乱，有忠臣。"

圣人只要做到"无为""清静""寡欲""绝圣""弃智"等，天下便不可能有昏乱和虚假伪劣的情况出现；社会清静、淳朴，也无须乎忠臣孝子。是故《老子·二章》曰："圣人处无为之事，行不言之教，万物作而弗始，生而弗有，为而不恃，功成而弗居。"《老子·十六章》曰："致虚极，守静笃。"《老子·十九章》曰："绝圣弃智，民利百倍……见素抱朴，少私寡欲。"《老子·四十五章》曰："清静为天下正。"《老子·四十八章》则曰："无为而无不为，取天下常以无事；及其有事，不足以取天下。"晋人王弼便用"顺自然也"来诠释老子的"无为"。王弼注（《老子·二十七章》）曰："顺自然而行，不造不始。"又注（《老子·二十九章》）曰："万物以自然为性，故可因而不可为也，可通而不可执也。物有常性而造为之，故必败矣。"

老子的无为观的真实含义并不是说芸芸众生都不为了，当为的，还是要为，"上德无为而无不为，下德无为而有为"③。"圣人"无为，目的是百姓有为。老子曰："我无为，而民自化；我好静，而民自正，我无事；而民自富；我无欲，而民自朴。"圣人"无为""好静""无事""无欲"，臣民便可"自化""自富""自正""自朴"。"为无为，则无不治。"④是故文子针对老子"我无为，而民之化"曰："所谓无为者，非谓引之不来，推之不往，谓其循理而举事，因资

① 参见《诸子集成·老子道德经》。
② 参见《诸子集成·老子道德经》。
③ 参见《诸子集成·老子道德经》。
④ 参见《诸子集成·老子道德经》。

而立功，推自然之势也。"①庄子所谈的"庖丁解牛"便是我无执心，顺其自然之势，无为而无不为最好的事例。

二、法自然之势以喻示社会控制之理

如何做到无为而不为，有效地控制社会运转呢？在老子看来便是要法天、法地、法自然之势。虽然《老子》一书在表面上，直接地谈"势"甚少，但若研读《老子》五千言，人们便不难发现其通篇无不是在讲"势"的道理。只不过老子的学说博大精深，玄之又玄，所阐明的"形""势"，乃是顺乎自然，"大象无形""大势无势"。人们若不仔细琢磨，难以窥其门户，识其要旨。老子以敏锐的触角，领悟到了自然的妙趣，一而再，再而三地告诫统治者只有顺乎自然之势的社会控制手段才是最为神妙的。

（一）法天地之均势

"天之道，其犹张弓欤？高者抑之，下者举之，有余者损之，不足者补之。"②老子认为"天之道"最大的一个特点便是"均平"，好似张弓射箭，弓弦偏高便压低一些，偏低便抬高一点。弓弦拉得过紧，便调松一些，拉得不够紧，就加大一点。总而言之要均平合度，戒过而不及。老子崇尚这种均平之势的"天之道"，不满意"损不足以奉有余"，富者越富、贫者越贫的"人之道"。要求"人之道"法"天之道"损有余而补不足。老子揭露人民的贫穷、不足是由于统治者的赋税太多、奢侈无度。他说："民之饥，以其上食税之多，是以饥。""天下多忌讳，而民弥贫。"老子甚至咒骂凭借权势对人民专横跋扈者是"强盗头子"。《老子·五十三章》曰："朝甚除，田甚芜，仓甚虚，服文采，带利剑，厌饮食，财货有余，是谓盗竽。非道也哉。"是故老子要求有"道"的"圣

---

① 赵蕤：《长短经·适变》（卷3），四库全书本，第124页。
② 参见《诸子集成·老子道德经》。

人""去甚、去奢、去泰"①，要求"圣人为而不恃，功成而不处"②。老子的均势思想为历代农民起义借鉴为政治纲领。宋代农民起义便打出了"等贵贱，均贫富"的政治口号。

（二）法万物之宁和之势

老子崇尚事物之间的宁和之势，即事物之间的和谐统一的一面。老子看到了自然界"万物负阴而抱阳，冲气以为和"③的现象。认为自然界阴阳两方面有对立的一面，更有和谐、统一的一面。老子的"负阴抱阳"理论，有些近似于太极图式，阴阳二仪（二势）相依相成，互为其根，和谐地处于太极体中。老子看到了自然万物"不争""清静"之好处，要求"圣人"法自然之势，"无为""无事"，尽量减少矛盾的冲突，回到混沌未分的"朴"的状态，与民和好相处，相安无事。老子曰："治大国若烹小鲜。"④又曰："我无为而民自化，我好静而民自正，我无事而民自富，我无欲而民自朴。"⑤统治者做到"无为""好静""无事""无欲"，不与百姓冲突，宁和的局势、大治的社会就出现了。这种宁和的局势，大治、理想的社会便是《老子·八十章》所描绘的那样，"小国寡民，使有什佰之器而不用，使民重死而不远徙。虽有舟舆无所乘。虽有甲兵无所陈之。使人复结绳而用之。甘其食，美其服，安其居，乐其俗。邻国相望，鸡犬之声相闻，民至老死不相往来"。"邻国相望，鸡犬之声相闻"的"小国寡民"——"乌托邦"式的生活，是老子所梦寐以求的。

（三）法自然之柔势

尽管老子崇尚均势和宁和之势，但老子并不否认势差的存在。势差，是一种矛盾现象。势均、势差可视为矛盾运动的两个方面。老子承认势差现象的存在。老子曰："有无相生，难易相成，长短相形，高下相盈，音声相和，前后

---

① 参见《诸子集成·老子道德经》。
② 参见《诸子集成·老子道德经》。
③ 参见《诸子集成·老子道德经》。
④ 参见《诸子集成·老子道德经》。
⑤ 参见《诸子集成·老子道德经》。

相随，恒也。"①《老子》一书中列举有很多势差概念，如高下、难易、刚柔、强弱、胜败、正奇、动静、攻守、进退，等等，并把事物之间的相倾相均、相反相成、对立统一视为永恒的现象。老子的理想是尽量减少势差，崇尚宁和之势。但老子亦意识到了势差的出现是躲避不了的客观存在。是故，老子有所用心地提出了物极必反，以柔克刚，看似消极，实藏积极，看似无为，实含有为的社会控制之"道"。认为势差的形成，优势、倾势的出现不是靠暴力或强为，而是靠"贵柔""守雌""不争""无为"之法则。柔弱胜刚强是老子的心得。老子不赞成以任何刚强有为之势解决问题。老子针对当时夸耀武力，争强好胜之现象，指出"木强则折，兵强则灭，坚强处下，柔弱处上"②。是故，老子反感用兵。老子曰："以道佐人主者，不以兵强天下。""善者果而已，不敢以取强。"③又曰："夫兵者不祥之器，物或恶之，故有道者不处。"④老子认为万一要救亡图存，逼不得已非要用兵不可的话，亦要做到"恬淡为上胜而不美"，甚至"战胜以丧礼处之"。老子主张"以奇用兵"。所谓"以奇用兵"，便是越过思维常规，从诡谲、奇势上做文章。老子曰："善为士者不武，善战者不怒，善胜敌者不争。"⑤"用兵有言，不敢为主而为客，不敢进寸而退尺，祸莫大于轻敌，轻敌几丧我宝，故抗兵相加，哀者胜矣。"⑥又曰："慈故能勇"，"夫慈以战则胜，以守则固，天将救之，以慈卫之"⑦。就是说别人用兵讲究狠势、进势、强势、攻势、张势，而老子用兵崇尚慈势、退势、柔势、守势、敛势。老子的慈、柔、不争并不是束手让人宰割，而是在慈、柔、忍的同时，将力量收敛，再收敛到极点。这种收敛的柔势、慈势与完全虚弱不堪一击的柔、慈大不相同。采取退势、守势，可以以静制动，以逸待劳，可以避敌锋锐，让威。"弱者，道之用"，"反者，道之功"。柔、慈之极，便是强猛之时。我们可从

---

① 参见《诸子集成·老子道德经》。
② 参见《诸子集成·老子道德经》。
③ 参见《诸子集成·老子道德经》。
④ 参见《诸子集成·老子道德经》。
⑤ 参见《诸子集成·老子道德经》。
⑥ 参见《诸子集成·老子道德经》
⑦ 参见《诸子集成·老子道德经》。

《老子·三十六章》中进一步看到老子柔弱的真实含意。是章曰："将欲歙之，必固张之；将欲弱之，必固强之；将欲废之，必固兴之；将欲夺之，必固与之。是谓微明，柔弱胜刚强。"看来《老子》外示柔、慈，实则不然。宋人朱熹便说："老子心最毒。"①

正因为如此，唐代王真说："五千之言……未尝有一章不属意于兵也。"②其实《老子》一书，并不是专门为用兵而言的，它探究的由自然而后人事的道理，向"圣人"及人们昭示它的"无为"控制之道，也就是以"不争"到"莫与之争"，以"无为"到"有为"，以"柔弱胜刚强"之道的厉害。这种道，无处不在，无处不起作用。明代焦闳所撰《老子翼序》中一段话讲得十分中肯："《老子》明道之书也。而唐王真也者，至以为谭兵而作。岂其佳兵善战之言，亦有以启之欤？余曰：老子非言兵也，明至柔也。天下之喜强者，莫逾于兵，而犹然以柔诎也，即无之而不柔，可知也。柔也者，刚之对也。道无不在，而独主柔而宾刚，何居？余曰：'《老子》非言柔也，明无为也。柔非即为道，而去无为也近；刚非外于道，而去无为也远。故自柔以求之，而无为可几也。'"《老子》屡谈兵，只不过借以说明像"兵者"这样的"不祥之器"、暴力的产物，柔弱、无为之"道"都能起作用，天下还有何事能游离于"柔弱胜刚强"之控制道理之外呢？

老子曰："人之生也柔弱，其死也坚强。草木之生也柔脆，其死也枯槁。故坚强者，死之徒；柔弱者，生之徒。是以兵强则灭，木强则折。强大处下，柔弱处上。"③又曰："天下之至柔，驰骋天下之至坚。"老子从自然和人生中观察到"物壮则老，是谓不道，不道早已"④"物极必反"的现象；观察到了柔弱的事物往往生机无限，强盛的事物随之而来的是衰亡，从而得出经验："是谓微明，柔弱胜刚强。"老子从柔势，弱势必然胜刚势，强势的经验出发，要求人们，尤其是"圣人"，不但要懂得"柔弱胜刚强"的道理，还要将之付诸实践。

---

① 朱熹：《朱子语类》卷137，中华书局1986年版，第3266页。
② 王真：《道德经论兵要义述·述状》，正统道藏本，第4页。
③ 参见《诸子集成·老子道德经》。
④ 参见《诸子集成·老子道德经》。

老子曰："弱之胜强，柔之胜刚，天下莫不知，莫能行。"①老子还要求"圣人"法水的"柔""不争"。"天下莫柔的于水，而攻坚强者莫之胜。""江海之所以能为百谷王者，以其善下之，故能为百谷王。"②老子之所以要求法水的品质，是因为"水善利万物而不争，处众人之所恶，故几于道"③。老子把自然现象搬到人事上，建立起他的处世哲学，这便是"知雌"，"守柔"，"致虚极，守静笃"。

老子曰："曲则全，枉则直，洼则盈，敝则新，少则得，多则惑。是以圣人抱下为天下式。不自见，故明；不自是，故彰；不自伐，故有功；不自矜，故长。夫唯不争，故天下莫能与之争。古之所谓曲则全者，岂虚言哉。"④又曰："善为士者，不武；善战者，不怒；善胜敌者，不与；善用人者，为之下。是谓不争之德，是谓用人之力，是谓配天古之极。"⑤以上两段话，皆是"柔弱胜刚强"经验的具体运用。在老子看来要想获得威势，驾驭臣民，使其俯首帖耳供驱使任用，不是靠强势、刚势威迫所能够成功的。"民不畏死，奈何以死惧之。"⑥"民不畏威，则大畏至。"⑦"夫代大匠斫者，希有不伤其手者矣。"⑧"强梁者不得其死。"⑨老子的这些话近乎是在警告和威吓统治者，靠逞强恃暴手段即使树立统治威势，也多少会付出代价的。老子深通人的情理，主张柔化的控制手段比强为的方法有效，且易于接受。为了投桃报李而避免以牙还牙，老子教给人们许多社会控制手段。老子曰："夫唯不争，故无尤。""无为故无败。"又曰："是以圣人欲上民，必以言下之；欲先民，必以身后之。"⑩又曰："善用人者，为之下。"老子认为柔弱胜刚强，既是自然之理，亦是人情之理。

---

① 参见《诸子集成·老子道德经》。
② 参见《诸子集成·老子道德经》。
③ 参见《诸子集成·老子道德经》。
④ 参见《诸子集成·老子道德经》。
⑤ 参见《诸子集成·老子道德经》。
⑥ 参见《诸子集成·老子道德经》。
⑦ 参见《诸子集成·老子道德经》。
⑧ 参见《诸子集成·老子道德经》。
⑨ 参见《诸子集成·老子道德经》。
⑩ 参见《诸子集成·老子道德经》。

在老子看来，"圣人"贵柔守雌，尚静不争，理想的"小国寡民"社会就可指日可待。老子曰："天下皆知美之为美，斯恶矣；天下皆知善之为善，斯不善矣。"①也就是说，天下都知道什么是"美"，"丑"便被分别出来了，天下知道什么是"善"，"恶"便被分别出来了。同样的道理，天下人知道柔化不争，人和民朴，"无为"而治的统治不错，便会乐于接受，对"圣人"之威心悦诚服，于是最好的形势便出现了。《吕氏春秋·不二》云："老聃贵柔。"贵柔是老子学说的重要特征之一。老子之所以贵柔，正如明代焦竑所说的"柔非即为道，而去无为也近"。

(四)受自然启示而敛势、藏势

"飘风不终朝，骤雨不终日。"②"物壮则老，是谓不道，不道则已。"③物极必反，物壮则老，物盛则衰，是自然万物的发展趋势。老子注意到了这一趋势。为了避免不道，避免早已(衰亡)，老子要求"圣人"保持柔弱之势，"复归于朴"，"复归于婴儿"。老子曰："知其雄，守其雌，为天下溪……知其白，守其黑，为天下式……知其辱，为天下谷。"④可见何为强雄，何为光亮，何为荣耀，老子再了解不过了，但他却安于守柔雌，蒙昧，卑辱。老子"知雌""守柔"，客观上给人以敛势感觉。"朴散则为器"，最好不让它散，"圣人"当知晓返朴归真的道理。老子曰："夫物芸芸，各复归其根。"⑤何谓"根"？老子曰："元牝之门是谓天地之根。"⑥可见返璞归真，就是要反归、收敛到生命最原始的地步。物盈则消，就让事物处于"虚""谷"的状态，做到"不欲盈"，"夫唯不盈，故能蔽不新成"⑦。"物壮则老"，就让生命处于柔弱不壮的阶段。老子

---

① 参见《诸子集成·老子道德经》。
② 参见《诸子集成·老子道德经》。
③ 参见《诸子集成·老子道德经》。
④ 参见《诸子集成·老子道德经》。
⑤ 参见《诸子集成·老子道德经》。
⑥ 参见《诸子集成·老子道德经》。
⑦ 参见《诸子集成·老子道德经》。

曰："常德不离，复归于婴儿。"①又曰："专气致柔，能婴儿乎？"②要求有道圣主看到婴儿纯真柔和，精气充沛，元气充盈的勃勃生机，看到"含德之厚"的"赤子"神妙之处——"虺蛇不螫，猛兽不据，攫鸟不搏，骨弱筋柔而握固。未知牝牡之合而全作，精之至也。终日号而不嗄，和之至也。"③

知道壮、器、盈，却刻意处于虚、朴、赤子甚至"惚兮恍兮，其中有象；恍兮惚兮，其中有物；窈兮冥兮，其中有精"的"元牝之门，天地之根"的状态。到了这种地位便容易顺其自然之势，"无成势，无常形，故能究万物之情"。这就是老子学说给后来"新道家"也好，"道法家"也好，哲者也好，统治者也好的启示。树大招风，为了防止"朴散"，防止"物壮则老"，物老则衰，防止力量暴露得过早，成为众矢之的，老子之学显示出了许多藏势的道理。所谓藏势，便是将真实力量趋向隐藏起来，给人以假形假象，以减轻压力。从而能以虞待不虞，以幽待明，以逸待劳，以静制动，以柔克刚。老子讲的"大象无形"，"大成若缺"，"大盈若冲"，"大直若屈，大巧若拙，大辩若讷"，便是讲究明明是"大成""大盈""大直""大巧""大辩"，却要隐藏起来，故意显示"缺""冲""屈""拙""讷"等卑弱的样子，明明是"大象"，却人为地加给人以"无形"感觉。"俗人昭昭，我独昏昏；俗人察察，我独闷闷"④所阐明的是绌聪明，装愚傻的道理。"挫其锐，解其纷；和其光，同其尘"⑤所讲的是藏匿锋芒、涵掩光华、韬光养晦的道理。张舜徽先生认为这些"不外一个'装'字"⑥。李泽厚先生认为《老子》重视"柔""弱""贱"的一方，主要是要人们注意到只有处于"柔""弱"的一方，才永远不会被战胜。这就是说，不但不要过分地暴露了自己的才能、力量和优势，要善于隐藏优势或强大，而且不要去竞赛或争夺那种强大。⑦

---

① 参见《诸子集成·老子道德经》。
② 参见《诸子集成·老子道德经》。
③ 参见《诸子集成·老子道德经》。
④ 参见《诸子集成·老子道德经》。
⑤ 参见《诸子集成·老子道德经》。
⑥ 张舜徽：《周秦道论发微》，中华书局 1982 年版，第 12 页。
⑦ 李泽厚：《中国古代思想史论》，人民出版社 1986 年版，第 90 页。

"人法地，地法天，天法道，道法自然。""寂兮寥兮，独立而不改，周行而不殆，可以为天地母，吾不知其名，强字之曰道，强为之名曰大。大曰逝，逝曰远，远曰反。"①

既然道法自然，自然趋势是物壮则老，物盈则虚，循环运行不息，强壮最终还要发展到柔弱，那么从自然意义讲，贵柔守弱，顺乎自然之势就可以避免老衰，常壮不老。从行为控制意义上讲，收敛形势返璞归真，便无需乎仁义，而"民复为慈"。按老子学说推论，古朴、最原始的社会是比任何文明社会都理想的社会。人类社会发展绕一大圈，本着盈虚消长的道理，最终还是要归其根，回归到古朴的社会。这便是老子"道法自然"的话中之话，弦外之音。收敛形势，返璞归真表露了老子对远古、古朴社会的留恋和执着追求。但老子所处的时代，是变革急剧的时代，老子为统治者提供的顺其自然之势，"无成势、无常形"、贵雌守柔等社会控制之术，被当代或后来统治者或多或少地采纳了，而老子想让社会退回到"小国寡民"的时代是行不通的。这是因为老子未能区别开勃勃生机的新生事物之柔弱与衰败、没落的腐败事物的柔弱之间的本质差异。是故《老子·七十章》云："吾言甚易知，甚易行。天下莫能知，莫能行""知我者希，则我者贵。"感叹自己的理论及主张不能被了解，更不能被施行。老子这段话透露出了他对历史发展大势所趋的无可奈何。

三、借"道"之威势来推行社会控制主张

周秦时代有一个通例，便是或借天势、或借神势、或借古人及圣贤之势来表述自己的政治主张。老子由自然之道入手，而推论社会控制之道，借"道"来游说乃至规范"圣人"，兜售自己的政治主张是颇费匠心的。

老子曰："道常无名，朴虽小，天下莫能臣。侯王若能守之，万物将自宾……譬道之在天下，犹川谷之于江海。"②又曰："道常无为而无不为，侯王

① 参见《诸子集成·老子道德经》。
② 参见《诸子集成·老子道德经》。

能守之，万物将自化。"①老子反复阐明"侯王"守道，照道行事的好处。君王"守道"便可为"百谷王"，便可大有作为。统治者依道治天下，人心所归就像河川溪流涌入江海一样。

"道者，万物之舆，善人之宝，不善人之所保。"②"古之善为道者，微妙玄通，深不可识。"③

老子把道说得"玄之又玄"，奥妙其由来，无非是要善人像宝贝来珍惜它，不善的人亦要保持它。

老子曰："物壮则老，是谓不道，不道早已。"④又曰："服文采，带利剑，厌饮食，财货有余，是谓盗夸，非道也哉！"⑤"上士闻道，勤而行之；中士闻道，若存若亡；下士闻道，大而笑之。不笑不足以为道。"⑥"孰能有余以奉天下？唯有道者。"⑦"天道无亲，常与善人。"⑧在老子看来损不足以奉有余，是强盗，而不是有道者；讥笑"道"之流是下士，而不配作上士；不遵循道，不知雌守柔，不清静无为是恶人而不是善人。老子甚至警告和威吓说："飘风不终朝，骤雨不终日……天地尚不能久而况于人乎？""强梁者不得其死"，"不道早已"。

老子感叹实现"小国寡民"的政治理想之艰难，只好以："知我者希则我者贵。是以圣人被褐而怀玉"⑨而自我解嘲。但老子的顺其自然"无为"而控制的思想却给历代政权建设者以有益的启示。

---

① 参见《诸子集成·老子道德经》。
② 参见《诸子集成·老子道德经》。
③ 参见《诸子集成·老子道德经》。
④ 参见《诸子集成·老子道德经》。
⑤ 参见《诸子集成·老子道德经》。
⑥ 参见《诸子集成·老子道德经》。
⑦ 参见《诸子集成·老子道德经》。
⑧ 参见《诸子集成·老子道德经》。
⑨ 参见《诸子集成·老子道德经》。

韩非社会思想管窥*

韩非子的学说的出现可说是历史的呼唤时势的必然。战国末期，连年战乱，经济凋敝，民不聊生，社会各阶层普遍盼望安定统一。秦王政顺应时代潮流，奋六世之余烈，担当了统一全中国的历史使命。集法家大成的韩非思想体系则适应了大一统的封建集权国家即将出现的客观形势。史书记载当未曾受到韩国重视的韩非著作流传到秦国，秦王政阅后不禁拍案叫绝，感叹说"寡人得见此人与之游，死不恨矣"！甚至不惜以向韩国发动战争的形式来实现他的这一愿望。韩非的学说大多被秦王朝采纳，且影响着中国封建社会的始终。本文拟着重从社会学的角度对韩非的理论思想加以发掘。

一、"古今异俗，新故异备"的社会发展观

韩非以前的法家代表人物商鞅持历史进化观点，将过去的历史分为"上世亲亲而爱私，中世尚贤而悦仁，下世贵贵而尊官"三个阶段，主张"圣人不法古，不修今。法古则后于时，修今则塞于势"[1]。要求"圣人知必然之理，必为之时势，故为必治之政。战必勇之民，行必听之令"[2]。韩非则更明确地说明历史是进化的，社会是动态的，人类生活方式是变化着的。他通过观察和考量，

---

* 该文曾刊发于《武汉大学学报(哲学社会科学版)》1999 年第 5 期，收录时略有改动。

[1] 参见《商君书·画策》。

[2] 参见《商君书·画策》。

把历史与社会的发展分作上古、中古、近古和当今之世四个时代。为了便于分析，现将《韩非子·五蠹》中的原文引述以下：

> 上古之世，人民少而禽兽众，人民不胜禽兽虫蛇，有圣人作，构木为巢以避群害，而民悦之，使王天下，号之曰有巢氏。民食果蓏蚌蛤，腥臊恶臭而伤害腹胃，民多疾病，有圣人作，钻燧取火，以化腥臊，而民悦之，使王天下，号之曰燧人氏；中古之世，天下大水，而鲧、禹决渎；近古之世，桀、纣暴乱，而汤武征伐。……当今之世……人民众而货财寡，事力劳而供养薄，故民争，虽倍赏累罚而不免于乱。

韩非已注意到，不同时期存在着不同的社会矛盾，强调社会治理方案要因客观实际作相应的调整。也就是说，圣人应做到"世异而事异""事异则备变""事因于世"，而"备适于事"①。在韩非看来，如果明知道"古今异俗"，而不能"新故异备"，仍然以古为美，必然会贻笑于天下之人。"今有构木钻燧于夏后氏之世者，必为鲧、禹笑矣；有决渎于殷、周之世者，必为汤、武笑矣；然则今有美尧、舜、鲧、禹、汤、武之道于今世者，必为新圣笑矣。"②韩非还以"守株待兔""刻舟求剑""削足适履"等形象的寓言讥讽那些"欲以先王之政，治当世之民"的人们同"守株"的宋人、"刻舟"的楚人、"削足"的郑人没有什么区别。韩非指出那些"不善今之所以为治，而语已治之功不审官法之事，不察奸邪之情，而皆道上古之传，誉先王之功"的"今世儒者"，"非愚则诬也"③。

"古今异俗，新故异备"，"圣人不期修古，不法常可，论世之事，因为之备"④，扬弃旧制度、建立新制度是韩非社会发展观的精义所在，也是他"故治民无常，唯治为法，法与时转则治，治与世宜则有功"⑤的变法和法治主张的

---

① 参见《韩非子·五蠹》。
② 参见《韩非子·五蠹》。
③ 参见《韩非子·显学》。
④ 参见《韩非子·五蠹》。
⑤ 参见《韩非子·心度》。

理论基础。

二、"竞于道德""逐于智谋""争于气力"的社会变迁观

韩非从人皆挟自为心，受利益驱动事实出发，认为有欲利自私之心就免不了竞争，只不过不同的社会发展阶段，竞争的形式不尽相同罢了。他博古通今，将人类社会的发展趋势归结为"上古竞于道德，中世逐于智谋，当今争于气力"，并指出当今之世是"多事之时""大争之世"。韩非把竞争视为社会变迁的一个基本法则。他认为，不但人与人受利益驱动相互倾轧，而且国与国之际同样在较量着实力，"力多则人朝，力寡则朝人，故明君务力"①。

难能可贵的是，韩非不但注意到了社会变迁过程中竞争角逐的事实，而且试图从经济发展因素的角度来解释社会变迁的动因，认为社会变迁中最大的诱因是因为物质财富特别是人口的增长。也就是说，竞争不是天生的人性，而是后天的人和财富等因素造成的。他把社会物质财富和人口的增长视为社会变迁的重要因素，引导人们从经济利害关系去分析看待社会历史的发展问题是韩非子对社会思想史的一大贡献。韩非说"古者，丈夫不耕，草木之足食也；妇人不织，禽兽之皮足衣也。不事力而养足，人民少而财有余，故民不争。是以厚赏不行，重罚不用，而民自治。今人五子不为多，子又有五子，大父未死而有二十五孙，是以人民众而货财寡；事力劳而供养薄，故民争，虽倍赏累罚而不免于乱"②。囿于时代与贵族阶级出身，韩非看到了人口的快速增长，财富的入不敷出带来了争夺，带来了"虽倍赏累罚而不免于乱"的事实，却忽视了社会的贫富不均的另一更重要的原因是统治阶级对被统治阶级的剥削。无独有偶，"社会达尔文主义"也持有类似的观点，认为"资本主义社会人民的饥饿、失业等痛苦不是社会阶级制度的结果，而是'地球上人类产生过多'的结果"，甚至主张"战争是'自然选择，适者生存'的最好方法"③。韩非深刻之处在于揭示人类竞

---

① 参见《韩非子·显学》。
② 参见《韩非子·显学》。
③ 参见《达尔文主义基础》，人民教育出版社 1953 年版，第 206~207 页。

争和社会变迁的动因是出于物质财富的因素而与伦理道德无关。他举例说明古代禅让是因为"人寡而相亲，物多而轻利易让"①。古代人们"轻辞古之天子"是因为像尧那样的天子，其服食还抵不上看门的，像禹那样的天子，其劳作比奴隶还辛苦而今世的人们"难去今之县令"，争作芝麻大的县官，是因为今之县令有权有利，生则本人荣华，死则子孙泽荫，甚至几代人都有车坐。②韩非由此得出结论"是以古之易财，非仁也，财多也今之争夺，非鄙也，财寡也"③。

韩非绝对地认为贫富厚寡是竞争之所然。因此政府不要人为地缩小贫富差距，搞什么慈善、娠济"施与贫困者，此世之所谓仁义也。哀怜百性不忍诛罚者，此世之所谓惠爱也。夫施与贫困，则功将何赏不忍诛罚，则暴将何止故天灾饥饿，不敢救之。何则已有功与无功同赏，夺力俭与无功无能，不正义也"④。他甚至从剥削者的立场出发，反对征富济贫。《韩非子·显学》说："今上征敛于富人，以布施于贫家，是夺力俭而与侈惰也，而欲索民之疾作而节用，不可得也。"

韩非从竞争观点和功利主义观点出发，主张国家"以功用为之的彀"⑤，来衡量言行，贬抑"五蠹"之人以税赋调节贫富以法治来维持竞争秩序，倡导公利，规范私利间的冲突，从而实现奖勤罚懒、尚贤禁奸、劝农重战、富国强兵的社会理想。他说"故明主之治国也，适其时以致财富，论其税赋以均贫富，原其爵禄以尽贤能，重其刑罚以禁奸邪，使民以力得富，以事致贵，以过受罪，以功致赏而不念慈惠之赐，此帝王之致也"⑥。

三、利益驱动的社会交往思想

战国时代，儒家代表人物荀子一反孔孟学派"人性善"论调，鲜明地指出

---

① 参见《韩非子·八说》。
② 参见《韩非子·五蠹》。
③ 参见《韩非子·五蠹》。
④ 参见《韩非子·奸劫弑臣》。
⑤ 参见《韩非子·忠孝》。
⑥ 参见《韩非子·六反》。

"人之性恶，其善伪也"①。作为荀子的学生，韩非接受了荀子关于人"生而有好利"，"生而疾恶"，"生而有耳目之欲，有好声色"等"性恶"观点，进一步指出追名求利，满足"欲利之心"是人的本性，趋利避害是人之常情。《外储说右上》说"利之所大，民归之名之所彰，士死之"。《解老》说"人无羽毛，不衣则犯寒上不属天，而下不着地，以肠胃为根本，不食则不能话。是以不免于欲利之心"。《奸劫弑臣》又说："安利者就之，危害者去之，以人之情也。"

为了构筑他的"人性趋利"学说，韩非滔滔不绝地讲了许多生动的事例。《备内》说："医善吮人之伤，含人之血，非骨肉之亲也，利所加也，故舆人成舆，则欲人之富贵；匠人成棺，则欲人之夭死也。非舆人仁匠人贼也。人不贵则舆不售，人不死则棺不买，情非憎人也，利在人之死也。"做医生的吮伤含血不觉得恶心，且所医治者与自己非亲非故；造车的盼望人富贵，做棺材的巴不得人早死，皆是受利益的驱动，谈不上什么爱恨仁慈。

韩非由此得出"人皆挟自为心"，唯利是图，并认为一切社会交往皆受利益驱动，把人与人之间的关系看作利害的关系。"王良爱马"，是为了"驰"；"越王勾践爱人"，为的是"战"②；职业及交易过程中维系的杠杆是钱财。

照儒家的"亲亲""尊尊"观点看，人世间至爱莫过于夫妻，至亲莫过于骨肉同胞，至诚莫过于君、臣、民。韩非却以无数事实否定儒家美化的人伦，深刻地阐明：

夫妻之间是利害的关系。夫妻之间"非有骨肉之恩也，爱则亲，不爱则疏"。"丈夫年五十而好色未解也，妇人三十而美色衰矣，以衰美之妇人事好色之丈夫，则身（死）见疏贱。"③正因为夫妻之间亲亲爱爱维系的基础是色与性，因此，妻子对丈夫常怀休惕之心。"卫人有夫妻祷者，而祝曰'使我无故，得百束布'。其夫日'何少也?'对曰：'益是，子将以买妾'。"④卫人的妻子宁愿少赚些钱，而担心钱多了丈夫会用以买妾。

① 参见《荀子·性恶》。
② 参见《韩非子·备内》。
③ 参见《韩非子·备内》。
④ 参见《韩非子·内储说下·六微》。

同胞之间是利害的关系。"恒公，五伯之上也，争国而杀其兄，其利大也。"①

父母子女之间是利害的关系。父子之间"皆挟相为"，若"不周于己"，没有处理好抚养与赡养的利益关系，亦会埋怨责难，反目相待。《韩非子·外储说左上》说"人为婴儿，父母养之简，子长而怒；子盛壮成人，其供养薄，父母怒而诮之。子、父，至亲也，而或憔或怨者，皆挟自为而不周于为也"。甚者，父母为了传宗接代、长远的利益，竟以"计算之心"，残害子女。《韩非子·六反》说"且父母之于子也，产男则相贺，产女则杀之。此俱出父母之怀衽，然男子受贺，女子杀之者，虑其后便，计之长利也"。更有甚者，父子之间受功名利禄驱动，会表现出惨不忍睹的行为。《韩非子·说林上》讲："乐羊为魏将而攻中山，其子在中山。中山之君烹其子而遗之羹。乐羊坐于幕下而啜之，尽一杯。文侯谓堵师赞曰：'乐羊以我故而食其子之肉。'答曰：'其子而食之，且谁不食？'乐羊罢中山，文侯赏其功而疑其心。"韩非从"其子而食之，且谁不食？""父母之于子女也，犹用计算之心相待也，而况无父子之泽乎"之事实出发，推断臣民和君民、君臣关系毫无例外地皆属于利害关系。

臣民之间是利害关系。《韩非子·外储说左上》载："吴起为魏将而攻中山，军人有病疽者，吴起跪而自吮其脓。伤者母，立而泣。人问曰：'将军于若子如是，尚何为而泣？'对曰：'吴起吮其父之创而父死，今是子又将死也。今吾是以泣'。"吴起吮军人父子的创口，其爱是别有用心的，旁人不识，"伤者母"却不糊涂，深知这种爱的报答是要以付出躯身效死作代价的。

韩非反复论证人之自私和性恶，目的是要君王明白君臣之间更是受利益的驱动，是一种大利大害的关系。《韩非子·难一》载："臣尽死力以与君市，君垂爵禄以与臣市。君臣之际，非父子之亲也，计数之所出也。"韩非提醒君王，君王的宝座是大利之所在。"万乘之主、千乘之君，后妃、夫人、适子为太子者，或有欲其君之早死者。"②究其原因就在于"君不死，则势不重，情非憎君

①　参见《韩非子·难四》。
②　参见《韩非子·人主》。

也，利在君子之死也"①。韩非要人君明白君王的家庭都是以如此之心相对，更遑论那些奢望"无能而得事""无功而富贵""朋党用私"②的臣下们。在韩非看来，臣下之所以"不弑其君者"，因为"党与不具也"③，"缚于势而不得事之耳"④，"彼民之所以为我用者，非以吾爱之为我用者也，以吾势之我用者也"⑤。因此，韩非再三告诫君主不要轻信别人。妻子不可信，子女不可信，他人则更不可信。"为人臣者，窥觇其君心也，无须臾之休"，"信人则制于人"⑥。也就是说在"大争之世"的时代，儒家的"仁政"是行不通的。"今学者之说人主也，皆去求利之心，出相爱之道，是求人主之过于父母之亲也。此不熟于论恩，诈而诬也。"⑦

韩非既看到社会有竞争的一面，同时也看到在利益互动的前提下，社会也可合作的一面。他"人行事施予，以利之为心，则越人易和以害之为心，则父子离且怨"的论断及功利主义主张对当时及后来社会劝导耕战，发展经济具有相当的积极意义。

值得一提的是，荀子言"人性恶"，但相信后天的"化性起伪"可以使人弃恶趋善。而韩非设定人性趋利且认为自私趋利的人性始终无法改变。如此定论构成了他的言论之偏激、刻薄片面，成为他主张严刑峻法，法、术、势兼治的理论根源。

四、"势""法""术"相结合的社会控制观

关于韩非"势""法""术"相结合的社会控制观，学界论述甚多，且普遍认为"势治""法治""术治"三者之中，"法治"是核心。本书认为"势治"才是核

---

① 参见《韩非子·备内》。
② 参见《韩非子·孤愤》。
③ 参见《韩非子·扬权》。
④ 参见《韩非子·备内》。
⑤ 参见《韩非子·外储说右下》。
⑥ 参见《韩非子·备内》。
⑦ 参见《韩非子·六反》。

心。理由有四：其一，"法治""术治"是尊重君王的威势，以便君王利用至高无上的权势进行统治的手段和工具。这一点，韩非讲得最明白不过："君无术则蔽于上，臣无法则乱于下，此不可一无，皆帝王之具也。"①其二，势治是万能的。韩非说："万乘之主，千乘之君，所以制天下而服诸侯，以其威势也"②；又说"善任势者国安，不知因势国危"③。也就是说，势，是执法用术的先决条件。"势者，胜众之资也。"④张舜徽先生在《周秦道论发微》中谈道："《韩非子·喻老》篇曰：'势重者，人君之渊也，一言得之矣。'上以威势尊严临下，高不可极，深不可测，则百官莫不辣惧敬服，左右前后，无敢疑贰，君尊而臣亦荣。"其三，"法""术"由君王设定，权势为君王独有。尽管韩非一方面理想地认为"法者，君臣所其操也"⑤，"法不阿贵"⑥，但另一方面不得不承认立法、司法的权柄牢牢地掌握在君王的手中，"上设其法，而下无奸诈之心"⑦，"夫赏罚之为道，利器也，君固握之，不可以示人"⑧。毕竟君王权势是至高无限的，"法"只是维护君势的手段，不能限制君王。在专制时代，天子至尊的前提下，法律的约束力往往屈服于权位的威慑力。关于法治的实质，法家的另一代表人物管子理解最为清楚。管子说："夫生法者君也，守法者臣也，法法者民也。"⑨同样，"术"，只能是为君独有，为君势服务。"术也者，主之所以执也。"⑩其四，韩非的势治理论内容除了尊隆君王的权势而实行有效社会控制和自然之势与"人设之势"之辩外，还有广义上的势治，即根据社会历史趋势而变法，势是法治的前提。"古今异势，新故异备"，"法与时转则治，治与世宜则有功"⑪。韩非自然之势与"人设之势"之辩恰恰说明的是自然

① 参见《韩非子·定法》。
② 参见《韩非子·人主》。
③ 参见《韩非子·奸劫弑臣》。
④ 参见《韩非子·八经》。
⑤ 参见《商君书·修权》。
⑥ 参见《韩非子·有度》。
⑦ 参见《韩非子·难一》。
⑧ 参见《韩非子·内储说上·七术》。
⑨ 参见《管子·任法》。
⑩ 参见《韩非子·定法》。
⑪ 参见《韩非子·心度》。

之势不易得而"法""术"之类的"人设之势""人之所得势"之可为。

韩非有感周天子式微,大权旁落的无奈,主张尊君隆势,加强势治有感自然之势的不易得,而谋求"人设之势";有感君王"以一人之力禁一国者少能胜之"①和竞争中的大私少公,主张法治,轻赏刑罚;有感"奸臣皆欲顺人主之心以取信幸之势"②,主张用"术"——"因任而授官,循名而责实,操生杀之柄,课群臣之能"③。

韩非的利益驱动观、竞争观、社会发展观,特别是"势""法""术"相结合的社会控制观为中国社会思想史谱写了丰富的篇章。其学说足以启思益智。

---

① 参见《韩非子·难三》。
② 参见《韩非子·奸劫弑臣》。
③ 参见《韩非子·定法》。

《礼记》的社会思想

一、《礼记》一书的时代背景

公元 202 年的楚汉战争，刘邦打败了项羽，建立了西汉王朝。农家出身的汉高祖刘邦，就如何安宁天下，适应大一统的局面，与谋臣陆贾发生过激烈争论。争论的焦点在于是《诗》《书》治天下，还是马上治天下？是依法度还是法先王、崇仁义"治国安民"？史书记载："汉五年，已并天下……群臣饮酒争功，醉或妄呼，拔剑击柱，高帝患之。叔孙通知上益厌之也，说上曰：'夫儒者难与进取，可与守成。臣愿徵鲁诸生，与臣弟子共起朝仪。'高帝曰：'得无难乎？'叔孙通曰：'五帝异乐，三王不同礼。礼者，因时世人情为之节文者也。故夏、殷、周之礼所因损益可知者，谓不相复也。臣愿颇采古礼与秦仪杂就之。'上曰：'可试为之，令易知，度吾所能行为之。'"①

经过叔孙通制定礼仪并演习后，统治集团尊卑意识大为加强。长乐宫落成后，同样是宴会，大臣们鱼贯而入，秩序井然。刘邦龙颜大悦，擢升叔孙通作了太常，赐黄金五百斤。跟随叔孙通制定礼仪的门生也受封为郎官。汉儒重考据之学，儒生们以作书本上的学问，注释《易》《诗》《书》《礼》《春秋》经文成为时尚。汉初政权建设理论上需要指导思想，统治状况也需要损益三代礼仪，建立新的法度。解释《礼经》的集子《礼记》也就应运而生了。

---

① 参见《史记·刘敬叔孙通列传》。

二、《礼记》的成书过程

儒家的经典大致分为三类：一类是"经"，一类是"传"，一类是"记"。"记"是用来对经文进行注解，说明和补充的资料。解释《礼经》的文字便称《礼记》。《礼经》原名叫《仪礼》，又称《士礼》，共十七篇，是周秦时期关于礼仪制度的儒家典籍，记载保存了丰富而又有价值的社会资料。

西汉时，《仪礼》取得"经"的地位，成为儒家《五经》之一。于是，解释《礼经》的"记"逐渐受到时人的器重，出现了不少的传抄本，现在还保存有戴德、戴圣叔侄俩的选辑本。后人称戴德所辑录的本子为《大戴礼记》，原本八十篇，今存三十九篇；称戴圣所辑录的本子为《小戴礼记》，共四十九篇。《小戴礼记》经东汉著名经学家郑玄注解后，摆脱了它从属于《仪礼》的地位而独立成书，并且跃居"经"的地位。从此人们便看好《小戴礼记》，今日流行的《礼记》实际上是专指戴圣编的《小戴礼记》。

《礼记》的编者弄清楚了，但《礼记》四十九篇中每篇的撰者却很难明确。《汉书·艺文志》只好被称为"七十子后学所记"。学者们普遍认为《礼记》并非一时一人所作，大约是出自战国末到汉初儒生等的手笔。戴氏叔侄的贡献在于作了选辑结集的工作。《礼记》继承、发挥和阐扬了先贤有关礼治、乐治等方面的社会思想。是故，一些学者，如孙叔平先生在撰写《中国哲学史稿》时，便将《礼记》放在先秦时期加以介绍。但我们认为，还是将其作为汉代时期的作品更为妥切一些。研究《礼记》，极有助于对儒家社会思想的把握和了解。

三、《礼记》一书中表达的社会思想

（一）论礼的起源及其社会功能

1. 何谓"礼"

礼是儒家学说的核心。《礼记》的作者将汉初及汉代以前的儒家的礼论加以整理，归纳，使之条理化、系统化。何谓礼？我们从《礼记》中可以看出礼有多重内涵。

第一，礼是一种社会制度。"夫礼始于冠，本于昏，重于丧、祭，尊于朝、聘和于射、乡。此礼之大体也。"①

第二，礼是针对人情而约束，节制人类行为的一系列社会规范。"礼者，因人之情而为之节文，以为民坊者也。"②"饮食男女，人之大欲存焉；死亡贫苦，人之大恶存焉。故欲恶者，心之大端也。人藏其心，不可测度也。美恶皆在其心，不见其色也，欲一以穷之，舍礼何以哉？"③

第三，礼是用来规定人类社会秩序，是一定社会关系的产物。"民之所由生，礼为大。非礼无以节事天地之神也，非礼无以辨君臣、上下、长幼之位也，非礼无以别男女、父子、兄弟之亲，婚姻疏数之交也。"④

第四，礼是衡量一切社会活动的准则。"道德仁义，非礼不成；教训正俗，非礼不备；纷争辨讼，非礼不决；君臣、上下、父子、兄弟、非礼不定；宦学事师，非礼不亲；班朝治军，莅官行法，非礼威严不行；祷祠、祭祀，供给鬼神，非礼不诚不庄。"⑤

第五，礼是君王用于治理社会的工具。"是故礼者，君之大柄也。所以别嫌明微，傧鬼神，考制度，别仁义，所以治政安君也。"⑥

综上所述，《礼记》中所论说的"礼"，不仅包括了冠、昏、丧、祭、朝、聘、乡、射等礼节，而且包括了社会制度和规范、规则，大到军国盛典、小到生活中的衣食住行，皆有"礼"可循。概言之，"礼"是人类社会中的宗法、文化制度和规范的总称。

2. 礼产生的基础

分析《礼记》，我们认为礼产生的基础有下列几点：

---

① 参见《礼记集解·昏义》。
② 参见《礼记集解·坊记》。
③ 参见《礼记集解·礼运》。
④ 参见《礼记集解·哀公问》。
⑤ 参见《礼记集解·曲礼上》。
⑥ 参见《礼记集解·礼运》。

第一，礼效法于天，是天地、万物自然秩序在人类社会中的体现。《乐记》说："礼者，天地之序也"①，"大礼与天地同节"②；《礼运》说"夫礼，先王以承天之道，以治人之情，故失之者死，得之者生"③，"故圣人作则，必以天地为本"④。由于人是感"天地之德、阴阳之交、鬼神之会、五行之秀气"⑤而生的，"顺人情"便是顺天道。《礼记》所宣扬的"大礼与天地同节"⑥"圣人作则，必以天地为本"⑦的思想给后来的董仲舒的"天人感应""人副天数"学说提供了理论依据，董仲舒的"圣人法天而立道""天不变，道亦不变"的思想可以说是《礼记》"礼之大体，体天地，法四时，顺人情"⑧思想的最好注脚。

第二，礼的产生是出于改造人情的需要，也就是"因人之情而为之节文"⑨。《礼运》将人性具体归纳为"七情"和"十义"，并从化"性"、治"情"、修"义"的角度论证了礼治的意义："何谓人情：喜、怒、哀、惧、爱、恶、欲，七者，弗学而能。何谓人义？父慈、子孝、兄良、弟悌、夫义、妇听、长惠、幼顺、君仁、臣忠，十者，谓之人义。讲信修睦，谓之人利；争夺相杀，谓之人患。故圣人之所以治人七情，修十义，讲信修睦，尚辞让，去争夺，舍礼何以治之？"⑩也就是说，"七情"是人类与生俱来，"弗学而能"的自然属性。"十义"是人的社会性。礼是人们实现自然人转变为社会人、舍"情"就"义"、趋"利"远"患"的重要手段。

第三，礼起源于原始的祭祀等风俗习惯及一定的社会生活方式。"夫礼始于冠，本于昏，重于丧、祭，尊于朝、聘，和于乡、射"⑪；"夫礼之初，始诸

① 参见《礼记集解·乐记》。
② 参见《礼记集解·乐记》。
③ 参见《礼记集解·礼运》。
④ 参见《礼记集解·礼运》。
⑤ 参见《礼记集解·礼运》。
⑥ 参见《礼记集解·乐记》。
⑦ 参见《礼记集解·礼运》。
⑧ 参见《礼记集解·丧服四制》。
⑨ 参见《礼记集解·坊记》。
⑩ 参见《礼记集解·礼运》。
⑪ 参见《礼记集解·昏义》。

饮食，其燔黍捭豚，汙尊而抔饮，蒉桴而土鼓，犹若可以致其敬于鬼神"①，由此，我们知道，早期的礼仪与饮食行为分不开。但生活方式的简陋并不影响对神灵、鬼魂、图腾崇拜和祭祀的诚意。祭祀等活动中的礼仪习俗影响着同一部落氏族的生活，对氏族社会的成员起调适、整合作用。随着社会的进步，生活方式变迁，作为全体氏族成员所遵守的习俗意义上的礼仪的性质和作用于迁移中而逐渐转化，特别是进入"天下为家"的阶级社会，婚、丧、祭祀、生产等风俗习惯中的礼仪条文已流于形式。尽管《礼记》声称"君子行礼，不求变俗"②，"修其教，不易其俗，齐其政，不异其宜"③，表现出对远古社会风俗习惯的眷恋，但《礼记》作者清醒地认识到他们所处于的时代及责任，因而更注重的是附会于礼仪条文上的具有象征性功能的"礼义"，即为巩固社会秩序服务的规范制度。④ 对于这一点，《礼记·经解》表述得再明白不过：

> 故朝觐之礼，所以明君臣之义也；聘问之礼，所以使诸侯相尊敬也；丧祭之礼，所以明臣子之恩也；乡饮酒之礼，所以明长幼之序也；婚姻之礼，所以明男女之别也。⑤

继承、加工改造原始的风俗习惯，突出"礼"的转化与再生功能等，反映了《礼记》的作者的礼因时变的社会历史变迁观念。

3. 礼的社会功能

《礼记》继承发展了儒家的礼治思想。《礼记》中的礼具有多方面的社会功能。

首先，表现在维护国家机器运转方面，礼是治理国家的根本。"礼者何

---

① 参见《礼记集解·礼运》。
② 参见《礼记集解·曲礼下》。
③ 参见《礼记集解·王制》。
④ 任继愈主编：《中国哲学发展史（秦汉）》，人民出版社1985年版，第173~175页。
⑤ 参见《礼记集解·经解》。

也？即事之治也。君子有其事必有其治"①，"礼之于正国也，犹衡之于轻重也，绳墨之于曲直也，规矩之于方圆也。……孔子曰：'安上治民，莫善于礼。'此之谓也"②；礼是统治者实行社会控制的工具。"是故礼者，君之大柄也。所以别嫌明微，傧鬼神，考制度，别仁义，所以治政安君也。"③礼由君王制定，人民无权参与，"非天子，不议礼，不制度，不考文"④。"礼不下庶人，刑不上大夫"⑤暴露了礼的实质和阶级性。

第二，表现在维护社会秩序，明确等级关系方面，"礼达而分定"⑥，礼有别异合同之功能。"夫礼者，所以定亲疏，决嫌疑，别异同，明是非也。"⑦"非礼无以节事天地之礼也，非礼无以辨君臣上下长幼之位也，非礼无以别男女、父子、兄弟之亲，婚姻疏数之交也。"⑧《礼记》的作者认为礼是指导人们别异与合同的准则。别异与合同并不矛盾。人们只要明确了"定""决""别""明""辨"，区分出上下、尊卑、贵贱理念，就会懂得"讲信修睦，尚辞让，去争夺"⑨，"同则相亲，异则相敬"⑩，各就其分，各安其位。人际关系的调适、阶级矛盾的缓和也就可以落到实处。

第三，表现在规范人们的言行方面，"有礼则安，无礼则危"。"礼不妄说人，不辞费；礼不逾节，不侵侮，不好狎；修身践言，谓之善行，行修言道，礼之质也。"⑪人们的社会交往要"礼尚往来"，人们的"进退揖让"⑫乃至一切言行皆要符合礼和受礼的约束。礼，还关系到人们的沉浮荣辱，"不可不学也"。"夫礼者，自卑而尊人。虽负贩者，必有尊也，而况富贵乎！富贵而知好礼，

① 参见《礼记集解·仲尼燕居》。
② 参见《礼记集解·经解》。
③ 参见《礼记集解·礼运》。
④ 参见《大学·中庸》。
⑤ 参见《礼记集解·曲礼上》。
⑥ 参见《礼记集解·礼运》。
⑦ 参见《礼记集解·曲礼上》。
⑧ 参见《礼记集解·哀公问》。
⑨ 参见《礼记集解·礼运》。
⑩ 参见《礼记集解·乐记》。
⑪ 参见《礼记集解·曲礼上》。
⑫ 参见《礼记集解·仲尼燕居》。

则不骄不淫；贫贱而知好礼，则志不慑。"①

第四，表现在节制人的自然性而焕发人的社会性方面，礼可节人之情、达人之情、文人之情、防民之心。"礼者，因人之情而为之节文，以为民坊者也。"②在《礼记》的作者看来，礼，如同防水的堤坊。防民之心，甚于防水，怎样做到"以礼防民"③呢？《礼记》认为要根据人情不同，基于人性的需要，处理好"节""文"的关系，该约束则节制，该文饰则满足，以抑制人们性恶的冲动，激扬人性的秀美之处。

第五，表现在区分人与动物方面，"礼义"是根本标志。"凡人之所以为人者，礼义也。"④"无别无义，禽兽之道也。"⑤"鹦鹉能言，不离飞鸟。猩猩能言，不离禽兽。今人而无礼，虽能言，不亦禽兽之心乎。"⑥孟子认为"人之异于禽兽者几希"⑦，在于人有"仁""义""礼""智""四心"（"四端"），《礼记》则认为人与禽兽有别，在于人有"人情"，更有"人义"。

第六，表现在对人的教化方面，礼有潜移默化，防微杜渐之功。"故礼之教化也微，其止邪也未形，使人日徙善远罪而不自知也，是以先王隆之也。"⑧可谓是"随风潜入户，润物细无声"。

（二）论乐的起源及其社会功能

1. 何谓"乐"

《乐记》对于"乐"作了如下解释："凡音之起，由人心生也。人心之动，物使之然。感于物而动，故形于声。声相应，故生变。变成方，谓之音。比音而乐

---

① 参见《礼记集解·曲礼上》。

② 参见《礼记集解·坊记》。

③ 孔子等著，崇贤书院编译：《四书五经全本第6册全本详解版》，北京联合出版公司2017年版，第3112页。

④ 参见《礼记集解·冠义》。

⑤ 参见《礼记集解·郊特牲》。

⑥ 参见《礼记集解·曲礼上》。

⑦ 参见《孟子正义·离娄下》。

⑧ 参见《礼记集解·经解》。

之，及干戚、羽旄，谓之乐。乐者，音之所由生也，其本在人心之感于物也。"①

由此可知，乐是人心触景，触情，与外物交感而成的。乐的产生与形成经历了"感于物""形于声""声生变""变成方""比音而乐之"，"及干、戚、羽、旄"的发展过程。在《礼记·乐记》的作者看来，声、音、乐是有区别的。人心感于物——外在客观环境便发乎"声"。"五声"，即宫、商、角、徵、羽。"五声"的清浊变化，变转和合，便形成了"音"。"音"近似于现在的歌曲。以干、戚、羽、旄之类的乐器伴和着歌舞动作才叫作"乐"。

声缘于心，心情的好坏，影响着声音的悲欢。"是故，其哀心感者，其声噍以杀；其乐心感者，其声嘽以缓；其喜心感者，其声发以散；其愁心感者，其声粗以厉；其敬心感者，其声直以廉；其爱心感者，其声和以柔。"②也就是说，心情悲哀，则声也噍杀；心情乐，则声也舒缓；心情喜，则声也发散；心情怒，则声也粗粝；心情敬，则声心直廉，心情爱，则声也柔和。而心又感于物，心声受客观社会、风俗世情的影响。至于乐，是人们心声的展现和感情的流露，"其本在人心之感于物"③是乐的最基本的要素，从某种意义上讲，观听一个地方的音乐，可窥见一个地方的治乱和民风。"是故，治世之音安以乐，其政和；乱世之音怨以怒，其政乖；亡国之音哀以思，其民困。声音之道，与政通矣。"④

2. 乐的社会功能

《礼记》一书之所以再三讲乐，首先是因为乐与礼有相似的社会功能。"知乐则几于礼矣"⑤，"是故先王之制礼乐也，非以极口腹耳目之欲也，将以教民平好恶而反人道之正也"⑥。其次，乐与礼是相互配合的，"乐由中出，礼由外作"⑦，"大乐与天地同和，大礼与天地同节"⑧，"乐者，天地之和也。礼者，

---

① 参见《礼记集解·乐记》。
② 参见《礼记集解·乐记》。
③ 参见《礼记集解·乐记》。
④ 参见《礼记集解·乐记》。
⑤ 参见《礼记集解·乐记》。
⑥ 参见《礼记集解·乐记》。
⑦ 参见《礼记集解·乐记》。
⑧ 参见《礼记集解·乐记》。

天地之序也"①，"乐至则无怨，礼至则不争，揖让而治天下者，礼乐之谓也"②。如果要勉强将礼乐功能区别开来的话，礼的功能着重于"别异"，乐的功能则重在"合同"。"乐者为同，礼者为异。同则相亲，异则相敬"，"礼义立，则贵贱等矣；乐文同，则上下和矣"③。

《礼记》的作者认为，"合同"与"别异"应互辅互成，异中求同，同中存异，不能厚此薄彼或厚彼薄此。"乐胜则流，礼胜则离。"④

值得一提的是，《礼记》在重视礼治、乐治的同时，亦不忘刑政的治理功能，礼、乐、刑、政可相辅相成。《乐记》说：

> 故礼以道其志，乐以和其声，政以一其行，刑以防其奸。礼乐刑政，其极一也。所以同民心而出治道也。⑤
>
> 礼节民心，乐和民声，政以行之，刑以防之。礼乐刑政，四达而不悖，则王道备矣。⑥

只有礼、乐、刑、政四者相辅相成，才能使社会秩序达到高度和谐。所以，乐具有与礼、刑、政同等的社会整合功能。

(三) 论理想社会模式

《礼记·礼运》所描述的"大同"，"小康"社会成为了人们向往的理想社会模式，尤其是"大同"社会，更为世人津津乐道。

1. "大同"社会模式

《礼记·礼运》的作者借孔子之口对"大同"社会作了精彩的描述：

---

① 参见《礼记集解·乐记》。
② 参见《礼记集解·乐记》。
③ 参见《礼记集解·乐记》。
④ 参见《礼记集解·乐记》。
⑤ 参见《礼记集解·乐记》。
⑥ 参见《礼记集解·乐记》。

> 大道之行也，天下为公，选贤与能，讲信修睦。故人不独亲其亲，不独子其子；使老有所终，壮有所用，幼有所长，矜寡、孤独、废疾者皆有所养；男有分，女有归。货，恶其弃于地也，不必藏于己。力，恶其不出于身也，不必为己。是故谋闭而不兴，盗窃乱贼而不作。故外户而不闭，是谓大同。①

"大同"社会模式的最大特点便是天下为公，具体表现在：

第一，大同社会财产公有，社会事务由大家处理，人们自愿尽力地进行生产劳动，没有阶级差别。

第二，大同社会有自然和合理的分工。男子有相应的职业，女子有合适的归属，老有所养，少有所托，孤寡残疾之人享受着社会保障。

第三，社会制度上，由于"天下为公"，天下"有道"，无须乎礼法作为纲纪，无须乎谋略、尔虞我诈。

第四，大同社会人与人之间诚信和睦，互相亲爱，推己及人。大家选举贤能之士担任社会职务，人们安居乐业，夜不闭户，各社会（社区）之间和平相处，无战乱发生。

显然，"大同"社会模式，是《礼记·礼运》的作者把儒家的"仁政""王道"，墨家的"兼爱"等社会理想与有关原始社会的传闻有机缀合在一起，勾勒出一幅令世人心往神驰的生活画面。"天下为公"的大同思想对中国历史社会的思想界产生着深刻的影响，洪秀全采用之而作《原道醒世训》，康有为引申之而著《大同书》，孙中山发挥之而成唤起民众的醒世之言。

2. "小康"社会模式

诚然"天下为公"的大同社会模式是十分完美和诱人的，但是，这个时代已经过去了。《礼记》的作者虽然感到有几分无奈，但也正视到了这个现实，

---

① 参见《礼记集解·礼运》。

在"大道既隐"的历史条件下，提出了"小康"社会模式。

关于"小康"社会模式，《礼记·礼运篇》是这样描述的：

> 今大道既隐，天下为家，各亲其亲，各子其子，货、力为己；大人世及以为礼，城郭沟池以为固，礼义以为纪，以正君臣，以笃父子，以睦兄弟，以和夫妇，以设制度，以立田里，以贤勇知，以功为己。故谋用是作，而兵由此起。禹、汤、文、武、成王、周公，由此其选也。此六君子者，未有不谨于礼者也，以著其义，以考其信，著有过，刑仁讲让，示民有常。如有不由此者，在势者去，众以为殃。是谓小康。①

"小康"社会模式最大的特点便是"天下为家"。

第一，小康社会财产私有，有阶级差别，人们劳动的目的是出于私人占有及享受的需要。

第二，社会制度以"家天下"为服务目标，为了维护等级、尊卑、贵贱关系，为了调整社会秩序，缓和社会矛盾，统治者制订了礼义规范；为了保护国家和统治阶级的利益，还建立了军队，颁布了刑律法纪，修筑了城市沟池。

第三，小康社会里人与人之间关系是自私自利的，"各亲其亲，各子其子，货、力为己"。社会提倡信义仁德，而社会现实却是谋诈是作，兵戎相见，争功斗勇。人们只好选举禹、汤、文、武、成王、周公等"英雄"人物来管理统治。礼义、纲纪等社会制度在"天下为家"的社会里显得十分重要。君臣、父子、兄弟、夫妻、邻里等关系靠礼义规范来维护。有势者，占有财产利益者靠纲、纪等制度进行保护。相比较"大同"理想社会模式而言，"小康"社会模式更具有可操作性和更富有影响力。

《礼记》的作者认为，春秋战国之世是"天下无道"的社会，实现社会理想的步骤是努力从礼崩乐坏的混乱局面进步到"小康"之世，"大同"社会是对理想社会的憧憬而令人心驰神往。

---

① 参见《礼记集解·礼运》。

(四)《大学》三纲八目——道德社会化思想

1. 三纲：明明德，亲民，止于至善

《大学》列出"三纲领"和"八条目"，强调修身养性是治理的前提，是治国平天下的基础，治国平天下和个人道德修养具有一致性。"大学之道，在明明德，在亲民，在止于至善。"①《大学》开章明义把"三纲领"："明德""亲民""至善"视为"大学之道"。"明明德"，即是越发光亮的道德；"亲民"，指的是一旦入仕就要亲民；"止于至善"，则指的是进入、达到儒家一种尽善尽美的境界，也就是"为人君，止于仁；为人臣，止于敬；为人子，止于孝；为人父，止于慈；与国人交，止于信"。②

2. 八目：格物、致知、诚意、正心、修身、齐家、治国、平天下

除"三纲"外，《大学》还阐述了个人与"家国同构"的"八目"："古之欲明明德于天下者，先治其国。欲治其国者，先齐其家。欲齐其家者，先修其身。欲修其身者，先正其心。欲正其心者，先诚其意。欲诚其意者，先致其知。致知在格物。"③格物、致知、诚意、正心、修身、齐家、治国、平天下，"八目"，是实现"三纲领"的具体指标。"八条目"的核心指标是修身，即"自天子以至于庶人，壹是皆以修身为本"④。

(五)《中庸》——忌过与不及的处世之道

1.《中庸》的作者

《中庸》相传为孔子后代"述圣"子思(孔伋)所撰，现代版本的《中庸》"三

---

① 参见《大学·中庸》。
② 参见《大学·中庸》。
③ 参见《大学·中庸》。
④ 参见《大学·中庸》。

十三章"已夹杂有秦汉儒生的改造。宋代"程朱理学"十分尊崇《中庸》。朱熹将《中庸》与《大学》《论语》《孟子》，辑合为《四书》。官方把《中庸》作为科举考试的必读教科书。朱熹作《中庸章句》对"中庸"的训释是："中者，不偏不倚，无过不及之名。庸，平常也。"①《中庸》的核心是告诫人们言语行事应把握好临界点，恰如其分，要有度，既防过，又忌不及。

2. 为何要"中庸"

"中庸"有时又称"中和"，《中庸》第一章开宗明义阐述了"中庸"的本意、意义和功能："喜怒哀乐之未发，谓之中；发而皆中节，谓之和。中也者，天下之大本也和也者，天下之达道也。致中和，天地位焉，万物育焉。"②之所以强调"中庸"，《中庸》的作者托孔子之口进行了回答。"仲尼曰：君子中庸，小人反中庸。君子之中庸也，君子而时中；小人之反中庸也，小人而无忌惮也。"③

《中庸》的作者认为"中"，是人们固有的本性，"和"，是为人处世遵循的原则和境界。"中庸"只有君子才能做到，可以从对待"中庸"的态度来辨别什么是君子、什么是小人。

3. 如何做到"中庸"

《中庸》的作者要求人们要恰到好处地达到"中和"，必须"思诚"，"诚者，天之道也；诚之者，人之道也。诚者，不勉而中，不思而得，从容中道，圣人也；诚之者，择善而固执之者也"④。必须"好学"，"博学之，审问之，慎思之，明辨之，笃行之。有弗学，学之弗能弗措也；有弗问，问之弗知弗措也；有弗思，思之弗得弗措也；有弗辨，辨之弗明弗措也；有弗行，行之弗笃弗措也。人一能之，己百之；人十能之，己千之。果能此道矣，虽愚必明，虽柔必

---

① 参见《大学中庸章句》。
② 参见《大学·中庸》。
③ 参见《大学·中庸》。
④ 参见《大学·中庸》。

强"。① 必须"豫"（筹划），"凡事豫则立，不豫则废；言前定，则不跲事前定，则不困；行前定，则不疚；道前定，则不穷。"② 必须"刚柔相济"，"宽裕温柔，足以有容也；发强刚毅，足以有执也；斋庄中正，足以有敬也"③。必须识"九经"，"凡为天下国家有九经，曰：修身也，尊贤也，亲亲也，敬大臣也，体群臣也，子庶民也，来百工也，柔远人也，怀诸侯也。修身，则道立；尊贤，则不惑；亲亲，则诸父昆弟不怨；敬大臣，则不眩；体群臣，则士之报礼重；子庶民，则百姓劝；来百工，则财用足；柔远人，则四方归之；怀诸侯，则天下畏之"④。必须安分守己，有一个平常心态，不欺上凌下，不怨天尤人，不犯险侥幸。"在上位不陵下，在下位不援上；正己而不求于人则无怨；上不怨天，下不尤人。故君子居易以俟命，小人行险以侥幸。"⑤

四、《礼记》所表达的社会思想源流及价值

《礼记》把战国到汉初儒生等的注解心得，悉心结集，保存了西汉以前大量的礼、乐知识。其《礼运》《中庸》等篇章凝聚了孔子的"仁"、孟子的"义"、荀子的"王道"、老庄的"道"、墨子的"兼爱"、汉初的"黄老之治"社会思想。《礼记》构思的"大同""小康"的理想社会模式，是中国封建社会"士"阶层所憧憬的理想社会，它在中国历代思想界都具有很深刻的影响。尤其是"大同"思想，是中国社会思想史中的一桩佳话，后世的许多进步社会思想家也常常加以发挥，如宋代的李觏、明代的何心隐，明清之际的方以智、太平天国的洪秀全、近代维新派康有为，乃至中国民主革命伟大先行者孙中山，都从各自的立场出发，去重新设计"大同"理想社会的模式。

张舜徽认为，《礼记》中有很多篇关于丧服的论述，为研究宗法制度所不可忽视。此外如《曲礼》《内则》《少仪》，可以考知古代生活习惯；《学记》《经

① 参见《大学·中庸》。
② 参见《大学·中庸》。
③ 参见《大学·中庸》。
④ 参见《大学·中庸》。
⑤ 参见《大学·中庸》。

解》，可以推见教育原理；《礼运》《礼器》《乐记》，说明了礼乐的效用；《中庸》《大学》，发挥了政治伦理的思想。至于《冠义》《昏义》《乡饮酒义》《射义》《燕义》《聘义》诸篇，更是《仪礼》的说明书，将统治阶级制度的礼仪原意都阐述了出来。①

朱熹选取《礼记》中的两个篇章《大学》《中庸》，与《论语》《孟子》编成《四书》，甚至将《大学》列为《四书》之首，自是之后，《大学》《中庸》就一跃而成为官定教科书和科举考试的必读经典。

---

① 张舜徽：《中国古代史籍举要》，湖北人民出版社 1980 年版，第 40 页。

周秦中国社会思想早熟的成因探析[*]

中国社会思想有悠久的历史，周秦是其发展的滥觞时期。从西周"礼乐文化"的兴盛，到春秋战国时期诸子百家的兴起，数百年间涌现了十分丰富的社会思想——不仅有孔、墨显学等诸子学说甚至还包含有名不见经传的一般言论。这些社会思想闪耀着几千年的历史光辉，为人类留下了宝贵的精神财富。周秦社会思想表现的最大特点之一就是早熟。

一、关于周秦社会思想早熟的特征分析

关于早熟，前人曾有过论述。《孟子·告子上》曰："五谷者、种之美者也。苟为不熟，不如荑稗。"孟子以庄稼的成熟来比喻道德习惯形成的意义，强调了成熟的重要性。周秦社会思想的出现虽然很早，但是它早而不生，思想深邃，影响深远。所谓"早而不生"，也就是早熟，主要体现在以下几个方面：

第一，周秦社会思想具有系统性。孔子、孟子、荀子、老子、庄子、韩非子等思想家，在表达他们对社会的看法时，从个体上看，具有独自的特色和丰富的理论建构；而从整体上看，又形成了完整的思想体系。

第二，周秦社会思想具有丰富性。"丰富"是相对于以后社会思想的相对

---

* 该文曾刊发于《武汉大学学报(哲学社会科学版)》2008 年第 2 期，第一作者，合作者刘益梅，收录时略有改动。

僵化、沿袭多而创新少而言的。周秦时期的思想家对天、地、人及社会问题的思考，形成了百家争鸣的辉煌局面。

第三，周秦社会思想具有范式意义。周秦诸子的研究思路、研究框架、研究方法和研究内容为后人所效仿。

第四，周秦社会思想具有普适性。这种普适性表现在两个方面：一是从时间维度上来理解，即它们不仅属于过去，对过去有重要的参考价值，而且作为人类文化的一种积累，对今人甚至对于未来同样具有启迪作用；一是从空间维度上来理解，即它们不仅属于中华民族，不仅是中华民族的精神财富，而且也是人类社会思想中的一个重要组成部分。①

第五，周秦社会思想具有普释性。周秦社会思想家关于人性与社会理想的模式，关于为人处世的行为规范和道德标准，关于人和社会的关系，关于社会治理等方面的观点与看法，十分精辟，在相当长的历史时期具有普释意义。时至今日，尽管人们关于社会思想的定义很多，但是大抵还是围绕社会生活、社会关系、社会问题、社会治理和社会模式等范畴进行讨论，而这些范畴早在周秦时期就为中国的思想家们所普遍关注。

第六，周秦社会思想具有超越性。"周秦时期，思想同权力和技术的分离，致使思想可以脱离实用，可以超越制度和技术的支持与羁绊，自己酝酿多彩的内容"②，从而表现出与社会政治、经济发展的不同步性。这里需要说明的是，超越性并不意味着他们的思想可以天马行空，由于思想是现实的反映，他们的思想无疑具有经世致用的一面，关于这一点将在后面有所说明。

第七，周秦社会思想具有超时空性。在"中国传统社会思想与文化中，有关人与人、我与我、心与心、人与群体、人与自然等方面的思想确有'先见性'和'超前性'"。这种超前性也可以通过"与西方社会思想发展的历程进行比较而得出，它表明中国的社会思想早于西方而以其独特的风貌和理论体系呈现于人类社会。它率先勾勒出一个东方的社会生活模式，反映了中华民族所独有

---

① 王处辉：《中国社会思想早熟轨迹》，人民出版社 1996 年版，第 2 页。

② 葛兆光：《中国思想史》第 1 卷，载《七世纪前中国的思想、信仰与世界》，复旦大学出版社 1998 年版，第 81 页。

的文化素质、心理结构和社会价值取向"。①

社会思想是建立在社会生活方式、生活环境和经济基础之上的意识形态，是社会发展的产物。社会思想是人们在社会生产和生活实践中所形成的关于社会生活、社会关系、社会问题、社会管理、社会模式的观点、构想或理论。卡尔·曼海姆曾说：所有观念(不仅是敌手的观念)都与观念产生的社会历史条件相联系。只有当先决条件"真正的因素"帮助打开思想之流的"闸门"时，特定的一系列观念才可能真的会涌现出来。② 就中国而言，社会思想之所以在周秦呈现出早熟状态，归根结底还应是内因和外因相互作用的结果。

二、周秦社会思想早熟的内在原因分析

有人把社会科学理解为人类理智对社会制度和人类行为的系统研究与独立自觉的认识，那么，通过对周秦时期士人的研究，我们感到这种理解十分中肯。周秦士人作为中国传统文化载体，在周秦社会思想的传承与创新上自始至终都起着非常关键的作用。

(一)内在原因之一——周秦自由阶层"士"的出现

周秦时期，由于社会生产力的提高和经济的发展，社会上出现了专门从事脑力劳动的"士"阶层。在殷周奴隶主社会，"士"是贵族等级中最低的一个等级(天子—诸侯—卿—大夫—士)，深通"礼、乐、射、御、书、数"六艺，熟悉古代典籍，能文善武，后来随着社会的发展又分别演变为"文士"和"武士"③。平时他们论道明理，修身养性，当国家有难时，他们则置个人安危于不顾，披坚执锐。他们中不乏既有抱负又有文能安邦，武能定国的经济之才。春秋时期，由于礼崩乐坏，"士"阶层受到了强烈的冲击而被降为四民之首。他们持"道"与"势"相抗，与王侯之间既是君臣关系也是师友关系，其行为和

---

① 王处辉：《中国社会思想早熟轨迹》，人民出版社1996年版，第7页。
② [波兰]弗·兹纳涅茨基：《知识人的社会角色》，郑斌祥译，译林出版社1988年版，第10~11页。
③ 赵吉惠：《中国先秦思想史》，陕西人民教育出版社1988年版，第29页。

思想比较自由，是一个相对自由的文化知识的主体阶层。

（二）内在原因之二——周秦士人有鲜明的价值取向和强烈的主体意识

社会意识是社会存在的反映。尽管周秦士人是个相对自由的阶层，但他们仍然隶属于一定的阶级、阶层和特定的时代，这就决定了他们的思想总是会受一定价值取向的影响。在价值取向上，周秦士人无论是儒家、法家、墨家还是道家，他们都追求国家统一，社会安定，希望人民能过上稳定的生活，体现了博大的人文关怀和以人为本的主体意识。

孔子强调"士志于道"，"士"是基本价值的维护者，"道"是他们理性选择的价值标准。《论语·里仁》中，孔子曰："朝闻道，夕死可矣。"《荀子·正名》"心也者，道之工宰也。道也者，治之经理也。""道"是治理国家的基本准则，人们应该依道而为，同时坚持"天人合一与整体主义的价值取向"。为了实现这一价值取向，他们宣扬"仁""礼"，其思想虽有等级色彩，但也表现出明显的社会理性。他们认为"人为天下贵"（《荀子·王制》），人应该是天人关系的中心。在义利关系上，主张义高于利，义应该制约利，利应该在义的指导下给人民的生活带来利益。孟子强调物质利益需求应该建立在合乎道义的基础上，社会利益高于个人私利，要求人们"去利怀义""以义为利"，反对为个人私利而危害社会整体利益。同时要求"士"超越个体和群体的利害得失，表现出对整个社会的深深关爱。墨子既讲"天志"又讲"非命"，墨家的"天志"实际上是墨家意志——"兼相爱""交相利"的一种反映。韩非子继承了荀子的天人观，认为天是没有意志的一种客观存在，人的认识能力只是人类天然的一种属性。社会的治乱，国家的强弱，并非取决于天命，而在于君主是否能正确地运用法、术、势有效地进行统治，要求人们"乘于天明以视"（《韩非子·解老》）老子崇尚自然，要求人们效法自然、公平贵和、不争不战、谦下、返璞归真。强调"人法地、地法天、天法道、道法自然"。

鲜明的价值取向和强烈的主体意识使周秦士人能够以独立的人格活动于社会舞台，拓展他们思想的发展空间，自由地鼓吹自己的观点。

（三）内在原因之三——周秦士人的文化自觉和以天下为己任的政治抱负

文化自觉更多的是源于内在人性的理性自觉，源于认识主体对自己行为的自主选择，它既是自觉的，又是自愿的。周秦士人有着远大的政治抱负，在《论语·子路》中，孔子说："行己有耻，使于四方，不辱君命，可谓士矣。"《论语·泰伯》中曾参进一步阐释："士不可以不弘毅，任重而道远。仁以为己任，不亦重乎？死而后已，不亦远乎？"墨子直言不讳："虽在农与工肆之人，有能则举之。高予之爵，重予之禄，任之以事，断予之令。"（《墨子·尚贤上》）。孟子大言不惭："夫天未欲平治天下也；如欲平治天下，当今之世，舍我其谁也？"（《孟子·公孙丑下》）周秦士人的文化自觉和以天下为己任的政治抱负使得他们有强烈的社会责任心和社会义务感，他们积极地思考社会问题，立德、立言、立功，"美国家，利百姓，功施当时，泽及后世"（《温国文正公司马公集》）。

周秦士人的文化自觉还表现在他们对社会现实充满了焦虑和深深的关注。针对社会失序、君臣关系和君民关系等社会关系严重失调的社会现实，周秦士人作出了理性的思考并提出了各自的解决方案，企图使无序的社会纳入一个理想的轨道和新的秩序之中。如老子的"圣人无心，以百姓之心为心"的"无为"而治思想，孔子的"德化仁育礼治"的思想、墨子的"兼爱""尚贤"思想，孟子的"民为贵，君为轻，社稷次之""为民制产"的民本思想、荀子的"化性起伪""师法教化"思想以及韩非的"服之以法"的社会控制思想等都是周秦士人为了建立稳定的社会秩序而提出的治国方略，闪耀着时代的光辉。

三、周秦社会思想早熟的外在原因分析

（一）经济的发展为周秦社会思想的发展提供了物质基础

西周时期井田制的废除、赋税制度的改革以及获取实物地租利益的驱使，

促使统治阶级采取各种办法来扩大耕地以增加收获量，其结果是带来了社会生产力的巨大发展。农业、手工业和商业都发生了很大的变化，从而促使社会结构发生了深刻的变化。

经济基础决定上层建筑。周秦时期社会经济的发展促使了阶级关系和人身关系的变化，社会出现了脑力劳动和体力劳动的分离，出现了劳心者阶层。由于社会财富的增加，某一部分人无须为生计担忧，可以致力于社会问题的思考，针砭时弊。同时，社会生产力的发展导致封建地主经济的崛起。为了维护自己的利益，新兴的封建势力在政治上也提出了相应的要求，因此，反映新兴地主阶级利益和要求的社会思想纷纷出现。如在春秋末期，一些哲人已经认识到社会的稳定或动乱的根本原因不在于上天，而是存在于现实社会中，解决社会问题的方案，只能从社会本身的状况中去寻找。

（二）失范的社会秩序和激烈的社会变革为周秦社会思想的早熟提供了机遇

英国历史学家汤因比在他的《历史研究》中指出，文明起源于挑战与应战的过程。人类正是在努力应对自然环境与人为的挑战中创造出了一个又一个文明。挑战越大，回应也越活跃。

周秦时期，社会处在由奴隶社会向封建社会的过渡时期，在转型期，旧的规范已经丧失了对人们的约束作用，而新的社会规范尚未建立，因而社会问题层出不穷。君民关系、君臣关系以及各诸侯国之间的关系严重失调。

周秦时期失范的社会秩序促使人们在思索与探讨解决各种社会问题的方案，造就了丰富而又早熟的社会思想。各种类型的思想相互交汇、相互融合、相互影响，出现了老子、孔子、墨子等一批思想家。他们高举道义的旗帜，揭露和批判黑暗的现实，对社会究竟向何处去的问题进行了理性思考并开出了各自的救世良方。尼斯贝（Robert Nisbet）说："特别是政治和社会思想，我们尤其需要经常看到，每个时代的思想，是对危机及社会秩序的巨大变迁所造成的挑战的回应。"①虽然各学派的思路各不相同，但是在唤醒社会良知、恢复社会安定、重建理想家园方面却有着共同性。

（三）旧有的世俗权威和精神权威的崩溃萌生了早期人文主义思想

马克思曾说：人们自己创造自己的历史，但他们并不是随心所欲地创造，并不是在他们自己选定的条件下创造，而是在直接碰到的、既定的、从过去承继下来的条件下创造。一切已死的先辈们的传统，像梦魇一样纠缠着活人的头脑。②

牧野之战，周打败了强大的商朝，人们对天的作用表示了怀疑，原来的天神观念被打破了。随着社会矛盾的产生和激化，固有的统治秩序日趋混乱，于是一向神圣的"昊天""上帝"也越来越受到怀疑甚至遭到了无情的攻击和诅咒。"疾威上帝，其命多辟"（《大雅·荡》）；"浩浩昊天，不骏其德"（《小雅·雨无正》）；统治阶级的残暴荒淫激起了臣民的强烈愤慨："乱生不夷，靡国不泯。民靡有黎，具祸以烬。"（《大雅·柔桑》）理性的思考使得人们从宗法伦理和天命神权观念束缚下的状态中觉醒过来，开始重新审视社会现实，从而"在过去那种不证自明的思想体系上划出了一道道裂痕"③。旧有的世俗权威和精神权威崩溃了。

"一般说来，怀疑主义产生于以群体为中心的世界观的崩溃。对于一个世界观的确信有赖于其支持者的安全感，当个体在群体中的立足点开始变得不安全或这一群体的团结开始瓦解时，个体就开始怀疑该群体的既定的信念。"④周秦时期，萌生了一些对后人产生重大影响的人文主义思想。如叔孙豹的"三不朽"观念，周公的敬天、明德、保民的主张，《管子》的"政之所兴，在顺民心；政之所废，在逆民心"思想，孟子的民贵君轻思想，荀子的"天行有常""明天人之分"及"制天命而用之"的思想，等等。

---

① 张德胜：《儒家伦理与秩序情结——中国思想的社会学诠释》，巨流图书公司1998年版，第33页。
② ［德］卡尔·马克思：《路易·波拿巴的雾月十八日》，中共中央马克思恩格斯列宁斯大林著作编译局译，人民出版社2018年版，第1页。
③ 王处辉：《中国社会思想早熟轨迹》，人民出版社1996年版，第84页。
④ 李泽厚：《中国古代思想史论》，人民出版社1986年版，第213页。

（四）多元化的政治局面和"私学"的兴起为各种社会思想的产生提供了宽松的学术氛围

春秋战国时期奴隶制统治秩序的解体，礼乐制度的崩溃，使得原来依靠氏族贵族联盟体系建立起来的天子—诸侯—大夫的周礼统治秩序彻底崩溃。周天子形同虚设，诸侯国各自为政的政治局面一方面造就了多元化的政治环境和较为宽松的学术氛围，即：既没有中央集权的大一统政治体制，也没有一家独大的思想专制局面，从而形成了思想、观念和价值观等方面的多元化，各家各派都可以找到自己的生存空间。另一方面，残酷的剥削和激烈的战争撕开了温情脉脉的"礼""德"的面纱。① 世守专职的宫廷文化官员转向下层，史官流落各地。一些文化官吏和百工，带着原来秘藏于宫廷的典籍、礼器、乐器逃亡到四面八方，从而出现了学术、文化下移的趋势。"太师挚适齐，亚饭干适楚，三饭缭适蔡，四饭缺适秦，鼓方叔入于河，播鼗武入于汉，少师阳、击磬襄入于海。"（《论语·微子》）这是乐师流亡四方、礼崩乐坏的真实写照。"官学衰微，天子失官，学在四夷。"（《左传》）殷周时期的教育体系全面崩溃导致私学兴起，到战国时期，私学达到鼎盛。诸子百家各成一说的局面形成了春秋战国时期思想的黄金时代。周秦时期天人关系的变化以及"民为贵，社稷次之，君为轻"的民本思想正是周秦时期社会开放的思想反映和理论概括。

（五）诸侯争霸和富国强兵的需要为各种社会思想的发展提供了广阔的市场

周秦时期学术思想的发展和政治环境是密切相关的。各诸侯国为了自身的生存、发展和强大，礼贤下士，希望借用士人为他们出谋划策，以期在战争中取得胜利。各国君主纷纷打出了礼贤下士的招牌，对士人谦恭有礼。士人为了实现自己的政治抱负，也希望得到统治者的信任和重用，以便推行其政治主张。顺应社会的需要，春秋战国时期养士之风盛行。战国四君子（孟尝君、平

---

① 李泽厚：《中国古代思想史论》，人民出版社1986年版，第12页。

原君、信陵君、春申君)养士多达数千人。统治阶级对士人优待有加,齐国陈恒"杀一牛,取一豆肉,余以养士"。孟尝君"舍业厚遇之,以故倾天下之士。食客数千人,无贵贱一与文(田文)"。著名的稷下学宫正是周秦养士之风盛行的最好例子。

(六)自然科学的发展为周秦社会思想的早熟提供了有力的支撑

由于春秋战国时期生产力发展的需要,中国古代的自然科学也不断地发展起来。当时的天文、历法和算学等均有较高的科学成就。自然科学的发展,打破了迷信或偏见,提高了人们的认识水平,促使人们开始科学地思考困惑自己的种种问题。尤其表现在"天人观"等方面。

(七)百家争鸣、思想间的互动为周秦社会思想的早熟创造了良好的文化环境

周秦诸子从本阶级或集团的利益出发,从自己的经验出发,提出了各自的主张。为了构建各自的理论。他们或游说、鼓吹,或著述、授徒,或商榷、辩难。在互动中吸收,在争论中完善。诸子间的互动、争辩对于周秦社会思想的早熟具有不可或缺的作用。

周秦时期早熟的社会思想是思想家对所处的社会环境深思熟虑的结果,是特定历史条件下的经济、政治、科技等多种因素相互作用的产物,对解决社会问题、张扬社会理性具有重要意义,所谓"行端直则思虑熟,思虑熟则得事理"。它奠定了中国思想文化发展的基础,为后世留下了丰厚的思想成果。正如德国存在主义哲学家雅斯贝斯所认为的那样:周秦时期的文明与古希腊文明和印度文明几乎为同一时期,东西方文明在相互之间少有交流的情况下进入了各自的"轴心时期"。而自人类历史的这一时期以后,"人类一直靠轴心时代所产生的思考和创造的一切而生存……轴心期潜力的苏醒和对轴心期潜力的回忆,或曰复兴,总是提供了精神动力"①。

---

① [德]卡尔·雅斯贝斯:《历史的起源与目标》,魏楚雄、俞新天译,华夏出版社1989年版,第14页。

先秦儒家信任观研究[*]

信任与信用研究是当代社会研究的重要热点问题之一，在一定程度上能体现出人们的世界价值观念导向与对现实社会的认知程度。因而信任与信用研究在社会学研究领域最为热门。在社会伦理大冲击下表现出来的损熟人而利己的"杀熟"现象与存在大量社会欺诈现象的当代，信任与信用研究的开展具有较为深刻的现实意义。信任观的范围是广泛的，它不单包含了"人对人的信任"，还包含了"人对物的信任"。"信"所代表的道德思想与道德观念是人类精神文明在漫长的历史发展长河中凝结出的优秀成果。但现如今，"信"的思想虽被常挂嘴边，但要对其有深入理解并能研究出理想而满意的成果，却需要投入很长的时间和大量的精力。信任观的研究在当代中国社会学中成为主流思潮，其源头来自西方，发端自德国哲学家、社会学家齐美尔的《货币哲学》，是梅尔文·德雷希尔与艾伯特·塔克的囚徒困境理论的延续，并且在卢曼、马克·沃伦等人的努力下，信任观的研究成为如今的研讨热点，并且也因为福山的《信任》激起了全球性的研究兴趣。但国内思想家在长期以来的研究中，对于信任观都偏重在西方研究的身后亦步亦趋，却鲜少有人认真研究我国那历史渊源、博大精深的古典文化中信任观与信用观。本文对先秦儒家进行一次信任观的研究，并试图探寻先秦儒家的信任观有怎样的特点，它又能够对我们当前的

* 该文曾发表于《华侨大学学报（哲学社会科学）》2017 年第 2 期，第二作者，合作者张晓瑾。收录时，略有改动。

信任研究有着怎样的启示，并希望它能否挽回国人对国内社会信任现象与社会信任问题的关注。

人是复杂社会关系中与众多事物共生存在的，不是孤立的存在，也就是说，信任也并不是取决于单个社会个体，而是经过时间磨合，从社会交往主体的交往活动与关系中获得。

随着经济社会的快速发展，从 20 世纪八九十年代开始，学术界的人们开始把目光从研究人际关系和空洞的境界观转向"信"的思想上来，但所做出的论述仍存在诸多不足之处。如学术界虽然看到信任与信用的社会伦理道德价值，但是对这两者在现实生活中的运用与讨论很少体现；当时人们的认知能力、理论水平还不够，所以在对问题的分析与研究方面还很片面等。"信"字最初的意思有相信、信任之意，并大量出现在《尚书》与《毛诗》等先秦典籍中。"信"在《论语》中前后一共出现了 38 次，其意义主要有两种：第一种意义是作"信用""信实""守信""可信"；第二种意义是作"诺言"。这两种解释都贴近于"信用"的这层含义。可谓是一个人有信用，那么他就是信实的人，守信的人，那么他的诺言也是可信的。"信"作"相信""信心""信仰""真的"与"信任"时，都贴近于"信任"的含义，只是层次略有不同。"信任"要经过的不仅有思想上的相信，更要经过实际上的权力与资源的让渡。信任是相互的，无论我们是作为信任方还是被信任方，都要互相能够获得回报，应该对对方忠诚，为对方服务，或者共享利益等，这种回报是有利于促进双方发展的。而不是无缘无故地给以委派和赋以权力。所以说信任是一种能够相互获得回报与发展的，对相互的授权或任命的行为——"信任是当施信方预期受信方将在友好动机下完成有益结果时，而对受信方作出的一种资源和权力的让渡"①。

如果我们继续推敲"信"的两个主要意思——信任与信用，我们就会发现，"信任"与"信用"之间的关系是相辅相成、相互统一的。信用是信任的因，所以人们当然不愿意信任那些不守信的人；信任是信用的目的，所以保持优秀的信用度才能够获得别人的信任。因此，在我们的研究中，不应该抛开信用谈信

---

① 李达、罗玮：《信任定义的重新界定》，载《晋阳学刊》2013 年第 1 期。

任，我们不仅仅需要研究孔子的"信任观"，也需要同时研究孔子的"信用观"。前人特别注重人伦之道中"信"这一道德传统，孔子则继承和发展前人的思想，把哲学理论体系的主体转变为人，核心为道德理论体系。

先秦儒家思想与哲学中，信任观主要体现在以下几点：

一、立体的个体信用观

儒家学说强调个体的信用，认为讲究信用是一个人立身行事的根本。孔子曾说过"弟子入则孝，出则弟(悌)，谨而信，泛爱众，而亲仁，行有余力，则以学文"①，就是说一个人必须首先要做人，有余力之后，才能学习文化，而做人的首要的标准中，即包括了"信"，其中所谓的"谨而信"，意思就是要谨言少语，做人要诚实可信，可信者，有信用也。也就是说孔子主张做人的基本标准即是个人良好的信用，达到这个标准以后，才有学习文化的必要，所以那些"悾悾而不信"②的人，达不到基本的标准，那么他是不以为然的。孔子给学生上课的内容中，信用也是其中的一门功课，所谓"子有四教：文、行、忠、信"③。可以说孔子将"信用"作为了为人处世基本的道德标准。

先秦儒家强调个体信用，并不是泛泛而谈，而是有相当精彩的学术结构的，这种结构在《论语》中虽然没有被专门地表达出来，但我们还是可以深入推敲，清理出它个人信任的横向与纵向结构。

横向结构，指出了信用在社会交际中的三个方面的作用：

首先，信用是人与人、人与物体系统之间进行交往的基础，曾子说"吾日三省吾身：为人谋而不忠乎？与朋友交而不信乎？传不习乎？"④，在这里，"信"正是"与朋友交"的前提，同样地，子夏也认为做人需要"与朋友交，言而有信"⑤。

---

① 参见《论语·学而第一》。
② 参见《论语·泰伯第八》。
③ 参见《论语·述而第七》。
④ 参见《论语·学而第一》。
⑤ 参见《论语·学而第一》。

其次，信用是为君主或者政府提供服务的基础。儒家入世，就应有抱负，需要为社会作出成就与贡献；要有成就，则必须有相应的权力；要获得权力，就必须得到君主与政府的信任；要获得这种信任，儒家学者就必须通过自我修养来获得信用，以此达到为社会作出实际贡献。因此孔子就曾提出"五字"做人原则——"恭、宽、信、敏、惠"，并且解释道，之所以人需要有"信"，是因为"信则人任焉"①，有信用的话，才能获得别人的任用，信而后任，是为信任。子夏曾曰："（对于君主）信而后谏，未信，则以为谤己也。"②

最后，信用也是一个人作为官员治理地方的前提。君子获得了政府的信任，获得了权力，要施行政治与教化，也必须获得百姓的支持。子夏最先提出来这个观点，他认为"君子信而后劳其民，未信，则以为厉己也"③。儒家与法家的思想与观点有很大的不一样，儒家思想中不是通过国家强制来指挥民众的，也不赞成用刑罚(不人道)或者赏赐(利而非义)来治理民众，因而要在民众心目中建立信用，就必须从施政者自己的德行入手，而判断德行的基础标准是民众对施政者的信任。所以儒家强调了很多关于礼仪、举止、学问、道德上的个人要求，因为只有施政者本人具有让百姓悦服的道德品质，才能感化他们，最终获得他们的信任，便能建立一个国泰民安的社会。

从个人交往的三个主要方面：向上的与君主交、向下的与百姓交、平行的与朋友交三个方面，儒家涵盖了个人信用的横向结构。

个人信用观的纵向结构，提出了为人、为事、为学三个方面纵向的信用观。

首先，强调做人需要有信用，孔子有云："人而无信，不知其可也。大车无輗，小车无軏，其何以行之哉？"这句话意味着一个不守信用的、言而无信的人，就好像车子没有安横木而不能行动一样。孔子谈论自己的理想时，也说自己要做到"朋友信之"④。在这里，个人信用是对在做人的德行上的要求，也

① 参见《论语·阳货第十七》。
② 参见《论语·子张第十九》。
③ 参见《论语·子张第十九》。
④ 参见《论语·公冶长第五》。

是对儒家的"信"最常见、最普遍的理解。

其次，儒家强调做事需要有信用，孔子说"道千乘之国，敬事而信"①，他提出若要管治好一个国家，就需要以严肃而认真的态度对待自己的职责职务，信实无欺的意思就是要对自己的工作和职责有信用。他也主张"君子（对待事业）义以为质，礼以行之，孙以出之，信以成之"②。而这里的"信"，其意义可以理解为一种"信实"，就是工作踏实诚恳、本本分分、尽心尽责。在我们看来，这同样是一种信用，很好地完成自己的本职工作，就是在兑现自己获得这份工作时的诺言，不正是一种守信的行为，不正是一种信用吗？孔子说"信以成之"，那就说明个人信用是完成一项事业，实践功业的要求。

最后，不仅做人、做事需要有信用，做学问也要有信用。个人不仅仅要追求更高的社会地位，追求更好的事业成就，也需要追求精神世界的升华，追求道德与学术的完善。在这方面，儒家学派也提出了"信"的要求。《论语》中有言道："笃信好学，守死善道"③，"执德不弘，信道不笃，焉能为有？焉能为亡?"④，不就是在要求人们要笃信好学、恪守善道，并保持对真理的信任吗？孔子说自己"信而好古"⑤，我们的解释是孔子相信并且喜好古代的文化，但孔子所持的不仅仅是相信，更是一种信仰了。对"道"与"古"的笃信，正是儒家做学问时的精神之所在，这也是一种个人的信用，投身学术，信仰学术，最后再来研究学术与传播学术，正是孔子学术生活的写照，这是一个人对自己的学术理想的信用。从这个角度讲，个人信用是一个人成就学术，树立一家之言的基本要求。

从为人、为事、为学三个角度来说，先秦儒家非常重视个人信用，并强调个人信用在社会中的重要作用，这也正与儒家的立德、立功、立言的个人发展目标相协调。综合来说，个人信用在孔子学说与儒家思想中，有着很重要的地位，更形成了横三纵三的立体的学术与道德体系。

---

① 参见《论语·学而第一》。
② 参见《论语·卫灵公第十五》。
③ 参见《论语·泰伯第八》。
④ 参见《论语·子张第十九》。
⑤ 参见《论语·述而第七》。

二、先秦儒家的"忠信"观

"忠信"是孔子学说及儒家思想中的一个重要内容，是儒家倡导的重要道德原则之一，更成为了后世儒家发展中的主流。"忠信"一词在《论语》中一共出现了5次，其中"主忠信"出现了3次，表示孔子主张对人的道德要求，首先要以"忠"和"信"为主，有"忠""信"则有德行。在后世朝代与社会的发展中，"忠信"形成了帝国中国的一个标志性的道德符号，成为臣子对君主的应持有的基本道德品质。君主应该依照礼法来管理自己的臣子，臣子也应该忠心不二地侍奉自己的君主。

但在此，我们必须要首先明确，先秦的"忠信"与后世的"忠信"有着截然不同的区别，其区别在"忠"的解释上。在儒家典籍中，"忠"实际上同"中"，表示的是"衷心"的意义，可以特指对君主的"忠"，但也可以是针对其他对象，而且这种"忠"的道德强度远不如后世的"忠臣"。"诚信"在先秦人口中是较少被提到的，而他们较多地说"忠信"或径直说"信"。先秦时期的"忠"即意为"衷"，代表真心诚意、忠于我心的意思，或者进一步理解就是"尽心竭力"。这时候的"忠"的意思还未发展成后来"忠君"的这个定义。因此根据不同时代和差异化的社会性质，"忠"就相当于一个可以用在不同的德性概念上的形容词。[①]

荀子主张把忠厚、诚信视为做人的根本，做人的基本原则。他在前人的基础上把"忠"做了进一步的发展，他将"忠"与"信"二者连用。孔子与孟子认为诚信是做人之德、治国之术、为政之本，而荀子是在孔子与孟子的思想基础上进一步作了阐述，荀子的观点具体地体现了"信"在治国为政方面的重要性，也更加鲜明，更加明了。荀子认为"忠"的要求无论是对人，还是对事，都要保持一颗真诚实意的心去对待不同的人与事物。"信"则是人们在交往过程中，互相信守诺言，言行一致，做到诚信正直、忠实忠厚，也不会有意伤害别人，

---

① 何怀宏：《良心论：〈传统良知的社会转化〉》，北京大学出版社 2009 年版，第 136 页。

这才是仁人所具备的本质。荀子主张把忠厚、诚信视为做人的根本，做人的基本原则。

因而，即便是"臣事君以忠"，表示的也不仅是下级要对上级真心实意地侍奉，发展到当代，无非也更是老板对打工仔的要求而已。孔子曾有云："邦有道则仕，邦无道则可卷而怀之"①，这里就完全没有所谓"忠臣死节"的态度，可见先秦的"忠信"与后世的忠信在意思上是完全不一致的。忠是诚恳用心，信是老实守信。

在先秦儒家那里，他们认为"人性本善"，人自出生以来本性就是善的，善即能体现道德，而"忠信"就是人的本能的普遍性的道德。孔子有云"言忠信，行笃敬，虽蛮貊之邦行矣；言不忠信，行不笃敬，虽州里行乎哉"②，意思就是说言行忠信笃敬，则即便是在蛮荒之地，也能行得畅通无阻，没了忠信笃定，失去本应有的信念，即便是行在家乡本土上也走不通。相似地，儒家巨子荀子也曾"体恭敬而心忠信，术礼义而情爱人，横行天下，虽困四夷，人莫不贵"③。即使身处异乡并遇到困境，只要身体力行地恭敬，心怀坦诚、忠信，有礼仪，有仁爱，也能受到尊重与信任，便也可以走遍天下。这个观点也与孔子所主张的忠信的观点遥相呼应。同时，忠信也是一个人提升自我修养的基本道德要求。孔子提出了"忠"与"信"是君子的两大主要道德要求的说法，说君子"主忠信。毋友不如己者，过，则勿惮改"④，认为君子应该以"忠"和"信"为主，可以从良友身上看到忠信的行为，学到忠信的品格。同时，孔子还提出了，"主忠信，徙义，崇德也"⑤，这就给"忠信"提出了限制，并不是要求对任何人任何事都讲"忠信"，而要在那些符合"义"的事情上，才需要讲忠信，并从而提升自己的德性修养。

因此，在孔子学派与思想中，"忠信"的意义要比后世更加宽广，也更加实在，它既是一种人的天性，也需要在生活中不断进行自我修养、自我提高，

---

① 参见《论语·卫灵公第十五》。
② 参见《论语·卫灵公第十五》。
③ 参见《荀子·修身第二》。
④ 参见《论语·学而第一》，《论语·子罕第九》。
⑤ 参见《论语·颜渊第十二》。

更是一种能完善社会道德的要求。

三、谨慎地对他人赋予信任

孔子提倡做人要诚实，主忠信，但是并不提倡盲目地信任别人，他时常告诫弟子："好信不好学，其蔽也贼"①，就是说如果盲目信任别人却不认真学习的话，就容易因为信任别人而被人利用，反而害了自己。这说明孔子对盲目信任是很有警觉的，并能就生活中的相关道德实例来管束自己与教导学生。孔子既认识到信任的作用，不愿意随便怀疑别人，又明白盲目信任带来的弊端，也知道赋予信任是一件困难的事情，是一件需要考虑诸多因素和结果的问题。因此孔子也说到"不逆诈，不亿不信，抑亦先觉者，是贤乎"②，就是说真正的贤人是那些在别人做出欺诈或不诚信的事情之前就能提前发现问题的存在，而不是预先对别人保持怀疑态度的人。既然社会是由人们组成的群体，生活在社会中的个体是不能单独存在或者孤立的，人与人之间必然会产生各种各样的交流关系。那么，面对复杂的人际关系，做一个诚实守信的人固然重要，但能清晰自身所处环境，不盲目信任他人、不随意揣度他人，不仅是自我道德修养的体现，还能更好地保护自我，远离信任危机和风险。

那么，如何做到既不用胡乱猜疑，却又能够不被人欺诈呢？孔子就此也提出了对人的观察法。他说"始吾于人也，听其言而信其行；今吾于人也，听其言而观其行。于予与改是"③，意思即是孔子认为不能听别人说了几句话就盲目地相信他了，而必须学会听其所言、观其行动，要以非常谨慎的态度来观察他。听其言，观其行的标准是什么呢？就是从"听"与"观"的过程中辨别这个人是"君子"还是"小人"。

君子是可以赋予信任的，因为君子具有"义以为质，礼以行之，孙以出

---

① 参见《论语·阳货第十七》。
② 参见《论语·宪问第十四》。
③ 参见《论语·公冶长第五》。

之，信以成之"①的优秀品质，是有诚实的态度的，而且这种态度是自然而然，不矫揉造作的。"言语必信，非以正行也"②，甚至是"不言而信"③的。与君子相处，能扬长避短，看到对方的优点后可进行自我反思与自我完善，可提高自身品质，更能为社会美德注入新力量。而小人是不能够被赋予信任的，"唯女子与小人难养也"，这句话针对女性虽有极大的不妥之处，但另一个方面也能反映从古至今人们对小人的态度还算是一致的。对待小人，一定不能盲目地给予对方信任，而是要保持应有警惕感，不委其重任，不托其生命。生命可贵，远离小人，给自己创造良好的道德环境。而对于那些平民百姓，如果不知道他们是否值得信任的时候，就需要君主、统治者及领导者以身作则，对他们进行潜移默化的"忠信"教化了。因此孔子就指出"上好信，则民莫敢不用情"④。也就是说君主、统治者及领导者在平民百姓的面前要有良好的信用，展现自我良好的道德修养，那么平民百姓也会动之以情并听从他们。

四、先秦儒家对国家信用的重视

"信"是治国为政，安邦天下的根本前提。讲信修睦是一个国家统治阶级实现其政治地位的基本要求，这也是孔子明确提出来的为政思想。在孔子看来，"兵，食，民信"是关乎国家长治久安的三大条件，其中，"信"便是民众对统治者的信任，这也是三大条件之首。因此，无"民信"则国将不国，即使拥有再多的军队和粮食也无法挽回一个国家灭亡的命运。突出"民信"的重要性，一方面是对当局统治者以德行对应天意的政治思想的概括，另一方面，也是对先秦诸侯君王成就霸业的政治思想的总体梳理。

《论语》的"信"主要指的是个人信用，因为儒家的道德体系起始于个人的自我修养，但儒家思想中并非没有更宏观的国家信用。《论语》中有记载："子

---

① 参见《论语·卫灵公第十五》。
② 参见《孟子·尽兴下》。
③ 参见《荀子·儒效篇第八》。
④ 参见《论语·子路第十三》。

贡问政，子曰："足食，足兵，民信之矣。'子贡曰："必不得已而去，于斯三者何先?'曰："去兵。'子贡曰："必不得已而去，于斯二者何先?'曰："去食。自古皆有死，民无信不立。'"①这是《论语》中较少出现的关于国家信用的描述，但仅这惊鸿一瞥，却意味深长。食与兵都是国家层面的，因而这里的"信"，也不单单指代个体信用，也强调了国家信用的重要性。在孔子看来，建立一个国家信用，其意义要比经济与军事更加重要，有言道："民无信不立"，国家和政府如果丧失了信用，人民如果对国家和政府没有了信心，那就不会有政府，国家也就建立不起来，更别提国泰民安，富民富强了。孔子的说法乍看之下虽并没有太强的说服力，将"民信"的重要性说得超过了"足食"与"足兵"，似乎不够客观，甚至是唯心的。但如果我们联系史实去看待这句话，各国的兴起与衰败，很重要的原因就是君主、统治者及领导者是否得到民心，是否得到人民的信任与支持。由此可见，孔子比较看重"民信"的思想观念，其微言大义，确实发人深省。

就孔子提出的"足食，足兵，民信"的历史标本来分析，这就莫如尘埃之下的苏联。苏联雄据一方，一度成为世界的一极，自然满足孔子思想中的足食（经济发展）、足兵（军力强大）与民信（马克思主义信仰）这三大条件。苏联也确实在历史的发展中发生了"去兵""去食"与"去信"的三种险恶状况。

苏德战场前期，苏军损失惨重，可谓"去兵"了，或有食，必有信。在历时 199 天的斯大林格勒保卫战中，怒雪寒风之下，苏军在德军优势兵力围攻之下死守孤城，采取步步为营的巷战，白日失阵，夜晚便夺回。坦克车在工厂中被制造出，直接由工人志愿军开向战场，平民手持武器与敌对战，尸体倒在斯大林格勒的瓦砾中。参战苏联红军 250 万人，此役中便有 110 万人伤亡或被俘，牺牲的苏联平民更是不计其数，在如此大的牺牲与困难之下，苏联红军与平民没有放弃。在卫国战争的硝烟中，苏联音乐家匍匐着穿过炮火到达前线，用指挥作战的电话机直接为指战员歌唱道，"俄罗斯虽然幅员辽阔，我们却没有退路，因为我们的身后就是莫斯科"。固有德国压境时的困兽斗志，也有俄

---

① 参见《论语·颜渊第十二》。

国人与生俱来的战斗本能，但国信未失，民信昂扬，坚持对国家的"忠"和"信"。只要苏联不败，便能最终反击纳粹，兵刃柏林。

同在"二战"时期的列宁格勒围城不但是"去兵"，而且更加是"去食"了，围城时间持续了872天，其间疏散了150万市民，不完全统计有65万平民丧生，死亡者中的大多数人是因为饥饿，在长达三年的围城中，列宁格勒市民吃掉了城中所有的飞鸟与老鼠，在如此大的牺牲与困难之下，苏联红军与平民还是没有放弃(与之相对比的，伟大的法兰西仅仅一个月不到就投降了)。事实上，早在苏联成立之初，整个国家都曾经一度陷入饥饿之中，列宁的粮食部长甚至在会议上饿晕，如此险恶处境，苏联依然不灭，何者，国信犹在也。

"二战"硝烟尘埃落定，之后四十年，戈尔巴乔夫最终宣告退职，苏联也随之土崩瓦解。社会主义制度被放弃时，苏联并没有一个干部被饿死，也并没有面临比斯大林格勒围城时更大的危机，更没有面临比希特勒种族灭绝更大的恐怖。但是没有了志愿军，没有巷战，甚至没有作曲家的挽歌，没有保卫莫斯科的民众呐喊。苏联没有倒在希特勒的炮火中，而是轻飘飘地讽刺地变成了世界地图上伟大的终结。究其原因，很大程度上是因为这个国家丧失了"礼信亲爱之义"，上下离心、朝野背德，社会主义国家的信用更是颓废到了极点。在平民眼中，苏联的国家信用，苏维埃的政党信用，早在长期的腐败中被消耗一空。于是，足兵足食的苏联，在边境线一片太平的时代，被敌人轻而易举地从内部攻破了。自古皆有死，民无信不立！普京就苏联解体发表了彻心彻骨的评价，认为这是20世纪最重大的地缘政治灾难，苏联不暇自哀而后人哀之，后人哀之而不鉴之，亦使后人而复哀后人也！

五、先秦儒家思想中"信"的地位辨析

先秦儒家虽然谈"信"，且重视"信"，但事实上，"信"在儒家的理论体系中地位并不是非常高。春秋开始，"信"的思想逐渐明确。不过，"信"一直到了战国时期，它才开始被作为一种完整的道德观念。"信"在道德中占有比较大的地位，这也说明其是人类文明社会生活不可或缺的重要道德。但是，早在

春秋时期，文、行、忠、信是孔子对"四教"的定义，"信"排在最末。孔子谈弟子的品德，是"孝悌信爱亲"，"信"排在第三，要比"孝""悌"低一等。而孔子提出的五字做人基本要求——"恭""宽""信""敏""惠"，其中"信"也排在第三位，仍然要比"恭""宽"低一等。孔子提出的三个最重要的概念是"仁义礼"，孟子将之扩展成为"仁义礼智"，一直到汉代的董仲舒，才首次提出"仁义礼智信"，可见"信"一开始并不是儒家道德的核心概念，更不是先秦儒家的核心价值观。

子路曾经向孔子询问怎样才能成为一个士人，"子曰：'行己有耻，使于四方不辱君命，可谓士矣。'曰：'敢问其次。'曰：'宗族称孝焉，乡党称弟焉。'曰：'敢问其次。'曰：'言必信，行必果，硁硁然小人哉！抑亦可以为次矣'。"①也就是说，现在我们经常放在宣传板报上的标语"言必信，行必果"，在孔子那里只是士人的最低一等，在孔子看来，可能都不算是士人了，而是"硁硁然小人"了。不仅"信"本身地位不高，相应的"忠信"的地位也不高。孔子曾说"十室之邑，必有忠信如丘者焉，不如丘之好学也"②，十室之邑就能出一个忠信之人，可见不是特别高贵稀有的品质，尤其是孔子在后面说"不如丘之好学也"，明显在孔子看来，当时人们更加注重学，"好学"要比"忠信"更加高尚。

儒家典籍中并不怎么重视"信"，在行为上也并不知如何重视"信"。《史记》中就记载了一次孔子失信的故事：孔子和弟子们从陈国离去后，准备去卫国，途中经过了蒲阪，蒲人阻止孔子去卫国，双方发生了冲突。因为孔子的弟子"斗甚疾"，蒲人见状，害怕至极，于是主动与孔子谈和，条件是孔子及其弟子不去卫国，就不围困孔子，而且还订立了盟约。结果孔子一走脱，马上就去了卫国了，完全不理会已经订立了的盟约。子贡见状，质问孔子，立下的盟约难道是可以背弃的吗？孔子的回答是"要盟也，神不听"③，此乃受到要挟之状时立下的盟约，不必遵守。这个说法让我们很疑惑，因为孔子与蒲人不仅仅

---

① 参见《论语·子路第十三》。

② 参见《论语·公冶长第五》。

③ 参见《史记·孔子世家》。

是口头协议，而且是订立了盟约，有仪式或者有字据为证，孔子竟也可以不当一回事，这难道不是与孔子的"人而无信，不知其可也"的观点相矛盾吗？

儒家一方面重视信用，另一方面又并没有给予"信"很高的道德地位，甚至在实际生活中也可以不守信用，这个矛盾，我们应该怎样理解呢？

第一，从修身的角度说守信是更加基本，但难度相对较小的道德。在道德要求中，仁、义、礼、智、信并不是完全平等的，而是有难易的区别。孔子曾说"十室之邑必有忠信如丘"，可见忠信是大多数人很容易就能够做到的，因此即便是一个"踁踁然小人"，一样可以做到言必信，行必果。相反，"仁"在孔子的思想体系中占有举足轻重的位置，孔子认为人生来就善，就具备"仁"的道德意识。而关于人们对"仁"的见解是有诸多不同，纵有诸多不同，在大方向上都把"仁"看作一种最高的德。虽被封为儒家最高境界的"仁"，却很少有人能够做到：孔子自己觉得没做到——"若圣与仁，则吾岂敢"①，尧舜也未达到——"修己以安百姓，尧舜其犹病诸"②，在整篇《论语》中，唯一有幸被孔子称为"仁"的仅有管仲一人，但孔子同时又常常说他不守礼，而且"器小"③。可以看出，同样是儒家的道德，有些道德在要求上要达到的难度很大，因而具有更大的重要性；相比之下，有些道德很容易就能实现，因而就不被放在很重要的位置上。在儒家学说中，"仁""义""礼"三者是最难以达到的，"仁"是个人修养的最高标准，"义"是社会道德层次的基本法则，"礼"则是要在生活中时时刻刻注意的行为准则。正因难以达到这样的境界，因而成为儒家的至高追求④。"智"由于需要系统的学习，因而也不容易达到。"信"则是一个比较容易达到的道德水平，一个人可以不具备特殊的知识与技能，也不用经过长期的学习，就能够成为一个有信用的人，比如子夏有言"贤贤易色；事父母，能竭其力；事君，能致其身；与朋友交，言而有信。虽曰未学，吾必谓之学矣"⑤，由此可看出，儒家对此的观点——在和朋友的交往中要完成言信合

① 参见《论语·述而第七》。
② 参见《论语·宪问第十四》。
③ 参见《论语·八佾第三》。
④ 沈敏荣：《大变动社会与仁学的智慧》，载《华侨大学学报（哲学社会科学版）》2016年第5期。
⑤ 参见《论语·学而第一》。

一是不需要通过学习就能达到的。"信"的道德水准很容易达到并不能说明"信"是不重要的，相反，实现"信"的道德水准是非常必要的，因为并不是每个人都能够达到仁与义的标准和法则，但每个人都有实现"信"的能力，守信是一个人最基本也是最应该达到的道德水平，应该是一个全民应具有的基本的道德基础。

第二，从亲缘关系的角度说守信是更加广泛，但血缘关系较远的道德。孔子提倡的道德并不是一律平等的道德，而是一个有等级差异的道德。孔子说"不患贫而患不均"①，这里的"均"的含义并不代表平均分配，而是意味着等级差异决定了分配的多少。高等级的人拿多的，低等级的人拿少的，谁多谁少有一定之规，这才是"均"，这是儒家重要的价值观。财富的分配要讲究"均"，爱的分配也要讲究"均"，道德的分配也要讲究"均"。因此，儒家主张的爱不同于墨家那样的博爱，儒家的爱是有分别的爱。根据人伦道德要求，分配顺序依次是：父子—君臣—夫妻—兄弟—朋友。儒家的道德归根结底是一种血缘性道德，提倡的是人首先必须要爱自己的父母，接下来才能爱自己的妻子、兄弟，最后才能沿着这种"差序格局"扩展到其他的社会道德上去。血缘关系越近，则道德要求越高；血缘关系越远，则道德要求越低。因而，儒家首先要求的是血缘内的道德，即"孝悌"，"孝"是对父母所表现的道德行为，涵盖直系亲属，因而是最重要的；"悌"是对兄弟姐妹所表现的道德行为，针对旁系亲属，因而次之。血缘内的道德实现了，才有余力去实现血缘外的道德，主要包括政治上的道德，即君臣之忠，以及社交上的道德，即朋友之信。由于血缘外的道德与血缘内的道德是对应的，君臣如父子，朋友如兄弟，则君臣之忠的意义也要超过朋友之信。如此一来，在"孝悌忠信"的道德观中，"信"是排在最后的。在先秦以后，随着专制思想的提高，"忠"的要求超过了"孝"，但"信"的地位依然没有得到提高。从血缘关系方面来说，"信"的重要性远不如"孝""悌""忠"，但相反地，"信"这种道德的广泛性远超过前三者。"孝"与"悌"局限于家庭内部，"忠"仅存在于工作关系，且儒家道德上往往要求"忠"的对象

---

① 参见《论语·季氏第十六》。

是单一的，因而也很局限。但是"信"的对象是广阔的，是无限的，是针对全社会的。"孝""悌""忠"是三种封闭性的、局部性的道德，而"信"才是一种广泛性的、社会性的道德。在当代，社会的流动性极高，"信"作为一种广泛性与社会性的道德，作为将无血缘关系的众多社会个体连接在一起的重要纽带，其更应该被看作一种重要的道德品质。

最后，当以上两种不同血缘性的道德发生冲突时，儒家的解答是牺牲较低等级的血缘外的道德，从而来履行更高等级的血缘内的道德。也即是如果"信"与"孝""悌""忠""仁""义""礼""文""行""恭""宽"其中任何一个发生冲突而不得不作选择时，往往是"信"被舍弃。

《论语》中有句话说："信近于义，言可复也"①，就是说如果承诺是符合于"义"的话，那说过的话即承诺实际上是可以兑现的。那么是不是可以说"信"不近于"义"，就可以不复呢？论语没有这么说，但我们应该可以根据孔子及其思想和当时的社会特征来作这样的推断。而在儒家的思想中，"义"的地位是高于"信"的。其中的思想是，在道德利益冲突的情况下，可以为了更高尚的"义"而去牺牲较低级的"信"。这样，我们就能够解释儒家的不守信的行为：孔子不守与蒲人的信用，因为守信用是不智的，如果不虚与委蛇，与蒲人继续作争斗，那么依照当时的情况，孔子这一方也必然要在斗争中付出很大的代价。因此签订城下之盟，但是可以不守这种信用；与阳货对话后不守信用，是因为守信用是不仁的，阳货是乱臣贼子，是不能够去为他服务的。孔子思想体系中道德伦理的核心思想是"仁"，当时社会正处于一个"礼崩乐坏""天下无道"的状态，而"仁"这一观点的提出也正是由于孔子不满于当时的这种社会，所以借此思想和伦理道德观念来调节社会上的各种关系，使当时危险的君臣关系、统治者与被统治的关系、平民与商贾的关系等都归于和平正常的局面，恢复天下有道的局面。因此管仲不守君臣之信，反而去帮助齐桓公，是因为在道德上，他虽然牺牲了较低等级的"信"，却成就了更高等级的"仁"，尊王攘夷，成就了仁政。而在当时社会，这才是最明智的做法。这也证明了，儒

① 参见《论语·学而第一》。

家的道德是有高低层次和不同价值取向之分的，为了更高层次的道德，是可以牺牲较低层次的道德，为了实现更大的价值，是可以放弃较小的价值。从这个角度看，儒家思想不是全部为固定规定，在一定程度上还是比较灵活的，不似封建政治社会那般的呆板迂腐。

总的来说，先秦儒家信用观与信任观的内容较为丰富，其中也不乏深刻的哲思，即便是在社会伦理及道德观与先秦时期大有不同的当代社会，其对我们的现实与理论还是具有很重要的指导作用的。在信用已经成为危机，尤其是信用这种传统道德正在衰落的当代，如何挖掘、解释与应用儒家的优秀的信用道德观念，仍具有重大的探讨意义和价值，"信"所反映的个人表现与社会现象也给我们日后的研究和发展带来诸多的启示。

启示之一：守信是美德，信任需谨慎。《论语》中所出现的 38 个"信"中，只有三个表示"信任"，且这些"信"字最主要的意义还是"信用"，《论语》中提倡的道德是守信用、为人信实的美德，但并没有提倡要去主动信任别人。更进一步地，《论语》还指出要有一种谨慎的信任观，不能随便信任别人，否则"其弊也贼"。这个说法，与当代信任研究的主流是很不一致的。当代的信任研究，尤其是福山的《信任》，都是提倡要对人要有信任，更从各种方向上指出了信任在社会关系与经济发展中的巨大作用。但是，作用大也不代表无风险，更不能简单地将信任归结为一种社会美德（事实上，一直以来，人们都认为信用是一种社会美德，而不是认为信任），因为信任相对于信用来说，实际说服力较弱。比如你可以信任任何一个人，但这样的信任是建立在什么样的基础上，我们很难得知；而信用更能体现出实际的意义，一个人一旦做人做事有信用，那么这个社会美德将会潜移默化地围绕着他，这不仅升华了他的社会价值，更重要的是能带动周围类似的道德价值的发展与壮大，彼时，整个社会将呈现出一片美好与祥和的景象。因此，先秦儒家给我们的一个启示就是，当下的信任研究很可能是有漏洞的，那就是太重视研究信任的道德功能，而忽视了信任的风险；想当然地把信任看作一种社会美德大肆地提倡，却缺乏对信任的价值的重视和谨慎的信任观。而若要改善如今的现状，就需要学界个人和社会群体的醒悟，再次将"信"所涵盖的道德价值与道德行为看透、研究透并将其永远发扬光大下去。

启示之二：信任研究与信用研究需要考虑到"道德的层次"。在我们现在的研究中，我们更侧重提倡信用，重视社会信任。但是信用与信任是否有应该存在的边界，在哪些情况下需要实践信任与信用，哪些情况下又可以"牺牲"这些道德，对这个问题的探讨与深思是我们目前的研究所缺乏的。在荀子的思想体系中，不守信是可耻的。如果一个人不讲信用，尽管他有再多的优点与才能，那他也是违背人本善的道德规范，是不能与之相交的。他认为"信"是社会上每一位成员都必须要履行的义务，也是一个人必备的道德品格。在先秦儒家道德体系中，给了"信"明确的道德层次，在当时的社会上无疑是具有实践意义的。但在当今社会，这个道德层次是否依然有意义、是否有必要继续提倡，很值得商榷，也是需要在日后的研究中特别注意的。

启示之三：从先秦儒家信用观看当代中国的契约精神。《论语》中描述的道德要比我们认识到的灵活得多、有生命得多，远不像后世那样的呆板迂腐，避免了人们为了一些愚蠢的、无意义的承诺而付出过多的代价；被要挟的承诺可以不去兑现，也是符合现代的法治观念的。但同时我们也还是必须看到，这种道德观也存在弊病，先秦儒家认为"信"可以为了更高的道德而牺牲，但这种"牺牲"的仲裁权在儒家自己手中，也就是说，儒家可以不通过其他人的审批和同意，只要他自己认为不信的行为是符合"仁义"的。这样的话，就赋予自己的道德权力。由于有过大的嫌疑，失信的行为在儒家道德中的惩罚并不是很高，这也严重影响了中国契约精神的形成。时至今日，"信"依然是当代中国面临的一个很大的问题，社会上依然普遍地缺乏契约精神，这一点，儒家需要承担一部分的责任。在当代中国，如何从道德与制度的角度上促进我国社会中的契约精神，需要我们借鉴古代社会优秀伦理道德法治观念，也要批判性地吸收孔子思想中的精髓。

"君子"内涵的抽象化与意象的艺术升华[*]

　　古代典籍对于"君子"并无明确定义，中国人善于用隐喻的手法从侧面介绍"君子"应有的品质。早期贵族阶层借玉的温润空灵比附君子之德；其后士大夫阶层观物取象，借兰的清逸雅致、竹的高风亮节来建构"君子"的内涵，从具体的修身标准——坚强独立、不屈不挠、不畏权势、洁身自好等高尚品格，到现实的物化形象——竹、兰；后期文人墨客在艺术创作中对这种意象进行艺术凝合，使人、书、诗、画浑然天成，揭示"君子"的社会意识，从而完成了对"君子"内涵离散意蕴的生活抽象。

　　"君子"一词分为"君""子"两部分，"子"是古代对人的尊称，"君"则有多重含义。《诗经》中"君"指男子、丈夫以及在位之人，如"未见君子，忧心忡忡"（《诗经·召南》）。《周易》中"君子"多指贵族阶层，君王、君主等，如蛊卦《象》曰："山下有风，蛊；君子以振民育德。"《礼记》中"君子"特指有才德、好学之人，"博闻强识而让，敦善行而不怠，谓之君子"（《礼记·曲礼》）。孔子把"君子"作为社会的理想人格类型，不断强调"君子"作为道德精英，在修身以及与人交往中应该注重的言行标准，内外兼修，"质胜文则野，文胜质则史，文质彬彬，然后君子"（《论语·雍也》），倡导"君子"从内向修身和外向修身两个层面来达到重建"礼"的秩序，平衡"道统"与"政统"之间的关系。①

---

*　该文曾发表于《江西社会科学》2014年第1期，第二作者，合作者刘婧、范长煜。收录时，略有改动。

①　余英时：《士与中国文化》，上海人民出版社1987年版，第124~128页。

自孔子后，在儒家思想里，"君子"一词具有德性上的意义。《论语·宪问》："君子之道者三，我无能焉。仁者不忧，知者不惑，勇者不惧。""君子"应该做到"仁、智、勇"，后世儒家不断充实"君子"的内涵，文人骚客从艺术升华的角度，通过观物取向也丰富和完善了"君子"的内涵。

一、比附意象：道德意蕴中的社会意识

（一）玉的美学象征

黑格尔认为"美是理念的感性呈现"①，美学就是研究美的艺术。"玉"的美学内涵是玉文化的基础和前提，正因为"玉之美"才使得玉石从石材中"脱颖而出"，成为玉文化的象征符号。春秋时期，本为自然物质的玉石被人为地赋予了丰富的文化内涵，象征着坚贞、高尚、圣洁、瑰丽的品质。孔子云："昔者君子比德于玉焉，温润而泽仁也。"（《礼记·聘礼》）"玉"用来诠释美好的事物，如"玉人""玉手""冰清玉洁""美人如玉"，形容温婉可人的圣洁形象。

《诗经》中有很多以玉喻女子的句子，如"彼其之子，美如玉，美如玉，殊异乎公族"（《魏风·汾沮洳》）。被比喻成玉的人，并不都是女子，也被用来指男人，如"有匪君子，如金如锡，如圭如璧"（《卫风·淇奥》），喻有德行的美男子已然经历千锤百炼，雕琢成器了。

（二）玉的道德意蕴

《说文解字》中称："玉，石之美。有五德者，润泽以温仁之方也；思理自外可以知中，义之方也；其声舒扬，尃以远闻，智之方也；不挠而折，勇之方也；锐廉而不技，洁之方也。"②这五德也隐喻了理想人格——"君子"的内涵：温润仁和善施恩泽、内外一致胸怀坦荡、深谋远虑文扬四方、坚贞不屈宁折不弯、廉洁自律，"出淤泥而不染"。所以"君子"应该佩玉，"古之君子必佩

---

① ［德］黑格尔：《美学（第一卷）》，朱光潜译，商务印书馆1991年版，第142页。
② 参见《说文解字·玉部》。

玉……凡带，必有佩玉，唯丧否"(《周礼·玉藻》)。"君子"佩玉就是为了提醒自己应该不断修身养性，达到玉的五德，通过比附玉德揭示"君子"的道德意蕴，以玉德比君子之德。

《礼记》记载：子贡问孔子为什么君子贵玉而贱珉(一种近似于玉的石头)，是否因为玉稀少而珉较多？孔子答道："非为珉之多故贱之也；玉之寡故贵之也。夫昔者君子比德于玉焉——温润而泽，仁也；缜密以栗，知也；廉而不刿，义也；垂之如坠，礼也；叩之其声清越以长，其终诎然，乐也；瑕不掩瑜，瑜不掩瑕，忠也；孚尹旁达，信也；气如长虹，天也；精神见于山川，地也；圭璋特达，德也；天下莫不贵，道也。《诗》云：言念君子，温其如玉。故君子贵之也。"①玉的天然品质被附上文化的内涵，这是比附意象中道德层面的含义，"比德于玉"，正是象征着德行的缘故。玉德有 11 种，这也正是儒家所倡导和弘扬的"君子"的道德内涵。

（三）玉的社会存在

先秦早期贵族对玉怀着一种特殊的情感，"由于玉是美丽而不朽的物质，玉器更是先民用以沟通人神的礼器，无论其造型、花纹，或是上面所刻的符号，常都隐含了特殊的、形而上的意义"②。近年来考古中发现古代墓葬中大量玉器，如 1976 年安阳妇好墓的发掘中大量玉器被发现，③ 1981 年延安市碾庄公社芦山峁村出土的大批玉器。④ 1983 年河南光山县宝相寺春秋早中期黄君孟夫妇墓出土玉器一批(玉器 185 件)。⑤ 并且"殷代的玉雕技艺已达到相当高的水平"⑥。这些都说明了玉与早期贵族的密切联系，体现了早期贵族对于玉器价值的肯定。

---

① 在《礼记·聘义》篇和《孔子家语》第三十三章问玉篇中都有出现。一说《孔子家语》是伪书，抄袭《礼记》，另也有证明《孔子家语》并非伪书。本文根据学界大多数学者意见，采用此篇出自《礼记》。
② 邓淑苹：《晋、陕出土东夷系玉器的启示》，载《考古与文物》1999 年第 5 期。
③ 张培善：《安阳殷墟妇好墓中玉器宝石的鉴定》，载《考古》1982 年第 2 期。
④ 姬乃军：《延安市发现的古代玉器》，载《文物》1984 年第 2 期。
⑤ 林继来：《论春秋黄君孟夫妇墓出土玉器》，载《考古与文物》2001 年第 6 期。
⑥ 郑振香：《殷人以圆为雏形雕琢玉饰之探讨》，载《考古》1993 年第 10 期。

　　"玉"的美与理想中的"君子"的高尚品格相似，"君子"言行端正、品德高尚、内外兼修，"君子"的魅力是由内而外的，正如玉的光芒是凛于内而非形于外的，"君子"应该佩玉在身，用玉的品质来警醒和规范自己的言行。因此中国人敬玉之德、爱玉之美、赏玉之质，藏玉的风气较盛。不仅如此，民间传说认为玉有灵性，佩戴一段时间后可与人性相通，其间纹路可以变幻。民俗文化甚至认为玉可以帮人消灾挡灾，长时间佩戴的玉器消失不见或破碎说明了玉帮人抵挡了命中的劫数。这也说明了中国玉文化中的民俗根源以及人对玉所寄托与附加的社会情感。另外在古代"君子"吞玉而亡，即使死去也要与玉相伴，这也揭示了"君子"与玉文化之间特殊的文化内涵。

（四）玉比"君子"的社会意识缘起

　　韦伯在《经济与社会》中提道："并不是任何支配都会利用经济手段，更不是任何支配始终都有经济目的。然而，统治一个数量可观的人员群体，通常需要一个班子，这是一个通常能够受托执行总体政策和具体命令的特定群体。这个行政班子的成员必定处于习俗、情感纽带、纯粹物质上的利益情结、理想动机而服从他们的上司。"①春秋战国时期，"礼崩乐坏"，周朝的统治权威被破除。各国君主为了使其政治权威合法化，他们也需要一大批思想精英作为智囊团为他们出谋划策，给政治舆论造势，论证其统治地位的合理性，使统治者不仅在政治决策、经济行为、社会管理上统治人民，同时也从思想和文化上统治人民。这时，倡导"君子"等理想人格的知识分子阶层作为道德高尚的代表群体出现，这也就是韦伯所说的"行政班子"，他们的行为就是整个社会的典范，同时他们作为道德原则的有力实践者，其社会角色被社会结构不断强化，这也是文化精英与统治集团的双赢。为了接近"道"的层次，他们在自然界中寻找与这种理想人格类型相似，同样象征高尚的道德品行的事物，来表达一种既立足于当时的社会意识，同时具有超越这种主体意识的精神境界。他们将玉的温润坚固象征"君子"品行，将打造玉器的精雕细琢象征"君子"修身的砥砺和磨

---

① ［德］马克斯·韦伯：《经济与社会》，阎克文译，上海人民出版社 2010 年版，第 318 页。

炼，将玉的自然之美象征"君子"温润含蓄、外柔内刚的美好品格，把审美需求、道德修养以及实用价值三位一体的伦理人格修养用比附的手法展现出来。

二、观物取象：现实意蕴的内涵升华

汉代以后，早期贵族阶层没落。两晋时期以知识分子为代表的士大夫阶层作为文化精英需要寻找新的意象来展现"君子"的内涵。隋唐时期科举制拓宽了人才选拔的渠道，知识精英从森严的门阀世袭制度中解脱出来，他们也需要更多的意象来代表自身形象，梅、兰、竹、菊"四君子"出现在士大夫阶层的生活与文学创作中。他们在自然界的现实生活场景中观物取象，借助梅、兰、菊、竹的植物特性——梅花的高洁、兰花的清幽、竹子的高洁和菊花的淡泊来完善"君子"的内涵，从而达到"君子"内涵的升华。植物中，竹子被称为"君子竹"，兰花被誉为"花中君子"，本文以"君子竹""君子兰"为例，探讨"君子"的内涵。

（一）君子竹

古代文人墨客喜爱竹子，称竹子为"君子"。宋代文人苏东坡说："宁可食无肉，不可居无竹。无肉令人瘦，无竹令人俗。人瘦尚可肥，士俗不可医。"（苏轼《于潜僧绿筠轩》）竹子天生有节，正好寄寓了文人理想中的气节，这种像竹子一样绝尘脱俗、虚怀若谷的气节和精神力量是支撑苏东坡被贬斥期间重要的人生信念。另外竹子还具有的特性有耐寒、挺立、洒脱、遗世而独立，中空喻虚心，节节高喻积极向上的个性，这些特质也是文人墨客所赞赏的优良品质，这也是社会对于"君子"等理想人格的道德要求，所以竹子被称为"君子竹"。《咏竹诗》："生死挺然终抱节，枯荣偶尔本无心。比肩耻与蒿莱伍，强项不容冰雪侵。"（王寂《次韵郭解元病竹二首》）形容了竹子坚毅不屈，不与蒿莱为伍，不惧冰雪的精神风貌。"人怜直节生来瘦，自许高才老更刚。曾与蒿藜同雨露，终随松柏到冰霜。"（王安石《与舍弟华藏院此君亭咏竹》）竹子虽然与蒿藜同沐阳光雨露，然而它的气节却像松柏一般经寒不凋，这既是说竹子的高风亮节，也是说"君子"作为理想人格典型的行动准则，"君子"应有的高尚品德。此外竹子具有很多现实取向的优秀品质，如竹子年年岁岁生长，有荣无枯，有"君子"之风范；柔韧但难折，左右逢源，有"君子"之风度；四季常青且生命力旺盛，有"君子"之风骨。这些品质投射于"君子"高尚的品德意蕴中，并与之相互映衬，从而丰富了"君子竹"的概念内涵。文学创作中托物可以言志，托竹言志则可以勉励后人，这些附着于竹上的崇高人格特质作为社会道德标准流传下来，成为后世理想人格的规范。竹因此在文人笔下逐渐被当成现实生活世界中以物比象的象征符号。

东晋"竹林七贤"就是一群以竹为伴、自视清高、崇尚气节、不追求俗世荣华、只追求率性自然的文人。嵇康以生命的代价拒绝司马昭的出仕邀请，这也作为"君子"率性而为、不惧权贵、追求身心自在的典范，被后世文人墨客所赞赏。《广陵散》中所体现的激越高义正蕴含了正人"君子"不畏权势、不为环境所改，虚心吐纳怡然自得的气质和自由率性、不畏荣华、不惧权势、顶天立地的崇高人格和精神境界。

（二）君子兰

在中华文化中，兰花象征着"君子"在道德修养上自尊、自强、自爱、自信的高风亮节。"幽植众能知，芬芳只暗持。自无君子佩，未是国香衰。白露沾长早，青春每到迟。不知当路草，芳馥欲何为。"（崔涂《幽兰》）取兰花的内敛含蓄、芳香自持的意象来寓意"君子"内秀的本质。兰花也是真诚、典雅、高洁、美好、坚贞不渝的象征。兰花风姿素雅、花容端庄、清香远逸、气质高贵，历来作为高尚人格的象征，被世人称为"花中君子"。唐朝李世民《芳兰》诗云："春晖开紫苑，淑景媚兰场。映庭含浅色，凝露泫浮光。日丽参差影，风传轻重香。会须君子折，佩里作芬芳。"印证了"君子"与兰之间内在的联系，"君子"配兰也是言志的方式之一。明朝词人薛网写兰花的高贵品质："我爱幽兰异众芳，不将颜色媚春阳。西风寒露深林下，任是无人也自香。"（薛网《兰花》）兰花幽香清远、气质脱俗，却从不孤芳自赏，高洁清幽，不刻意取悦媚俗，不因清寒而改节操，不因无人欣赏而不芬芳，这种品质与"君子"的不屈时势、自立自强、孑然独立的内在修养相似，这种清逸典雅的圣洁象征"君子"洁身自好的美德，加上香、形、色三种美态兼备，历来为文人墨客所钟爱和赞颂。孔子曰："芝兰生幽谷，不以无人而不芳，君子修道立德，不为穷困而改节。"(《孔子家语·在厄》)称赞"君子"卓尔不群、孑然独立、修道立德、穷困之下依然不改气节的美好品质。屈原在《离骚》中说："扈江离与薜芷兮，纫秋兰以为佩。"将兰作为佩物，体现其洁身自好，远离流俗的情操，同时也抒发了自己出淤泥而不染、不与世俗同流合污而苟合取安的人生态度与广博胸怀，这也是正人君子的高风亮节与胸襟坦荡的完美体现。君子之交淡如水，人们将真挚纯洁的友谊，称为"兰谊"，故有"结义金兰"之称；君子疾恶如仇，则有"兰艾同焚""兰摧玉折"之用；君子性情高雅，恩蕙长留，也才有"兰质蕙心""兰薰桂馥"之赞。君子志趣高雅如兰，生于绝壑幽崖、馨香环绕、抱芳守节、不求闻达。"兰生幽谷，无人自芳"也合乎君子不落俗囿、孤独清高、宁静致远的个性。这些都是对于兰品性的赞赏，观兰之性而取象，对于社会理想人格的典范——"君子"提出道德修养层面的要求。

(三)观物取象的内涵升华

这种从竹、兰中观物取象所提炼的美好品质也是中国古代士族阶层所强调和推崇的，这也反映了文化精英对于自身道德层面的崇高追求。法国著名社会学家皮埃尔·布迪厄称"上流阶层为了与普通人区别开来，会树立自身独有的社会群体活动逻辑，这一社会群体采用独特的生活方式和生活品位"[1]，来实现其社会等级的再生产。两晋以后士大夫阶层作为社会中的文化精英，他们"出则仕，退而隐"，这种不稳定的生活方式也使得他们寻求精神上的寄托，他们需要标榜出文化精英与普通人的不同之处，于是在艺术品位以及文化内涵上形成这种观物取象，以物喻自身的生活形态，这种生活方式也在时间向度和空间向度上被角色化，从而成为文人标榜身份的象征。

---

[1] Pierre Bourdieu. *Distinction: A Social Critique of the Judgement of Taste*. Cambridge, Mass: Harvard University Press, 1984: 310.

三、艺术凝合：离散意蕴的生活抽象

16世纪俄国文艺理论家车尔尼雪夫斯基认为艺术源于生活而高于生活[①]，普通的生活世界以及人物形象是艺术素材的提供者和原型，艺术家经过艺术加工和提炼，运用有序的情节设计，精练的语言描述，夸张的场景渲染和矛盾的集中体现等表现出来，所以艺术是生活化的加工和提炼，来源于生活场景而又高于生活原型。在这里的生活世界指的是一个具有主体性、相对性特征，"通过知觉实际地被给予、被经验到的世界"[②]，事物随着个体自我主观视域的运动而发生变化。现实意蕴中的梅、兰、菊、竹经过艺术的升华与抽象，逐渐成为一种成熟的艺术形象。封建社会后期，艺术深入社会底层民众的生活，更多的知识分子来自民间，他们对于已经角色化的"君子"形象有更加深刻的理解，甚至每一个人心中都有一个对于"君子"的不同理解，他们的文学和艺术作品中蕴含的"君子"品格的内涵被进一步抽象化和格式化，这是一种艺术创作的需求，同时也是一种艺术凝合的手段，表现了生活中从离散的事物走向发散的创作空间。

（一）国画中的艺术凝合

元代文人画兴起，"花鸟、古木竹石、梅兰等题材的绘画在继承五代、两宋花鸟画的基础上有了新的发展和明显的变化，水墨竹石梅兰等'四君子'画尤为流行"[③]，他们强调绘画中的笔墨趣味，通过笔墨表现个性，借物抒情，主要画家有赵孟頫、王冕、钱选、顾安、高克恭等。其中顾安以善于画竹而著名，他擅画水墨竹，喜作风竹新篁，用墨润泽焕烂，运笔挺秀遒劲，于李谐、柯九思外，自成一家。存世作品有《墨竹图》《幽篁秀石图》《拳石新篁》《平安

---

① ［俄］车尔尼雪夫斯基：《艺术对现实的审美关系》，载《车尔尼雪夫斯基论文学·中卷》，辛未艾译，人民文学出版社1965年版，第151页。

② ［德］埃德蒙德·胡塞尔：《欧洲科学的危机与超验现象学》，张庆熊译，上海译文出版社1988年版，第58页。

③ 杨仁恺：《中国书画》，上海古籍出版社2001年版，第334页。

磐石》《竹石图》等。借竹图而言志，表达对于竹的高风亮节、洒脱绝尘、虚怀若谷的赞赏，表明了自身不与歪风邪气同流合污的志向，这也是以"君子"的道德层次要求自己的实例。清代"扬州八怪"之一李方膺所画《风竹图》题诗："波涛宦海几飘蓬，种竹关门学画工。自笑一身浑是胆，挥毫依旧爱狂风。"画竹以言志，表明自己不愿沉浮于宦海的节操，其中狂放之意，溢于言表，这也是经历过沉淀的"君子"人格标准在艺术创作和现实生活中的具体体现。古代文人的道德标准延续到后世已经成为一种内在的修身标准，"君子"的人格标准已经内化成知识分子骨子里的傲气，作为另一种力量抵抗统治者阶层的政治高压，这也成为一种可贵的民间力量存在于封建政治权力的夹缝中。另外值得一提的是竹叶诗碑，巧妙地将诗句隐藏于竹画之叶中，把字、诗、画字融为一体、纵情山水、构思精细、巧夺天工。这也是封建知识分子在艺术创作上的一大突破，同时也预示了民间知识分子修身养性的爱好以及对于政治权势的消极抵抗。

（二）郑板桥的艺术升华与"君子"的生活抽象

清代著名书画家、文学家郑板桥书、诗、画均旷世独立，世称"三绝"，擅画兰、竹、菊、松、石等，尤其擅长画兰和竹。他曾做官十年，经历了官场的沉浮与黑暗，"为天地立心，为生民立命"的抱负难以实现，辞官以卖画为生。他一生历经坎坷，饱尝酸甜苦辣，看透世态炎凉，把社会现实揉进书画创作中，形成独特的艺术创作风格。

在艺术创作中，郑板桥借竹子的生物特性来象征"君子"的中空外直、宁折不屈、虚怀若谷、不畏逆境的特质。"咬定青山不放松，立根原在破岩中。千磨万击还坚劲，任尔东西南北风。"（郑板桥《竹石》诗题）这是郑板桥对竹子品质的高度赞美。他擅画竹，并且把诗款题在竹石之间，以竹之"介于否，坚多节"表达自身孤傲清高的气节和形象。《兰竹石图》中云："要有掀天揭地之文，震电惊雷之字，呵神骂鬼之谈，无古无今之画，固不在寻常蹊径中也。"以兰花为主题的画中，他借题发挥，借兰花的特征，透露出理想人格应该持平常心、胜不骄、败不馁的胸怀。《荆棘丛兰石图》题云："满幅皆君子，其后以荆棘终之何也？盖君子能容纳小人，无小人亦不能成君子，故棘中之兰，其花更硕茂矣。"借一丛丛兰花中夹杂着荆棘来表达"君子"遇有小人，虚怀若谷、和睦共处、有容乃大的气质。在郑板桥的书画中，竹、兰、石都代表了人正直无私、坚忍不拔、光明磊落的高尚品格。他的题诗托物言志，立意深远，既是对于现实生活的逃避，同时也是对于现实生活的关注，以及对于人性的思考，从而使得简单的画作有了现实的内容和丰富的思想，增强了艺术的感染力。

　　郑板桥的题画诗，是融合了艺术性、趣味性和思想性于一身的艺术创作形式，充分体现了"书画同源""用笔同法"的艺术趣味，既揭示了竹、兰的特性，也寓意了"君子"高尚的人格魅力，既是艺术风格上的提升，也是"君子"内涵的生活抽象。结合他一生的坎坷历程和孤傲风骨，最终形成人、画、诗、书浑然一体的人生境界。这种艺术的抽象化处理有利于规避对于现实的不满，也有利于艺术上的突破，这种突破不再是自然景物的描述与再现，而是具有独立创新精神的"君子"内涵的突破，自此之后"君子"不仅仅是现实意蕴的理想人格，同时也是高于现实的鲜活的艺术形象，实现了从修身要求到理想人格标准，再到抽象化成艺术形象的传承与延续。

　　东方哲学的混沌如一物的整体时空观，用一个模糊的定义去界定另一个模糊的定义，讲求意境上的契合，重视物象的非实体层面，从更为高远的层次去解释"君子"的内涵，从而避免了语言的定义中产生的误解和歧义。"君子"与物象之间的关系体现在中国文人笔下最受欢迎的梅、兰、菊、竹的具体形象中，从比附取象到观物取象，最后至艺术的升华与凝合，体现的是中国文化中对于"君子"内涵的抽象化的过程，从具体的修身标准——坚强独立、不屈不挠、不畏权势、洁身自好等高尚品格，到现实的物化形象——竹、兰，最后到艺术上人、书、诗、画浑然天成，既揭示现实又超然于现实，这也使得中国艺术与本土文化相结合，走向更大的艺术创作空间。

昭君文化蕴涵的群体文化与个体社会化现象*

在人类通过"和亲"协调部落或民族关系的历史上，昭君出塞合婚不是第一次，也不是最后一次。昭君出塞的影响不仅及于当时汉、匈两国，而且一直延绵到后世，播布于民族间友好往来，传承于民间，屡见于精英阶层的文山辞藻中。这是为什么。本文从社会学的角度，基于"文化就是物质关系的一种反映，又能够再生产出这些物质关系；物质领域的现实与文化领域的现实是相互分离的，它们之间存在因果互动"①的认识。探讨昭君当时所处的社会生活环境，时代背景以及个人行为，以描述单个主体与客观存在条件的关系，进而了解"和合"图腾(意识)与昭君出塞和亲行为相分离的过程，及其驱使昭君文化传承不断的内在品质。昭君现象演绎的"和合"文化不仅是当时，而且是人类处理民族关系的有效路径，具有现实意义。

南郡秭归县(今湖北省兴山县)社会环境构成了昭君早年生活的物质关系，是昭君一生社会生活的文化基础。昭君文化现象的传承与为国出嫁的民间女子身份密切相关。汉、匈两国关系构成了昭君青年社会生活的物质关系，是昭君一生社会生活的文化精华。一嫁再嫁的民俗关系构成了昭君主要社会生活的物质关系，是昭君一生命运的辉煌。昭君文化现象再现了民俗、家庭、民族以及国家的社会关系。卢卡奇认为，把握文化的现实需要分析文化的物化现象。真

＊　该文曾发表于《中南民族大学学报(人文社会科学版)》2018 年第 6 期，第一作者，合作者刘婷。收录时，略有改动。

① Malcolm Waters, *Modern Sociological Theory*, London：Sage Publication Ltd, 1998, pp. 227-229.

实的知识，真诚的文化表现形式，都必须依赖于对总体性的感知。唯一能够切实把握现实的真实文化，正是把单个主体与客观存在条件系统地联系在一起的马克思主义的总体化知识体系。从人类及其活动与关系中抽象出的东西（文化），越来越被当作实存的，与生产它们的人相分离。文化逐渐与基本人性相脱节或相分离，继而转过头来驱使它。人们之间的关系呈现出一种"虚幻的客观性"，一种自主性，看似极其理性，无所不包，以至彻底掩盖了其本质的一切痕迹。

本文拟从地灵与人杰、时代与英雄、命运与素质三个层面分析"和合"图腾（意识）与昭君出塞蕴涵的群体文化与个体社会化现象。

一、地灵乎人杰乎

物质生活的生产方式制约着精神生活的过程。[①] 不同地域的社会环境制约着生于该地域人们的社会生活、政治生活、精神生活的过程。"在财产的不同形式之上，在存在的社会条件之上，耸立起整个上层建筑，包括不同的、具有独特形式的情感、幻觉、思维模式和生活观"[②]。昭君早年生活的南郡秭归县，是一个历史文化积淀深厚的地域，既有浓厚炙热的爱国情怀，又有果敢豪迈的蛮夷风尚。

昭君早年生活的地域曾经是巴国、楚国长期争战，交相统治的区域。西周初期，巴人参与讨伐商王朝的战争，作战勇敢，受周王室分封，在汉水流域建立巴国。[③] 巴国的地域北到汉水上游，南及大巴山，东至襄阳，西至渝东。战国初期迫于楚的势力，巴国举国南迁至长江干流，与楚、邓、庸、蜀等国交往频繁，文化上互相影响，也与这些国家不断进行兼并争战。秦惠文王更元九年（前316年）灭巴以后，置巴郡。汉代，巴人属于"巴郡南郡蛮"，散居在巴郡、

---

① Marx. K. Classes, *Power and Conflict*, Berkeley: University of California Press, 1982, pp. 12-49.

② Marx. K. Classes, *Power and Conflict*, Berkeley: University of California Press, 1982, p. 37.

③ 参见《左传·昭九年》："武王克商，……巴、濮、楚、邓、吾（周）南土也。"《华阳国志·巴志》："巴师勇锐，歌舞以凌殷人"，"武王既克殷，以其宗姬封于巴，爵之以子"。

南郡一带。① 巴人不但作战勇猛刚强，以致被称为"神兵"，而且能歌善舞，极其乐观。在极为艰难困苦的荒莽大巴山、秦岭中，自强不息，世代繁衍。身处于其间的南郡秭归县汉族人不可避免受到巴人的文化影响。自强不息、果敢刚强、能歌善舞的昭君行为留下了浓烈的巴人文化印记。

兴山属于古称夷陵地区②的文化圈，夷陵地区是古代巴文化的摇篮、楚文化的发祥地之一。这里区位优势独特，物华天宝，群峰竞秀，无峰不奇，无石不异，地下溶洞密布，洞外奇岩夹径，山石嶙峋，钟灵毓秀，古木森森，万木争荣，疏影遮日，溪流纵横，碧绿多姿，宛若仙境，令人流连忘返，以及高山峻崎的西陵峡，群峰峥嵘，礁密滩急，江流如沸的，奇绝险绝，扣人心弦。优美的自然环境孕育了楚文化奔放飘逸、睿智自信③、果断顽强、开拓流溢的特质。周历王时（公元前 857—前 842 年），熊绎后裔，熊挚封至兴山，筑高阳城。秦、汉时期，这里属荆州南郡秭归。忧国忧民的爱国主义诗人屈原不畏权势，为当时当地人们传诵。这里还"有江汉川泽山林之饶；江南地广，火耕水耨，民食鱼稻，以渔猎山伐为业，果蓏蠃蛤，食物常足"④。在这样丰富物质条件的生活环境中，个人受集体的压抑较少，生活情感活跃，个体意识比较强烈，形成了桀骜不驯、自信果敢的楚人性格。楚人自己往往自称："我蛮夷也。"⑤一直到汉代，楚人性格仍是举世闻名。自愿请嫁匈奴的昭君不无楚人的性格。

荆州南郡秭归的文化熏陶了它的子民，内化为人们的行为、习俗以及南郡秭归人的性格。故乡形塑了昭君之素养，昭君成就了故乡之遗风。昭君以家乡为根，家乡以昭君为荣。昭君文化再生产出以其为核心的各种物质关系。四周青山环抱，修竹拥翠，四季花果飘香的昭君村双溪夹流，人以村传，村以人名，香溪河因"昭君浣纱、溪水尽香"而得名，留下了昭君宅、梳妆台、娘娘

---

① 参见《后汉书·南蛮西南夷传》，亦见于《山海经》《汉书》《华阳国志》《南齐书》《蛮书》《谈苑》《虎荟》等。

② 夷陵：今宜昌地区，因"水至此而夷，山至此而陵"得名。

③ 刘玉堂：《楚人的精神长项与性格短板"》，载《济南时报》（历下亭·特刊）2009 年 5 月 28 日。

④ 参见《汉书·地理志》。

⑤ 参见《史记·楚世家》。

泉、后花园、抚琴台、紫竹苑、昭君书院、楠木井、浣纱处、琵琶桥、大礼溪、小礼溪、珍珠潭、选妃台、离乡滩、昭君渡等 20 多处遗迹遗址。

昭君传承的基础是地灵，亦是人杰。

二、时代乎英雄乎

在时代与英雄的关系中，梁启超认为，英雄固能造时势，时势亦能造英雄，英雄与时势，二者如形影之相随，未尝少离。既有英雄，必有时势；既有时势，必有英雄。① 人们一般认为时势孕育英雄，英雄通过自己的努力顺应时代而成为英雄。从社会文化互动层面，时代与英雄是一对矛盾，英雄不能离开群体，群体需要个体，特别是需要为群体作出贡献的个体，群体与个体之间存在因果关系。在不同群体给出彼此竞争的观念系统的场合，行动者将会得到选择的机会；而在群体提供独立或互补的观念系统场合，则可以自由地阐释观念系统。② 汉代需要为整个国家对外交往作贡献的个体，需要用女性的青春年华、美貌、才华、婚姻、家庭乃至生命换取汉族群体的利益。匈奴需要为整个国家构建泛家庭化的对外交往作贡献的个体，以有效途径获取匈奴族群体的利益。汉、匈婚姻往来构建了和合文化的内核，这种和合文化内化为昭君与呼韩邪的结合。

汉初，居住在北方的匈奴族在冒顿单于的统治下，势力空前强大，拥有"控弦之士三十余万"③。汉高祖七年(公元前 200 年)，陷入冒顿单于的四十万精兵包围中，周围的汉军没法救援，汉高祖被围困在白登山。④ 汉王朝遂行和亲政策。元光二年(公元前 133 年)马邑之战，汉武帝结束前朝对匈奴的和亲政策，开始对匈作战，派卫青、霍去病征伐，大举出兵反击匈奴，匈奴势力渐衰。

① 梁启超：《饮冰室自由书：英雄与时势》，载《清议报(第 27 册)》1899 年 9 月 15 日。
② Archer，M，*Culture and Agency*，Cambridge：CUP，1988，p.275.
③ 参见《史记·刘敬传》。
④ 参见《史记·匈奴列传》。

　　连年争战，民不聊生，战争给民生的破坏是必然。早在征和四年(公元前89年)，汉武帝颁下《轮台罪己诏》"朕即位以来，所为狂悖，使天下愁苦，不可追悔"①。边境的困扰，又使得汉王朝不得不提出"当今务，在禁苛暴，止擅赋，力本农，修马复令，以补缺，毋乏武备而已。郡国二千石各上进畜马方略补边状，与计对"②。汉王朝需要安宁的边塞环境，需要"自今事有伤害百姓，糜费天下者，悉罢之"!③ 然而，战事一直延续到公元前36年，汉西域副校尉陈汤发西域各国兵远征康居，击杀与汉为敌的郅支单于，消灭了匈奴在西域的势力。匈奴国同样需要边塞的安宁，需要缓解民生的压力。公元前57年，由于天灾、人祸及汉军的打击，匈奴发生分裂，出现五单于并立局面。公元前53年，呼韩邪单于归汉，引众南徙阴山附近。

　　"人群之所渐渍、积累、磅礴、蕴蓄，既已持满而将发，于斯时也，自能孕育英雄，以承其乏。"④公元前33年，汉元帝为结束百余年来汉同匈奴之间的战争局面，以宫人王嫱(昭君)嫁呼韩邪单于，恢复了和亲。汉、匈两国需要和平。需要"有利益及于人群，要不过以其所受于人群之利益而还付之耳"⑤的人。面对呼韩邪来汉求亲，昭君因"入宫数岁，不得见御，积悲怨"，主动提出"乃请掖庭令求行"⑥。王昭君的出现是偶然也是必然。后来，呼韩邪死，昭君请求归汉，未得允许。王昭君仍然以大局为重，忍受极大委屈，按照匈奴"父死，妻其后母"的风俗，嫁给呼韩邪的长子复株累单于雕陶莫皋。王昭君的历史功绩，不仅仅是她主动出塞和亲，更主要的是她出塞之后，使汉朝与匈奴和好，边塞的烽烟熄灭了50年，增强了汉族与匈奴民族之间的民族团结，是符合汉族和匈奴族人民的利益的。"英雄之能事，以用时势为起点，以造时势为究竟。"⑦

---

① 参见《汉书·卷九十六下，西域传第六十六下》。
② 参见《汉书·卷九十六下，西域传第六十六下》。
③ 参见《汉书·卷九十六下，西域传第六十六下》。
④ 梁启超：《饮冰室自由书：英雄与时势》，载《清议报(第27册)》1899年9月15日。
⑤ 梁启超：《饮冰室自由书：英雄与时势》，载《清议报(第27册)》1899年9月15日。
⑥ 参见《后汉书·南匈奴传》。
⑦ 梁启超：《饮冰室自由书：英雄与时势》，载《清议报(第27册)》1899年9月15日。

三、命运乎素质乎

昭君一生经历了三种社会生活的境况：无忧无虑的早年家乡生活，掖庭待诏的皇宫生活，恩爱受宠的大漠草原生活。"从一种处境到另一种处境的转换，带来意识内容的转化，在前一处境下，意识的内容是统治意识形态的产物；在后一处境下，则存在一种对社会安排的激进变更的信念。"①昭君三次处境的转换，均蕴涵了群体意识与对社会安排激进变更的个体意识冲突，最后以个体意识的突破而满足群体意识的需求，获取群体利益，重构个体社会化与群体文化的和谐。

汉王朝统治下，汉武帝提出"罢黜百家、独尊儒术"②，以"三纲五常"为核心的儒家思想把道德纲常的本原提到了宇宙论的高度，赋予封建道德以至高无上的神圣品格，对妇女提出三从四德的要求。王昭君作为齐国王穰女儿，早年家乡生活没有烦恼的羁绊，知书达理，"颜色皎洁，闻于国中"③，具有妇女良好品德。凭借纯粹的文化手段对社会生活思想的控制，以使知识、价值与标准可以遂社会群体的意愿而被加以操纵。④ 公元前 36 年，汉元帝昭示天下，遍选秀女。王昭君为南郡首选。元帝下诏，命其择吉日进京。其父王穰云："小女年纪尚幼，难以应命"，无奈圣命难违。作为统治阶级"率土之滨，莫非王土；率土之民，莫非王臣"的意识，朕即国家的皇权思想，促使了王昭君泪别父母乡亲，登上雕花龙凤官船顺香溪，入长江，逆汉水，过秦岭，历时三月之久，于同年初夏到达京城长安，为掖庭待诏。个体意识对社会安排激进变更的冲突下，故土难离的昭君在皇宫"心有怨旷，伪不饰其形容"⑤，昭君秀外中内、刚正不阿的个性使得"帝每历后宫，疏略不过其处"⑥。

---

① Marx. K. F. Engels, *The German Ideology*(Part One), New York：International，1970，p. 119.

② 参见《汉书·董仲舒传》。

③ 参见蔡邕《琴操》。

④ Kolakowski L, *Main Currents of Westren Marxism*, Oxford：OUP，1981，p. 242.

⑤ 参见蔡邕《琴操》。

⑥ 参见蔡邕《琴操》。

匈奴"呼韩邪单于不忘恩德，乡慕礼义，复修朝贺之礼"①。汉、匈两国和好，汉元帝"赐单于待诏掖庭王嫱为阏氏"②。在国家的意志和国家利益面前，昭君虽然作《怨旷思维歌》③，脱颖而出的王昭君深明大义，以果敢气质前往大漠草原，完成个人社会化的成功转型。"及呼韩邪死，其前阏氏子代立，欲妻之，昭君上书求归，成帝敕令从胡俗，遂复为后单于阏氏焉。"④文化具有一种意识形态功能，它劝说或约束人们去接受那些与其利益根本对立的处境。⑤ 王昭君的再嫁与汉代三从四德发生冲突，不合汉族的伦理道德。王昭君可叹可赞，是命运的安排，更是群体文化的塑化。自身价值最大化为群体物质利益，构建汉、匈两国的和谐相处。

"和合"文化的魅力，带来汉、匈间六十年和平，乃至更长友好往来的时期，并被后世幻化为图腾(意识)，一直延续到唐王朝。民间更是以勃发态势发展，南匈奴内附，北匈奴大部分内附，及至南北朝时期民族融合，民族、部族间个体婚姻交往延绵不息。

四、形象乎原型乎

一般来说，人物形象高于人物原型，形象是在原型的基础上创造、光大而成的，是实与虚的有机和完美结合。王昭君的事迹，不仅刊于正史，坊间关于王昭君的故事亦流传甚广，文人墨客仁者见仁，智者见智，籍诗、词、小说、戏曲创作以抒胸臆。据统计，古往今来反映王昭君的诗歌有七百多首，与之有关的戏曲、小说近四十种，写过昭君事迹的著名作者五百多人。清光绪年间，永康胡凤丹月樵氏辑录为《青冢志》十二卷，收集昭君相关诗歌 503 首。中华

---

① 参见《汉书·元帝纪》。
② 参见《汉书·元帝纪》。
③ 见蔡邕《琴操》中的《怨旷思维歌》："秋水萋萋，其叶萎黄。有鸟处山，集于苞桑。养育毛羽，形容生光。既得升云，游倚曲房。离宫绝旷，身体摧藏。志念抑冗，不得颉颃。虽得倭食，心有徊徨。我独伊何，改往变常。翩翩之燕，远集西羌。高山峨峨，河水泱泱。父兮母兮，道里悠长。呜呼哀哉！忧心恻伤！"
④ 参见《后汉书·南匈奴传》。
⑤ Malcolm Waters, *Modern Sociological Theory*, London：Sage Publication Ltd, 1998, pp. 227-229.

人民共和国成立以来，影视制作不下十余部。王昭君故事甚至传诵于国外。据日本山口大学名誉教授阿部泰记研究："王昭君故事传到日本，通过汉诗、唐乐、和歌、物语、谣曲、小歌、歌舞伎、绘画、琵琶歌、新体诗、讲谈、小说漫画等种种的形式接受；他考证，奈良时代（相当于唐代），"遣唐使"（630—907）带来了律令，宗教，制度，文学等文化，而文学中有"诗歌"，日本人学到了"诗歌"，自己也创作了"汉诗"，汉诗集收载中国"诗歌"和日本"汉诗"，王昭君故事题咏在这"诗歌"和"汉诗"中……其中收载释辩正（生卒年不详）的汉诗二首……其第一首《五言与朝主人》云："钟鼓沸城阛，戎蕃预国亲。神明今汉主，柔远静胡尘。琴歌马上怨，杨柳曲中春。唯有关山月，偏迎北塞人。"甚至明治时代（1868—1912），保育唱歌和幼稚园唱歌（王昭君故事）进行女子教育。《保育唱歌》第八十首《王昭君》，全五段，歌咏了王昭君的一生。①所有这些，促进了王昭君形象的塑造和故事的演绎。

然而，王昭君形象塑造的最大特点在于，其人物的真实性，其原型已趋于完善，本身已有生动、鲜活的故事。人们所要做的是讲好故事。

综上，我们感到：南郡秭归（今湖北省兴山县）的自然与人文环境赋予了王昭君独特的气质，汉、匈之间的特定时代关系与昭君出塞和亲展示出小我服从大我的悲壮画面和柔性的力量，三从四德的伦常纠结与昭君一嫁再嫁、大漠落雁的命运深化了和合文化的再构。

闺楼待字——养于深闺良家子，

掖庭待诏——锁在幽宫见定心。

初嫁匈奴——苍茫不负巾帼志，

再婚王子——适从异俗识胸襟。

塞外埋骨——英华早逝千秋月，

青冢碧草——昭示胡汉一家亲。

---

①　阿部泰记编著：《日本历代"王昭君"故事》，2018年，第8页。注：原书为日语文献，出版者显示为阿部泰记。

昭君出塞与汉匈社会民生之考察[*]

　　昭君出塞对中华民族千百年来社会民生的贡献，虽然世人较少关注，但是影响及于后世，以至于周恩来在听到汉族妇女不愿嫁给少数民族男子时指出：这种情况虽不能够用行政命令，但可以通过舆论宣传、提倡古代王昭君嫁给匈奴的故事①。在这里，昭君出塞起到了解决现代婚姻、家庭、社会民生的示范作用。纵观汉匈间几百年的历史，昭君现象是透视社会民生的符号表达。

　　关于昭君现象的描述、研究很多，可谓"汗牛充栋"。历代学者从历史学、人类学、民俗学、民族学、文化学、经济学、伦理学、艺术学、政治学、文学等多角度考察了昭君现象。马冀、杨笑寒的《昭君文化研究》，从文化学的角度探讨了昭君现象的哲学基础、和亲政治、经济交流、文学艺术、人生价值及其世界意义，提出：昭君文化是一种民族的、科学的、大众的、向上的、代表事物发展方向的、推动社会进步的文化，是人类文化的瑰宝；昭君像一轮明月，世代吸引着各个阶层的人们，几乎每个人都可以感受到与她联系的游丝，发出自身的感慨，得到不同的启示。② 本文以社会学为视野，从匈奴建立游牧民族的中央政权开始，考察昭君出塞与汉匈社会民生的意义。

---

* 　该文曾发表于《中南民族大学学报(人文社会科学版)》2008 年第 4 期，第一作者，合作者张友云。
　　收录时，略有改动。

① 　汤娟：《曹禺同志谈新作〈王昭君〉》，载《解放日报》1979 年 2 月 4 日。

② 　马冀、杨笑寒：《昭君文化研究》，内蒙古人民出版社 2004 年版，第 114 页。

美国当代社会学家布鲁默(Blumer, H)认为: "人的任何行动总是有目的的, 而且是种对他人的回应, 因此, 行动就其本质而言是社会的互动。"①昭君现象虽然是其个人行为, 或者说是一个王朝的行为, 也可以说是对匈奴单于所需的回应, 但, 就其本质而言是社会的互动。昭君出塞为当时汉匈民众在社会稳定、教育、居业、收入分配、环境保护等社会民生方面带来福音, 使得"和亲"政策成为一种社会民生的符号。昭君现象折射出"和亲"者心灵、自我及其所处时代的社会模式, 折射出汉匈两族对民生的需求, 折射出人类不同社会团体及其民众的一种自由交往选择。

民生是一个弥久常新的问题。屈原在《离骚》中发出"长太息以掩涕兮, 哀民生之多艰"的感叹。《左传·宣公十二年》提出"民生之不易", 并进一步指出"民生在勤, 勤则不匮"。《左传·成公十六年》"民生厚而德正"认为民生与以"德"治理国家密切相关。19世纪60年代, 林肯提出"民有、民治、民享"的以民为本的主张, 为解决美国南北战争问题起到了根本性的作用。1905年孙中山在日本东京成立"同盟会"时, 提出"民族、民权、民生"的三民主义, 唤醒中国人民推翻封建王朝的统治起到了重要作用。什么是民生?民生是指民众的生计, 主要表现为社会稳定、教育、居业、收入分配及环境保护等几方面。民生问题关乎社会治乱与政权兴亡。"国以民为本, 民以食为天", 是我国古代朴素的民本思想, 也是对民生问题重要性的认识。解决民生问题的根本目的, 是要让广大人民群众过上幸福生活, 是让广大人民群众安居乐业。

一、在社会稳定方面

昭君出塞前, 无论汉族还是匈奴族, 由于天灾、人祸以及战争等因素, 人民生命得不到保障, 汉匈边界生灵涂炭、千里饿殍、哀鸿遍野、尸骨累累。匈奴族颠沛流离、朝不保夕, 还要承受汉王朝的军事打击, 社会得不到安宁。汉朝边塞, 时常受到游牧民族惊扰, 修建边防要塞, 重兵布防, 谈不上社会建

---

① Blumer, H, *Symbolic Interactionism*, Englewood Cliffs: Prentice-Hall, 1969, p. 154.

设。公元前 67 年，匈奴因天灾人民牲畜死亡十之六七；五单于的混战，匈奴部众仅剩数万人，饥饿"相燔烧以为食"①。汉武帝时，由于对匈奴的长期战争，使得"海内虚耗，户口减半"②，汉武帝在轮台颁下《轮台罪己诏》："朕即位以来，所为狂悖，使天下愁苦，不可追悔。自今事有伤害百姓，靡费天下者，悉罢之！"战争对汉匈双方民生都造成了极大的破坏。汉王朝由于长期对匈奴等地用兵，徭役不断加重，捐税增高，致使农民大量破产流亡，汉朝北方空虚，汉武帝不得不实行"代田法"，兴修水利，移民 70 万人到西北屯田，昭君出塞后，汉匈两族团结和睦，国泰民安，"边城晏闭，牛马布野，三世无犬吠之警，黎庶忘干戈之役"，展现出欣欣向荣的和平景象。奴隶制掠夺本性的渐变为汉匈和睦相处创造了前提条件，特别是南匈奴内迁，与汉族融合加剧，接受汉族的礼仪价值观。对于以武为首、崇尚战争、勇武为价值体现的匈奴族有较大改变。真正的国家，勇武只是国家需要的一方面，还有民生、生产、贸易等其他许多方面。呼韩邪单于临死时，遗言"兄死弟及"继承制，强调不与汉朝为敌。昭君的努力赢得了近六十年的和平环境，使匈奴族人口繁衍，社会民生得到改善，又重新活跃于草原上。

二、在教育方面

昭君出塞前，汉匈两族的学习，只是偶然的、个别的现象，也主要是军事需求的和上层贵族的学习。战国时期，赵武灵王要求本国人学习改穿游牧部落人的服装样式和骑马作战，这种学习仅仅是一种军事角度的需要，没有也不可能成为常态。匈奴人从小学习狩猎和骑马作战，"宽则随畜，因射猎禽兽为生业；急则人习战以侵伐"③，也仅仅是游牧生活需要，没有也不可能有专门从事教育的机构。汉匈和亲时，带去了大量的各种技术和文化知识，虽然也对匈奴社会民生有所助益，但是，更主要的是匈奴贵族的一种奢侈需求。公元前

---

① 参见《汉书·匈奴传》。
② 参见《汉书·昭帝纪》。
③ 参见《史记·匈奴传上》。

174 年，汉文帝遣宗室女为公主到匈奴和亲，随行人员中行说（人名），中行说"教单于左右疏记，以计课其人众畜物"，教单于遗汉书的式样。① 在汉朝居官多年的长水胡人卫律（人名）从汉人那里学会的筑城、穿井技术转教给匈奴人。② 汉朝也有向匈奴学习的现象。如，匈奴人金日磾由于擅长养马，汉武帝为之惊奇，擢升他为马监，教汉人养马。③ 学习是相互的。每一个民族，无论它多么贫乏，都有值得学习的地方，值得尊敬的地方。文化无所谓先进与落后，多元文化共存是人类追求的永恒主题。

　　昭君出塞后，汉匈两族的学习由上层贵族延伸到一般民众，相互学习，改变生活习俗，共同推动社会进步。文化影响带来教育内容和教育方式的变化。为了研究方便，笔者屏蔽匈奴人的"质子"和朝觐现象中汉王朝存在的大汉族主义，探讨匈奴与汉文化接触、融合现象。主要表现为：（1）对汉王朝文化的学习。每位单于都要派一位质子到汉王朝待诏，"长期留居内地的质子，他们学习汉语、汉文、汉仪"④，质子回到匈奴后，影响了匈奴贵族的社会生活，大批王、侯率领他们的部属入汉，学习汉文化。（2）借鉴汉王朝的继承制度。"传国与弟"是匈奴单于根本政治继位制度，经过呼韩邪单于时的"兄终弟及"制，到单于比时，则推行传子与传弟交叉继位的混合继承制，"初，单于弟右谷蠡王伊屠知牙师以次当为左贤王。左贤王即是单于储副。单于欲传其子，遂杀知牙师。知牙师者，王昭君之子也。……比见知牙师被诛，出怨言曰：'以兄弟言之，右谷蠡王次当立；以子言之，我前单于长子，我当立'"⑤。（3）手工技艺的学习。考古发现：西汉晚期的匈奴男人坟葬中，主要有弓、箭镞、弩机、刀、剑、戈、矛、斧、流星锤等兵器，"其长兵则弓矢，短兵则刀鋋"⑥，匈奴的斧、矛和戈应是对中原兵器的学习和借鉴。（4）社会生活习俗的变化。匈奴人由游牧经济向农耕经济过渡，过上定居的自给自足的自然经济生活，毫

① 参见《史记·匈奴列传》。
② 参见《汉书·匈奴传》《李广附孙陵传》。
③ 参见《汉书·金日磾》。
④ 马冀、杨笑寒：《昭君文化研究》，内蒙古人民出版社 2004 年版，第 118 页。
⑤ 参见《后汉书·南匈奴列》。
⑥ 参见《史记·匈奴列传》。

无疑问，来自汉族的社会生产经验。如，在草原上有传说昭君和亲时，在大黑河上架起"昭君桥"，昭君为牧民带来五谷种子，教妇女使用胭脂等。当然，暂且还没有根据证明民间传说的正确性，但是，民间传说的信息表明：汉匈两族民众相互学习是存在的。

三、在居业方面

昭君出塞前，匈奴人主要以畜牧为业，辅业有刀、箭、车辆等手工业制作。汉武帝时，对归附的匈奴部族，采取"因固其俗"的方式安置在边塞附近。① 说明，当时匈奴人仍然以畜牧为主要业务。"（匈奴）虽从公元前三世纪前后已开始进入铁器文化时代，畜牧业很有发展，手工业也分化出来，但就整个社会生产来说，仍是规模狭小，技术低下，手工业没有充分发展。"②匈奴的手工业虽然不够发达，但是，由于匈奴人广泛使用车辆作为交通运输工具，每次战争车辆的损失惨重，对车辆的需求有利于推动匈奴手工部门的畸形发展。匈奴在汉朝的张掖郡设有专门制造车辆的工场，汉朝曾要求归还该郡被拒绝："匈奴有斗入汉地，直张掖郡，生奇材木，箭竿就羽，如得之，于边甚饶，国家有广地之实，将军显功，垂于无穷。"③这段文字说明：在张掖郡，或者是被匈奴人掳走的汉人或者是匈奴人，从事木材加工业、车辆制造业等。

昭君出塞前，因抗击匈奴，汉王朝内部出现了职业分化。西汉初年，壮年男子从军，老弱从事社会生产，"汉兴，接秦之敝，丈夫从军旅，老弱转粮饷，作业剧而财匮"④。汉初的休养生息之后，职业分化更加多样。"都鄙廪庾皆满，京师之钱累巨万。贯朽而不可校，太仓之粟陈陈相因。"⑤这段文字表明，在汉王朝有从事冶炼业、造钱业"钱累巨万"、房屋建造业"仓""廪"、农业耕作业"粟"等职业。战争的特殊需要带来一些职业的产生和发展。如，养

---

① 参见《汉书·武帝纪》。
② 林干：《试论呼韩邪单于稽侯珊在汉匈关系中的积极作用》，载《蒙古史文稿》1976年第1期。
③ 马冀、杨笑寒：《昭君文化研究》，内蒙古人民出版社2004年版，第24页。
④ 参见《史记·平准书》。
⑤ 参见《史记·平准书》。

马业发达，元狩二年的战争，动员私马十四万四匹；元狩二年的战争，动员官马十万匹，私马十四万匹；① 铁器制造业也发达，如，《汉书》记载：长安的汉人违反汉朝经济封锁的法令，私自将铁器和兵器卖给匈奴人，"坐当死者五百余人"②。

　　昭君出塞后，汉匈互市往来频繁，有利推动社会发展。公元前 27 年，复株累单于朝汉，汉王朝赠送锦绣等二万匹，絮二万斤，还有粮食、酒曲、酱、橘、龙眼、荔枝、各种工艺品和乐器。因战争的特殊需要而出现的职业消失和萎缩。由于生产、生活习俗的变化，匈奴人不仅从事畜牧业，而且，从事农业和其他大量的手工业。"他们（匈奴人）是一些牧人部落，但这些牧人已经知道制作铜器和铁器。靠近长城一带的匈奴人还知道种植庄稼。"③1954 年，在内蒙古包头市出土了镌有"单于和亲""千秋万岁""长乐未央"等文字的西汉晚期瓦当。④ 说明昭君出塞后，有从事建筑业、砖窑业等手工业的匠人，匈奴人开始过定居生活。

四、在收入分配和环境保护方面

　　昭君出塞前，匈奴人主要有畜肉、皮毛等产品，以及少量的马鞍、弓箭、车辆等。战争对大量物资的消耗，特别是对战马的需要，推动人们大量饲养马匹，生态脆弱的草原承受极大环境压力。农耕经济的汉王朝经略草原的结局，无形中加大了草原的环境压力。生态环境遭到大规模甚至毁灭性的破坏。汉武帝时更迁徙 70 万人开垦黄土高原，使原来的牧区变为农区。持续多年的大规模开垦恶化了草原的自然生态环境。

　　昭君出塞后，匈奴人有的从事游牧经济，有的从事农耕经济，匈奴人生产的产品多样化。内迁匈奴族"因固其俗"，有利于促进草原环境的改善，正如

---

① 　参见《史记·骠骑列传》《史记·匈奴列传》。
② 　参见《汉书·汲黯传》。
③ 　翦伯赞："从西汉的和亲政策说到昭君出塞"，载《光明日报》1961 年 2 月 5 日。
④ 　马冀、杨笑寒：《昭君文化研究》，内蒙古人民出版社 2004 年版，第 14 页。

蒙古谚语"被牲畜采食过的土丘还会绿起来，牲畜的白骨不久被扔到那里"①。在生存压力并不大的情况下，随着季节的变更进行或长或短的迁移，有助于草原环境的保护。

通过对昭君出塞前后社会民生的考察，笔者发现：和平是社会民生发展的最好保障；教育是提高社会民生的重要条件；生产方式的改变是解决社会民生的根本途径。昭君出塞暂时解决了汉匈间民族矛盾，为动乱的汉匈双方带来了一丝社会民生改善的福音。从昭君出塞行为的社会学分析，可以窥见昭君现象所表达的社会民生意义。

米德(Mead，G. H)认为：社会行为的逻辑起点是心灵，心灵的本质是一种隐藏性的意识活动，隐藏性的活动只是人的行动的前奏，一旦有了反应性理智的正确认识，心灵的秘密即可揭示，因此，可以说心灵是行动，是使用符号去指导通向自我的行动。② 匈奴呼韩邪单于来朝请求和亲，昭君自愿请求嫁于匈奴。昭君出塞行为是其自愿"请掖庭令求行"③的必然结果，这是昭君主我的自由表达。心灵的主体感受客体(环境)活动刺激，构成冲动的表达，出塞行为成为昭君的自由选择。客体(环境)包含三个层面：(1)战争之后是交往融合。奴隶社会的本质特性就是掠夺财物。处于奴隶社会的匈奴以掠夺汉王朝民众的财物而发动战争。处于封建社会的汉朝以自给自足的自然经济反对强取豪夺。无论匈奴，抑或汉王朝，都需要财物。资源的有限性使得战争不可能永远持续下去。从汉武帝时的马邑之战到汉宣帝时的汉与乌孙联兵进攻匈奴，社会民生受到极大破坏，需要一个非战争的时期，"呼韩邪来朝"成为必然。(2)来自民间的王昭君能够感受到民间疾苦，昭君深知自己肩负的"和亲"使命。如：民间传说昭君帮助逃难姑娘西花智斗鲁员外的《稀荒娅》故事和根据气象知识

---

① 暴庆五：《蒙古族生态文化研究》，http://old.fon.org.cn/enl/content.php? id = 64#baoqingwu.，2007年10月23日访问。

② Charon J.，*Symbolic Interactionism：An Introduction，An Interpretation，An Integration*(3rd. ed.)，Englewood Cliffs，N. j.：Prentice Hall，1989，p. 47.

③ 参见《后汉书·南匈奴传》"昭君字嫱，南郡人也。初，元帝时，以良家子选入掖庭。时呼韩邪来朝。帝敕以宫女五人赐之。昭君入宫数岁，不得见御，积悲怨，乃请掖庭令求行。呼韩邪临辞大会，帝召五女以示之。昭君丰容靓饰，光明汉宫，顾影徘徊，竦动左右。帝见大惊，意欲留之，而难于失信，遂与匈奴"。(下同)

战胜鲁员外的《木箱溪》故事等①，根据民俗学"母题分析法"，从一个侧面说明了昭君关心民间疾苦与鲁员外之间斗智斗才的关系。从汉高祖刘邦将翁主嫁给冒顿单于到汉武帝时的马邑之战，前后有十余位汉王宗室女作为公主嫁给单于为阏氏，缓解了汉匈之间的紧张关系，汉朝民众的民生获得休养生息。昭君及其子孙在匈奴接待汉王朝使者，维护汉匈之间的良好关系达几十年之久。（3）昭君的积悲怨。虽然"丰容靓饰，光明汉宫"，还是"入宫数岁，不得见御"。"帝敕以宫女五人赐"呼韩邪单于，昭君得以脱离掖庭。临辞大会时，只得"顾影徘徊"。分析昭君的心灵，笔者看到了个人（昭君）行为背后的社会因素及透过昭君心灵表达的民生需求。

　　米德认为：自我是客我和主我的统一与对立性的综合体。客我是自我的客体。自我又是其他人的客体。主我先于客我，主我是下一个时期的客我，客我是早期的主我。② 自我由主我和客我的互动产生，其本质通过主我与客我的互动结果——现实的行动表现出来。主我来自历史的产物——本我。昭君出塞时的主我是什么呢，其主我由本我和宫廷的客我两部分构成。本我由自我出生时的生物、文化等因素决定，王父晚年得女，昭君受到良好的私塾教育，昭君的本我渊源于长江流域的文明和楚地习俗的影响。宫廷的客我是掖庭的生活、数年不得见御的现实。昭君出塞时的客我是什么呢，其客我是匈奴对汉族女子的评价、呼韩邪单于自婿汉廷的愿望、汉元帝对汉宫内掖庭女子的忽视、汉元帝对和亲政策的践行。及至嫁给单于，出塞昭君的自我得到充分表达。塞外的昭君"及呼韩邪死，其前阏氏子代立，欲妻之，昭君上书求归，成帝敕令从胡俗，遂复为后单于阏氏焉"③。面临"从胡俗"选择，昭君借助被客我（匈奴社会的各方面因素及汉王朝的和亲使命）幻化的主我（包含入宫前社会习俗生活、入宫后皇室生活习俗等因素）表达出来。由此，塞外生活的主我与客我形成昭君塞外生活的自我而选择"从胡俗"。分析昭君的自我，笔者看到了个人（昭

---

① 兴山县申报国家级非物质文化遗产代表作《王昭君传说》内部资料。
② G. H. Mead., *Self, and Society：From the Standpoint of a Social Behaviorist*, Chicago：The University of Chicago Press, 1962, p. 174.
③ 参见《后汉书·南匈奴传》。

君)与国家(汉王朝、匈奴国)之间的密切关系,以及昭君自我表达的农耕经济与游牧经济社会习俗的不同需求。

米德认为:社会是自我与"他人(Others)"互动的产物,"他人(Others)"是一种社会关系,一种使个人一体化并对个人有影响的结构性的关系,是一种被组织的共同体或者给自我定性的社会团体。昭君并非唯一执行"和亲"政策的人。人类处于原始社会的氏族公社时期,氏族之间往往通过婚姻形式组成部落,几个有血缘关系的部落结成联盟。昭君执行"和亲",构成一种结构性的"和亲"关系,成为汉匈双方除战争方式以外的一种选择。社会团体需求内化为个人行为的表达,并被个人泛化为自我定性的社会团体。无数次的"和亲"构成一种个人与社会团体的互动结构,在一体化过程中,个人丧失自我。如:当今社会,中国人出国时,一般要维护自我定性的中国人形象。昭君出塞"和亲"是汉匈在战争与"和亲"反反复复过程中的最后一次和亲事件,昭君出塞"和亲"折射出汉匈民生的需求、折射出人类不同社会团体及其民众的自由交往选择。

五、结论

从昭君出塞与汉匈社会民生的问题的考察中,本文得到如下结论:和平是社会民生发展的最好保障;教育是提高社会民生的重要条件;生产方式的改变是解决社会民生的根本途径。通过昭君出塞"和亲"表达了个人行为背后的社会因素,表达了民众的社会民生愿望,折射出传统社会中个人与国家之间的密切关系,折射出不同社会团体及其民众的自由交往选择,并被个人自我定性泛化为一体化过程中的社会团体。

梁山聚义缘由与行动逻辑的社会学解读 *

古往今来，《水浒传》流传路径的多元性、广泛性以及读者自身视域和时代精神的不同，往往使人们对这部著作的解读有所差异。而作品的文本构成对其意义的诠释有明显的限定性，以文本为依托可以相对直观地感知作品的不同侧面及其与整体的关系。对于梁山聚义事件，我们固然不能"在场"，难以绝对地还原，但亦可通过《水浒传》的文本符号，结合社会背景，紧扣其时代特征，尽可能地去认知和理解梁山聚义是如何在一定的历史情境中发生、发展的。

一、社会流动：梁山聚义的缘由

（一）对梁山聚义缘由的几种说法

关于北宋徽宗（1082—1135）时期的梁山聚义事件，正史和野史曾有不同程度的记载，但正史多以"寇""盗"视之。关于梁山聚义的始末，史书之间多有相互影响、相互借鉴、相互矛盾之处，因而研究者对此各抒己见，"以史论著"和"以著论史"者甚多。以历史上的梁山聚义事件为基础的《水浒传》历来版

*　该文曾刊于《江汉论坛》2018年第3期，第一作者，合作者赵淑红，收录时略有改动。

本众多，在结构、回目、名号、情节取舍上各版本或有所不同。① 基于《水浒传》的文本差异以及读者的不同理解，人们对于梁山聚义之缘由的看法多种多样，择其要者有四："农民起义说""忠奸斗争说""统治阶级内部斗争说""市民文学说"。

在以上四种对梁山聚义缘由的不同说法中，"农民起义说"颇受认可。在农业人口占多数的中国，作为被统治阶级的农民是构成底层民众的中坚力量，因此将聚义活动归为农民阶级的武装起义斗争似乎合情合理。而事实上，真正的农民起义，至少应当符合三个条件：其一，起义军的主体构成理应是农民；其二，起义目的应当是"均田免赋"，为广大受封建剥削和压迫的农民谋利益；其三，起义应当集中围绕农民阶级与地主阶级的矛盾而展开。反观梁山聚义，首先，聚义人员来自社会各个阶层，如宋江、武松、戴宗等皆为官吏，卢俊义、史进、李应等皆为地主，林冲、秦明、董平等皆为军官，此外，书生（萧让）、医生（安道全）、道士（公孙胜）、工匠（侯健）、商贩（石秀）、渔民（阮氏三雄）、盗贼（时迁、樊瑞）等在聚义队伍中均有体现，而真正算得上是农民身份的少之又少，因而首先在人员构成上梁山聚义尚不可归为农民起义一类。其次，从起义目的上看，宋江号称"替天行道"，而"替天行道"大多时候甚至成为聚义人员泄私愤、报恩仇的幌子，且宋江曾多次谈到"封妻荫子""青史留名"，因而聚义仍然是停留在个体层面上的人生理想。换句话说，造反只是一种达到个体或小群体目的的手段，并未提出任何真正惠及众生的纲领方略。再次，在社会矛盾的对抗上，梁山聚义也显然不是农民阶级对抗地主阶级，这不仅可从聚义队伍的人员组成结构上看出，更重要的是，在封建社会，皇帝是最大的地主，而梁山聚义明确不反皇帝只反贪官，也没有任何反对封建思想和封建制度的事实。只能说这是一种在封建束缚下短暂的挣扎与自救，因而更像是社会底层民众与社会上层统治者矛盾冲突的集中爆发。

除"农民起义说"之外，"忠奸斗争说""统治阶级内部斗争说""市民文学

---

① 《水浒传》版本众多，一般从语言文字方面分为繁本和简本两大系。参考学者何心（《水浒研究》）的考证，可分为繁本、简本、残本、佚本四大类。下文除明确标明外，引用文本均为百回本《水浒传》内容（人民文学出版社 1985 年版）

说"也缺乏一定的解释力。"忠奸斗争说"的重点在于揭示社会斗争的阴暗面和社会矛盾的不可调和性。然而宋江与高俅等在招安前期远未形成"忠"与"奸"两大对抗群体，即便宋江等有心报国，也并未形成气候。也就是说宋江等尚不具备与"奸"斗争的社会资本。即便招安以后，写作者也并未花费太多笔墨描述"忠"与"奸"如何斗争，而是描述了聚义群体如何在与官方博弈过程中的逐步瓦解，也就是说在具备了一定的与"奸"斗争的社会资本后，宋江等也并未把这种资本有效利用、放大。因此，"忠奸斗争说"不免把梁山英雄聚义的缘由简单化和片面化了。而"统治阶级内部斗争说"与"市民文学说"，前者问题在于聚义人员成分复杂，较少有统治阶级内部权贵；后者问题在于聚义时市民力量较为微弱，将梁山聚义看作反映市民阶层生活的文学作品较为牵强。

因此，以上所列举的关于梁山聚义缘由的四种说法值得商榷。

(二)社会流动说——梁山聚义缘由新解

对于历史上的梁山聚义事件，因史料不足，难以绝对还原。本文仅依据《水浒传》文本来探究、解读梁山聚义的缘由以及行动逻辑。我们认为文本可视为对当时社会生活的反映，也体现了撰者们对当时社会的一种理解和心智。金圣叹在评价《水浒传》时就分析了作品在写法上的用心良苦，即："一部大书七十回，将写一百八人也，乃开书未写一百八人而先写高俅者，盖不写高俅，便写一百八人，则是乱自下生也；不写一百八人，先写高俅，则是乱自上作也。"①既然"乱自上作"，那么要真正理解梁山聚义的缘由，必须对其产生的社会背景和历史环境有所了解，也就是要对社会矛盾和社会问题发生的场域有所把握。

宋代统治者总结社会变迁和历史发展的规律，改变以往的治国方案，通过厚待文人、抑制武士的统治策略，从政治、经济、军事、文化等各个方面加强政权建设。一味重文抑武的社会风气不仅造成社会机体运行的失调，同时将整个国家社会置于内忧外患的社会环境当中。至北宋末年，严重的社会分层不断

---

① 　金圣叹：《第五才子书施耐庵水浒传上》，中州古籍出版社 1985 年版，第 42 页。

挤压社会底层民众的生存空间，而社会上层的消极治理使社会系统的良性运转举步维艰。这样的社会环境和时代背景必然造成社会底层民众的强烈不满，从而极易引发阶层之间的激烈对抗，由此造成一种结构性秩序紧张和冲突。这种结构性秩序问题的一种突出表现，便是在阶层固化、底层失语的社会背景下以宋江等人为代表的被称为"逼上梁山"的社会流动。

美国社会学者索罗金于 20 世纪二三十年代出版的《社会流动》被认为是社会流动作为社会学的一项专门的研究领域得以形成的开端，索罗金所创造的垂直流动、水平流动等一系列重要的社会流动相关概念至今仍被人们沿袭和使用。简单来说社会流动就是人们在社会关系空间中从一个地位向另一地位的移动，它包含垂直流动和水平流动。① 进一步说，垂直流动关涉的是个体或群体社会地位的流动变化，而水平流动是社会地位保持不变，社会空间、活动场所发生变更的流动变化。社会流动与社会分层紧密相关。从一定程度上说，正是由于现实社会中个体或群体阶层性社会地位不平等现象的存在，社会流动现象才得以产生，或者说，现有的社会分层能够激发社会成员进行社会流动的内在动力。与此同时，社会流动能够引起新的社会分层乃至社会结构的变化。大多数社会学者往往依据马克斯·韦伯对社会分层的划分标准而采用财富、声望、权力三层指标来对社会成员和群体的社会分层问题进行研究。就梁山聚义而言，实质上这正是聚义者通过社会流动以改变先赋性的社会底层地位，并通过流向社会上层以转变社会角色的反抗斗争。

社会成员均处于一定的社会结构和关系网络中，不同的阶层地位对财富、权力、声望等稀缺资源的占有情况是产生社会流动需求的内在动力之一。在《水浒传》中，一方面，聚义成员多是社会边缘人士，或贩夫走卒、或江洋大盗、或绿林豪强、或县乡小吏、或落魄江湖、或犯科负案，上层社会的富裕生活令他们心向往之，遂有阮小七"人生一世，草生一秋。我们只管打鱼营生，学得他们过一日也好"之语，这正是底层民众强烈要求提高社会地位、争取更多个体利益和资本的直接表达。即便是作为聚义领袖的宋江也只是个"刀笔小

① 参见郑杭生：《社会学概论新修》，中国人民大学出版社 2003 年版，第 243 页。

吏"，很难为人所重视。只有突破现有社会秩序的束缚，通过垂直流动从而跻身社会上层，才有可能实现聚义成员个体的社会理想。因此，底层生活的现状促使他们具备了通过群体合力打破固有的阶层固化以扭转先赋劣势的内在需求和动力。

另一方面，受社会环境制约，聚义活动对原有的社会结构秩序造成冲击，体现为一种结构性社会流动。宋代社会崇文抑武之风兴盛，社会政治环境混乱，习武者缺乏向上流动的合法途径。在这种上进无门的社会生态下，压抑的社会群体极易通过激烈的越轨行为获取和积累更多利益与资本。具体来说，从社会学场域理论的视角来看，社会生活中包含了各种各样的场域，每一个不同的场域都有着自身特有的逻辑，并不可化约为其他场域运作的逻辑。① 正所谓"儒以文乱法，侠以武犯禁"（《韩非子·五蠹》），处于这种社会结构中的一些身怀绝技又好打抱不平的人，由于得不到重用，依流平进渠道不畅，上升空间十分有限，势必引发出一种社会秩序紧张和冲突。在一定的社会条件下，他们转而以非常规渠道来释放他们的能量，由个体觉醒到群体抗衡，一步步走向江湖社会，聚集成为具有强大号召力和凝聚力的非正式群体。他们的无奈、怨恨、踌躇，可从宋江于江州的浔阳楼发配时写的《西江月》以及呈于李师师以诉胸中郁结的《念奴娇》两首词中一览无遗。正是由于社会结构性矛盾，个体的生存和发展受到主流社会难以调适的挤压，社会成员的个体价值、个体理性难以在社会现实中付诸实践。当来自社会体制的挤压将他们逼到无处可退时，对社会现实心有不满同时又具备一身技艺的这部分底层民众只得揭竿而起，啸集水泊梁山。

由此可见，垂直性社会流动和结构性社会流动是梁山聚义的深层内涵。

二、理性选择：梁山聚义的行动逻辑

梁山聚义并不是一场群氓共舞的非理性行为，而是有着深刻的社会历史原

---

① 侯钧生：《西方社会学理论教程》，南开大学出版社 2010 年版，第 425 页。

因。具体而言，具有不同社会背景、来自社会各个阶层的聚义人员之所以能够与异性一家，结为同盟，其原因有三：首先，作为社会边缘群体，对自身社会地位、经济状况的不满是他们相同的生活境况；其次，由于各个身怀绝技而又无处施展才华，故怀才不遇的人生经历增强了他们的群体向心力与凝聚力；最后，他们都对现状心有不甘，因而具有极强的抗争精神。正是由于这些相同之处，使他们具备了星星之火可以燎原的胆识和魄力，最终结为同盟，通过群体合力产生了进一步的群体行为。他们由散到聚的过程，以及聚集以后的行为选择，皆是受时代背景、阶层局限、生活经历等因素作用的理性选择。

理性选择理论是社会学借鉴经济学方法以研究社会问题的重要理论之一。20 世纪 50 年代至 80 年代，社会学界逐渐出现了整体主义与个体主义、宏观主义与微观主义相结合的发展趋向。社会学者试图综合以往的社会学理论以化解原有的二元对立思维的研究旨趣为理性选择理论的产生和发展提供了深厚的土壤。学界一般认为，彼得·布劳在其研究中将社会交换思想用于非正式组织的社会交换行为。[①] 继此，美国社会学者科尔曼在 20 世纪 90 年代出版的《社会理论的基础》中，在"理性人"假设以及个人主义方法论的基础之上，提出个体行动者总是为最大限度地获取一定效益而在不同的行动、事物当中进行具有明确目的性的选择。[②] 理性选择理论为我们认识和理解梁山聚义者的聚义行动提供了新的视角。按照该理论视角的观点，行动者是具有一定利益偏好且试图通过控制某些资源以满足自己需求的人。就梁山聚义而言，聚义者的策略恰恰是伺机而动，见机行事，因时因地因人而异，通过理性选择以谋求自身的最大利益。

（一）工具理性：高压下的生存

改变自身的生存状态，扭转社会底层生活的重重束缚，这是多数聚义人员初聚梁山的主要目的。这一点，在《水浒传》作品中曾有多处表现，比如"吴学

---

① 参见[美]彼得·布劳：《社会生活中的交换与权力》，李国武译，商务印书馆 2012 年版，第 79 页。
② 参见[美]詹姆斯·科尔曼：《社会理论的基础(上、下)》，社会科学文献出版社 2008 年版，第 121 页。

究说三阮撞筹·公孙胜应七星聚义"一回中，阮氏兄弟对"成瓮吃酒，大块吃肉"的快活生活的强烈向往，就是底层人民对个人理想的直接表达，亦是对求得更为广阔的生存空间的呼吁。因此，对生存境遇的不满、不甘是一部分个体行动者加入梁山聚义行动中的潜在导火索。在具备了这种内部心理因素的情况下，一旦遇到外界强有力的领导和组织，外界的推力与他们自身的内力相结合，便具备了对现有社会秩序造成强大冲击的可能性。此外，活下去，是人之为人最为基本的需求，这种迫切的生之欲望是个体行动者更为基础性的工具理性之体现。这一点，尤其体现在"豹子头"林冲身上。本是东京八十万禁军枪棒教头的林冲有着稳定的社会地位和生活预期，然而却因妻子被高衙内看上而频遭陷害，几度险些丧命，落了个"有家难奔，有国难投"的下场。为了求得生存，林冲只得作出相应的工具理性选择，即选择了一条与主流社会相抗争的道路。

因此，像宋江、武松、林冲等身负命案者，并不是自愿落草为寇，而是为了生存被"逼上"梁山。他们中有不少对待梁山的态度就是"权且暂住"，对他们而言，梁山是一个过渡，是一个翘板，是最终通向"正途"的驿站，而绝不是一个长久的栖身之处。梁山头号首领宋江每每纳降之时总会表达对回归主流社会的期待和向往，如在"三山聚义打青州·众虎同心归水泊"一回中，宋江说道，"小可宋江，怎敢背负朝廷。盖为官吏污滥，威逼得紧，误犯大罪，因此权借水泊里随时避难，只待朝廷赦罪招安"。也就是说，落草为寇只是宋江为国尽忠的迂回策略，是不得已而采取的权宜之计，只是改变生活现状的工具理性选择。像宋江、卢俊义这些本身处于一个稳定的社会阶层的人，不到万不得已是不会让自己完全站在统治阶级的对立面的。还有如史进、王进等上梁山是为了"安身立命""讨个出身"，杨志、武松等最初也都是要"学成文武艺，货与帝王家"，因此，初上梁山是很多聚义者是在现实逼迫下作出的工具理性选择。

(二)价值理性：忠与义的交织

整部《水浒传》，"忠""义"二字是灵魂，是主线。然而，在聚义群体内部，应该说，"忠"是以宋江为首的领导人员的最高宗旨，而"义"是将群体内部个体之间紧紧团结在一起的精神纽带，同时也是江湖作为一种隐性社会的独特保护机制。"忠""义"两种价值取向的抗衡不断影响聚义者与朝廷之间的博弈策略。

"义"是中国古代社会人与人之间重要的交往准则，亦是维护古代社会秩序良性运行的重要保证。聚义者们的侠义情怀既有中国墨侠的侠肝义胆，打抱不平，又有儒士的仁义厚道，除恶扬善。两种人格理想交织、杂糅在一起，成为梁山好汉的精神内核。梁山聚义前期，仗义疏财、义薄云天成为一种内聚力，一种行为策略。这种人力、物力上的互帮互助是江湖人士社会流动过程中的必然要求，也是凝聚人心尤其是凝聚底层社会民众的前提，是一种隐性的权威和声望，甚至于成为一种符号资本而具有名播寰海的无形号召力。因此，"义"成为聚义者勠力同心，心归水泊的精神指引，这与墨侠注重解决底层民众的基本生存问题、改善基本生活状况问题具有内在逻辑的一致性。比如，宋江初遇李逵时，宋江的仗义疏财和济困扶危使李逵赤胆忠心归顺于他，直到因宋江失了性命；柴进初遇林冲时，柴进对林冲无微不至的关怀和帮助使他们惺惺相惜，相互抱团。在具有巨大流动性的江湖社会，个体之间的"义"字成为聚义者肝胆相照、出生入死的信条。江湖道义、恪守信义是行走江湖者的行为策略，也成为聚义者的最高行动方针。值得注意的是，兄弟们对宋江的"义"与宋江对他们的"义"是不同等的：宋江的"义"是为达到"忠"而作出的理性选择，而兄弟们的"义"相比宋江的"义"要纯粹简明得多。"义"与"忠"的演变最明显的体现是在梁山聚义后期"聚义厅"改为"忠义堂"，这不仅仅是聚义场所名称的变更，更是两种截然不同的行动目标和政治路线。由此，民间聚义被镀染上了浓厚的官方伦理色彩，"义"作为梁山聚义的前期价值理性逐渐退居次位，"忠"作为"义"的最终服务目标逐渐统领一切。

"忠"是宋江从始至终一以贯之的思想。早在"忠义堂石碣受天文·梁山泊英雄排座次"一回中，宋江在菊花会上所作的《满江红》便是其忠君思想的明确表达。宋江的"义"是为"忠"服务的，在"义"与"忠"产生纠结时，他甚至不惜舍"义"就"忠"。如在"宋公明神聚蓼儿洼·徽宗帝梦游梁山泊"一回中，宋江喝下了含毒的御酒，自知将死，怕死后李逵造反，也骗李逵喝下了毒酒。因此，在宋江这里，"忠"是比"义"更高的价值理性，"忠"统摄了"义"，宋江对朝廷已经"忠"到了极致，这样的"忠"让人敬之、悲之、叹之。

（三）理性选择：不同情境下的合理性

应该说，是否接受朝廷招安是聚义组织能否动摇社会统治秩序的关键，作品结局的两种可能性分别昭示了两种不同的理性选择。

受朝廷招安是作品塑造的宋江形象必然且合理的理性选择。在这场民间群体对抗官方统治阶级的激烈斗争中，存在官方群体与聚义群体之间以及聚义群体内部个体层面的双重博弈与理性选择。一方面，在相互抗衡的两大群体之间，聚义组织与北宋朝廷的对抗是贯穿作品的主线。具体来说，在表面风平浪静实则暗流涌动的社会背景下，"乱由上作"成为导致"官逼民反"的主要因素。为了维护旧有的社会秩序，统治阶级对聚义者造反行为的态度经历了由清剿到以毒攻毒、招安、分化收拾、敕封、追赠等理性策略选择的前后变化，对群体领袖的忠义之心充分利用，一步步削弱、蚕食掉作为组织整体的巨大合力，仅存的极小部分聚义者饱经风霜后于迷惘中彻悟，隐遁归化，雄震一时的聚义组织最终走向了土崩瓦解。另一方面，在聚义群体内部，兄弟之"义"既是将聚义个体联结在一起的纽带，同时又可看作实现"忠君"理想的工具理性选择，必要时甚至可以舍"义"就"忠"。"义"与"忠"的关系可以从两方面来把握。其一，"义"既包含了兄弟之间恪守信义、仗义疏财、两肋插刀等积极的策略选择，又体现着将强行断念、威逼胁迫等消极的博弈策略作为壮大梁山力量的必要手段。其二，"替天行道"的政治纲领从一开始就为"忠义双全"的造反——招安之路埋下了伏笔，对造反而言，招安是回归主流社会的合理选择，也是对实现"封妻荫子"和"青史留名"这一人生理想的必然选择。因此，由于社会生产力发展的束缚和阶级的局限，招安具有历史必然性和合理性，同时体现了写定者对社会发展规律的理性认知。

未受招安则暗示了历史事件的另一种可能性。在七十回本《水浒传》中，以卢俊义一梦作为结尾，并无聚义队伍的后续发展，"惊梦"代"败亡"的结局给人留以思考空间。由于《水浒传》作者身世记载不详，作品的结局并不是全然没有除招安之外的另一种可能性。更重要的是，《水浒传》成书过程的复杂性体现在它是由不同时代、不同背景的文人一次次地加工、创作而成，而每一次删改，都有写作者自己的政治观点和社会理想的影子。在现实社会环境和官方话语权的约束下，写作者必须要找到民间与官方可以相互接受、相互包容的制衡点，才能使这部伟大的著作最大限度地发挥历史进步作用。而"宋江"的形象及其领导的梁山聚义恰恰既可以提醒统治者奉公自律，"勿逼民反"，又满足了统治者对民间"忠义"思想的掌控需要。因此，后续的写作者之所以不断地增删、纂修《水浒传》，包含"官"与"民"争取各自利益最大化的隐性博弈，一定程度上体现了写作者在特定时代背景下对文学创作终能文以载道的调适理性。

三、余论

社会流动是社会系统得以良性运行的必要条件和固有属性。从社会层面来说，合理的社会流动有利于各社会子系统优化资源配置，完善优胜劣汰的社会机制，将各部分的潜能发挥到最大化，为社会系统的平稳运行和协调发展注入新的生机，从而有利于维持良好的社会秩序。从个体层面来说，合理的社会流动为社会成员提供了改变先赋条件和社会地位的合法性途径，使个体价值、个体理性具备得以实现的机会和动力。

社会流动与社会成员的社会地位、所得利益的失衡与否紧密相关。宋江等人的梁山聚义行为是一个由社会结构性失调而引发的社会流动过程，其揭示的内涵耐人寻味。其结局不仅是聚义者的失败，也是人类社会进步的失利和理性选择所具有的时代、空间、识见等方面的局限。聚义者与统治阶级所处的不同立场、不同高度以及采取的不同策略决定了聚义者必须要突破阶级的局限，具有开拓进取和一往无前的魄力，才有可能真正改变现状，谋求新的发展。而现实的生产力和社会发展状况使聚义者陷入了英雄无力当家作主而又报国无门的挣扎窘境。作品以"传"这样一种文学叙事策略讲述北宋广阔的社会背景下风起云涌的民众抗争，进一步深化了《水浒传》的思想主题和悲剧色彩，令人感慨万千。其结局亦说明理性选择只能是具体时空下的理性选择。

阴骘思想与多民族地区的社会秩序构建*

弗里德曼在《论中国宗教的社会学研究》中指出，中国民间社会的知识与信仰背后，存在一个宗教的秩序。中国社会的研究有必要在这一秩序的前提下，从民间传统与文本传统的互动性中进行理解。① 之后，构筑于文本传统之上的观念系统与民间实践系统如何互动的问题一直是社会人类学研究的重点。讨论的焦点集中于近代社会的真实面孔是以教化为目的的文本传统在多大程度上改变了民众的实践旨趣的结果？这种改变的作用机制和理路何在？对中国文化的创造性转化与创新性发展有何影响？

善书作为国家与地方知识精英进行教化的文本传统的重要内容，始终成为体制内和民间社会关注的对象。正因为此，湖北"汉川善书"被列为首批国家级非物质文化遗产保护名录。酒井忠夫考察了中国中央政权的教化形式、善书的生产与流通、善书在庶民中的传播等内容后认为，善书中所显示的民众道德的内容，是超越对立的官、民、贫、富的差别的共通的民众宗教意识，其中具有中国文化自主发展的特殊的中国式的前进的要素，是特殊的中国式的近代化方式。② 陈弱水则认为，疏离感与慈善救济的价值都是近世中国社会中的活力要素，以通俗宗教文件和士人社群为载体的普善机制是松散的，社会价值中所

＊ 该文曾刊于《云南社会科学》2018 年第 3 期，第二作者，合作者熊开万，收录时略有改动。

① ［美］弗里德曼：《论中国宗教的社会学研究》，载武雅士：《中国社会中的宗教与仪式》，彭泽安等译，江苏人民出版社 2021 年版，第 37 页。

② ［日］酒井忠夫：《中国善书研究》，刘岳兵、何英莺译，江苏人民出版社 2010 年版，第 18 页。

提倡的价值与理念深入人心的程度如何，颇可怀疑。① 酒井忠夫和陈弱水关注的都是城市及沿海地区善书生产及影响的问题，并且这种影响基本上是政府力量或地方知识精英的功利性行为，至于民众，更多的是被动的受众。像中国西南地区社会控制较弱的区域，情况又如何呢？陈弱水将社会控制较弱的区域称为疏离感较强的区域："庞大但穿透力有限的国家与零散的家族、聚落、个别家庭、人际网络之间，遍布着缝隙——三不管地带"②，在这些地带，在史学家看来，"宦官、流民、土匪、胥吏给中国带来严重的灾难"③。本文主要呈现的叙事，正与这"三不管地带"善书的生产及其社会影响相关。

《丹桂籍》是一部明清以来流传很广的善书，该书对文昌帝君《阴骘文》进行逐句注解，外加对世人立身处世、知行爱物的劝导。全书的核心思想是阴骘，即以"行善积德，阴骘及儿孙"的思想进行教化。清末至民国近半个世纪的时间里，哀牢山腹地的南涧、景东、镇沅、新平都先后刊印过此书，涉及的民族有汉、彝、哈尼、傣、拉祜族等。《丹桂籍》的刊刻，是滇西南知识分子试图以"善"的普遍价值为依据进行社会秩序构建的一种努力。本文以哀牢山腹地新邑聚仙坛刊刻《丹桂籍》过程为分析对象，应用口述历史的方法和文献调查的方法，在广泛搜集刊刻书籍原件、雕版、功德簿、主要参与者的遗文、祭文、碑文和民间传说的基础上，搜集到《丹桂籍》雕版 15 片，成书 1 部共 12 卷，功德簿 1 卷，扶乩鸾章 1 本，参刻人员祭文、遗文、碑文 44 段，当时人口述史 50 余条，呈现该书刊刻的历史过程及其对本地社会秩序的影响，讨论阴骘思想的民间影响与民间社会秩序建设之间的关系。并从通过该书刻成后对本地社会秩序构建和社会整合的影响，分析传统社会从善书到善行再到行善社区的构建机制。

---

① 陈弱水：《公共意识与中国文化》，星星出版社 2006 年版，153 页。
② 陈弱水：《公共意识与中国文化》，星星出版社 2006 年版，第 154 页。
③ ［日］宫崎市定：《王安石的吏士合一政策》，载《日本学者研究中国论著选译·第五卷：五代宋元》，中华书局 1993 年版，第 451 页。

一、哀牢山腹地的文昌信仰与《丹桂籍》刊刻的背景

基于万物有灵的民间信仰，神道设教一直是传统社会进行社会整合和社会秩序重建的基本方式。①《阴骘文》作为一部神道设教的纲领性文书，明清以来，注释与刊印经久不息。其中，明代顾廷表的注释不仅逐字逐句地解释文句，并广泛搜集民间传说、笔记稗史的材料，用民众耳熟能详的故事说理。"其言语似乎平淡，其行为似乎庸常，然淡而不厌，简而有文，温而得理，由近得远，由自成风"②，影响尤大。

哀牢山为云南省中、西南部的重要山脉，是云贵高原和横断山脉的分界线。哀牢山主峰大雪锅山以南、元江以西、澜沧江以东的广阔山区，包括现今普洱市的镇沅、景东、墨江、玉溪市的新平等地，向来被历史学家和地理学家称为哀牢山腹地。③ 哀牢山腹地的广阔区域，一直到明代以前，始终是彝、傣、哈尼、拉祜等各族世居之地。清朝中后期，随着汉族移民的大量进入，汉族与少数民族争夺生存空间的斗争趋于白热化，激发了咸丰六年（1856）的李文学起义，使少数民族与本地汉族双方损失惨重。随后的很长时间，哀牢山腹地始终是战乱不断、匪盗横行的地方。民族之间、家族之间、阶级之间的矛盾难以调和，民众生活无望，度日艰难。在经历了长期离乱后，人们逐渐意识到一个好的社会秩序胜过任何坚固的城墙，少数民族与汉族的精英同时投入了大量的时间与精力探求空间上的共存与文化上的共融之道，以文明发展、共享互利为旨趣的文昌崇拜在哀牢山腹地兴盛了起来。

起初，山区复杂的民族关系与人地矛盾，使得孔子作为社会整合的文化符号的感召力明显不足。民间社会需要涵盖消灾、赐福、解冤、文教、赐子为一体的文化神明。文昌帝君经民间知识分子结合当地社会与文化，在原来的神性

---

① 杨庆堃：《中国社会中的宗教》，四川人民出版社 2016 年版，第 115 页。
② 参见张德昭：《聚仙坛重刊丹桂籍凡例》，《丹桂籍》（卷 1），民间刻本，藏于云南镇沅县九甲镇甸坑村灵官庙。
③ 马健雄：《哀牢山腹地的族群政治——清中前期"改土归流"与"保黑"的兴起》，台湾"中央"研究院历史语言研究所集刊，2007 年（78 辑），第 555 页。

基础上，强化了开化、旧劫、解冤等神性。以本地道教科仪文书汇编《三教同源》中的文昌祝文为证：

> 九天开化七曲文昌梓潼帝君之神位前曰：惟帝至仁至孝，纯乾纯坤。消劫行化而功参天覆地载，司禄权衡德为父母宗师。现九十八化之行藏，显亿万千种之灵异。飞鸾开化于在在，如意救劫以生生。恭逢圣诞之期，愿效华封之祝，虔具凡仪用伸祀事。伏愿：文教宏开垂千秋之化育，圣恩浩荡赞百世之纲常，赐穷民载生吉，士衍庆三多，谨告。①

到了清朝中后期，文昌崇拜已经成为一种涵盖不同姓氏、不同民族的民间信仰。恩平、新平、景东这些地方，"三月三日，士庶咸诣文昌宫庆诞，弹演《大洞经》"②。同治八年（1869）恩乐文昌庙会中，文昌帝君所降鸾章中有言："从来未到此净土，鲁莽咩咧一笔书"③之句，"鲁莽咩咧"，正是相对于参与庙会少数民族语言杂乱现象而言的。

文昌信仰成为哀牢山区社会整合的重要符号，其内涵主要有三个层面：一是崇信文教的至高地位，接受教化并行善是人生至高追求，兴文教，读诗书，人文蔚起而英贤是社会文明的标志；二是《文昌帝君阴骘文》行善积德，利人利物的行善思想；三是提倡主敬真诚，重构真诚的人际关系的思想。

清朝中后期，《丹桂籍》在哀牢山腹地的流传较为普遍，刊刻也较多。常见的有南涧刻本、景东卜勾坛刻本和新邑聚仙坛刻本。为什么神道设教之书在新思想已经逐渐流行的哀牢山腹地广泛印刷？是地方知识分子全然不觉整个中国社会正在进行的剧烈变革吗？曾主持刊刻的杨春馥在《重印〈丹桂籍〉叙》中说：

> 神道设教之书，为新时代所毁，桂籍亦神教也，胡为重印哉？然可毁

---

① 参见《三教同源》（卷4），书藏云南省镇沅县九甲乡熊开正家。
② 参见《滇南志略》，云南史料丛刊53辑，云南大学印，云南大学资料室藏，第332页。
③ 鸾章藏于云南省镇沅县九甲镇村民杨明荣家。

者，感世诬民，荒时废业之类，可尊者，顺天应人，赏善罚恶之经，在择其正道。若《丹桂籍》者，为文帝教世之书。所载善恶感应之事，与风雅训诰相同。其中经章、诗歌、劝诫、规箴、格言皆日用事物纲常伦纪之道。不若舍身出家、离世出尘之空谈也。本邑前清以来，民族杂糅，匪乱不歇，历遭浩劫，频现洪灾，盗贼大掠而去，瘟疫普及而来。父子相弃、骨肉相残之事层出。夫桂籍之教，可以齐家修身、作育孝子贤孙，可以起淑女贞妇，将见社会风俗之醇美，而大乱亦有平靖之日，五族共和、三教宏开之势亦或可期。①

可见，地方知识分子并非没有发现这本书中的神道设教色彩与当时社会流行的新思想不相协调，着力推动哀牢山腹地刊刻《丹桂籍》的事业，主要是肯定其正风俗、积阴德、倡导文教、增闻见等功能，寓意多在于旧酒瓶子装新酒，用既有的文化精神重构哀牢山腹地紊乱的社会秩序。

二、新邑聚仙坛刊刻《丹桂籍》的过程

新邑，即新平县，聚仙坛又称灵官庙，位于今云南省镇沅县九甲乡甸坑村，本地原属云南省新平县辖区，故刻书时称新邑。历史以来，当地因处于新平、镇沅、景东三县辖区边缘，又被称为景、镇、新三属地，周边聚居着汉、汉傣、拉祜、彝、哈尼等民族，聚仙坛《丹桂籍》的刊刻是集新平、镇沅、景东三地各族民众力量而成的事业。

新邑聚仙坛初建于清朝道光年间，正殿庙毁于"文革"，遗址尚存。依当地传说，有少数民族女性产下一子，红面而三目，不敢抚养，遗弃于此。某汉人无子，欲收养，回家取襁褓，来时小儿已不见，很是伤感。有识者称，红面三目，是护法尊神王灵官之形象，于是相约在此建庙，祀王灵官、观音大士、太子、苏老泉。士民朝夕祀奉，甚为灵验。后来本地乡绅在庙侧办公，于庙内

① 《丹桂籍附册》，云南省镇沅县九甲乡灵官庙刻本，1948年印刷，第1页。云南省镇沅县九甲镇甸坑灵官庙藏。

教学，遂成本地文教中心。因历史上本地各村多次大型"荐亡"仪式都在这里举行，仪式通常伴随扬幡、降鸾等人神互动活动，多有神仙聚集，故称聚仙坛。

新邑聚仙坛刊刻《丹桂籍》的事业，开始于光绪辛丑年（1901），终于1940年，历时39年，是当地清末民国时期的一项重要公共事业。刊刻先由本地拔贡生张德昭发起，《聚仙坛重刊〈丹桂籍〉叙》便出自其手笔。叙文说明了刊刻的缘由、面临的难题以及期望，是理解刊刻起始阶段的重要文献。

> 《丹桂籍》一书，由来旧（久）矣。粤稽书中所载善恶应验，凡华夏通都大邑以帝君《阴骘文》虔诚讽诵，身体力行者获善报，应如影响，约可以百千计。反是而遭恶报者莫不皆然。惟我新属及景东镇沅，地处边隅，罕见此书。况值兵燹之后，间有存者，不过断简残编，此处有一二卷，彼处存一二本。欲寻全部，以览其全，几几于兔角之难矣。因爱慕此书，寻访日久，乃寻获一部。邀约乐善君子，捐资刊刻。值逆匪蹂躏之后，元气未复之余。意欲全刻，恨力不逮，是以公（共）同酌议，选择词意稍晦者，聊为稍汰，语意明显者，付之枣梨。其未刻之件以待后之善士踊跃捐输，刻完全部。庶见此书者，扩充善念，俾善心而弥长，弥其恶意，使恶事以潜消。将见嚣凌之习，悉化于不识不知；邻里之风尽，成为相亲相爱，是此书可以格天心、可以消灾难、可以增福寿、开科甲而立觇兴隆矣。更望乐善之家，于晨昏闲暇之日，时以此书教训子弟，使自幼即知善之当为而见善欣从，知恶之当戒而诸恶不作，未有不大启人文者。所谓以教化之实行以消大同之祸乱而进大同之和平也，此余之深愿，更为帝君之厚望也夫。是为叙。光绪二十七年登高日，拔贡生张德昭谨叙。①

需要说明的是，在哀牢山腹地的语境，"以为教化之实行以消大同之祸乱而进大同之和平"的确非常重要。清朝同光之后及整个民国时期，哀牢山主峰

---

① 《丹桂籍》（卷1），云南省镇沅县九甲乡灵官庙刻本，1948年印刷，第3页。云南省镇沅县九甲镇甸坑灵官庙藏。

大雪锅山下的勐真、甸坑、文岗诸民族杂居村，始终处于贫敝和动乱的状况，很多百姓无家可归，人心无依。部分参刻者残存的祭文描述了这种情况："时事艰，匪贼大起，戊寅年（1938），腊月间，大掠而进。保卫兵，抵不住，被抢一空。母及弟，走山林，远避凶人。泰及性（亡者子罗恒泰与罗恒性），是一走，只走百步。"①纷乱的时局与资金紧缺，是刊刻书籍最大的障碍，而刊刻工程浩繁，非一人之力所能，以"功德"相招，成为刊刻事业的基础。聚仙坛《丹桂籍》刊刻中，两次发动功德捐赠的通告。其中以戊寅年（1938）杨春馥的《劝捐功德启文》最见成效。

> 时人以迷信神权为迷途，其言不非也。我们捐资印书，亦信神权而其心不迷。彼于义务之事，一毫不肯为，其利己之行，百样都肯做。心中毫无半丝敬畏仁爱之心，此世风日下之根源。至于祸起灾来，始求神佑，谓之迷信可也。若印《丹桂籍》为社会正人心，为校序立德业，虽用神权，非迷信也。且文武吕玄诸帝之权至正，未可以私心求之也。夫《桂籍》之文，若阴骘、若觉世、若金科玉律、若本愿报功、若劝孝救劫及训诫箴铭、诗歌格言皆日用事物伦常性道之经。词分浅深，因智愚以施教，文有精俗，指男女以顺轨。非泛言出世升天之空谈也。且以阴骘之事，顺行者吉，逆行者凶，记载详明，如读诗观画，容易知晓。劝善惩恶，符合春秋，启发见识，感动行为，秉报应之昭彰，知显微之敬慎，有不知改善从善诚意正心为孝慈忠义之人乎。至于当大任、临大事，如有辅佐之可亲，有声灵之相。见行军如真武师之节制；临阵如寿亭侯之神；身为使如富枢密之雄辩，则强邻自有畏服之心；为政如司马光之宽仁；司教如王守仁之真实；治经如朱文公之精明，则大乱自有平靖之日。桂籍之教可以作育孝子贤孙，可以兴起淑女贞妇，将见社会之风清俗美、校序之德进业修。自通都大邑以至穷里幽境，人皆知以阴骘力行，以奸恶自戒，以爱敬事亲，以礼让待人，则四方大顺，万民泰和矣。夫新教育以大同为目的，得《桂

---

① 《祭父文》见本乡文士孔继新所搜编《本郡祭文萃录》，文为贡生孔毓秀为《丹桂籍》参刻者罗为芳写的祭文，亡者卒于1948年。

籍》而参用之，可以达其极点也。但望好善之人，推心从事，捐资以成勋，上以广文帝群真之善教，下以化人心世道而回春。凡我同人，均沾仁圣之洪造，存没康宁，共荷文教之大敷根枝荣盛。谨启以闻。孔子两千四百八十九季戊寅岁癸未月大暑日。①

将《丹桂籍》刊刻的事业与文教、大同社会建设联系起来，以深厚的感情与忧患意识和功德观念为感召，民众竭诚尽力，使得刊刻事业得以开始。刊刻的事业启动后，除了乡村各族捐资助刻，乡绅捐资在灵官庙周边买下良田百余亩，躬耕作为长久之计。无钱可捐的民众，就到田间参与几天志愿性劳动作为对刊刻事业的支持，一定程度上保证了刊刻事业的持续。张德昭领导了前期刊刻工作并亲自参与写版，组织了很多文士参与写版和刊刻工作，使得这部民间刊刻的书籍错漏极少且非常精美。但张德昭于戊辰年（1928）逝世，刊刻工作中断，其后贡生杨春馥继起组织剩下卷本的刊刻。杨春馥墓志曰："《丹桂籍》一书，梓工甫半突然逝去，邑中豪杰莫能继之者，先生不避祸福，不避神威，贸然以为己任，以待落成，印刷两百余部布劝世人。"②

聚仙坛《丹桂籍》刊刻有一个原始而精细的雕版印刷的过程，从镇沅县九甲镇灵官庙藏的整部来看，前后参与写版的人不下 20 人，参与雕刻的人亦在 20 人之上，据曾眼见刊刻的熊元华老人口述：

> 我 8 岁那年，和父亲去灵官庙烧香。看到过杨先生（春馥）们在写版，板子是白色光滑的梨木板，大约有 1 尺长、7 寸宽。用梨树板因为版面平滑，细腻。写字的纸张很讲究，用棉纸。棉纸当时是艾家抄的，用构树皮制作，纸张很薄，但写字不渍。先生们写完一页，在白板上涂上糨糊，纸稿正面贴在白板上，晒干，稿纸与白板连成一片，字成文繁体，笔画很清晰。梓工用刻刀把版面没有字迹的部分雕去，就是一片雕版。雕版很费眼力，一个梓工一天只能雕半块白板。雕成的板子在庙房侧的一间房子里堆

---

① 《丹桂籍附册》，云南省镇沅县九甲镇甸坑灵官庙藏，第 4 页。
② 杨春馥墓碑文，碑在云南省镇沅县九甲镇文岗村寨子山后。

着，我去看时，已经堆满了。①

　　梓工在刊刻中发挥了重要作用。墓志中"梓工甫半突然逝去"中的梓工，主要指主持刊刻事业、能写又能刻的张德昭先生。参刻梓工的成员，有些是清朝末期的本土知识分子兼能木艺者，有些是躲避战乱逃亡本地的人才，被发现后任用的，还有不少如陶家寿、王扎莫为少数民族工匠。虽然文化水平不算太高，但因为刊刻《丹桂籍》的事业是一项事关阴骘的事业，因此雕版极为认真。根据村民张开学提供的《功德录》和《丹桂籍》附册，梓工们竭尽全力捐款，其中梓人张文仕、陶家寿（汉傣）、王扎莫（拉祜族）、罗为芳等捐款多达银10两，依据当时的经济收入水平，相当于大多数家庭一年的收入，很多梓人在最后的薪酬结算时，还将部分工钱抵消在功德里。

　　《丹桂籍》于庚辰年（1940）印刷完成，成为当地普天同庆的大事。辛巳年（1941）正月，各村男女在聚仙坛举办水陆道场，荐拔亡魂。仪式共举办了5天，景东、镇沅、新平三县共2000多人参加。会中给文昌帝君上了《丹桂籍告成表文》，随文上缴印成书1套，功德簿1套（与表文一并焚烧）。仪式表演了某项大事完成后，下级向上级进行总结报告的过程。

　　　　表为大中华国云南省新平景东镇沅各县乡村居住，诣红云宫聚仙坛刊印《丹桂籍》告成。求吉善士某及男女功德名册人等诚惶诚恐，稽首顿首，俯拜上言。钦为消劫行化嗣禄宏仁文昌帝君殿下，精忠大孝，盛德玄功。顺天应人，量阴骘而锡子嗣名禄，演经垂教，秉权以振伦理纲常。聚五代忠孝节义，穆穆然缉熙敬止；成一堂圣贤仙真，渊渊乎基命宥密。溥仁爱于覆载照临，万民钦仰如父母。广救济于西东南北，三教尊崇为祖师。赞至圣以为仁圣，修《桂籍》若修《春秋》。因天文而启人文，演洞章若演《周易》。佑贤辅德，殷荐因顿寒微；嘉绩襃功，显扬忠孝节义。九十八化之行藏，弥纶天地；一千万种之神异，昭著古今。允矣无求不应，信也有感

─────────────
① 熊开万，田野笔记，2014年7月13日，报告人熊元华。

则通。众等历遭浩劫，频现洪灾。盗贼大掠而去，公祈平成；瘟疫普及而来，同求康泰。抱经纶则遂扬眉吐气，守典礼则见立己达人。缺嗣之茕独有几，愿得继述以解忧；思亲之孤哀在数，欲遂超升而离苦。经商则生财有道，出征则制胜强敌。如泣如诉之苦衷，瞻天泽及时攸济；若患若难之急念，望圣功不显亦临。因竭诚以从善，愿捐资而为书。一十二卷之帝训，依旧制成五十六部之圣谟，从新印足。择良辰以告竣，叩洪恩而鉴观。流传各方，涣有为章。云汉敬敷多士，喜得利见龙鸾。存校序而讲持不休，置楼阁而行持无倦。永传德教，大启人文，恭望圣慈俯垂洞鉴，伏愿帝德普覆，文教常宣。至诚默运，不言而经正民兴；大道维新，无为而时雍风动。善得福兮恶得殃，垂哀铁钺权衡正；功有赏兮罪有罚，霜露雷霆感应昭。强暴矜凌之风潜移默化，孝慈仁敬之学居安资深。士农工商共被玉真推教泽，飞潜动植同沾桂香沛恩波。众等干冒帝威，下情不胜，瞻天仰圣，乐育之至。今贡表上进告成以闻。至圣孔子二千四百九十二年辛巳岁春正月吉日刊印《丹桂籍》，善士某诚惶诚恐稽首顿首上表。

仪式期间每晚都举行扶乩仪式，仪式写成鸾章今存镇沅县九甲镇勐真村杨家。根据鸾章，村民的付出都得到了回应。其中功劳最大的杨春馥、萧止堂等名列仙籍，乩沙还特别赐给杨春馥道号悟玄子。而那些为死去父母捐款助刻者，父母亦得以超脱地狱。有意思的是，民间传说，张德昭因为刊刻《丹桂籍》未成而中途死去，化为魍魉，后经杨春馥帮助刻完，也成正果。可以说，这一场社会文化构建的努力，由汉族知识分子提倡，各族平民逐渐卷入，在此画上了圆满的句号。

三、聚仙坛刻本《丹桂籍》书里书外的阴骘思想

聚仙坛刻本《丹桂籍》全书以文昌帝君《阴骘文》为纲领，以善恶报应为惩戒，以经训格言为条规见天人交感之可畏。其内容第一卷记录崇奉之真诚与得福报之奇异，令观者知所效行。2~5卷为文昌帝君《阴骘文》注证，不仅对经

文进行逐字逐句注解，每句后附注诸多故事，引人入胜。6～12卷转辑道教、儒家经籍中格言、劝善书籍，主要有《文昌本愿真经》《关圣帝君觉世经》《文昌孝经》《劝世诗》《知足歌》《功过格》《太上感应篇》《古今格言》《救劫宝章》《论科第本于孝文》等。内容涉及与政治、经济、社会、生态相关的格言要语。其中很多将善念事功化的思想在今天依然具有积极的社会建设意义。对物质文明建设有积极影响的如"欲广福田、须凭心地"①"行时时之方便，作种种之阴功"②"斗称须要公平、不可轻出重入"③"仆属待之宽恕，岂宜备责苛求"④等；精神文明建设的如"报答四恩，广行三教"⑤，"济急如济涸辙之鱼，救厄如救密罗之雀"⑥"常须隐恶扬善，不可口是心否"⑦"诸多恶莫作、众善奉行"⑧"捐资以成人美"⑨"利物利人，修善修福"⑩；政治文明建设"正直代天行化，慈祥为国救民"⑪、社会文明建设的如"矜孤恤寡，敬老怜贫"⑫"措衣食周道路之饥寒、施棺椁免尸骸之暴露、家富提携亲戚，岁饥赈济邻朋"⑬"点夜灯以照人行、造河船以利人渡"⑭"勿妒人之技能、勿淫人之妻女，勿唆人之争讼，勿坏人之名利，勿破人之婚姻"⑮"剪碍道之荆榛、除当途之瓦石，修数百年崎岖之路，造千万人往来之桥"⑯等；生态文明建设的如"举步常看虫蚁，禁火莫烧山林"⑰"勿登山而网禽鸟、勿临河而毒鱼虾"⑱等。

---

① 参见《丹桂籍》（卷5）。
② 参见《丹桂籍》（卷2）。
③ 参见《丹桂籍》（卷3）。
④ 参见《丹桂籍》（卷3）。
⑤ 参见《丹桂籍》（卷3）。
⑥ 参见《丹桂籍》（卷3）。
⑦ 参见《丹桂籍》（卷2）。
⑧ 参见《丹桂籍》（卷5）。
⑨ 参见《丹桂籍》（卷5）。
⑩ 参见《丹桂籍》（卷2）。
⑪ 参见《丹桂籍》（卷2）。
⑫ 参见《丹桂籍》（卷3）。
⑬ 参见《丹桂籍》（卷3）。
⑭ 参见《丹桂籍》（卷4）。
⑮ 参见《丹桂籍》（卷4）。
⑯ 参见《丹桂籍》（卷5）。
⑰ 参见《丹桂籍》（卷5）。
⑱ 参见《丹桂籍》（卷4）。

善书的内容本身极具村规民约的意义，其语句表达通俗易懂、便于宣传等特点也具有规约的特征。必须指出的是，这些规约的一个明显的特征便是阴骘。"阴骘"一词，本出于《尚书》洪范篇"惟天阴骘下民，相协厥居"，意为默默地使安定，转指将善行转化为阴德。顾廷表《丹桂籍》中的注解如下：

> 在人为德，在天为骘。因人之德，定天之福，故曰阴骘。阴骘二字，见于《尚书·洪范》篇"惟天阴骘下民"。骘定也，言天于冥冥中默有以安定之也。盖人性皆善，举凡彝伦日用间，各有当然不易之天理。是天默默赋定斯人者，所谓命也。可见善乃有生之定理，然阴骘虽由天定，行善实自人为。①

在中国传统社会，修善修福是人此生幸福和来生转世形态的依据。阴骘作为一种人生自求多福与自我实现的张本，具有可以转让(子孙享受父辈与祖辈的阴骘)、可以转化(移凶作吉的张本)、可以预期(一切善习与善行必有结果，只分早晚)等特征，始终在社会秩序构建中起着阐扬本性、培育道德生活的作用。聚仙坛刊刻《丹桂籍》本来就是对《阴骘文》中"印造经文"句的实践。印造经文的阴骘意义，顾廷表的注释如下：

> 当世经文，大抵指三教圣贤仙佛训典而言。造者，向所未见未闻而为之宣通，向所已见已闻而为之刊布。印者，写之不尽，刊印成编，广行天下也。盖一身之劝勉，止足动一时人之感悟，而印造之广布，实可开天下万世之昏迷，阴功广博，食报无疆。有力者刊施，无力者书录。何可不为奋勉。②

印造经文"开天下万世之昏迷"，广行宣化，也就是教化的意义。"子孙虽

---

① 参见《丹桂籍》(卷2)。
② 参见《丹桂籍》(卷3)。

愚，经书不可不读"①，如果没有经籍的印刷，也就没有可读之书，更重要的是印造经文投入的人力与物力，正是人对神的敬爱与遵从的体现。《丹桂籍》全书所录灵验记录中，因印制经文获得福报者 57 则，因印制不力者得报应者 23 则。福报之中，绝症康复 23 则、得科举高中 15 则、消灾 10 则、解难 8 则、死而复活 1 则；报应之中，得恶疾 11 则、暴死 7 则、子孙不肖 2 则、灾难 2 则、沉沦地狱 1 则。

放在当地的社会历史语境，刊印《丹桂籍》的阴骘功能具有更广泛的意义。聚仙坛刊刻《丹桂籍》一书费时近 40 年，书成时仅印刷 200 余部。纸张短缺的确是使《丹桂籍》印刷数量极少的原因，但如果结合善书刊印背后的实践逻辑，聚仙坛历时近 40 年刊刻《丹桂籍》的实践过程本身极具符号互动的意义。乡土知识分子与梓工至精至诚的刊刻行动胜过任何口头与文字的宣传，善书的内容与善行在刊刻中逐渐融合，成为和合共生、共同行善的感召力量。自然，对于文教极为落后、书籍极为罕见的哀牢山腹地而言，周边的各族人民开始只知道一群地方上的读书人和木工聚在灵官庙里做一些闻所未闻的事，后来逐渐知道在印一部名为《丹桂籍》的书，接着知道这本书的内容是教人为善，参与书的刊印过程可以使自己过世的亲人和未成人的孩子们有一个好的着落，也可以使得自己有限的生命里获得某种依据。于是周边各族人民纷纷卷入了该过程。客观地说，哀牢山腹地各族民众对于书籍中的文字字义，能通晓恐怕不足 3%～4%，但是，事物的意义来源于人们在互动中的构建而不存在于事物本身。阴骘思想中"印造经文"的思想，在民众共同参与刊刻的互动中被符号化为"阴功"——不必为人所知道、所赞赏而从内里迸发的善行。"利益之及人者为功，功在人所不知者为阴"②，行善是道德上必须履行的责任，是每个人必须去做的事情，但"行善切勿邀名，名者造物所忌，古今之名太甚而实不符者多有奇祸，所以行善贵阴"③，"阴功之妙，妙在德不自德，功不居功"④，是与阴骘

---

① 这一句《朱子家训》中的话成为哀牢山腹地的谚语，只是经书的意义已非原来的四书五经的儒家经典，而是善书经典。

② 参见《丹桂籍》（卷2）。

③ 参见《丹桂籍》（卷2）。

④ 参见《丹桂籍》（卷2）。

思想密切相关的观念。

捐献"功德"是当地民众参与《丹桂籍》刊刻的直接行动，这种行动一方面受到阴功观念的影响，一方面是乡土知识分子宣传的结果。聚仙坛在刊刻《丹桂籍》中，曾经先后两次发起捐献功德的倡议，第一次由张德昭发起的，他写的《劝功德文》收入了《丹桂籍》的附册里，对功德的意义说得很明显：

> 德者功之本，功者德之用。德是方便出乎心，功是方便及乎物。一念慈惠亦是德，然不积则不厚，一事利济亦是功，然不累则不高。必皇皇焉，如农之勤作，如商之营货，日月不息，岁月用怠，斯德茂而功崇矣。①

功德本质是将善行量化，一定量的善行可以抵消一定量的恶报或获得相应的福报。这些福报包括抵消冤结双方的对立、促进个人福祉、给子嗣昌盛带来希望、帮助故去的父母超脱沉沦。分析《丹桂籍》的功德簿，贡献者所贡献的物品有银两、民国政府的纸币、米、肉、纸张等，功德的类型有为自己上，为父母上，为恩师上，为子嗣上几种。其中为自己上的功德 305 人次、为父母上的为 154 人次、为子嗣上的为 97 人次、为恩师上的 5 次。

每个人捐献的功德都被认真地记录在功德簿里，第一次功德簿刻在《丹桂籍》第 12 册的文后，第二次功德簿收在附册里。在功德簿的记载，细小到 1 升米、1 束芭蕉、1 碗酒、1 刀纸都有详细记录，最能见当时各族人民参与刊刻的尽心竭力。少数民族在《丹桂籍》功德捐献中有钱出钱、有米出米，其投入文化建设的热情超乎人们想象。少数民族的功德簿在记录时特别强调"夷民""夷妇"，这种强调在当时并无歧视的意义，可能是为了显示刊刻事件在该地区超民族的社会文化构建意义。在功德簿所录收取银钱 1353 圆中，少数民族贡献了 400 多圆、米 50 余斗。根据当时的少数民族的收入情况，他们在本书刊刻中付出的努力，并不少于汉族。这一方面展现了近代哀牢山腹地少数民族

① 参见《丹桂籍》(附册)。

对融入汉族文化系统的向往与追求，同时，功德中也可见不少少数民族与汉族一样为逝去的父母捐献功德的，这说明阴骘观念已经为哀牢山腹地所普遍接受。

四、阴骘思想与哀牢山腹地的社会构建

弗里德曼在反思近代中国思想观念与民族共同体建设时曾经指出："当政治中心通过口头语和书面语来亲自负责传播其信仰的时候，当读写能力——无论传播如何有限——成为乡村中国制度化的一部分的时候，当乡村与城镇同样都与精英为基础的时候，当社会流动性保证了普通人和高素养人习性之间稳定交流的时候，中国何以未能构建一个观念的共同体。"[①]显然，他主要是站在民族国家的共同观念的基础上来看待中国近代社会构建的不足，忽视了中国社会文化的创新性发展与创造性转化的一些机制，还有中国地方文化差异等问题。

首先，社会秩序构建本身存在着对文明尺度的追求，换句话说，任何一个时代的人都试图构建一个足以代表其文明尺度的实体，这些实体如寺庙、文笔塔、祠堂等建筑，桥梁道路的修建，这些建设足以超越一个时代人们纷繁琐碎的日常生活事件，成为一个时代的标志。聚仙坛《丹桂籍》刊刻，是哀牢山腹地各族共谋一个和平稳定的社会秩序的结果，是一项以善书刊刻为线索的社会动员运动。其历时之长久与过程之艰难，超乎常人想象。参刻的工匠将自己生命中最光辉的时间都用在了这部善书的刊刻之上。在刊刻过程中，《丹桂籍》成为了一个超越地方恩怨、民族矛盾、家族争端、族际隔阂等生活事项的文本，并最终成为一面"人文教化"旗帜，各族在旗帜下精诚团结，共同干事，显示了各族从祸乱丛生的山村中开拓出文明与和平的决心。尽管普通民众自己阅读善书较难。但持续的刊刻事业，一些经典语言不断从聚仙坛流出，流布与民间，不断激起民众在社会生活方方面面的善举。两百部的印刷数量看似少了一些，但一部十二卷，共两千余卷善书流向民间，按照当时的户数，也能基本

---

① ［美］弗里德曼：《论中国宗教的社会学研究》，载武雅士编，彭泽安等译：《中国社会中的宗教与仪式》，江苏人民出版社 2021 年版，第 44～45 页。

保证每户一卷。依据阴骘观念,教读善书也是功果之一,乡土知识精英利用农闲和夜晚,在各户教读宣讲,促进了阴骘思想的流布,《阴骘文》的很多思想得到了民众信奉并付诸实践。

其次,《丹桂籍》的刊刻,促进了哀牢山腹地以人间关怀为驱动力的文明效应的形成。阴骘思想的实质,是以伦理道德规范社会,提高修养、"变化人心",把"仁爱""忠信""孝慈""廉耻"等儒家伦理作为社会秩序构建的准绳,把人心向善、风俗淳厚为社会整合的落脚点。施棺椁、济孤幽、修道路、建桥梁、点夜灯、护环境、放生灵等善因被村民广泛实践。历时性地看,哀牢山腹地的民族关系,随着改土归流的推进和生存空间争夺的尖锐,各族之间的隔膜非常深刻,除了彼此之间的仇杀、械斗、掠夺之外,对立双方民族印像的生硬化与野蛮化现象非常突出,"夷称汉为海八,汉称夷为鲁奎"①,语言中的彼此丑化,不仅使汉族和少数民族在心理上难以彼此亲近,也使得地方四分五裂。阴骘思想的流行,特别随着阴功观念转化为功德的观念,成为一种可以量化的行为标准,族际的隔阂被涵盖在"生死相恤,守望相助"的存在性之下。危难之者,无论亲疏,都应从人的立场设法扶持,"道路之人,疏而弗亲,人所易忽,然仁人君子,不忍忘也,亦不可忘也"②,"不惜心力,不顾银钱,不避祸患,急速设法扶持,使危者脱出苦海,如雀之腾翅而飞焉"③。在此基础之上,"保护善良、扶持公益、主持公论"④逐渐演变为一种地方性的价值,作为共同养儿育女的地方,逐渐被各族赋予共生共建的关怀。"为公众出力,不惮劳苦,不避仇怨,事赖以济,不取酬,则为百功。"⑤更重要的是,行善使平凡的民众也能赢得别人的尊重与钦仰,从根本上转变了各族对自身命运和异族的刻板印像。从民族命运来看,融入积善行德的价值系统意味着共享本地社会构建成果的身份,从自身命运来看,"命由心造,相从心生"⑥,"心存于仁义道德

---

① 参见《丹桂籍》(附册),海八系民族语言,是一种触角有毒的昆虫,鲁奎意为山贼。
② 参见《丹桂籍》(卷3)。
③ 参见《丹桂籍》(卷3)。
④ 杨春馥墓碑文,碑在云南省镇沅县九甲镇文岗村寨子山后。
⑤ 参见《丹桂籍》(卷7)。
⑥ 参见《丹桂籍》(卷1)。

之中，事行于孝敬慈恭之上，信友睦邻，循礼敦让，明伦即是尽性，德盛即可化神，无贵无贱，雨露均沾"①，知晓本性并鞠躬尽瘁地生活，可以超越出身与血统，不计民族身份地赢得人们的尊重。

最后，哀牢山腹地跨族际文本的形成，构建了以理性务实为出发点的共建效应。依凭《丹桂籍》等善书的宣讲，地方知识分子以"成就德行，进广公益"②为引领，推动了地方公益事业的发展。"修桥补路阴功大"是广泛流传于聚仙坛周边各族的俗语，来源于《丹桂籍》"剪碍道之荆榛、除当途之瓦石，修数百年崎岖之路，造千万人往来之桥"③，可见当地的集体心态。根据当地的口述史，地方公益最先就是从修桥补路开始的，然后延伸至其他领域。在修桥补路的实践中，各民族之间形成了共同建设本土社会的合力，自 1901 年至 2015 年，聚仙坛周边各族修建桥梁 17 座，其中 1914 年建成的锁口风雨桥成为茶马古道上有名的风景，风雨桥悬挂的对联"造千万人来往之桥，开百千代人文之路"明显是从阴骘思想中阐发出来的。1930 年建设小街石桥是当地各族在没有水泥等现代建筑材料的条件下，用糯米饭春石灰为灰泥建设而成的，至今使用，其建筑凝聚了各族的集体智慧与巧思。如果说修桥补路只是促进各族沟通往来的话，共同开挖沟渠则改变了各族的生计模式，促进了聚仙坛周边各族从游耕经济向定居农业的过渡。清末民国，聚仙坛周边各族共开挖沟渠达十多条，开渠引水，建设梯田，改善了各族的生活质量。以拉祜族支系之一苦聪人为例，20 世纪五六十年代，云南红河绿春等地的苦聪人仍然处于"芭蕉叶黄人搬迁"的游耕经济阶段，生产与生活都极不稳定。而在跨族际文本的生产实践中，聚仙坛周边的苦聪人，在参与各族的文化建设中，从生产方式与生活方式甚至价值和原则方面都融入了新的系统，过上了自足而稳定的生活。

另外，一些良风美俗也随着跨族际文本的生产而形成，巩固了行善社区的建设成果。牛崇会是随《丹桂籍》刊刻后在聚仙坛周边兴起的民间村规民约拟定和民间矛盾调解的民间组织，其成立是对《丹桂籍》"地方大小事，出言造

---

① 参见《丹桂籍》(附册)。
② 杨春馥墓碑文，碑在云南省镇沅县九甲镇文岗村寨子山后。
③ 参见《丹桂籍》(卷 5)。

福、出力任劳①"精神的实践。其主要职责是会合本地汉、彝、傣各族中有声望的父老解决各族各户之间的矛盾。曾任牛崇会会首的彭麟标说"与人为善，在于日常点滴之中，能以口舌之力，成人之美，盖亦有裨于天理之流行"②。另外，各族不定期召开牛崇会，根据《丹桂籍》的精神修订村规民约，一方面使得外面的新思想不断在本地落实，另一方面也可以使地方文化传统得以维系，各族各户矛盾得以和平解决。牛崇会所制定的村规民约，很多在哀牢山腹地民众中仍然遵行，如各族于农历五月二十八集体修路，逢戊日不锄不挖的劳作禁忌会等，另外也包括一直沿用至 20 世纪 90 年代末哀牢山梯田大规模减少前的刻木分水系统。

五、小结

马克思指出："人类之所以有历史，是因为他们必须生产自己的生活，而且是用一定的方式来进行的。"③《丹桂籍》刊刻之时，整个中华民族正处于迎击西方帝国主义和日本侵略的危难时期，科学和理性的思想已经深入乡村社会。《丹桂籍》的刊刻是多民族地区对时代的积极回应，在哀牢山腹地这样的边远山区，地方知识分子积极从社会秩序构建的角度出发，以固有的文化资源为张本，引导周边各族投入善书的刊刻事业，抵挡乱世的劫难，其目的是开创和众平安的乡村治理图景。《丹桂籍》的成功刊刻说明中国内陆的乡村社会本身有非常强大的自治与发展的潜能，这种潜能的力量来自中国传统社会余音不绝的生存智慧。当然，对于阴骘思想的社会构建功能的理解，也存在着辩证看待的问题，既要肯定其在社会建设中敬天与人方面的积极效用，也应注意到其中因果报应思想的唯心主义色彩。

王德峰曾用阴骘思想中业报关系阐释中国史的历史性："业是造作的意思，造作是人类的思想与言行，众生在世必有造作，有造作便形成业力，业力

---

① 参见《丹桂籍》(卷7)。
② 彭麟标：《仆事日札》后记，手抄本，书藏镇沅县九甲镇甸坑村彭明纪家。
③ 《马克思恩格斯选集》(卷1)，人民出版社 1995 年版，第 67 页。

产生果报，总称'业报'。业报即构成一个人或一个民族的命运……无论是个人还是一个民族，其文化生命，其痛苦或幸福，都是由其自身形成的命运。他是自己造因，自己受果，在受果之时，又造新业，其自由在其中，其业报业在其中，这就是他的历史。"①在族际关系非常紧张，人民的生活孤苦无依的历史条件下，哀牢山腹地的普通民众(包括地方知识分子)自己造因(阴骘)，自己受果(行善社区)，最终在一个边缘地带构建了一种和谐康宁的机制。《丹桂籍》的刊刻，在促进哀牢山腹地多民族聚居社会构建取得的成就方面，固然可以看作无意插柳的结果。其中耐人寻味的地方在于，文化建设在社会构建中的意义，有些时候来得比扶持经济发展带来的业力还要强，还要大。

---

① 王德峰：《哲学导论》，上海人民出版社 2000 年版，第 238 页。

改土归流后滇中哀牢山区
"三属地"的礼化实践 *

　　哀牢山区"因俗礼化"的实践堪称改土归流后边疆治理的样板。随着改土归流及边疆内地化的推进，云南哀牢山腹地多民族聚居的"景镇新三属地"的范围缩小到了景东、镇沅、新平三县交界的三角地区。地方精英在山庄经济的土壤里产生，并积极回应国家"德教"与"声教"的治理策略，通过讲圣谕、刊善书、兴学校、禁盗匪、制规约、解冤结、开道路等方式，将当地变成人文蔚起、民族关系和谐的"礼乡"。这一礼化实践是国家政策与地方精英对策之间互动交融的过程，尤其是地方精英能动作用释放的过程，是一种基于多元民族文化自性与自觉的边疆治理路径。

一、礼化作为边疆治理的"王道"表征

　　边疆治理是国家治理的重要方面，礼化的社会治理是边疆治理的重要内容。礼化是中国历史上处理华夏与周边各族关系中的一个核心概念，也是传统中国边疆治理中的重要手段，其目标是在天下仪礼与"华夷一家"的架构下，将华夏与周边的民族关系放置于"王者无外"的平等与共享的理念中进行实践。它不同于"以夷制夷"以及"修仁义以羁縻之"的统治技术，而是将礼仪作为人群区分的准则，"一准乎礼"，强调使用教化、典范、仪轨，通过"政教风化"

---

*　该文曾刊发于《民俗研究》2021年第4期，第二作者，合作者熊开万，收录时略有改动。

与"教育感化"的方式推进多民族地区的社会、经济、文化建设。它反对民族歧视，强调民间自发的重要性，所谓"欲与声教则治之，不欲与者不疆治也"①。从中国民族关系史的角度考察，礼化在历史上始终被认为是最理想的多民族社会治理路径，是羁縻与土司制度之外极具"王道"意义的边疆治理方式。

礼化实践，是中国边疆治理研究中争议较多的问题。国外研究者如英国社会人类学家弗里德曼等往往将边疆视为"文明"与"野蛮"的过渡地带，是与野蛮、边缘联系在一起的。② 顺理成章地，礼化的过程及效果便被看作华夏羁縻四夷、怀柔远人的政治手段，中央王朝对周边各族的"礼化"政策被说成对少数民族的驯化政策，所谓"'礼化'表示驯化蛮夷，意思是蛮夷之人本来形同禽兽，经此一化，归顺中国，然后成人"③。兴起于民族危机及国家危机的近代中国边疆治理研究，已经注意到了边疆地区的民族多样性，并试图通过改善民生和兴办教育的方式改变中国边疆地区被国外势力渗透、掠夺、瓜分的境地。④ 中华人民共和国成立后，稳定边疆、建设边疆和发展边疆成为时代的主旋律，在民族区域自治制度的保障下，边疆各族的经济、社会得到前所未有的发展，边疆治理研究中关注的焦点为主权、经济、民族，研究的话题主要有边境安全、兴边富民、扶贫扶智等。边疆史地研究者则多关注边疆文明化的进程，焦点多集中于对能臣干吏的探讨，如林则徐、刘铭传、左宗棠等对推动边疆地区发展的贡献。另外，也有研究者从边疆少数民族与国家力量的博弈的角度对国家的礼化实践进行讨论。如马健雄认为，在边疆内地化过程中，地方文化精英不断创造和发明地方传统，以更好地适应国家对边疆社会治理的策略。⑤ 需要指出的是，由于儒家意识形态在国家层面已经丧失了合法性，传统边疆治理中因人文教化与文化统合而形成和巩固的共同体意识被研究者长期忽

---

① 参见《汉书》(卷六十四)。

② 参见范可：《旧有的关怀与新的课题——全球化时代的宗族组织》，载《开放时代》2006年第6期。

③ ［英］胡司德：《古代中国的动物与灵异》，蓝旭译，江苏人民出版社2016年版，第300页。

④ 参见范可：《人类学与人地关系视野里的边疆》，载《云南社会科学》2020年第5期。

⑤ 参见马健雄：《再造的祖先：西南边疆的族群动员与拉祜族的历史建构》，香港中文大学出版社2012年版，第55~67页。

视了。

党的十八届三中全会以后，新时代边疆治理的现代化研究兴起，"基于中国历史和现实政治的'国家治理'"成为研究的热点①，研究的焦点多关注于技术治理，传统社会治理中的礼化实践亦逐渐有人关注。如张文昌认为，中国向来以礼仪之邦自居，圣人亦以"礼教"作为平治天下的重要手段，宋元之后随着礼向社会下层的渗透，制礼以教天下成为儒士与君主的治国理想。② 科大卫考察了明清社会和礼仪，在民间宗教仪式、宗族源流传说和社区节日活动中，国家和朝廷的隐喻与地方想象渗透，上下互动，构成了边疆社会运作的象征资本，在此基础上取精用宏，成为中国历经百劫而不坠的动力。③ 范可等人则认为"化"本身是一个持续、互动、多元互嵌的动态过程，必须从中国传统社会治理智慧中汲取营养，才能实现有效治理。④ 另外，也有研究者将礼化实践置于民族矛盾与阶级矛盾的同构之上，将声教礼化看作统治阶级一厢情愿的作为，或者直接将之视为一个"自上而下"的民族同化过程。如有人提出，"自上而下"的华夷秩序体现了中华从古至今尊重文化差异，华夷一家的对外关系准则，还是今日中国少数民族政策及其治理的政治原则。⑤ 古来王者经营四方，有怀柔之道，有君臣之义，这些都是稳定边疆，促进各民族共同繁荣的方法。⑥

综合起来看，当前学术界关于"礼化"的研究，至少存在以下三个方面值得深入探讨。

---

① 参见杨光斌：《"国家治理体系和治理能力现代化"的世界政治意义》，载《政治学研究》2014 年第 2 期。

② 参见张文昌：《制礼以教天下——唐宋礼书与国家社会》，台大出版中心 2014 年版，第 466~468 页。

③ 参见科大卫：《明清社会和礼仪》，中华书局 2019 年版，第 108 页。

④ 参见范可：《边疆与民族的互构：历史过程与现实影响》，载《民族研究》2017 年第 6 期；宣朝庆：《社会治理传统的再发明——以礼治为核心的分析》，载《上海师范大学（哲学社会科学版）》2020 年第 5 期。

⑤ 参见马大正：《当代中国边疆研究》，中国社会科学出版社 2019 年版，第 78 页。

⑥ 参见张广达：《从隋唐到宋元时期的胡汉互动兼及名分问题》，载许倬云、张广达：《唐宋时期的名分秩序》，台湾政大出版社 2016 年版，第 139~196 页。

（1）中国社会的统一性源于共同的礼仪。① 元明以后，"礼下庶人"的理想在形式上已经达成，制礼以教天下逐渐成为儒士与君主的治国理想。地方文化、仪轨如何与代表国家礼仪制度的"王章"接轨，从而保证被治理者在政府的治理下，过上富足而有意义的生活。

（2）中央王朝以儒家礼治来塑造边疆各族共同的价值规范、行为准则，以达到天下文明的目的，但具体过程有一定的多样性，基于田野调查和人类学上的微观研究，对边疆多民族聚居区的治理个案进行考察，呈现多样化、活形态的礼化个案，为国家礼治在基层的普遍模式提供新的视野和思考，依然有较大的研究空间。

（3）以礼治为基础，构建边疆社会共同的生活秩序是礼化实践的基本精神。问题的关键是国家意志是如何在民族杂糅、文化多元的边疆社会得到贯彻与执行的。"文化内辑，武功外悠"的叙事与基于官修史志、地方官吏的文集的诸多研究，代表着"夷""夏"二元叙事框架下的知识系统，"这些笼罩式的描述无不是强加于'他者'的僵化形象"②遮蔽了地方叙事的多元性，也遮蔽了地方各族在中华文明旗帜之下共建和捍卫家园的努力及其实际效果。寻找国家在边疆多民族社会治理的历史脉络，必须努力超越正式制度和官方文本，搜寻有关非正式运作的历史资料，以便解决正式与非正式之间的相互作用。③

本文即在"非正式运作的历史资料"基础上，考察雍正改土归流以来地方精英在云南哀牢山区景镇新"三属地"将国家意识形态在地化的历史线索，进而呈现"地方共同体"自觉接受国家"声教制度"，推动边疆社会共治、共理与共享的过程。这一过程在民间文献或历史文书中，被称为"礼化"过程。本文所用资料，主要为 2012 年至 2019 年笔者先后在云南省镇沅县、新平县、景东县搜集整理的民间文献共 805 份。其类型包括：第一，山区土地买卖文书 301 份，内有改土归流后山区各族之间土地买卖的第一手资料。第二，乾隆初年至民国末年"三属地"民众祭文 352 份，涉及地方官员、武勋（如迟春谱）、基层

---

① 参见科大卫：《明清社会和礼仪》，中华书局 2019 年版，第 2 页。
② 胡晓真：《明清文学中的西南叙事》，台大出版中心 2019 年版，第 91 页。
③ 参见周雪光：《寻找中国国家治理的历史线索》，载《中国社会科学》2019 年第 1 期。

文士、少数民族头人、商人、农夫等的家世、生命历程、人生贡献等内容,是考察改土归流后"三属地"地方治理的重要资料。第三,山区各族精英召开牛崇会,订立规约与章程的碑文5份、地方精英墓碑文23通,是兼具传世性和出土性、官方性和民间性的地方治理资料。第四,地方精英圣谕讲坛文书124份,是地方精英试图以地方性知识对话国家声教制度的第一手资料。本文试图在上述资料基础上,展示哀牢山区"三属地"地方治理中的礼化特色,呈现一条兼具地方性与普遍性、实体性与过程性的边疆治理路径。

二、从"三属地"到"礼乡"的转变程式

哀牢山是云南省中、西南部的重要山脉,"山高百数十里,广八百里,滇南最高山也"①。哀牢山主峰大雪锅山以南、元江以西、澜沧江以东的广阔山区(包括今普洱市的镇沅、景东、玉溪市的新平),向来被历史学家和地理学家称为哀牢山腹地。哀牢山腹地是中国西南地区开发最晚、民族分布最复杂的地区。该区域在明代和清初被看作"官不能治"的化外之地。雍正年间(1722—1735年)改土归流,将原来处于模糊状态的土司领地——景东、镇沅、新平等地"内地化",由清朝政府直接派遣流官治理。随着大量迁入的汉民与当地的彝族、傣族、哈尼族、拉祜族为邻为亲,三县边缘的三角区域形成地域上唇齿相依,文化上相涵相化的居住格局,并逐渐有了"三属"之名,称"景镇新三属地"。此后直到道光年间,"景镇新三属地"主要指景东、镇沅、新平三县辖区内少数民族与汉族杂居的区域。

从民间文献来看,景镇新三角地带"三属地"之名的得来固然因为其地处"三不管"或"三难管"地带,而"三属地"之名的最终确认却是三角地带的民众生产生活中多重联结的结果。人们最初习惯于将分属不同县的共同活动称为两属,如景镇两属,景新两属,镇新两属,而分属三个县的村落间的大型活动则称为三属。这种邻镇相连成"两属"或"三属"的跨村落的社会结构,主要受到

---

① 赵尔巽:《清史稿》,中华书局1977年版,第2347页。

以下四种因素影响。

第一种因素是山区各族共享互嵌社区的形成。"三属地"古昔属于唐代南诏国七节度之一的银生节度辖地，"昔朴、和尼二蛮所居……野贼出没无常。"①明末清初汉族逐渐迁入后，"住夷蛮之群而汉寡，依山水门户课粮为基地"②，因为地缘的接近，空间的共享，汉族与少数民族之间逐渐形成相互帮扶、互通有无的交往格局，如干亲制度、宾弄海塞制度。其中，干亲制度是以汉族子弟拜寄少数民族民众的社会设置，汉族子弟根据自己的生辰八字，在各族往来的道路上搭建阴功桥，然后将过桥的第一个非同姓男子留做干亲，具有较强的跨族际意义。宾弄海塞制度又称牛马亲家，汉族村落的人一般会将牛放养到少数民族居住的深山里牧养，并请他们帮忙看管，汉族村落耕作时，把牛从山上赶回来耕作。因为节令差异，山下的汉族耕作完后，山上的少数民族才开始耕作，可以利用汉族的牛来劳作。这些制度的存在使得该地区形成了空间资源共有共享，社会文化交流交融的互嵌社区结构。

第二种因素是家族力量。家族的存在给"三属地"带来了不可或缺的凝聚力，这是其他因素无法提供的。家族是人们要取得他人帮助时首先想到的社会关系。家族成员跨村落迁移落户，使得同一家族分属不同村落，而在家族祭祀、祠堂修缮等活动的影响下，这些分属不同村落的家族成员形成一种家族亲和力，从而维系着跨村落联结的"两属"或"三属"的稳定结构。如杨家从景东者干迁入镇沅九甲的车树，艾家从景东福都迁入镇沅九甲的文德街，熊家由新属新化迁入凹沽河东岸蛮伦乡（今文岗村），王家由景东麟川迁入新属的勐真等，都是这种情况。各家族几乎都建有祠堂，祠堂既是合族祭祖的场所，也是建立规范、讲信修睦的公共空间。如三槐堂王氏"追溯吾家祖，开基景郡，建祠淇海村，以为合族祭祖之所，春秋二季修条规明礼仪。教训子孙勿胡作非为，以敦亲睦族，一团和气，以御外患"③。

第三种因素是姻亲关系。联姻是哀牢山腹地各族维系社会关系的重要通

① 罗含章：《嘉庆景东直隶厅志》卷七《建置》，嘉庆二十五年教授衙门藏版，云南省社科院图书室藏。
② 清康熙十五年立"吴氏一世祖碑"。碑存云南镇沅县九甲镇文岗村。熊开万抄录碑文。
③ 佚名：《祭父文（一）》，杨春馥辑抄：《祭文杂文丛抄》，文岗村杨明荣藏手抄本，第29页。

道。随着村民之间互通婚姻，地域毗邻的不同村落之间逐渐建立起紧密的姻亲关系，姻亲关系及其日常互动成为维系跨村落结构稳定的第二重保障。"从前吴越异处，隔断哀牢，于今秦晋交欢，联成新（平）景（东）"①；"我先祖，那一时，非晋非楚。生我父，名春森，织女何在？荷外祖，有大德，结就凤凰。外祖母，有深惠，日月同光。我先父，沾洪禧，名列东床。从此后，王与杨，莫莩有系。张与王，亦因得，瓜葛绵延。者铁地，靛坑村，虽分新（平）镇（沅）。犹可以，陟屺岵，一日瞻仰。不必分，不必别，此乡彼界。如同是，邻合舍，惟梓惟桑。况且是，结姻亲，情谊更重。或手长，或袖短，方便商量。"②

第四种因素是地方精英的联合共治。不同村落的地方精英形成跨村落精英群体，共同处理这些村落的公共事务，一定程度上也强化了村落间的联系。光绪十年（1884），新平县的迟春谱，镇沅县的孔毓秀、艾昌焰、张师源、周安靖，景东的杨元藻、封开科诸友（俱"三属地"贡生）在关庙结成道德社群，相互勉励，"相契联谱，以觉民行道，用告天人，为短篇以垂永久"③。该群体"专心地方公益，修理庙宇道路，不顾利财开费"④。地方精英透过联谊，达成关怀，推动了山区文化活动的开展。

至清后期，在众多乡绅和山区各族民众共同努力下，"三属地"经济、社会有了长足发展，文教兴隆，民风淳厚，有"礼乡"之称。至民国初年，"礼乡"已成为"三属地"的正式称谓出现在地方公文中。如1915年的《镇沅县奉大总统令乃详请巡按使奖赐匾额文》谓："为给奖事，查有礼乡绅士艾昌焰，本前清贡生，实镇沅之达士……"⑤又如，1945年镇沅县知事何裕如亦提道，"哀牢南下至景镇连轸处，突出一支环抱而礼乡在焉"。⑥

---

① 艾正铣：《祭亲家文》，艾芝桢辑抄：《时令及祭文汇录》，文岗村熊开科藏手抄本，第93~95页。

② 萧止堂：《亲家代子女又外孙同祭岳亲祖父母文》，杨勤尧辑抄：《祭文录》，云南镇沅县勐真村杨明瑞藏手抄本，第34~36页。

③ 佚名：《兰谱序》，艾芝桢辑抄：《时令及祭文汇录》，文岗村熊开科藏手抄本，第186~187页。

④ 佚名：《合兰谱祭文》，杨春馥辑抄：《祭文杂文丛抄》，文岗村杨明荣藏手抄本，第10~12页。

⑤ 镇沅县衙公文：《镇沅县奉大总统令乃详请巡按使奖赐匾额文》，艾芝桢辑抄：《时令及祭文汇录》，文岗村熊开科藏手抄本，第15页。

⑥ 何裕如：《艾兴周先生寿序》，艾芝桢辑抄：《时令及祭文汇录》，文岗村熊开科藏手抄本，第186~187页。

总的来说，地处哀牢山腹地的景东、镇沅、新平三个相邻的区域形成"三属地"或两两结合形成的"两属地"，是多种社会因素共同促成的结果。这种跨村落的联结与互嵌的空间生产与交流方式，塑造了清中期改土归流之后该区域的基本社会结构。尽管在汉民族与其他少数民族融合过程中，也存在许多冲突，甚至出现社会失序乃至混乱的"三不管"局面，但总体而言，该区域经历了从动荡不安逐步走向安定有序的过程。"礼化"既是一种社会结构化过程，又是一种社会治理实践。在该地区的"礼化"过程中，以乡绅群体为主体的地方精英发挥了非常重要的作用。

三、山庄经济与地方精英的兴起

改土归流后哀牢山腹地的礼化实践，是地方各族精英在"汉夷俱化""因俗礼化"的人文教化政策之下共栖共止而又相互博弈的结果。而地方精英的产生，受山区各族政治变迁的激荡，更是山区经济文化发展的结果。

明朝以来，尽管哀牢山区经历了较为频繁的制度变化，但基本保持了坝区傣族土司与山区各族政治上既制约又自治，文化上既共融又共享的关系。清朝雍正年间改土归流后，流官、土司、汉族移民、山区少数民族四种力量的矛盾与消长，左右着当地社会的变化。在镇沅，流官刘洪度的暴虐终于激起傣族、彝族、拉祜族等少数民族反抗，刘洪度被杀，而镇沅傣族土官刀翰、刀如珍等因为带头反抗暴政而被朝廷革除土司职位，原来的者乐甸长官司被改为恩乐县。[①] 因失去庇护，哀牢山区的一些傣族庄主经营艰难，最后将田庄低价变卖。如乾隆九年（1744），傣族刀安邦将文岗一地卖给熊梦奇等人：

> 立永远杜卖庄田契人刀安邦、刀立邦、刀兴邦合侄光祖、显祖因缺少
> 费用，情愿将祖遗蛮岗冇保一寨随粮五斗四升四合，曾已变当数次，又缺
> 费用，弟兄叔侄商议，情愿援请凭中、乡保、头人将文岗冇保一寨永远杜

---

① 参见倪蜕：《滇云历年记》，云南大学出版社1992年版，第292~293页。

卖与熊梦奇、段联珍、祁应甲、祁文亮、张怀善、吴廷先、波古、岩相、普扎扎约众花户等名下，实受庄价银一百零四两整……四至开明，东至后山大岭，南至小厂街，西至凹沽河，北至中山右白岩箐水。①

刀安邦家卖出的田庄大致相当于今日镇沅县九甲镇文岗村全部，面积32000多亩。买主中熊梦奇、段连珍、祁应甲、祁文亮、张怀善、吴廷先是汉族。例如，熊梦奇本江西抚州府人，于雍正二年（1724）随族叔至云南新化州（今新平县）做幕宾："有刀陈二姓，不服流官，投粮新化，因典得文岗之地，立业安居焉。"②此外，波古和岩相是卡杜（哈尼族），普扎扎约是拉祜族。这些人如何联系在一起，合力买下这片庄田，不得而知。但可以肯定的是，刀家势力的衰弱与改土归流直接相关。另外同期的土地买卖文书也显示，大量汉族移民进入哀牢山腹地后，以种种手段获得土地并以文书等方式形成"文字根据"，从而逐渐在山区社会建立以礼仪教化为基础的社会体系。在新的土地占有格局下，当地农业生产则逐渐由原来傣族土官治下放任体制向精耕细作的山区农业转型。必须指出的是，引水为渠、开垦梯田的耕作方式，是汉族移民与山区各族共同完成的。以现在依然使用的扎拉爸沟、波古沟、萨拉姆大沟梯田为例，扎拉爸显然是拉祜族的命名方式，波古即与熊梦奇共买文岗之地的哈尼族，而萨拉姆大沟据说也是哈尼族开挖的。

山区各族在获得土地之后，建立起与山区生产环境和社会关系相适应的山庄经济。山庄经济以耕读传家、兼习商贾为基本特征。山庄中既有耕田种地的农民，也有铁匠、木匠等手工业者，还有买卖农副产品和手工业品的小商业者。"耕者耕，读者读，当必有可符其所望。故课之以读也，择明师，访良友，供给不厌其烦；教之于耕者，相土产，审地利，燥湿各因所宜；教之以商者，较锱铢，明有无，供给因人所需。"③这种分工明确，各依所长的经营模式，对于财富的积累、社会建设与文化发展都具有重要意义。

---

① 乾隆十九年三月《刀安邦永远杜卖田庄山寨照书》，文岗村熊开益藏手抄本。
② 道光十年立"熊梦奇墓碑"。碑存云南镇沅县九甲镇文岗村民委员会。熊开万抄录碑文。
③ 艾昌焰：《家祭》，艾芝桢辑抄：《时令及祭文汇录》，文岗村熊开科藏手抄本，第120~124页。

山庄的拥有者称为山主或庄主。从 301 份土地买卖文书来看，多数山主显然是土地兼并的产物，但也有一些山主是世代拥有土地的少数民族。在改土归流后的很长一段时间，山主既是地方精英的主要来源，也是地方治理的主要承担者。在 352 份祭文中，有一份《祭山主文》，体现了山主经济模式下边疆社会的治理的特征。

> 想其忠贞性自成，刚毅木讷心存仁。砥节砺行存仁道，隐恶扬善见天真。精诚感遇有发祥，推诚待物任自然。孝弟忠信敦己德，礼义廉耻化山庄。况又恩慈在乡邻，矜孤拔困有实心，穷簷疾苦亦有告，多赈济德色泯泯。庄户一切在后倜，朝夕不能继饔飧。山主殷勤施教养，民无冻馁乐时雍。①

祭文中，山主不仅租赁土地给各族民众，同时也在山庄中发挥着赈济和帮扶的作用，并且"礼义廉耻化山庄"，是国家"礼仪声教"在地方的推行者。有趣的是，直到今天，哀牢山腹地汉族丧葬仪式中，必须要在坟地周边立山主之位，并以雄鸡一只祭献，同时诵读告文。其部分内容如下：

> 山主本地方之守，权主山林……某等远来，承蒙庇护。曰耕曰食，尽皆仰赖；曰教曰化，无偏无党。保济此土，无灾无害，和合夷汉，有丰有年。今我至亲，归土归宁。是以洁凡备仪，谨录情悰，敬伸祀事。服望神主降鉴，圣德扶默。存殁永宁，夷汉长安。谨告！②

可知，告文内容为死者对获得永久居住地的感激，该仪式不仅反映了当地和谐的民族关系，同时也保留了汉族乡绅与少数民族头人对"三属地"联合治理的遗迹。

山庄经济的第一特征是耕读传家，热衷科举。山庄的发展壮大某程度上取

---

① 佚名：《祭山主文》，艾芝桢辑抄：《时令及祭文汇录》，文岗村熊开科藏手抄本，第 106 页。
② 佚名：《山主告文》，彭昌龄辑抄：《告文集汇》，文岗村熊开益家藏手抄本，第 6 页。

决于其乡绅成员。为了在资源竞争中占据优势，每个家族都会尽力将自己的子弟培养成为读书人，以求光大门楣。352份祭文中，言及读书与科举的达到156份，足见读书立业是哀牢山区民众的理想出路，即便身处逆境，不少读书人仍坚持学习，终获功名。如贡生曹开俊在《祭父文》中提到其父曹方儒，"师旅既加，饥馑迭并，每斤盐之售五百有零，每斗米之需钱一千不够……吾父于千磨万难之中，犹然将诗书理读，吾母以己之头面首饰，做吾父读书之资。及庚午吾父赴省应试，蒙神天之护佑，荷祖宗栽培，叨列明经之班"①。曹方儒也因此成为当地"务本业以定民志"的典型：

> 务本业人在者干，村名南道真不凡。姓曹方儒他名姓，娶妻周氏同一堂。夫妻务业报根本，春耕夏耘不敢遑。起初还少田合地，与人领田种稻梁。手足胼胝于沟壑，披星戴月苦衷肠。日焦月虑务本业，只望糊口大小郎。如此境况不多余，不觉又遇兵戈攘。磨得方儒夫与妇，一家大小难充肠。生的儿女两三个，朝夕冻饿叫爹娘。无奈率领逃境外，新平地内卖工庄。去了扎表来居住，夫妇还做农工忙。庄了三年并五载，不觉穿吃得饱暖，想来衣食微足点，耕读二字是正庄。邀约左右请先生，你我同此立学堂。②

读书热潮不仅是富有的"汉家庄主"的专利，不少穷人家子弟热衷举业。如《祭姐夫文》中的"姐夫"，幼年丧父，"无叔伯，无兄弟孤寡寂寥。惟亲母，抚姐夫，无依无靠。自谋衣，自谋食，自过终朝。磨凉粉，推豆腐，辛苦难熬。扭乾坤，挑日月，何嫌利少"。"亲母"体弱志坚，变卖全部家当，甚至卖掉自己的头发供子读书，儿子最后考取贡生，光宗耀祖，"扬名声，显父母，祖宗有庆"③。

耕读传家的效果，首先是产生了一个相对稳定的乡绅群体。乡绅群体是地

① 曹开俊：《祭父文》，艾芝桢辑抄：《时令及祭文汇录》，文岗村熊开科藏手抄本，第43页。
② 景阳(景东)太乙众仙宫：《三才良舟·人事部》，宣统三年景东卜勺坛刊刻，第53页。
③ 佚名：《祭姐夫文》，杨春馥辑抄：《祭文杂文丛抄》，文岗村杨明荣藏手抄文，第15页。

方精英的主体，又是地方礼化实践的中坚力量。同时，也有一些少数民族庄主，尤其是长期受汉族文化熏陶的哈尼族、傣族，也转而热衷举业并获得功名。如艾昌焜最初是景东县福都的卡杜（哈尼族），但家族世代受汉文化的影响，曾祖（艾）毓芹曾为景（东）恩（恩乐，即镇沅县）师表，祖父一代"地衰家乖"，于是迁入镇沅县文德街（今九甲街），在土主庙后面建茅舍栖身，生活极为贫苦。艾昌焜父亲先因地方所请，解军粮于普洱，随后在乡办团，保一方安靖，"一生在公，咸尽义务，以廉持身，产业未置"①。艾昌焜咸丰三年（1853）出生，丙子年（1876）举贡生，丁亥年（1947）逝世。举贡生后主持地方团务，深得地方政府信任和百姓爱戴。②

以科举为目的的读书热潮造就了哀牢山区"三属地"为数不少的读书人，其中很多人虽未获"功名"，但在村落中承担着组织各种生活仪式的角色，成为推行"礼化"的主要力量。

山庄经济的第二个特征是兼营工商。每个山庄都有一些小手工业者，也有一些从事经营的商业者。352份祭文中，涉及家庭手工业的有33份，涉及小商业者的有41份。小工商业者成为地方财富积累及转化与文化创造的动力来源。林文勋指出，清朝中后期，商人在云南少数民族地区，往往雇佣当地男子、妇人帮助贸易，这些商人也往往成为村落里的酋长头目。③从"三属地"祭文等资料来看，工商业者是极辛勤的劳动者。如艾昌焜自陈幼时"吾母不辞辛苦，纺棉布取蝇头于市上，煮酒熬糖换荞粮于村中，非吾母之善调，何能保全一家之老小"④。当然，在社会治安和工商业氛围较好的背景下，很多人通过小生意积累财富，也有不少人通过掌握一门技术，出卖手工业品致富。如《祭祖母文》云："孙父绍祖父箕裘，助先大父同理榨油之业，舂核桃、磨菜籽，

---

① 艾之桢：《祭家俨文》，艾芝桢辑抄：《时令及祭文汇录》，文岗村熊开科藏手抄本，第138～153页。

② 艾之桢：《祭家俨文》，艾芝桢辑抄：《时令及祭文汇录》，文岗村熊开科藏手抄本，第138～153页。

③ 参见林文勋：《明清时期内地商人在云南的经济活动》，载《云南社会科学》1991年第1期。

④ 艾昌焜：《罗氏先祖母祭文》，艾芝桢辑抄：《时令及祭文汇录》，文岗村熊开科藏手抄本，第115～120页。

共作糊口之资，幸而运限亨通，财源广进，家道由此小康。”[①]再如《祭母文》中的“父母”将儿女养大后，认为“家无生活计，吃断斗量金，小小手艺，亦可具家……遂命儿习木匠，娴规矩以成方圆，二弟染碉积银钱以买骡马，渐次手艺顺遂，生意兴隆，烧瓦匹建房屋，赎田地，办纸厂，遂致小康”[②]。甚至有些手工业者，在积累财富后，通过捐纳获得了乡绅身份。如三槐堂王家“吾父绍祖父之箕裘，理陶铸之生业，火中求财……因炉火顺遂，生意兴隆，遵畴饷之例，捐得九品之职……出入官阶”[③]。这些人因此有机会参与管理地方事务，受到当地各族民众推崇。也有人工商不忘举业，“贸易公平兼公正，牵车服贾唯谨慎……乐行善事以裕后，每为此境一领袖，名列国庠登天府，性字馨香耀宗族”[④]。工商业的发展不仅创造了新层次的农村市场，也将山区各族群众更牢靠地联系在一起；更重要的是，大量的财富积累，为地方公共事务的管理创造了条件。

随着山区经济、文化的发展，地方精英的政治参与需求和力度也不断提升，地方政府也往往需要仰赖地方精英来维系地方治理。改土归流后，商业活动频繁，“三属地”的九甲(属镇沅)、者干(属景东)、戛洒(属新平)等地，农副产品丰富，各民族间的经济、文化交流别开生面。随之，当地也产生了各种纠纷、诉讼，加上民族杂糅，风俗各异。地方官员欲有效推动国家“声教”，必须时时征询地方精英的意见，以便掌握舆情、推动教化、稳定秩序。相应地，地方精英也借助与地方“亲民官”交流的机会，实现自己的利益诉求。这种官民间的良性互动，一直是“三属地”社会治理的重要特征。地方文人组织诗社、地方办寿辰婚丧和乡饮酒礼等，都常常有地方官长参与其中。地方精英由此也成为地方政府进行边疆治理的膀臂。如1921年，恩乐县佐任之惠致贡生艾昌炤书谓：“昨阅辞禀，几至如失左右手，坐卧不宁者久之，足下办公四十余年，事无旷废，民获乂安。不伐功，不表异。即古之乡贤亦不是过。现值

① 佚名：《祭祖母文》，杨春馥辑抄：《祭文杂文丛抄》，文岗村杨明荣藏手抄本，第36页。
② 佚名：《祭母文(一)》，孔继炯辑抄：《祭文散编》，文岗村杨明瑞藏手抄本，第140~143页。
③ 佚名：《祭父文》，杨春馥辑抄：《祭文杂文丛抄》，文岗村杨明荣藏手抄本，第86页。
④ 佚名：《祭亲家文(三)》，杨春馥辑抄：《祭文杂文丛抄》，文岗村杨明荣藏手抄本，第15~17页。

团务事烦，阁下年愈耳顺。弟应体尊意不敢再以此事为累。但弟学识芜陋，经验缺乏，莅任数年，凡是不至陨越者，实赖阁下襄助指示之力，于心憾憾，无以酬报，用是耿耿耳，今一旦另委他人，无论事之情办与否，各甲人心不齐，驭之实难，仍望阁下劳心接办地方，少生岔事，即是人民之福。"①艾昌焰于是又继续主持"三属地"的地方事务十余年。

总之，改土归流后，除少数民族头人在本民族中固有的权威之外，山庄经济发展导致哀牢山区形成了一批结构上比较稳定、眼光与胸怀比较宽广的读书人与富民群体。三者构成了哀牢山区地方精英的主体。地方精英通过人际网络或参与公共活动的方式，向乡里贡献人力、物力；或者在经营产业成功后，培植子弟读书，或者干脆捐取功名，扩大社会影响力；或者为乡里建设提供人力物力支持，以此获得相应的社会地位。在山庄经济的基础上，民族头人、读书人及有影响力的富民成为地方社会的实际治理者。

四、咸同大起义与礼化原则、策略的形成

改土归流后，哀牢山区山庄经济的发展有一个必然的走向，即土地兼并，而土地兼并又必然导致山区各族流离失所，最终引发了哀牢山腹地咸同年间的各族大起义。起义者提出了"铲尽满清赃官，杀绝汉家庄主"②的口号。起义持续二十三年（1853—1876），"三属地"民众虽然直接参与动乱者少，但亦饱受战火。"盗贼蜂起"，民众"但听响而疾趋，奚啻惊弓之鸟；旋闻声而远窜，几同漏网之鱼……景镇两属，每斗米之售何止二千，每斤盐之售不止六百，途皆饿莩，人皆菜色，甚至有日不举火，人食人肉者也"③。咸同年间哀牢山腹地的社会动乱，是清政府在边疆多民族地区治理失策所导致的。改土归流后，清政府对少数民族的政策依然是在"华夷之辨"的框架下订立的，而实际上地方

①　任之惠：《致艾昌焰书》，艾芝桢辑抄：《时令及祭文汇录》，文岗村熊开科藏手抄本，第28~29页。
②　夏正寅：《哀牢夷雄传》，载方国瑜主编：《云南史料丛刊》第九卷，云南大学出版社2001年版，第107页。
③　佚名：《祭父文（三）》，杨春馥辑抄：《祭文杂文丛抄》，文岗村杨明荣藏手抄本，第83页。

社会的治理又由汉家庄主所控制，最终形成"自满洲入主，汉庄主与之狼狈为奸，苟虐我夷汉庶民"①的状况。动乱中经济社会的萧条与艰难让山区各族意识到：长期共栖共止的生活已经将各族紧密联系起来，尖锐的冲突得到的不是胜利的果实，而是地方社会的满目疮痍；和平、秩序和稳定不仅是国家同时也是个人的根本需求。因此，大起义的结局也促成了人们对礼仪教化的主动膺服，多民族地区的礼化成为顺理成章的事。

修持礼仪制度，端正门楣开始是"三属地"汉家庄主的自我维持的手段，以便让自己在动乱中能与王朝国家保持一致认同，所谓"一切小子诸姑辈，各守家风保门楣"②。儒学门第保持自身教养之"家风"或"家礼"，其制约范围似乎局限于"私"的领域。但是，在地方动荡与山区各族利益诉求的博弈之下，地方语境中"礼"的意义和范畴发生了较大的变化。在地方精英回应咸同哀牢山腹地各族大起义的地方文献《三才良舟》中，礼的含义已经包含了"王制""仪式""仪轨""礼让"等。

> 人赋五行之生，皆继五常之德。风土人情不一，仁义礼智同则。欲把世风挽转，先要俗弊除清。风俗感激良善，羞恶不觉而萌。圣王制礼通用，士农工贾皆全。以上治下以礼，以礼治国圣言。天地经纬是礼，士庶皆要穷原。祷天祭地是礼，宗庙享之灵验。冠婚丧葬皆礼，小大由之中节。知礼还要知让，敬老慈幼徐行，有礼若不有让，茫然礼字不明。③

有研究者认为，中国在宋代以后，冠、婚、丧、祭的礼仪规范逐渐扩大到庶人层面，国家礼仪制度走向世俗化与平民化，制礼以教天下成为国家与社会互动的中间环节，这就使得门第之内的"家风"与"家礼"，其实蕴含着"公"的特质，具有了化民成俗的意义。④ 这种观点关注到了礼在社会治理中的涵化作

---

① 夏正寅：《哀牢夷雄传》，载方国瑜主编：《云南史料丛刊》第九卷，云南大学出版社2001年版，第108页。

② 佚名：《文昌宫普度鸾章》，文岗村熊安文藏同治二年手抄本，第37页。

③ 景阳（景东）太乙众仙宫：《三才良舟·人事部》，宣统三年景东卜勺坛刊刻，第25页。

④ 参见张文昌：《制礼以教天下——唐宋礼书与国家社会》，台大出版中心2014年版，第400页。

用，是一种渐变、互动的影响，但在哀牢山腹地，"家礼"只是火星式的起点，真正结出社会治理丰硕成果的，是从具有强烈国家意识形态意味的圣谕宣讲开始的。

清顺治皇帝曾提出"帝王敷治，文教是先"①的治理策略，将自明太祖以来六谕乡约的衍义作为清朝之制光而大之。康熙皇帝强调"华夷一家"②，提出"至治之世，不以法令为亟，而以教化为先"③，颁布《圣谕十六条》，作为尚德缓刑，化成民俗的准则。雍正皇帝出台《圣谕广训》，并实施改土归流，过去西南土官土司治理之地变成国家直接控制的区域，并通过宣讲的方式将国家意志传播到过去的"化外绝域"。云南作为多民族聚居的边疆省份，当地政府对于礼化的边疆治理的意义素来有着深刻的认识。如顺治朝的王弘祚在《滇南十议疏》中指出："滇省土司种类不一，俗尚各殊，若一概绳以新制，恐阻向化之诚。俟地方大定，然后晓以大义，徐令恪遵新制，庶土司畏威怀德，自凛然奉行同伦同轨之式矣。"④后继的地方官员则多强调"圣谕"的宣化作用⑤，国家层面的治理思想与策略奠定了地方精英在边疆进行礼化实践的路径与原则。

国家意志与社会规则、仪轨以及个人行为准则、依据的衔接，是哀牢山腹地礼化实践的基本原则，集中体现于"礼与善合"及"善与人同"的思想与行动中。"礼与善合"就是将孝悌忠信等国家意志与民众行善积德的思想与信仰相结合，国家承认行善积德的社会资本积累意义，将抽象的国家意志变成百姓易知易行的日常行动。"善与人同"则一方面肯定人心向善是普遍的价值，另一方面推动人人行善积德，人人分享善行的功果，共同建设地方社会。这种构建的意义是超越民族边界的。《三才良舟》中将能否同善作为"化外"与"化内"的区分。"礼与善合，善与人同，重礼行善则化内之人也，不则化外之蛮夷

---

① 《清世祖实录》卷七十一，顺治十年正月丙申条，中华书局 1985 年版，第 567 页。
② 郝治清：《明清易代后国家治理指导思想》，载《中国史研究》2019 年第 2 期。
③ 《清圣祖实录》卷三十四，康熙九年九月癸巳条，中华书局 1987 年版，第 435 页。
④ 王弘祚：《滇南十议疏》，方国瑜：《云南史料丛刊》第八卷，云南大学出版社 2001 年版，第 386 页。
⑤ 参见蔡荣：《筹滇十疏》，方国瑜：《云南史料丛刊》第八卷，云南大学出版社 2001 年版，第 426 页。

也。"①是否接受合乎礼的生活方式，是否积善行德，成为界定社会边界的根本依据。

地方精英进行礼化实践的第一路径为神道设教。神道设教是清朝中后期的圣谕宣讲最重要的特征。"观感兴起，每资乎歌谣，况颛蒙之众，深言之而未解，浅言之而已悉，其最足以耸动见闻者，莫如因果感应之说。"②在中国西南地区，清朝中后期的宣讲和民间信仰相结合，产生了一套化民成俗的制度体系。张问德指出："顺属江左一带，多有圣谕坛之设，假请圣祖圣谕十六条为宣传之护符，到处讲说善书，劝人为善，继而设坛扶乩，代人荐亡祈福，俨然释道之风，颇为乡民信仰，余波所及，沿至江右各地。"③张氏注意到，在设置圣谕讲坛的过程中，一方面国家意志成为地方文化孳乳的护符，另一方面国家意志也因为讲善书、代人荐亡等地方仪式实践而深入人心，为各族民众所慕义向化。"三属地"地贡生杨春馥在《重印〈丹桂籍〉叙》中对神道设教的本质与功能有较为深刻的认识。

> 神道设教之书，为新时代所毁，桂籍亦神教也，胡为重印哉？然可毁者，感世诬民，荒时废业之类，可尊者，顺天应人，赏善罚恶之经，在择其正道。若《丹桂籍》者，为文帝教世之书。所载善恶感应之事，与风雅训诂相同。其中经章、诗歌、劝诫、规箴、格言皆日用事物纲常伦纪之道。不若舍身出家、离世出尘之空谈也。本邑前清以来，民族杂糅，匪乱不歇，历遭浩劫，频现洪灾，盗贼大掠而去，瘟疫普及而来。父子相弃、骨肉相残之事层出。夫桂籍之教，可以齐家修身、作育孝子贤孙，可以起淑女贞妇，将见社会风俗之醇美，而大乱亦有平靖之日，五族共和、三教宏开之势亦或可期。④

---

① 景阳(景东)太乙众仙宫：《三才良舟·元集》，宣统三年景东卜匀坛刊刻，第3页。
② 佚名：《人鉴敦伦》卷二，云南省图书馆藏乾隆元年修同治内府木活字本，第2页。
③ 张问德：《顺宁县志初稿·宗教》，云南省图书馆藏民国十二年抄本，第223页。
④ 杨春馥：《重印〈丹桂籍〉叙》，收录于张德昭、杨春馥刊印：《三属地重刊丹桂籍》附册，云南镇沅县九甲镇灵官庙1948年刻本，第1页。

援礼入俗、因俗而化，是地方精英礼化实践的第二路径。以礼的原则对民风民俗进行规训与改造，以实现地方社会在道德建设、移风易俗及日常行为等方面的开化与文明，是历史以来中国政府礼化实践的基本路径。"道德仁义，非礼不成；教训正俗，非礼不备，分争辩讼，非礼不决。"①在中国社会治理的历史语境中，礼与俗的问题，本质上是一致性与多元性的问题。援礼入俗的礼化实践在构建地方一致性的文化价值的同时也包容并协调了差异，这就是礼化实践中"因俗而化"的精神。礼化的内容逐渐从婚、丧以及日常生活遵循的价值与原则，扩充为各民族共谋地方发展的基本准则，因此也就不能将之简单地说成用汉族的社会伦理强迫少数民族同化的做法。在山区的礼化实践之下，各少数民族将本民族文化与"礼性"结合起来，丰富了民族文化的内涵。如阿卡人（哈尼族的一支）"整合药礼"，形成别具特色的医药文化。② 拉祜族逐渐摒弃"石头不能做枕头，汉人不能做朋友"的观念，形成新的"奥礼奥络"③的文化体系。原本耕作技术比较成熟、汉化程度较高的旱傣则进一步吸收汉族礼仪，进一步礼化。在哀牢山腹地，旱傣的礼让与谦逊常常被汉族用来作为家庭教育的参照。新礼仪的内容包括礼让、共享、共建等内容。礼化实践也带来山区各族的文化自觉，少数民族在汉文化的"折冲"中反思和确立自身的"社会特性"，以汉人礼、拉祜礼、阿卡礼、比搓礼、阿佤礼等表达各自的文化自性。

必须指出的是，在改土归流后的"三属地"多民族社会，国家政治权力与士绅的文化权力，两方面都试图推行"同风俗、一道德"的礼仪教化政策，这使得朝野双方，最终在文明的认同与标准上逐渐趋于一致。伴随地方精英礼化实践的推行，在多元互嵌社区构建的同时，多元治理体系也逐渐形成。文明的规则与强烈的国家认同感，在激烈的社会动荡及多元治理，在形式上已经形成。

---

① 戴圣编：《礼记·曲礼》，团结出版社 2017 年版，3 页。

② 参见王瑞静：《整合药礼：阿卡医疗体系的运作机制》，载《社会》2020 年第 1 期。

③ 拉祜语"奥礼奥络"ɔ31li53ɔ31lɔ33 中，li53 为汉语借词"礼"，lɔ33 为汉语借词"络"，该词本意为拉祜族的习俗、礼仪、文化，是随哀牢山区地方"礼化"而产生的新词汇，该词保留了"礼化"实践对民族文化的影响。

五、礼化的基本内容及其边疆治理功效

改土归流后，哀牢山区“三属地”的地方治理始终以礼化的倾向，山区各族都认同中国文化模式，但真正将礼化作一种社会秩序加以共建，却是在咸同各族大起义之后。社会动乱强化了各族对国家力量的依赖。起义平复后，国家的边疆治理手段依然是恩抚外人使之渐行同化。很明显，同化的国家意志中包含为政者对边疆各族是否“靠得住”的担忧，解决边疆各族缺乏国家意识的焦虑，需使边疆内地化。边疆内地化，实质上也是一个国家的礼仪、法令在地方执行的过程。重要的是，圣谕宣讲等国家意志具身化的过程中，包含一个国家话语被理解、传达和执行的地方化过程。地方精英的社会治理基本上是在国家礼法秩序的格局与结构之下进行谋篇布局的。“礼化之道，以教为先，礼教之不能化者，则施规约以济其穷。”①哀牢山区“三属地”的礼化实践分为讲圣谕、刊善书、兴学校、禁盗匪、制规约、解冤结、开道路七个方面。其中，讲圣谕、刊善书、兴学校对应的是国家治理体系中教育感化的层面；禁匪盗、定规约、解纠纷对应的则是国家治理体系中依礼制法的治理原则。

(一)讲圣谕以广认同

咸同大起义后，圣谕宣讲成为哀牢山腹地乡绅进行社会整合的手段，每个乡一月要宣讲两次，国家政策和诏令也作为宣讲内容。无论是《圣谕十六条》还是《圣谕广训》，都具有强烈的礼教特性。因此，圣谕宣讲成为地方精英向各族民众解释国家礼仪秩序并将国家秩序与地方风俗对接的方式，也成为地方精英自我成就与自我书写的方式。张德昭“值地方，变故时，多有等想。展韬略，挽狂澜，砥柱一方，尊国体，讲圣谕，职列坛场。竭其心，尽其力，名震讲堂”②。因在宣讲圣谕过程中，往往要用地方案例来充实，已达到教化效果，

---

① 艾昌炤：《劝士人传习书》，艾芝桢辑抄：《时令及祭文汇录》，文岗村熊开科藏手抄本，第20~22页。

② 佚名：《祭岳父文(四)》，杨春馥辑抄：《祭文杂文丛抄》，文岗村杨明荣藏手抄本，第43页。

故地方精英常常通过扶乩等方式诠释圣谕。《三才良舟》《三教收圆》《三教聚会》都是在此过程中形成的地方性文献。《三才良舟》不仅记录了地方精英治理社会的成效，还将人生命的可贵与个人的命运相联系，进而认为接受礼化是人生难得的机遇与条件："既生而为人，或生民族杂糅之所，如吾侪之所生，浴则同川，卧则同床，尊卑混处，男女杂糅，不被王风、不调圣化，此二难逢也。"①依据圣谕的原则，山区社会"浴则同川，卧则同床"的生活情境被形容为民族杂糅之地与礼相违的现象，应通过礼仪对身体的规训，使之共成礼俗。在"三属地"，圣谕讲坛一直持续到 1949 年。《圣谕广训》的最后一次刊刻是在民国十六年，由镇沅礼区九甲第一学校刻本。《圣谕广训》作为学校的教材，也兼赠予校外的读书人阅读。"有愿读者，前来领取，不索书价。"②

（二）刊善书以淳风俗

改土归流后，哀牢山腹地善书的生产与刊刻多"以教化之实行以消大同之祸乱，而进大同之和平"③为旨归。由于使用的是古老的雕版印刷，工程极为繁浩，往往一部善书的刊刻要几年甚至几十年时间。如聚仙坛刊刻《丹桂籍》的活动前后经历了四十年时间，刊刻的过程最终变成山区社会动员的方式。④更重要的是，地方精英往往借助扶鸾的方式编成劝善书籍，用以宣扬本群体的社会治理理想及效果，如《三才良舟》《三教收圆》等。《三才良舟》是景（东）属善坛三宝宫请鸾垂书劝世的产物，新（平）属的杨春馥等乡绅"曾为校阅，舍身忘家年余乃就"⑤。书分天堂、地狱、人事三部，内容以"统辖地方，以正风规"⑥为主，要求民众"不分夷汉，返璞归真。守望相扶，同力同心"⑦，是地

①　太乙众仙宫：《景镇新三属新阐三教收圆释集》，文岗村熊开籍藏宣统二年刻本，第 68 页。
②　爱新觉罗·胤禛：《清圣祖圣谕广训》，云南镇沅县九甲镇大平掌村张开春藏民国十六年镇沅礼区九甲第一学校重刊木刻本，扉页。
③　张德昭：《三属地重刊〈丹桂籍〉叙》，收录于张德昭、杨春馥刊印：《三属地重刊丹桂籍》卷一，云南镇沅县九甲镇灵官庙 1948 年刻本，第 3 页。
④　参见熊开万、桂胜：《阴骘思想与多民族地区的社会构建——基于哀牢山腹地刊刻丹〈丹桂籍〉的文献调查》，载《云南社会科学》2018 年第 3 期。
⑤　1949 年立"杨春馥墓碑"，碑存云南省镇沅县九甲镇文岗村寨小组后山。熊开万抄录碑文。
⑥　景阳（景东）太乙众仙宫：《三才良舟·人事部》，宣统三年景东卜勺坛刊刻，第 54 页。
⑦　景阳（景东）太乙众仙宫：《三才良舟·人事部》，宣统三年景东卜勺坛刊刻，第 65 页。

方精英用自己的文化知识进行礼化实践的体现，对山区社会整合具有重要意义。值得注意的是，善书的刊刻，得到很多少数民族的捐助，可知在"因俗礼化"的实践中，少数民族并非置身事外的群体。如《三属地重刊丹桂籍》一书的功德簿记录收取银钱共1353元，其中少数民族贡献了400多元。① 民国时期，生活在"三属地"最边缘地区的大黑箐彝族罗为方一家，用了近三年时间，雕成《因果经》一部，印刷后提着书在文德街上散发。可见，以积德行善为旨归的善书刊刻运动，最终将整个"三属地"无形地联系在了一起。

（三）创学校以启文明

建立学校，不仅可为地方子弟开拓"扬名声、显父母"的途径，也是地方精英扶持文教、羽翼圣朝的自证。不少贡生依托地方庙宇开设学堂，如艾昌炤于关庙设账，王继、杨春馥等于灵官庙设账，周安靖，孔毓秀等于仓房设账。至宣统元年(1909)，"礼乡"已成为"我县(镇沅县)储才渊薮"，贡生杨春馥曾称赞"三属地"的礼化成就及教育成就："极目人烟遍四方，古松修竹护村庄，弦歌自信儒林盛，福主大庙作学堂。"②艾昌炤主持地方事务后，"讲道德以厚其根基，修文学以增其润泽"③，特别提倡教育中礼仪的教化功能，并试图将之作为"育才以为国用"的实践。艾昌炤自己是少数民族出身，他的倡导自然起到了非常大的影响。他曾作《劝士入传习书》以倡导教育：

> 礼乡诸先达大人阁下，道存周孔，风尚葛怀，清洁自居，不随波流……故廊庙诸名贤，本孔子因时制宜之心，以求一遍至道，提倡教育，遍设学校，原期家无不学之子弟，国无不教之人民……国家多难，急需人

---

① 参见熊开万、桂胜：《阴骘思想与多民族地区的社会构建——基于哀牢山腹地刊刻丹〈丹桂籍〉的文献调查》，载《云南社会科学》2018年第3期。

② 杨春馥：《乡村杂事诗四十首》，杨春馥辑抄：《祭文杂文丛抄》，文岗村杨明荣藏手抄本，第158页。

③ 赵答庵：《艾兴周先生寿序》，艾芝桢辑抄：《时令及祭文汇录》，文岗村熊开科藏手抄本，第186~189页。

才。凡我民等，不分夷汉，宜精进向学，为国为家。①

对"三属地"教育有影响的地方精英，还有镇沅县者东的拉祜族贡生王汝为。他在整村开设学堂，招生周边各族学生就学，"遵华夷一家之教，劝诫子弟，共成美族，孝悌有是而行，人才由此而盛"②，亦是对山区礼化实践有积极贡献的人。

(四)禁盗匪以安民生

匪乱是地方社会的毒瘤，是撕裂地方社会的潜在力量，给山区各族带来无限的麻烦。"匪"在地方治理体系中是不服王化、鲁莽蛮横、刚猛凶狠的边缘群体，这种描述跟明清地方史志中边疆少数民族的负面形象几乎是叠合的。不同的是，史志文献所代表的是帝国"夷夏之辨"体系下的民族偏见，而地方社会语境对应的则是"夷汉一家"格局下的人心高下。不管汉族还是少数民族，以残忍的手段剥夺他人生命、财产的，都是野蛮的匪徒，是应该打击的恶势力：

> 近有往来棍徒，不耕不读，不入行伍。惟以赌盗是寻，唯剽掠是用。上下往来，移及村中，善民亦有入其流者。盖赌乃贼匪之源，盗乃丧身之阶。于是习染成风，奸人妇女，盗人财物，危害实多。为此，各村人等……自此以后，凡我同盟之人，务宜各村早夜巡缉。凡有面生歹人，俱不准留宿。若遇盗及村中财物，则聚会于斯，各带费用，以帮寻访。不得推诿。其中若有恃强不服者。送官究治。若有贪财卖放者，与贼同罪。为使贼息民安，彝伦清美，为此刻石立禁。③

---

① 艾昌焜：《劝士人传习书》，艾芝桢辑抄：《时令及祭文汇录》，文岗村熊开科藏手抄本，第20~22页。
② 民国二十三年立"王汝为墓碑"，碑存云南省镇沅县者东镇者整村后。熊开万抄录碑文。
③ 佚名：《永禁彝匪碑》，艾芝桢辑抄：《时令及祭文汇录》，文岗村熊开科藏手抄本，第172~173页。

从该碑文的内容看，地方精英认为匪乱根源于人心蛮横，不服国家的礼法制度。消除匪乱最好的办法，是动员各族人民，实行联保之制，守护家园。对于家族团体在社会结构中仍发挥着重要作用的山区而言，让每个村落管好自己的人口，让盗贼无所容身的做法，才是正本清源之策。

（五）定规约以保经济

在地方各族精英倡导下，村民组织起来，合作保护庄稼，维护经济利益。牛崇会是由地方各族发起，讨论"三属地"经济社会建设的民间组织。牛崇会的权威以乡绅和父老的德行为基础，通过乡绅和各族头人商定的乡规民约常刻在碑上，以约束地方民众的行为：

> 窃惟国以民为本，民以食为天。故即时耕蓐，栽种禾苗、竭力园圃，树艺五谷。上以输纳朝廷，下以供育群生。终年勤苦所系，一家性命攸关。近有无耻棍徒、牵友及恶少，罔知稼穑之艰难，不顾钱粮之办纳。只徇一己之私欲，遂伤遍野之田圃。或放纵牛马而践踏，或逞鸡豚而啄残，遍地荒芜，萌芽无生。乃有甚者，三五成群，昏夜偷割，竟有每夜偷割至三五亩者。凡此诸种，齐目伤心，动念惨切。为此众议，严禁自今以后，凡我共事之人群，宜早夜巡缉，若遇大畜踏食禾苗，即时拿获，照物赔偿。凡有瓜果不问而取者，亦作盗论。如若有恃强不服者。送官究治。若有贪财卖放者，一体同罚。庶使田禾茂盛，钱粮有办而民衣食亦有赖矣，为此刻石立禁。①

这些规约在多民族的山区具有乡规民约的意义，碑文回应了圣谕"重农桑以足衣食""讲法律以儆愚顽"的要求，是可视化程度较高的宣传资料，通过碑文固定下来的社会规约在社会秩序的构建中具有积极的意义和价值，是乡绅透过社会秩序的重组进行文明化的尝试。

---

① 佚名：《禁牛马践踏土地碑文》，杨春馥辑抄：《祭文杂文丛抄》，文岗村杨明荣藏手抄本，第110页。

(六) 解纷争以息争讼

就乡土社会而言，"讼庭无鼠牙雀角之争，草野有让畔让路之美，和气致祥"①是社会治理的理想。地方精英"兼办地方公事，为人排难解纷"②。艾昌炤"出言即解人之纷，救人之危，上有大事之命，任以总团之职，下为夷汉之仰，随时释结而解冤"③。张德昭"直道事人，乡人皆好之。居是邦也，言必有中，一话一言。善为说辞。讲理于大树下，人咸信之。乡人皆曰：'其言曰善，片言可以决狱'"④。哀牢山区地方精英根据地方风土人情逐渐产生的教谕式调解，运用法、理、情等文化资源对人际中的冤结进行解释，使得冤屈得到伸张，郁结得到释放⑤，社会纠纷与冲突得到很好的解决。

(七) 修道路以通远方

交通是文明赖以传递和扩展的重要途径。历史以来，因为山高箐深、交通不便，"三属地"好像一个被遗忘的弃婴，僵卧在文明的永夜里，苍白而孱弱。地方精英将善书积德行善观与地方实际情景相结合，"修数百年崎岖之路，造千万人往来之桥"⑥，提出了"修桥补路阴功大"的思想，动员山区各族力量，打开与外界联系的死结。清朝中后期，"三属地"民众掀起了修桥补路的高潮。庠生张永静是在茶马古道上经营的生意人，在儿子对抗"发匪"丧生后，悉出家中积蓄，修建远近道路，搭建风雨桥多座，民称便利。艾昌炤修扎龙大路、山心大道，建皮油石桥、南浩大桥。交通的改善便利了民众的生活。这些道路，今天依然方便着远近民众出行，只是昔日铺垫的青石地板，经岁月碾磨，

① 田文镜、李卫：《州县事宜》，云南省图书馆藏清道光二十四年刻本。
② 1949 年立"杨春馥墓碑"，碑存云南镇沅县九甲镇文岗村寨小组后山。熊开万抄录碑文。
③ 艾之桢：《祭家伊文》，艾芝桢辑抄：《时令及祭文汇录》，文岗村熊开科藏手抄本，第 138～153 页。
④ 佚名：《祭亲家文》，艾芝桢辑抄：《时令及祭文汇录》，文岗村熊开科藏手抄本，第 70~72 页。
⑤ 参见熊开万：《从解冤释结科仪到牛崇会——哀牢山腹地民间解释的实践逻辑研究》，载《文化中国》2009 年第 4 期。
⑥ 张德昭、杨春馥刊印：《三属地重刊丹桂籍》卷五，云南省镇沅县九甲镇灵官庙 1948 年刻本，第 6 页。

稍有残损而已。

在哀牢山区"因俗礼化"的社会治理实践中，地方精英结合"三属地"民族杂糅的特征，从"夷汉一家"的民族平等观念开始，逐渐扩充到讲圣谕、刊善书、创学校、禁盗匪、定规约、解冤结、开道路等方面。这些治理实践活动中，包含着一个清朝政府治理边疆的方法结构，同时从思想到行动两个层面完成了国家礼法秩序的本土化，产生了积极的治理效果。"三属地"的礼化实践是国家政策与地方精英对策之间互动交融的动态过程，尤其是地方精英能动作用释放的过程。

六、结语

"因俗礼化"是改土归流之后地方精英在哀牢山腹地"三属地"进行社会治理的主要内容，礼化的核心是规范植入。"三属地"礼化的实践从"夷汉一家"的共享共耕生产生活秩序出发，逐渐发展为重构村落秩序、规范祭事制度、构建各民族的议事制度，等等，这些制度的背后，是地方精英在国家意识形态的框架下，援引多民族地方社会在交流交融中积累的文化资源，进行礼化实践的效果。礼不仅仅是封建文化的等级区分与角色定位，更是人与人之间互谦互让，仪轨风范的美好，里面寄托着中国民众对万物秩序的基本观点与立场，包含着人类社会秩序运行的精微道义。哀牢山腹地各族共谋的礼化实践，是基于儒家意识形态和现实政治的社会治理实践，这些努力保证了"三属地"最终没有因为身处"三不管"地带而陷入混乱与碎片化，而是随着地方教化的推行、人物的繁盛、风土的淳厚成为人们眼中的"礼乡"，并最终在国家行政区域划分中，成为一个完整的、各民族团结的乡镇。

一致性与多样性之间的紧张关系始终是边疆与民族研究的核心议题。在哀牢山腹地"三属地"的"因俗礼化"的社会治理中。因为"礼"已经成为人们所普遍接受的价值，国家语境中"夷夏之辨"以及地方官员"以夷变夏"的焦虑在地方语境之中并不是一个问题。在传统华夷秩序与名分制度之下对少数民族地区的经营，重点在巩固边防，而在汉族与周边各族于山区共栖共生的生产生活实践中，民族的差异不是"内""外"的差异，而是可以相互欣赏、取精用宏的风俗习惯的差异，汉族与少数民族之间存在着共同的日常生活秩序。"夷汉一家""夷汉俱化"等词汇的大量出现，充分显示出少数民族群体并不是需要被驯化的对象，而是有其自身礼性和礼义的文化主体。

马克斯·韦伯指出，人是悬挂在由他们自己编织的意义之网上的动物,①边疆社会不仅仅是主权、民族、经济纵横错综交织而成的社会，更是道义的社会。清代哀牢山区"因俗礼化"的实践堪称改土归流后边疆治理的样板，它在封建国家运用娴熟的技术治理之外，充分发挥了意义治理的作用。意义治理作为一种基于百姓"文化生存"的社会治理路径，应该成为社会治理与边疆治理的重要内容。忽视百姓日常生活之尊严与价值的治理技术，正不断地将中国基层社会引向戾气横行的运行状态。② 相反，重视礼化实践和礼化功能，对于边疆治理的研究及边疆社会的和谐、稳定，都具有重要的意义。

---

① ［德］马克斯·韦伯：《新教伦理与资本主义精神》，简惠美、康乐译，广西师范大学出版社 2007 年版，第 57 页。
② 陈伯峰：《"气"与村庄生活的互动》，载《开放时代》2007 年第 6 期。

谭嗣同先生《仁学》理论与实践[*]

中国近代著名的启蒙思想家、民主革命先锋、科教救国的身体力行者，"百日维新"的"六君子"之一——谭嗣同先生殉难已近一个世纪了。其以死酬志，为科学、为民主、为真理、为民族振兴而英勇献身的精神足以为后世效法，给中国近代史留下了光辉而悲壮的一页。

谭嗣同（1865—1898），字复生，湖南浏阳人氏。甲午战争后，中华民族处于深重的危机之中，看到大好河山被列强"瓜分豆剖"，谭嗣同痛心疾首，感到再也不能像过去那样在考据之学上花工夫了，应奋起以知新、致用之学自励，因又字号壮飞。湖南浏阳人杰地灵，谭嗣同更是"天挺异才"，能诗善文，百家兼治，孔、佛、耶三教俱通，虽英年早逝，但著作言论甚多，最能代表其哲学思想的，当首推他"怀纵横八荒之心，具上下千古之慨"而写成的《仁学》。谭嗣同的世界观、维新变法、救亡图存的一系列政治主张皆可谓是《仁学》的具体展现。

一、《仁学》之理论

《仁学》成稿于1896年，反映了谭嗣同从旧学向新学世界观的转变，亦反映了他的阶级意识从地主阶级向新兴资产阶级的转变，更反映了他的自我觉醒。全书凡二卷，五十篇。

＊ 该文曾刊于《桂林工学院学报》1996年增刊，第一作者，合作者高永惠，收录时略有改动。

　　什么是"仁学"？谭嗣同扬弃了宿儒的仁学思想，其仁学包罗万象，既属物质的，又属精神意识的，既有中学，亦有西学，既含宗教唯心的，又含科学唯物的色彩。从某种意义上讲，关于它的界定又近似于老庄对"道"的阐释。"凡为仁学者，于佛书当通《华严》及心宗、相宗之书；于西书当通《新约》及算学、格致、社会学之书；于中国书当通《易》《春秋公羊传》《论语》《礼记》《孟子》《庄子》《墨子》《史记》及陶渊明、周茂叔、张横渠、陆子静、王阳明、王船山、黄梨册之书。"(《仁学》)由此可见，"仁学"是古今中外思想相蓄并容、别裁化成的结晶体。

　　谭嗣同等借西学传来的"以太"这一物质概念，用来作为哲学范围，解释自然和社会现象。他说："仁以通为第一义，以太也，电也，心力学，皆指出所以通之具，遍法界、虚空界、众生界，有至大至精微，无所不胶粘，不贯洽，不管络而充满之一物焉。目不得而色，耳不得而声，口鼻不得而臭味，无以名之，名之曰以太。"(《仁学》)"三界"大至宇宙，小至须弥之物之存在，皆是仁的化身，"一以太而已矣。"

　　既然"三界"皆是"一以太而已"，而以太(仁)又是无所不在，彼此流通的平等实体，那么众生界里的不流通、不平等的种种现象就是不仁，不符合物质运动的客观性。它必须亦必然让通、平等来替代。这就是谭嗣同"仁以通为第一义"的最好注脚。何为通？谭诠释道："通之义，以'道通为一'为最浑括"；通之象为平等，"通有四义：中外通……上下通……男女内外通……人我通"。显而易见，通是针对不通，不平等塞、隔而言。为了遵循物质运动的客观规律，必须打破人为的不通、不平等的藩篱。"废君统，倡民主，变不平等为平等。"[1]这就为冲击封建伦理、秩序、纲常名教，打破闭关锁国现状，改变"上权太重，民权尽失"局面，冲决重重罗网提供了理论依据和武器。这正是资产阶级要求"博爱、自由、民主、平等"的政治倾向在哲学上的反映。

　　既然"天不新，何以生？地不新，何以运行？日月不新，何以光明？四时不新，何以寒燠发敛之迭更？草木不新，丰缛者歇矣；血气不新，经络者绝

---

[1]　蔡尚思、方行编：《谭嗣同全集》，中华书局1981年版，第54页。

矣，以太不新，三界万法皆灭矣"(《仁学》)。那么维新变法便合情合理。谭嗣同借孔、佛、耶三教教主的言论来解释日新："孔曰'不已'、佛曰'精进'、耶曰'上帝国近尔矣'，新而又新之谓也"，并用孔子"革去故、鼎取新""日新之谓盛德"来说明日新的意义；《仁学》讴歌"以太"之动："日新乌乎本？曰：以太之动机而已矣……夫孰非以太之一动，而由之以无极也，斯可谓仁之端也已"揭露那些守旧的人们的丑恶行径、危害及可悲下场："犹有守旧之鄙生，断龁然曰不当变法。何哉？是将扶其蔺蔽惰怯之私，而窒天之生，而尼地之运行，而蔽日月之光明，而乱四时的迭更……终成为极旧极蔽，一残朽不灵之废物而已矣。"谭嗣同由以太之动，天地日新，引出了"道"与"器""变"与"不变""动"与"静""俭"与"奢"几个矛盾概念。

"道"与"器"是中国古代哲学里的一个重要范畴，谭嗣同继承了王夫之"道不离器"学说，阐明"道随器变""道必依于器而后有实用"。这种存在(器)决定意识(道)之思想对多年来"天不变，道亦不变"的形而上学"不变"学说无疑是一个沉重的打击，动摇了封建君主专制制度的理论基础，带有民主启蒙色彩。"动"与"静"亦是中国古代哲学里的一个重要命题。谭嗣同在《仁学》中援《易》来论证动静之理和动的意义："王船山邃于《易》，于有雷之卦，说必加精，明而益微。至屯之所以满盈也，豫之所以奋也，大壮之所以壮，无妄之所以无妄也，复之所以不丧匕巴而再则泥也，罔不由于动。天行健，自动也。天鼓万物，鼓其动也。辅相裁成，奉天动也。君子之学，恒其动也。吉凶悔吝，贞夫动也。谓地不动，昧于历算者也。"他认为"《易》抑阴而扶阳，则柔静之与刚动异也，夫善治天下者，亦岂不由斯道矣"。由此，他"哀中国之亡于静"，叹"言静而成动，言柔而毁刚"的李耳(老子)三术之乱中国，使朝野上下"言学术则曰'宁静'"，"言治术则曰'安静'"，"自始至终未尝一动也"。长久下去，一旦有事，必然是："掘冢冢中枯骨与数百年之陈死人而强使之动，乌可得乎哉？"谭嗣同的动静观对于当时昏睡百年的人们，无疑是一副有效的清醒剂。

谭嗣同还从动、静之理出发，指出了"静德俭德"之"美德"的弊端，"惟静故惰，惰则愚；惟俭故陋，陋又愚。兼此两愚，固将杀尽含生之类，而无不足。故静与俭，皆遇黔首之惨术，而挤之于死也"。他认为适度的"奢"(消费)

合理的"人欲"有助于社会的进步。

仁又与心力相等同。"仁以通的第一义。以太也，电也，心力也，皆指出所以通之具。"以太是仁，心力也是仁。心力，是决定宇宙万物的本源。他说："心之力量，虽天地不能比拟，虽天地之大，可以由心成之，毁之，改造之，无不如意"①又说："仁为天地万物之源，故唯心，故唯识。"(《仁学》)谭嗣同别出心裁建立的"仁"的学说，其意义、其作用、其奇妙由上文可见一斑。在谭嗣同看来，"人力或做不到，心当无有做不到"。心力仁，甚至比以太仁更根本。"以太也，电也，粗浅之具也，借其名以质心力"，"以太者，固唯识之相分，谓无以太可也"(《仁学》)。这就把"心力仁"精神之作用夸大到无限之作用，"以太仁"只不过是心力仁的托言借而已。由此，谭嗣同便认为，有时，单凭精神上的"心力""愿力"亦可成天动地，亦可实现通与平等。他说："通则必尊灵魂。""夫心力最大者，无不可为。使心力骤增万万信，天下之机心不难泯也。心力不能骤增，则莫若开一讲求心之学派，专治佛家所谓愿力。""盖心力之实体，莫大于慈悲。慈悲则我视人平等，而我以无畏，人视我平等，而人亦以无畏。"(《仁学》)

对于谭嗣同强调"万法唯识"，无限夸大"心力""愿力"作用，后人褒贬不一。褒者认为谭嗣同十分重视人的主观精神作用，追求理性解放，富有辩证的进化的精神。贬者认为其心力仁，模糊了以太仁的物质性，给其仁学披上了宗教神秘、虚无的色彩。但无论如何，谭嗣同发愿力度己度人，自觉觉人，"重灵魂，轻体魄"精神是可嘉可颂的，他祝愿的未来中国"其民日富，其国势亦勃兴焉"②亦成为了现实。美好的理想，精神上的憧憬皆是无可厚非的。

二、《仁学》的实践

(一)创办学会

谭嗣同创办的学会甚多，有算学社、测量学会、南学会、群萌学会、延年

---

① 蔡尚思、方行编:《谭嗣同全集》，中华书局1981年版，第460页。
② 蔡尚思、方行编:《谭嗣同全集》，中华书局1981年版，第249页。

学会。其中值得一提的是湖南济阳算学社。这是因为算学社是湖南第一个学会，亦是中国近代史上第一个学会，是谭嗣同破隔求通，提倡新学、实学的发凡破萌之具体实践。算学社的创办比《仁学》一书成稿时间略早，但这并不能排除它受到《仁学》思想的影响。开办学社，兴格致之实学，费尽了谭嗣同心机。

1. 选算学作为启迪民智，转移风气突破口

之所以选算学，因为：其一：算学是致用之学。"法不足救时，不得为法；学不足致用，不得为学。当兹患气积深，奇变百出，国家如但用考据、训诂、辞章、时文、诗、赋、小楷之流、何益于事？即考据、训诂、辞章、时文、诗赋、小楷之流，自问何补于用"？而"以算学为权舆，触类引申，充积极盛，将来至于无所不通，即可起而平治天下，所谓真经济家也"。"就算学而论，聪颖之士，勤求一年，可以得其大概，其余电、气、声、光、重、化、测量、制造诸学、触类以求，专门可擅。至于积极盛，富有日新，数千年之沿革损益，五大洲之风俗改教，调剂存乎一心，运量极乎十世。"① 其二：算学为传统科目，易于接受。"算学为六艺中应讲之一，不是谓为变法，亦不以西学为名，名正言顺。"②

2. 选浏阳作为社址，小试一县

之所以选浏阳，因为：浏阳地灵，拿谭嗣同的话说："浏阳虽蕞尔邑，而户口之繁，百万有奇，物产殷阜，矿质充轫，乃东方小瑞士也。"③

浏阳人杰，有乡绅欧阳中鹄，湘省地方要员陈宝箴等热情支持，更有唐才常等同志的鼎力支持，"两人少同游，长同志，订为生死交，才名亦相伯仲，时有浏阳双杰之称"。浏阳一县小试成功后，校经学会、德山书院、方言馆、

---

① 参见欧阳中鹄：《兴算学议》，载蔡尚思、方行编：《谭嗣同全集》，中华书局 1981 年版，第 153~173 页。
② 参见欧阳中鹄：《兴算学议》，载蔡尚思、方行编：《谭嗣同全集》，中华书局 1981 年版，第 153~173 页。
③ 唐才常：《浏阳兴算学记》，载王佩良注解：《唐才常集》卷四，岳麓书社 2011 年版，第 284 页。

岳麓书院、时务学堂、南学会等便应运而生，呈星火燎原之势。用唐才常话说："湘省值中国之萌芽，浏阳值湘省之萌芽，算学又萌芽之萌芽耳。"①。

3. 利用契机

谭嗣同发愿倡立算术社之心久矣，然"遂忍五六年，终无成议"，"凡议稍稍更改之事，必经年累月，彼可此否，彼否此可，力持利不十不变法之说以相抵拒"。甲午战争，山河破碎，朝野危机四伏，必死必生给格致之实学之推行带来了契机。"会东事起，水陆诸军，溃败不可收拾，警报日夕数至，朝野上下，震悼失图。于是乡曲之儒，谈虎色变，亦稍稍生热力，萌机动矣"（同上），谭嗣同抓住契机，完成心愿。

4. 大力宣传

湘人当时"以守旧闻天下"，为解决守旧人士之疑虑，宣传兴算之益，浏阳名绅欧阳中鹄将谭嗣同写的《兴算学议》刊印成单行本，并加批加跋，写下了一书、二书、三书、四书《兴算学记》后，以期家喻户晓。

5. 倡办算术社的意义（略）。

（二）变法维新

谭嗣同的《仁学》思想，在他后来维新变法活动中，表现得淋漓尽致。谭嗣同利用在浏阳筹办的算术社（后来改为算学馆）和在长沙创办的《湘报》、南学会，宣传其《仁学》和新学、民权思想，鼓吹变法。作为资产阶级改良主义的激进派，他以变通的理论作为依据，要求改变政治体制，兴民权、设议院，实行君主立宪，废除八股取士的科举制度，提倡新学、西学、设立学堂、培育英才、科教救国。他的"天地万物都在不断更新""昨日之新，至今日而已旧，今日之新，至明日而又已旧，所谓新理事，必更有新于此者"（《仁学》）的观

---

① 唐才常：《浏阳兴算学记》，载王佩良注解：《唐才常集》卷四，岳麓书社 2011 年版，第 284 页。

点，成为维新变法的理论根据。百日维新期间，谭嗣同发"心力""愿力""涕泣陈诉"、八方周旋，虽然他十分注重心力，想通过"心力"的交流，"灭机心"，"除我相"，"视敌为友"。但他亦意识到"今日中国到新旧两党流血遍地，方有复兴之望"①。可惜他未能发展到采用革命的暴力对待异常猖獗的反革命暴力。

(三)杀身成仁

百日维新流产后形势危急，很多人劝谭嗣同离京避难，他坚决不走，声称："各国变法无不以流血而成，今中国未闻有因变法而流血者，此国之所以不昌也，有之，请自嗣同始。"②他可逃不逃，慷慨就义。身陷囹圄，"我自横刀向天笑"，面对死刑，"去留肝胆两昆仑"，他在引颈就戮时无愧无悔地留下四句话："有心杀贼，无力回天，死得其所，快哉快哉。"谭先生以热血实践了自己的人生诺言，洗刷了其软弱动摇的缺点，唤醒了民众。"一部分原属于康梁一派的改良主义分子也从残暴恐怖的戊戌政变的教训下惊醒过来，走上革命的道路。"③

"人力或做不到，心当无有做不到。"

---

① 蔡尚思、方行编：《谭嗣同全集》，中华书局1981年版，第303页。
② 梁启超：《谭嗣同传》，载《饮冰室合集》卷四，中华书局1989年版，第121页。
③ 林增平：《中国近代史》，湖南人民出版社1979年版，第478页。

从对历代"群己观"的梳理看中国共产党人 "毫不利己，专门利人"的社会思想渊源

"群己观"是社会思想研究的重要范畴，它直接作用着、影响着社会群体生活秩序的构建。群己关系思想研究对中国社会思想的理解尤具意义。中华民族历史悠久、人口众多，其社会思想的展现与其他国家、民族既有异曲同工的一面，又有其独自的轨迹。中国几千年的社会基础和文化积淀影响着历代中国思想家对社会的理解与认识。群体、社会是由人构成的，人是社会的人，人与人、心与心、人与群体、人与社会的关系问题备受华夏前贤后昆所重视。① 早在一千多年前，荀子就说过："人之生也，不能无群。"是故，严复便以《群学肄言》作为英国社会学家斯宾塞的《社会学研究》(*Study of Sociology*)译作的书名。

一、专题"群己观"研究的缘由

中国学者杨懋春赋予社会思想定义时指出，"社会思想一词中的'社会'二字不是指由人群所构成的一个社会，而是指构成社会的那群人的人际关系。其中的'思想'二字不是指人对于他所在的那个社会如何作观察、分析、思考与陈述，而是指他对所见到、经验到、满意或不满意的人际关系所起思

① 桂胜：《中国社会思想史研究的几点认识》，载陆学艺、王处辉主编：《追寻中国社会的自性》，广西人民出版社 2004 年版，第 29 页。

考、所发问题、所做评论及所提建议。总体来说，社会思想是指人对于他所在或所关心的社会关系或人际关系及在此关系中所有各种社会活动所作的思考、所发表的意见、所给的评断及所提的建议"①；另一名中国社会学家龙冠海也认为"照狭义的来讲，社会思想乃是专指关于纯粹的社会关系之思想而言，如人与人的关系，团体与团体的关系，社会制度及社会组织等等。社会学家现在所讲的社会思想是偏向于狭义的……"②由人与人、心与心、人与群体、人与社会的群己关系入手，最能抓住中国社会思想的脉络，探寻中国社会思想发展的轨迹，同样亦有助于我们洞悉明了毛泽东"毫不利己，专门利人"的境界所在。

"毫不利己，专门利人"是毛泽东在纪念国际友人白求恩时提出的，后作为人性的最高境界，成为中国共产党人的理想价值观，成为时代的呼唤，人民的期待。毛泽东的"毫不利己，专门利人"是一种说教或一时的即兴之词吗？是空洞的说教吗？是一种宗教情怀吗？要回答好这个问题，我们有必要对中国传统的有代表性的"群己观"等进行一番梳理工作，同时有必要了解群己关系模式的考察之于中国社会思想研究的意义。

二、"群己观"界说

"群己观"是对群己关系所持的态度，是关于集体、群体、个体、自我等相互关系的思想或思考。

历代"群己观"有着偏向，或蕴含着情感、或体现着工具理性、或蕴含着价值理性、或掺杂着制度理性。儒、墨、道、法和社会各阶层、党派根据各自生活的时代、和各自的理解，形成了丰富的、不同的"群己"关系理念。

---

① 杨懋春：《中国社会思想史》，幼狮文化事业公司 1986 年版，第 1 页。
② 龙冠海：《社会思想史》，三民书局有限公司 1967 年版，第 7 页。

三、不同历史时期"群己观"的主要特征、内容和源流考辨

（一）先秦道家、法家的"群己观"

1. 老子"圣人常无心，以百姓心为心"

要求圣人没有执念、成见，心系百姓之所想。

特点与影响：老子所要求的是圣人，是一个特定的阶层，其指向具有独特性而不具有普适性。

维系其群己关系的逻辑与路径：见素抱朴，恬淡寡欲，无私无执，无为而为，道法自然。

2. 杨朱"损一毫利天下不与也，悉天下奉一身不取也"

《列子》记载：禽子问杨朱曰："去子体之一毛以济一世，汝为之乎？"杨子曰："世固非一毛之所济。"禽子曰："假济，为之乎？"杨子弗应。①

杨朱针对禽子"取你身上一根汗毛以救济天下，你干不干？"而辩称：天下本来不是一根汗毛所能救济的。面对禽子"假使能救济的话，干不干"的追问，杨子缄默不语。

特点与影响：杨朱过于强调个体本位，既然"世固非一毛之所济"，干脆不损己以利人，亦不损人以贵己。贵己不损人，也不助人。客观上避免了同群体社会、传统体制的集体本位产生的冲突。与杨朱同时代的孟子抨击他："杨氏为我，是无君也；墨翟兼爱，是无父也。无父无君，是禽兽也。"②孟子又不得不感叹"杨朱、墨翟之言盈天下"，数次说："天下之言，不归杨，则归

---

① 参见《列子集释·杨朱》。
② 参见《孟子正义·滕文公下》。

墨"①；"逃墨必归杨，逃杨必归墨。"②也就是说，杨朱、墨翟的言论充塞天下，天下的言论，不是归向杨朱一派，就是归向墨翟一派，天下学问，不学墨翟之说的，必去学杨朱之说，不相信杨朱理论的，必然信赖墨子理论，除此之外，别无选择。可见杨朱之学成为红极一时的"显学"。郭沫若则认为是孟子的说法造成了对杨朱的误解，杨朱主张"贵己"、是全性葆真、不以物累形的存我主义，却不是世俗的利己主义③；关于"不以天下大利易其胫一毛"④之说，冯友兰认为重点在"轻物重生"，即不因为对天下有绝大的好处而用腿上的一根毛去交换。"拔一毛以利天下，而不为也"，重心在于不助人，只为自己考虑。但坊间只从自私的一面理解杨朱思想。"一毛不拔"，"人不为己，天诛地灭"作为成语成为某些世人的"口头禅"。

维系其群己关系的逻辑与路径：陷于两难：杨朱之所以不回答禽子的"假济，为之乎？"是因为一旦回答了，就可能落入两难圈套，即要么不拔一毛而落个"无德"，"拔一毛而利天下不为也"的吝啬鬼，要么肯拔一毛就违背了自己说的"人人不损一毫，人人不利天下，天下治矣"的理念。

3. 韩非子"人性趋利"，"人皆挟自为心"⑤

揭示人与人之间皆是利害关系。按照儒家的"亲亲""尊尊"观点看，人世间至爱莫过于夫妻，至亲莫过于骨肉同胞，至诚莫过于君、臣、民。韩非子认为儒家的伦理"诈且诬"。既不足信，也行不通。

韩非子指出夫妻之间是利害的关系：夫妻之间"非有骨肉之恩也，爱则亲，不爱则疏"。"丈夫年五十好色未懈也，妇人三十而美色衰矣，以衰美之妇人事好色之丈夫，则身死见疏贱。"⑥夫妻之间的恩恩爱爱维系的基础是色与性；父母子女之间也是一种利害的关系。父子之间"皆挟相为"，若"不周于

① 参见《孟子正义·滕文公下》。
② 参见《孟子正义·尽心下》。
③ 郭沫若：《十批判书·稷下黄老学派的批判》，中国华侨出版社2007年版，第144页。
④ 参见《韩非子·显学》。
⑤ 参见《韩非子·外储说左上》。
⑥ 参见《韩非子·备内》。

己",没有处理好抚养与赡养的利益关系,亦会埋怨责难,反目相待。《外储说左上》说"人为婴儿,父母养之简,子长而怒子盛壮成人,其供养薄,父母怒而诮之。子、父,至亲也,而或谯或怨者,皆挟自为而不周于为也"①。甚者,父母为了传宗接代、长远的利益,竟以"计算之心",残害子女。《六反》说"且父母之于子也,产男则相贺,产女则杀之。此俱出父母之怀衽,然男子受贺,女子杀之者,虑其后便,计之长利也";君臣之间更是受利益的驱动,是一种大利大害的关系。②《难一》说"臣尽死力以与君市,君垂爵禄以与臣市。君臣之际,非父子之亲也,计数之所出也"③。"故为人臣者,窥觇其君心也无须臾之休。"④韩非子由此推出如下的交往原则:"故人行事施予,以利之为心,则越人易和;以害之为心,则父子离且怨。"⑤

特点与影响:对韩非子的"群己观"等,《史记》已有评论"法家不别亲疏,不殊贵贱,一断于法,则亲亲尊尊之恩绝矣。可以行一时之计,而不可长用也,故曰'严而少恩'"⑥,"韩子引绳墨,切事情,明是非,其极惨礉少恩"⑦。

郭沫若则认为韩非子,"把人当作坏蛋","毁坏一切伦理价值"⑧。

维系其群己关系的逻辑与路径:以法去私,以术防奸,以势立威。"夫立法令者,以废私也。诸令行而私道废矣。私者,所以乱法也"⑨,"去私曲,就公法"⑩;"法不阿贵","法不阿贵,绳不挠曲。法之所加,智者弗能辞,勇者弗敢争。刑过不避大臣,赏善不遗匹夫"⑪。在群己关系中没有人文、美轮美奂的空间。

---

① 参见《韩非子·外储说左上》。
② 参见《韩非子·六反》。
③ 参见《韩非子·难一》。
④ 参见《韩非子·备内》。
⑤ 参见《韩非子·外储说左上》。
⑥ 参见《史记·太史公自序》。
⑦ 参见《史记·老子韩非列传》。
⑧ 郭沫若:《十批判书·韩非子的批判》,中国华侨出版社 2007 年版,第 257 页。
⑨ 参见《韩非子·诡使》。
⑩ 参见《韩非子·有度》。
⑪ 参见《韩非子·有度》。

（二）先秦儒家、墨家的"群己观"

1. 孔子"仁者，爱人"

要求人们要做到"爱人"，以人为人，可用一句消极、守住底线的话"己所不欲，勿施于人"和一句积极济世的话"己欲立而立人，己欲达而达人"来诠释，孔子将其称为"忠恕之道"；统治者要做到仁者，要"泛爱众"，要"恭、宽、信、敏、惠"①。

特点与影响：由利己到利人，有己人之分，有亲疏之别——"孝悌者，其为仁之本"，有阶级性——"孝慈则忠"、有民族性——"微管仲，吾其被发左衽矣"。之所以说孝悌是仁的根本，是因为仁育的目的就是将对亲人的爱，加以扩充、延伸到同类、苍生。《中庸》："仁者，人也，亲亲为大"。费孝通称之为"差序格局"——以"己"为中心，"像石子一般投入水中，和别人所联系成的社会关系，不像团体中的分子一般大家立在一个平面上的，而是像水的波纹一般，一圈圈推出去，愈推愈远，也愈推愈薄"。②

孔子被后世统治者尊为圣人、至圣、至圣先师、万世师表。孔子和儒家思想对中国和朝鲜半岛、日本、越南等地区有深远的影响，形成了儒家文化圈。

2. 孟子"人皆有不忍人之心"

孟子讲："所以谓人皆有不忍人之心者，今人乍见孺子将入于井，皆有怵惕恻隐之心。"③"以不忍人之心，行不忍人之政"便是他的流传千古的名言"老吾老以及人之老，幼吾幼以及人之幼"④；明人伦："亲亲而仁民，仁民而爱物。"⑤意思就是先爱亲人，然后爱人民，爱人民后爱事物。这种仁者与自然天地万物为一体，王阳明将其称为"一体之仁"。意思是说推恩泽民是一种无穷

---

① 参见《论语集释·阳货上》。
② 费孝通：《乡土中国》，上海人民出版社 2013 年版，第 25 页。
③ 参见《孟子正义·公孙丑上》。
④ 参见《孟子正义·梁惠王上》。
⑤ 参见《孟子正义·尽心上》。

止的行动，将对亲人的爱，加以扩充、延伸到同类、苍生，直到到达"一体之仁"的宏大境界。重民："民为贵，君为轻，社稷次之"①；得民心："天时不如地利，地利不如人和。"②

特点与影响："一体之仁"，由己及人，以至苍生万物。孟子有"亚圣"之称。孟子称"人皆可以成尧舜"③。毛泽东的名句"六亿神州尽舜尧"当来源于此，以发越人们的诚善，升华人们的良知。以善养人。人们将儒家称作儒教，孟子功不可没。

3. 荀子"人之生也，不能无群，群而无分则争"

荀子进一步阐述："人之何以能群，曰'分'"，"人之所为人者何也，曰'以其有辨'也"④，"君者，善群也"⑤，"君者，何也？曰'能群'也"⑥；"群而无分则争"⑦，"分"较之于"群"更为重要。

特点与影响："维齐非齐"，尊君隆势，划分社会角色并制定相应的规范；重别，荀子有时称"分""辨"为"别"。"曷为别？曰：贵贱有等，长幼有差，富贵轻重皆有称也。"⑧郭沫若说荀子"开始此后二千余年封建社会所谓纲常名教"⑨。

儒家维系其群己关系的逻辑与路径：

"省"，曾子曰："吾日三省吾身：为人谋而不忠乎？与朋友交而不信乎？传不习乎？"⑩

"度"，将心比心，换位思考，"他人之心，余忖度之"⑪，"投之以桃，报

---

① 参见《孟子正义·尽心下》。
② 参见《孟子正义·公孙丑上》。
③ 参见《孟子正义·告子下》。
④ 参见《荀子集解·非相篇》。
⑤ 参见《荀子集解·王制篇》。
⑥ 参见《荀子集解·君道篇》。
⑦ 参见《荀子集解·富国篇》。
⑧ 参见《荀子集解·礼论篇》。
⑨ 郭沫若：《十批判书·荀子的批判》，中国华侨出版社2007年版，第164页。
⑩ 参见《论语·述而上》。
⑪ 参见《诗经·小雅·巧言》。

之以李"①。

"推"，"故推恩足以保四海，不推恩无以保妻子；古之人所以大过人者无他焉，善推其所为而已矣"②。把恩爱由近及远，由亲及人推广，和谐共生，从而，我们的大中国，好大一个家。推恩，还要善于推恩。

"为仁由己"，"仁远乎哉？我欲仁，斯仁至矣"③，"为仁由己"④，"当仁不让于师"，"君子求诸己，小人求诸人"⑤。

杀身以成仁，子曰："志士仁人，无求生以害仁，有杀身以成仁。"⑥

舍生以取义，"生，亦我所欲也，义，亦我所欲也。二者不可得兼，舍生而取义者也"⑦。

"和而不同"，子曰："君子和而不同，小人同而不和。"⑧

"反求诸己"，"行有不得者，皆反求诸己"⑨。孟子要求人们多从自己身上找原因，从自我做起。强调主体的道德自觉与对个体的注重。责人不如律己。

养气，"吾善养吾浩然之气"⑩。

勇于承担社会责任，"士不可以不弘毅，任重而道远。仁以为己任，不亦重乎？死而后已，不亦远乎"？⑪

"夫天，未欲平治天下也；如欲平治天下，当今之世，舍我其谁也？"⑫

重义轻利，"君子喻于义，小人喻于利"⑬。

---

① 参见《诗·大雅·抑》。
② 参见《孟子正义·梁惠王上》。
③ 参见《论语集释·学而上》。
④ 参见《论语集释·颜渊上》。
⑤ 参见《论语集释·卫灵公下》。
⑥ 参见《论语集释·卫灵公上》。
⑦ 参见《孟子正义·告子上》。
⑧ 参见《论语集释·子路下》。
⑨ 参见《孟子正义·离娄上》。
⑩ 参见《孟子正义·公孙丑上》。
⑪ 参见《论语集释·泰伯上》。
⑫ 参见《孟子正义·公孙丑下》。
⑬ 参见《论语集释·里仁下》。

孟子以善养人，荀子以"礼义"节"求"，起"伪"化"性"，"明分使群"。

4. 墨家"兼相爱，交相利"

"兼相爱"就是"视人之国若己之国，视人之家若己之家，视人之身若己之身"；"交相利"则认为爱与利是相关联的，"爱人者，人必从而爱之。利人者，人必从而利之。恶人者，人必从而恶之。害人者，人必从而害之"[1]，"为彼者，犹为己"[2]也。"兼爱"是"兴天下大利"。

如何做到"交相利"？墨子强调必须做到"三有"："有力者疾以助人，有财者勉以分人，有道者劝以教人"[3]。

特点与影响：其"兼爱"不分贵贱、等级，不论贫富，不管血缘、亲疏，不分远近、种类，不论国度与疆域；其"为彼者，犹为己"，不分彼此，视人若己，我爱人人，人人爱我，彼己或先或后。博爱，有宗教之趋向，体现了人类精神的抽象之爱。

是故，人们有称墨家为墨教。孟子说："天下之言，不归杨，则归墨"[4]，"逃墨必归杨，逃杨必归墨"[5]；韩非说："世之显学，儒、墨也。儒之所至，孔丘也。墨之所至，墨翟也。"[6]谭嗣同的《仁学》融合了儒、墨家精神，梁启超疾呼："欲救中国，厥惟墨学！"[7]洪秀全感叹："天下多男人，尽是兄弟之辈，天下多女子，尽是姊妹之群；何得存此疆彼界之私，何得存你吞我并之念"，又发愿要使当时昏暗世道变为"有无相恤，强不犯弱，众不暴寡，智不诈愚，勇不苦怯之世。"[8]

维系其群己关系的逻辑与路径："兼以易别"，（"别"与"兼"相反，是"处大国就攻小国，处大家就篡小家，强劫弱，众暴寡，诈欺愚，贵傲贱"），以

---

① 参见《墨子校注·兼爱》。
② 参见《墨子校注·兼爱》。
③ 参见《墨子校注·尚贤》。
④ 参见《孟子正义·滕文公下》。
⑤ 参见《孟子正义·尽心下》。
⑥ 参见《韩非子·显学》。
⑦ 梁启超：《子墨子学说》，台湾"中华书局"1958年版，第1页。
⑧ 洪秀全：《原道救世训》，载罗尔纲辑：《太平天国文选》，上海人民出版社1956年版，第4~5页。

兼相爱交相利之法易之；"天志""明鬼""尚贤""尚同"借助、依赖神鬼意志和贤明政治实现。孟子抨击墨家："杨氏为我，是无君也；墨翟兼爱，是无父也。无父无君，是禽兽也。"①荀子认为墨家"僈等差""不足以容辨异、县君臣"②，意思是说墨家轻慢等级差别，甚至不容许人与人之间有分别和差异的存在，也不让君臣间有上下的悬殊。

《淮南子·氾论训》记载：兼爱、尚贤，墨子之所立也，而杨子非之。可知杨朱反对墨子的兼爱、尚贤说。兼爱、尚贤讲的都是人际关系。兼爱强调人与人之间的相爱与共同利益。但是在阶级对立的社会里不可能，剥削者不会对被剥削者施以爱利，弱者对强者只能是单方面的奉献，使劳动者的存我时时受到威胁。尚贤、尚同则约束个人自由，与重己、贵生因循自然的道家思想相悖。

(三)宋代儒化知识分子的"群己观"

1. 范仲淹"忧"先"乐"

"居庙堂之高则忧其民，处江湖之远则忧其君。是进亦忧，退亦忧。然则何时而乐耶？其必曰'先天下之忧而忧，后天下之乐而乐'乎！"③倡导人们把国家、民族的利益摆在首位，为祖国的前途、命运担忧分愁。

特点与影响：利人利己，但先人后己，吃苦在前，担忧在前，享受、享乐在后，无时无刻，一片丹心。"忧"先"乐"后是对先秦儒家群己观的发越，千古流芳。

维系其群己关系的逻辑与路径：恒以天下为己任，常以百姓疾苦为念想，先忧后乐。

2. 张载的"民胞物与"

"民吾同胞，物吾与也"④，民为同胞，物为同类。泛指爱人和一切物类。

---

① 参见《孟子正义·滕文公下》。
② 参见《荀子集解·非十二子篇》。
③ 参见《古文观止》（卷九）。
④ 参见《张子全书》（卷一）。

张载留下了千古绝唱的"横渠四言"——"为天地立心，为生民立命，为往圣继绝学，为万世开太平。"①

特点与影响："民胞物与"体现泛爱思想，横渠四言展示了知识分子价值担当和社会责任感、历史责任感。表现出了儒者的襟怀，用大我化小我、以小我就大我。展示了人与历史的关系和人对历史的责任。

维系其群己关系的逻辑与路径：穷理尽性。

（四）《共产党宣言》的"群己观"

"无产阶级只有解放全人类，才能最后解放自己。"②

《共产党宣言》鲜明指出："过去的一切运动都是少数人的或者为少数人谋利益的运动。无产阶级的运动是绝大多数人的、为绝大多数人谋利益的独立的运动。"

特点与影响：与范仲淹有异曲同工之处，利人利己，但先人后己，先解放全人类，后，而且是最后解放自己；有阶级性，解放的对象是全人类的无产者，受苦的人们，要求全世界无产者联合起来，努力奋斗，为大多数人谋利益，实现人类的解放。

维系其群己关系的逻辑与路径：不怕困难，不怕牺牲，冲锋在前，奋斗不止，除此，别无选择。

四、毛泽东"毫不利己，专门利人"群己观的提出

"毫不利己，专门利人"是毛泽东对国际友人白求恩大夫的评价。诺尔曼·白求恩，生于 1890 年，是加拿大共产党党员，著名国际共产主义战士，其胸外科医术在加拿大、英国和美国医学界堪称一流。1936 年冬白求恩志愿

---

① 参见《张载集·张子语录（中）》。
② 原文详见恩格斯在马克思去世后所写的《1888 年英文版序言》，"无产阶级只有解放全人类，才能最后解放自己"是对原文的概括和总结。参见中共中央马克思恩格斯列宁斯大林著作编译局：《共产党宣言》，人民出版社 2017 年版，第 12~13 页。

到西班牙参加反法西斯斗争；1938 年 3 月，中国抗日战争全面爆发后，受加拿大共产党和美国共产党派遣，白求恩率领一个由加拿大人和美国人组成的医疗队来到延安，援助中国人民的抗战事业。为在第一时间抢救伤员和减少伤员的痛苦，他多次把手术台设在战地前沿，他多次为伤员输血，他勉力地工作，最多一次竟连续为 115 名伤员做手术，持续时间达 69 个小时。他热忱的态度、高度的责任心和忘我的工作精神，不图享受和待遇的优秀品质在延安边区广为流传。1939 年 11 月 12 日，白求恩在抢救伤员时左手中指被手术刀划破，不幸感染病毒，转为败血症而以身殉职。

毛泽东感念白求恩的精神、事迹，撰写《纪念白求恩》一文，高度赞扬白求恩同志毫不利己、专门利人的精神，号召每一个共产党员，要认真学习白求恩同志的无私奉献的共产主义者的精神。从此，"毫不利己，专门利人"成为中国共产党人努力加强党性、道德修为的理念。白求恩的英雄事迹连同毛泽东的名篇《纪念白求恩》，教育和影响了一代又一代中国人。

毛泽东深谙中国传统文化，"毫不利己，专门利人"既是因白求恩事迹感触而发，也是毛泽东对中国共产党人的希冀。通过"辨章学术，考镜源流"，我们会发现"毫不利己，专门利人"决不是空洞的说教，它继承发展创新了孔、孟、墨、范、张载等先贤的"群己观"，升华了《共产党宣言》的奋斗目标，凝练了《共产党宣言》的群众利益观，在如何处理群己关系和人己关系方面，明确提出了"毫不利己"和"专门利人"，是对传统群己观、人己观的返照、发越和提升，具有深厚社会思想渊源；有人认为它是一种宗教观，但仔细辨析，它并不是。"专门利人"具有鲜明的阶级性，利人对象不是利敌人，而是利人民，落脚点是"全心全意为人民服务"，也正如 20 世纪 60 年代人们熟悉的榜样雷锋所讲的那样，"对待同志要像春天般的温暖，对待工作要像夏天一样火热，对待个人主义要像秋风扫落叶，对待敌人要像冬天一样残酷无情"[1]。

---

[1] 雷锋：《雷锋日记》，中国青年出版社 2019 年版，第 13 页。

五、"毫不利己，专门利人"群己观的流变

毛泽东为了阐明专门利人的指向，继《纪念白求恩》一文发表后，又撰写了《为人民服务》以纪念一位在平凡工作岗位上作出不平凡贡献的名叫张思德的中国共产党党员。不久毛泽东在《论联合政府》一文中，再一次强调："紧紧地和中国人民站在一起，全心全意地为中国人民服务，就是这个军队的唯一宗旨。"中共七大第一次将"为人民服务"写进党章，在党的根本大法上确立了"中国共产党人必须具有全心全意为中国人民服务的精神"这一根本宗旨。

维系、践行的路径：毛泽东通过抓典型，树标兵，从平凡中发现伟大；导控与塑造，强化、教育与宣传，上下结合，由点带面把全心全意为人民服务化成了共产党乃至全中国人民的人生观、价值观、道德观，把"全心全意"与"大公无私"，"无私奉献，狠斗私字一闪念"教育结合在一起，使"全心全意为中国人民服务"家喻户晓，人人皆知。

六、"群己观"社会思想研究的启示与发现

通过对历代"群己观"的考辨，我们可了解各家"群己"社会思想的特征及其渊源，深刻地发现从"毫不利己，专门利人"到"为人民服务"的"群己观"已衍化成为中国共产党人的群众观。相比较"毫不利己，专门利人"的"群己观"，"全心全意为人民服务"的群己观更客观可行，便于接受、实施。它保留了人们在"全心全意为人民服务"之后，为自己、为自己的家人等也做一点服务的空间与人性基础。由"毫不利己，专门利人"衍化而来的"全心全意为人民服务"，经过实践检验，成为中国共产党人共识的群众观，成为一种时代精神和人文精神。

中国社会结构：基于"缘"的视野解读 *

一、问题的提出

中国的社会结构到底是什么样的一个状态？如何去理解和解读？费孝通先生 20 世纪早期在《乡土中国》一书提出的"差序格局理论"在当下中国社会还是否起作用？有感于此，报告者想以"缘"入手，从微观到宏观，探究它对中国社会结构产生的影响、功能与作用。

二、什么是"缘"

《说文解字》认为，"缘"是衣纯也，是衣服上纵横交错的丝线。

《现代汉语词典》列举了"缘"的五种意向：（1）缘故，原因。（2）因为。（3）缘分，人与人之间由命中注定的偶合的机会，泛指人与人或人与事物之间发生联系的可能性。（4）沿着，顺着。（5）边。

综合考虑，报告人认为："缘"是指人与人之间通过自然、偶合或构成的一

---

* 该文曾发表于《东亚研究》2013 年第 11 期，系山口大学东亚研究科客员教员研究报告，该报告系国家社科基金——中国社会思想史元素案例研究和范式探究（11BSH003）阶段性成果，课题首席专家桂胜教授；成员：肖春艳博士、胡毅鹏博士、阚祥才博士、刘婧博士生、张友云馆员等。曾参加该报告初稿讨论的有报告人的学生张友云馆员、阚祥才博士。收录时，略有改动。

种交往机制，是世人先赋或自致的一种归属。它既有先天的色彩，又有后天的因素，包括血缘、姻缘、乡缘、学缘、业缘、际缘等。缘因天定，缘由人为。有先赋缘，有自致缘。

"缘"是一个本土化的概念，是一种具有中国特色的社会现象。在中国社会中构成了一幅血缘相亲，亲缘相连、姻缘相爱、乡缘相惜、学缘相勉、业缘相助、际缘相会的交往网络，作为社会的构成要素，它体现了一定的社会关系模式和交往、互动方式。

六种"缘"中，血缘、姻缘、乡缘构成社会结构的原生关系，学缘、业缘、际缘构成社会结构的次生关系。亲缘是血缘与姻缘的延伸。

三、"缘"的各要素类型层次分析

六种"缘"中，除际缘关系外，每一种"缘"一般有基本关系（基本缘）、拟似关系（拟似缘）、泛化关系（泛化缘）的不同，它们构成一种同（共）缘体，呈现相互交叉的阶梯状——共缘体内关系（见图1）。

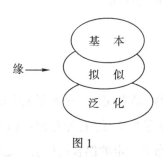

缘 →

基　本
拟　似
泛　化

图1

（1）血缘关系，指人与人之间依照血统经过自然或人为因素构成的一种社会交往关系，包括基本血缘关系、拟似血缘关系、泛化血缘关系。基本血缘关系是依据先天血统自然形成的具有不同地位的交往模式。人们常以"未出五服"来衡量基本关系，即从本人开始依次上数五代到父亲、祖父、曾祖父、高祖父，依次下数五代到子、孙、曾孙、玄孙，包括上述亲属的旁亲，所有这些，皆有"服"亲，叫内亲。母亲一系叫外亲。父母子女关系是基本血缘关系中的核心关系，由父母子女关系通过纵向、横向延伸构成血亲网络的社会关系。称谓有祖父、母，父、母，兄、弟，姐、妹，子、女等。基本血缘关系的称谓是交往关系中最密切的符号，其中父，母，子，女是交往关系中最信任的关系。

拟似血缘关系是一种后天的经过家族确认的具有不同地位的交往模式，有师徒关系、过继关系、领养关系、干亲关系等，是血亲关系的合理延伸和扩大化，与基本的血缘关系共同构成中国传统社会中的宗族关系；称谓有师父、母，继父，继母，继子，继女，养父，养母，养子，养女，干爹，干妈等。拟似血缘关系的称谓再现中国人对家族交往、社会结构的变通和行为的创造，家族成员的称谓形成了与基本血缘关系的称谓略有差池的次序化称谓结构。

泛化血缘关系不是真正意义上的血缘关系，是社会发展过程中人际交往关系泛化为血缘关系的产物，是一种没有经过家族仪式确认而形成的关系，有教养关系、结拜关系、同姓关系、同年关系等，泛化的血缘关系不是依据血统，而是由后天人为因素构成的社会交往模式；称谓有教父，本家，老庚，虚拟网络小区中的儿子、女儿等，这是中国人特有的血缘情结和对血缘关系的向往，有助于增加了人际交往中信息交流的流通量。

（2）姻缘关系，指依照习俗仪式或法定程序而结成的一种亲缘关系。包括基本姻缘关系、拟似姻缘关系、泛化姻缘关系。

基本姻缘关系是一种依照法定程序结成事实婚姻关系而形成人与人之间的法定化交往关系，是两个人或两个家庭的组合，是血缘关系的放大和回归，有夫妻关系、亲家关系、妯娌关系、连襟关系等；称谓有公公，婆婆，岳父、母，媳妇，女婿，老公，老婆，姨父母，伯母，婶母，嫂子、弟媳等。

拟似姻缘关系指两性之间相互认可构成事实婚姻而形成的交往关系，有同居关系、重婚关系、冥婚关系①、鳏伴关系②和对食关系等，称谓有老婆、老

---

① 冥婚关系指由现实的两个家庭为没有结婚就已经死亡的男女举行结婚仪式而形成的交往关系。
② 鳏伴关系是指孤独无伴侣的老年男性没有通过法定程序或习俗仪式而与异性共同生活在一起形成的关系。

伴等。

泛化姻缘关系指两人之间相互认可形成臆造婚姻而构成的交往关系，有同性恋关系、网络夫妻关系、臆婚关系①等，其称谓与基本姻缘关系的称谓相同。

(3)乡缘关系，指长期生活在同一地域范围而形成的人与人之间的交往关系，包括基本乡缘关系、拟似乡缘关系、泛化乡缘关系。人类定居生活以来，相同地域的共同生活为乡缘关系的产生提供了社会条件，几千年自给自足的自然经济状态下，人口的流动少，使乡缘关系发展缓慢。近代殖民劫掠，近代工业的兴起，中国人离开故土，人口出现大量流动，乡缘关系迅速成为一种重要的社会关系。

基本乡缘关系指因籍贯、出身、成长于相同地域而具有相同心理情感、相同语言、相同文化传统的人与人之间关系，有同乡关系、邻里关系等，称谓有同乡、乡党、老乡、邻居等。

拟似乡缘关系指因长期工作、学习、生活于相同地域而具有相同心理情感、拥有共同言语和话语的人与人之间关系，常有第二故乡的说法。

泛化乡缘关系指由其他关系演变而来具有相同心理情感的交往关系，如，姻缘关系中，将男、女方的乡缘关系延伸到对方，称之为半个老乡。

(4)学缘关系，指在一定时期、一定地域共同学习而结成的人与人之间的交往关系，包括基本学缘关系、拟似学缘关系、泛化学缘关系。一般认为，学缘关系伴随集中教育的产生而产生，学缘关系的出现晚于血缘关系、姻缘关系、乡缘关系。从学缘关系的称谓看，具有血缘等关系的痕迹，如，由血缘关系演绎而来的"师徒如父子"。

基本学缘关系指在长期的学习过程中结成的具有明确固定的交往关系，有师徒关系、同门关系、师生关系、同班关系、同届关系、校友关系等，称谓有师父、母，老师，世伯，师叔，徒弟，同学，师兄、姐、弟、妹等。

拟似学缘关系指在短期的学习和模仿过程中结成具有固定的交往关系，有同教关系、同道关系、同派关系等，称谓有教友、笔友、会员、道友等。

_____

① 臆婚关系指非恋爱的两人之间由于好感而以夫妻称谓对方形成的社会交往关系。一般存在于同学、同事之间。

泛化学缘关系是基本学缘关系的无限延伸，如校友等。

（5）业缘关系，指经历相同职业或工作于相同环境或活动于相类环境而形成人与人之间在行为、言语、思想上具有类同因素的交往关系，包括基本业缘关系、拟似业缘关系、泛化业缘关系。

基本业缘关系指具有相同职业地位、职业环境、职业声望而形成的关系，有同事关系、同工关系等，称谓有同事、工友等。

拟似业缘关系指劳动于相似环境或具有相似职业经历而形成的关系，称谓有军嫂、农民工、农民、工人等。

泛化业缘关系，时下又称作趣缘关系，指活动于相类环境具有相同心理情感，兴趣、志趣相同而形成的一种交往关系；有同党、同会、同僚、战友、棋友、票友、牌友，病友、牢友、驴友、车友、义工、志愿者等。它是为了满足人们的精神需要而产生的，是社会发展的产物。

（6）际缘关系，指彼此之间因相互需求或因偶合巧遇而形成的人际关系。

共缘体指除际缘关系外，每种缘都存在着基本"缘"、拟似"缘"、泛化"缘"三个层面。基本"缘"是一类相对稳定的关系，受到制度和习俗的规范。拟似"缘"是对基本"缘"的推演，受到道义和利益的约束。泛化"缘"是对基本"缘"的扩大或延伸，受到情感、环境和利益的影响。一般来说，由基本"缘"向拟似"缘"再到泛化"缘"，其责任与义务逐渐减弱，亲密关系逐渐淡化，理性逐渐取代情感，人们的交往越来越受社会规范的制约。反向推理，则情形刚好相反。

"缘"具有世界性。马克思讲"全世界无产者团结起来"这是一种以阶级为行为标准，排除其他"缘"关系的业缘关系，且是泛化缘的业缘关系。"阶级仇，民族恨。"前者指业缘关系，后者指血缘关系。

"缘"具有超强的涵化性、超时空性。如三世缘，同船共渡，前世所修，缘分。也就是说，在中国，普天之下皆在缘中。

四、"缘"的理论依撑——儒、释、道

"家国同构"是儒家的核心观念。中国古代社会是一个以血缘为核心建立

在家庭、家族之基础上"家国同构"的宗法社会。从"缘"角度看，儒家的"人缘有亲缘，有友缘，还有群缘——社群、民族、国家都是群缘；儒家把亲缘、友缘、群缘整合起来就成了纲常伦理"①。儒家将"仁、义、礼、智、信；圣、和、忠、恕、敬；恭、宽、信、敏、惠；温、良、俭、让、中等价值观念"②作为"家国同构"核心理念。

"三世缘"是释家(佛教)一大命题。"三世缘"指前世缘、今世缘、后世缘。释家认为，广施恩惠，遍撒财物，修桥补路，扶弱济贫，可以增加自己的功德；前世的付出，今世得到回报；今世的作为，后世得到应证。人们现实的相聚，在于前世的因缘，释家认为人与人的交往在于有缘，有缘千里来相会，无缘对面也不识。缘来则聚，缘尽则散，聚合随缘。释家宣导身居化外，却离凡尘，利用凡尘的功德，换取后世的回报。凡尘的交往与利益相伴随。释家"功德"与凡尘的利益交往合二为一。

道家则宣导"人法地，地法天，天法道。道法自然"，劝勉世人顺其自然，崇尚"造化"，大有与释家"万法随缘"相同之意趣。

五、"缘"的形成和发生环境

人类社会发展到现在，伴随人类的几次社会大分工，经过了几次重大的社会转型。人类社会第一次社会转型，是由原始社会经过母系氏族、父系氏族进入奴隶社会，社会关系相应发生一系列变化，血缘关系、姻缘关系、乡缘关系相继产生。氏族公社—氏族联盟—民族—国家：血缘关系、姻缘关系和地缘关系共同作用的结果。随着社会的进步，出现了专门培养贵族子弟的教育机构，教育机构的出现推动了学缘关系的产生，孔子创办私学，广收门徒，标志学缘关系登上历史舞台。

战国时代，墨家希望手工业者在社会占有一席之地，表明业缘关系已经萌生。汉代以编户制度和庄园制为基础形成郡、县、乡、亭、里的社会结构。编

---

① 吴光：《儒家的"缘"观念及其现代意义》，载《人民政协报》2006年11月6日。
② 吴光：《儒家的"缘"观念及其现代意义》，载《人民政协报》2006年11月6日。

户制度对全国的人口进行登记，规定编户不许无故迁移，按照户口簿上写明的每个人年龄、性别、土地、财产、身高、肤色、相貌特征以及社会关系等，每年八月进行例行检查。庄园制以满足生产、生活、战争的需要，组织劳动和训练，制作需要的农具和手工工具，按照时令从事农业或副业生产，在庄园里进行战射训练，以防御对庄园的攻袭。这种社会结构强化了血缘关系和乡缘关系。

唐，降及宋、明、清三代，生产以租佃制为主，雇佣制为辅，形成宗法制度的社会结构。宗族组织和制度是取代门阀士族而兴起的，及至明清丰富而严密。宗族组织和制度强调敬宗收族，倡导宗族内部的敦睦、亲善和互助，凝聚宗族的血缘关系。雇佣制在缓慢发展，业缘关系也在逐步扩张。隋唐科举考试大大强化了学缘关系。

封建社会后期，业缘关系伴随资本主义的萌芽和初步发展开始大量涌现。1840 年鸦片战争，大量中国人流亡到海外，乡缘关系受到特别的期待，海外华人形成各种乡缘团体，如潮汕同乡会等。国外势力在中国开矿山、办工厂、建码头，使产业工人大量涌现，业缘关系获得确认，如，纺丝公会、码头工人俱乐部等。

信息、交通的飞快发展、社会流动的频繁，给际缘关系的发展以莫大的方便。

六、研究发现——当代中国社会结构变迁中"缘"的特点及其影响

(1)有关血缘、姻缘(包含亲缘)、乡缘、业缘的记忆不断重复。转型时期的中国人，一方面，工具理性使他们感到发展是硬道理，追求利益的最大化，另一方面，本着情感理性，他们又对"人心不古"的世风充满焦虑，渴望亲情、友情、乡情，更有甚者，一些人利用投缘、结缘以谋取最大利益。于是，或为了情感，或为了利益续缘、攀缘、结缘乃至扯缘。如祖灵祭祀、炎黄祭祀、建宗祠、修宗谱、同乡会、同学会，喝酒找由头、问路套近乎(某某老爹、某某

小妹），扯关系——病友、牢友、驴友、赌友、铁哥们等，从而形成各自的圈子和社会网络。正如费孝通先生所云："亲属关系是根据生育和婚姻事实所发生的社会关系。从生育与婚姻所结成的网络，可以一直推出去包括无穷的人，过去的、现在的、和未来的人物"①，但费孝通讲的是传统的乡土社会，从"缘"的视角，现代社会较之费先生所观察的已有不同之处。

（2）"差序结构"理论基础的血缘关系呈衰弱趋势。血缘关系抛弃宗法家庭模式，形成了核心家庭模式，呈现倒金字塔的行为需求结构。

社会文明进步的冲击，一些传统社会亲缘关系相对减弱。如，血缘关系中的过继关系、干亲关系、师徒关系、结拜关系等，姻缘关系中一夫多妻关系、冥婚关系等，核心家庭构成整个社会的基础，逐渐替代宗族家庭关系等。随着第一代独生子女进入婚育年龄，传统的生育观念、宗亲家庭观念发生改变，计划生育成为公民的义务，"丁克"家庭、单亲家庭等现象值得关注。长此下去，势必导致有些传统的亲缘关系不复存在，养老问题严重，生育记忆淡化乃至消失，人口可持续性发展难以维系……这些需要引起我们学者，特别是决策者的高度重视，妥善作出响应。下面是第一代独生子女结婚后主干家庭部分亲缘关系结构图，如图2所示。

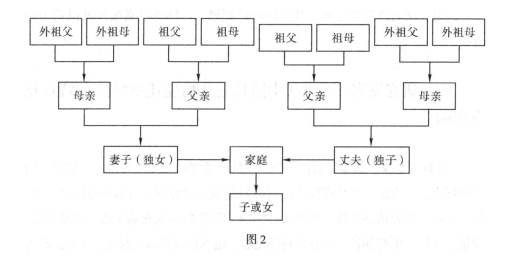

图 2

① 费孝通：《乡土中国》，上海人民出版社 2007 年版，第 25 页。

同上一代比较，年轻一代感觉不到家大口阔的温情和"孝"的意义，考虑过多的是生育的麻烦，生育记忆一旦失去将会影响一个国家的人口科学、持续发展，令人担忧。

(3)乡缘关系呈现金字塔状结构。中国改革开放过程中，大批农民为了求生存、求发展离开故地，前往经济飞速发展的沿海地带，为中国工业化发展提供了充裕的劳动力，形成中国特有的农民工现象。部分农民工在当地安家落户，大量农民工像燕子一样，从故土到"打工地"来回奔波，农民工特有的故乡情结不断强化，乡缘关系、业缘关系日趋复杂。乡缘关系随着地域范围的扩大呈现金字塔的结构。离出生地越远，关系人出生地相邻越近，共同语言及共同心理情感越熟悉，利益共同体越牢固，乡缘关系越密切，如图3所示。有关乡(地)缘的歌曲经久呼唤、渗透人心。

与此同时，另一方面，现代社区的快速发展，又改变着人们的传统乡(地)缘理念。

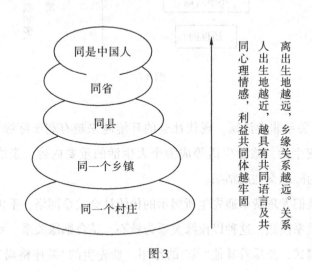

图3

(4)业缘关系呈现出相对不稳定态势。主要原因是社会的开放，社会成员的职业流动性增强。"男怕投错行，女怕投错郎"不再是金科玉律了。

(5)学缘关系呈现倒金字塔状结构。大众化教育的冲击。教育改变人生，教育在人的社会化过程中承担了主要职能。社会化大生产对职业提出了不同的更高的要求，大众化教育代替精英教育，为更多的公民提供了受高等教育的机会。个人交往体系发生了变化。个人的交往以学缘关系、业缘关系代替血缘关系成为交往的主流。新技术不断涌现，不断进步的社会提出了继续教育、终身教育的要求，学缘关系进一步得到扩充和强化。学缘关系随着年龄、利益和理性需求变化而扩充。学缘关系在人的一生中呈现倒金字塔的结构。随着年龄的增加，共同利益越多，理性需求越强，交往越频繁，交往关系扩大。如图4所示。

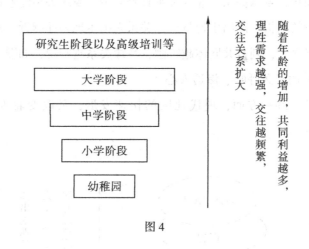

图4

（6）际缘关系非常活跃。现代社会的环境越来越有利于际缘关系的形成。网络生活、夜生活、旅游生活等成为个人生活的重要内容。亲缘、乡缘、学缘、业缘成为际缘交往的结果。

由此，我们发现费孝通先生所揭示的传统社会关系网络，不再是牢不可破的一种网络关系模式，这种以血缘关系为核心，结合姻缘关系、乡缘关系的社会交往网络模式，排斥着其他"缘"的作用。费先生的"差序格局"是建立在以血缘关系为核心，结合姻缘关系的基础之上的，即"每一家以自己的地位作为中心，周围划出一个圈子，这个圈子的大小要依着中心势力的厚薄而定"，"以己为中心，像石子一般投入水中，和别人所联系成的社会关系，不像团体中的分子一般大家立在一个平面上的，而是像水的波纹一样，一圈圈推出去，愈推愈远，也愈推愈薄"①；是根源于"安土重迁，生于斯，长于斯，死于斯的社会。这种性质的社会不但是人口流动很小，而且人们获取资源的土地也很少变动。总之，它是一个社会变迁很少而且变迁速度很慢的社会"。

七、"缘"的影响和功能

（1）积极方面：具有很强的家庭社会稳定功能、人文关怀功能、民族凝聚功能、社会和谐功能及心理调适功能。由血缘关系为基础构成的"家国同构"曾具有超强的稳定性，和亲促进了民族的融合，加强了移民的社会适应。缘分与造化的证悟，破除了世人的执着，平衡、调适了人们的心态。惜缘、续缘有助于世间的和谐。种因种果——"前后相生，因也。现相助成，缘也。"②

如此告诫世人常怀敬畏之心，当下多积善德，广种福田。

（2）"缘"的消极方面：容易形成社会各个领域潜规则活动的温床，形成小圈子，任人唯亲、拉帮结派、党同伐异，影响社会政策、制度的贯彻落实，妨碍社会的公平、公正、公开。孟子的"五湖四海皆兄弟"，过度地谋家营私必然会带来负面效应。

"缘"很强的场域性——与时俱变，因时就势。阶级矛盾、民族矛盾、家邻矛盾，不一定永恒，时有转化。

缘及其要素间相互纠结又相互博弈——作用孰大孰小不一定，有很大的运作空间。如移民通婚是融入与适应的最佳途径，和亲有时比战争还要有效，促成翻脸反目不相往来的某某兄弟和好起来，一个有效的办法就是让他人掘毁某某兄弟的祖坟等。"缘"功能的加强与限制：加强——惜缘、续缘、用心；限制——其他几种理性（如价值理性、制度理性等）的张扬。

六种"缘"及其要素构成了社会网络，感性、理性交织，正负功能并存。当代中国社会结构的变化，从"缘"的各种关系和要素及其形式、功能变迁中得到体现，血缘关系与家庭结构和家国分构，乡缘关系遭遇了社区基层组织

---

① 费孝通：《乡土中国》，上海人民出版社 2007 年版，第 26 页。
② 参见《维摩诘所说经·佛国品·注》。

（自然村逐渐变成行政村、街道衍化为社区）和城市化的冲击，业缘关系受社会分层和经济布局的影响，际缘关系好像取决于冥冥之数，但主要还依赖社会流动，学缘关系则与义务教育和高等教育大众化休戚相关；反过来"缘"的各种关系和要素又无时无刻地左右中国的方方面面，渗透着、影响着中国社会结构——从微观、中观到宏观。

然而，中国现代社会毕竟有别于传统的乡土社会和宗法社会，理性的张扬是现代社会文明进步的要求。中国政府逐渐以道德价值理性、法纪制度理性、经济利益理性来发扬"缘"关系中的积极作用，限制并削减其消极因素，从而在社会结构中形成动态的制衡，宛如一幅"中国结"。见图5。

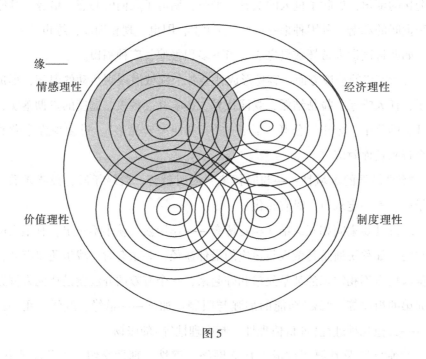

图 5

但有一点，应该引起执政者和学者的高度关注的是，"缘"关系无论是在古代的中国，还是当今的中国，乃至子孙的中国它仍然具有很强的张力、生命力和作用力，究其原因，是因为"缘"关系非只是感性和情感，其诸多方面也渗透着理性选择。

下篇

民俗文化与现代化

吴景超社会思想中的女性民俗研究[*]

甲午战争以后，女性解放作为社会变革的重要内容引起越来越多的社会关注，涌现出一大批学者致力于揭示女性所受的社会压迫。他们抨击传统宗法制度，[①] 痛斥传统儒家伦理道德对女性的"昏迷"和"强暴"[②]，主张发展经济，以教育、就业等途径实现女性解放。[③] 女性作为一个重要议题浮出历史地表，[④] 其生活境遇得以被关注、反思。20 世纪二三十年代，以复兴中国为目的的乡村建设运动蓬勃发展，在山东邹平、河北定县、南京江宁等实验县区分别设立了妇女部[⑤]、家庭会[⑥]、母亲会[⑦]等，组织和发动女性参与其中。此外，1930年国民政府还修正了"乡镇自治施行法"，赋予女性政治权利。[⑧] 然而，当时的

* 该文曾发表于《社会建设》2023 年第 5 期，第二作者，合作者谌骁。收录时，略有改动。
① 劲知：《试论李大钊的妇女解放思想》，载《妇女研究论丛》1992 年第 3 期。
② 鲁迅(唐俟)：《我之节烈观》，载《新青年》1918 年第 2 期。
③ 华惠芳：《"五四"前后胡适为妇女解放所作的思想启蒙》，载《南京大学学报(哲学·人文科学·社会科学版)》1999 年第 4 期。
④ 戴锦华：《不可见的女性：当代中国电影中的女性与女性的电影》，载《当代电影》1994 年第 6 期。
⑤ 梁漱溟：《邹平实验县区设立乡学村学办法》，载中国文化书院学术委员会编：《梁漱溟全集》(第五卷)，山东人民出版社 2005 年版，第 382~385 页。
⑥ 吴洪成：《20 世纪二三十年代中国的乡村教育实验》，载《四川师范大学学报(社会科学版)》2002年第 5 期。
⑦ 徐秀丽、俞可平：《中国农村治理的历史与现状：以定县、邹平和江宁为例》，社会科学文献出版社 2004 年版，第 38 页。
⑧ 吴瑞娟：《民国乡村建设运动与农村社会生活习俗变迁——从农村妇女地位及农民业余生活变化分析》，载《沧桑》2010 年第 2 期。

社会论争主要围绕中国经济发展道路①、中国本位文化和全盘西化②等相对宏观的社会问题进行，很少有人对社会建设中的女性群体进行专门的研究。

对此，吴景超进行了较为系统、深刻的讨论。作为乡建运动的活跃分子，他在致力于中国社会发展与建设的探索中，关注到了其中的女性主体，并多次以不同的主题与焦点在著述中进行讨论。作为一位前瞻性的社会学家，吴景超的诸多思想和主张到现在还具有极强的社会意义和价值，关注他的女性研究，勾勒出女性在其社会思想中的地位和轮廓，有助于为我们当下的社会建设提供积极的思考和启发。正如习近平总书记曾指出："妇女是人类文明的开创者、社会进步的推动者，在各行各业书写着不平凡的成就。"③本文希望能够为当下如何进一步地赋能女性，以发挥她们在社会建设中的主体性力量提供有益的探索。

目前，吴景超的诸多学术观念和思想已经引起部分研究者的关注，其中邹千江对吴景超的社会思想进行了较为系统、全面的梳理。④ 同时，也有学者讨论了吴景超的乡村建设思想⑤、村落调查研究⑥等具体内容；还有学者将吴景超与同时代的梁漱溟⑦、费孝通⑧、陈序经⑨等社会思想家进行对比分析。然而吴景超的女性研究却很少有人讨论，尽管邹千江在其婚姻家庭研究内容中有

① 庄俊举：《"以农立国"还是"以工立国"——对 1920—1940 年关于农村建设争论的评析》，载《经济社会体制比较》2007 年第 2 期。

② 周文玖：《东西文化论争与中国现代化道路之探索——以 20 世纪二三十年代为考察中心》，载《天津师范大学学报（社会科学版）》2009 年第 3 期。

③ 习近平：《习近平在联合国大会纪念北京世界妇女大会 25 周年高级别会议上的讲话》，载新华网，https://baijiahao.baidu.com/s？id＝1679356934130808894&wfr＝spider&for＝pc，2023 年 8 月 1 日访问。

④ 参见邹千江：《吴景超社会思想研究》，中国传媒大学出版社 2015 年版。

⑤ 曹金祥：《吴景超乡村建设思想解读——以〈独立评论〉为分析文本》，载《中南大学学报（社会科学版）》2010 年第 4 期。

⑥ 王振忠：《20 世纪初以来的村落调查及其学术价值——以社会学家吴景超的〈皖歙岔口村风土志略〉为例》，载《安徽大学学报（哲学社会科学版）》2015 年第 3 期。

⑦ 邢军：《梁漱溟、吴景超社会思想之比较》，载《安徽史学》2015 年第 5 期。

⑧ 王小章：《"乡土中国"的现代出路：费孝通与吴景超的分殊与汇合》，载《探索与争鸣》2021 年第 9 期。

⑨ 刘集林：《批判与建设：陈序经与吴景超文化社会思想之比较》，载《广东社会科学》2009 年第 6 期。

所涉及，但其重点为整体性的内容梳理，并未专门留意其女性研究。另外，吕文浩在随笔中讨论了吴景超关于婚姻家庭之变①、家务社会化②等观点，对其进行了较为客观中立的评析，或许受篇幅所限，吴景超的女性观念与态度并未得到清晰、完整的呈现。基于此，本文将吴景超著述中女性研究的相关内容进行系统性分析，重点从其社会建设思想出发，讨论吴景超是如何看待女性。具体而言，本文将主要回答以下几个问题：其一，吴景超为什么会进行女性研究？其二，具体分析他是怎么进行女性研究的？其三，进一步分析他主张如何发挥女性在社会建设中的主体性作用？

一、吴景超的社会思想及其女性研究

吴景超作为我国第一辈社会学家，在立足于现实国情的基础上进行了大量中国社会、经济等方面的研究，一直致力于中国社会建设方案的探索，其女吴清可回忆道："父亲吴景超热爱祖国，热爱人民，终生致志探求中国富强之路，研究中国问题，寻求中国社会、经济问题之途。"③其中，女性作为一个容易被忽视的群体，却多次浮现于吴景超的社会建设思考之中，并成为一个重要的参与主体。那么，以探求社会建设之途为己任的吴景超为什么会关注女性群体，并对其进行讨论和分析呢？

孙本文曾言："社会建设是整个社会的建设，其着眼点在整个的社会，而不在物质、不在经济、不在心理等，却同时注重物质、经济、心理、政治等等的建设。"④强调社会建设的综合性与全面性。不过，作为一个极具时代性特色的命题，20 世纪二三十年代的"社会建设"主要是以救治社会危机、重建社会

---

① 吕文浩：《观婚姻家庭之变的社会学家吴景超》，载《新民晚报》2021 年 3 月 3 日。
② 吕文浩：《吴景超：愈来愈激进的家务社会化设想》，载《团结报》2014 年 1 月 16 日。
③ 吴清可：《回忆我们的父亲吴景超》，载吴景超：《第四种国家的出路》，商务出版社 2008 年版，第 208 页。
④ 孙本文：《关于社会建设的几个基本问题》，载《社会学刊》1936 年第 1 期。

秩序的乡村建设运动为基本面向的。① 在乡村建设问题上，吴景超重点对中国农业发展类型进行了系统性考察。② 他运用世界各国案例、数据进行比较研究，分析了世界各国的农业发展类型，指出中国为人口密度大、农业谋生比重大的"第四种国家"。可以说，"第四种国家"是吴景超对于当时中国的基本认识，也是对中国现实国情的基本判断。

事实上，所谓的"乡村建设运动"并不是局限于乡村的建设，正如梁漱溟曾言："乡村建设，实非建设乡村，而意在整个中国社会之建设，或可云一种建国运动。"③ 而在吴景超看来，中国社会建设中的乡村和城市并不存在明显的分野，大部分农村无法完全实现"自给自足"，与其他地区存在相互依存的关系，农村过剩的劳动力和物资最终也会汇集到城市。④ 基于"城乡一体"的观点，他认为"发展都市以救济农村"是中国作为"第四种国家"的发展出路。而都市发展不仅涉及工业化的发展，还有人口的分配问题，"一个国家里面，乡村与都市的人口分配，一定要有一个适当的比例，然后国家可以富强，人民的生活程度可以提高……中国乡村的人口太多，而都市的人口太少，乃是不能不认的事"⑤。针对当时中国以乡村为主、农业人口众多的社会现实，吴景超提出了节制生育的主张。

而正是在"发展都市以救济农村"的社会建设思考中，吴景超注意到了女性的重要性。在人口问题的解决方面，女性作为生育主体的影响力自然是不言而喻的。而兴办工业作为发展都市的第一种事业，⑥ 需要更多的劳动力参与其中，他通过英美德法等国家的男女就业数据，发现女性就业率低是普遍存在的

---

① 王先明：《中国社会建设的历史演进与时代性困厄——聚焦于 20 世纪前期的历史考察》，载《史学月刊》2023 年第 5 期。

② 曹金祥：《吴景超乡村建设思想解读——以〈独立评论〉为分析文本》，载《中南大学学报（社会科学版）》2010 年第 4 期。

③ 梁漱溟：《乡村建设理论》，载中国文化书院学术委员会编：《梁漱溟全集（第 2 版）》，山东人民出版社 2005 年版，第 161 页。

④ 王君柏：《为什么要重温吴景超的"两类农村"与城乡一体论》，载《中华读书报》2021 年 3 月 17 日。

⑤ 吴景超：《中国都市化的背景》，载《清华学报》1933 年第 2 期。

⑥ 吴景超：《发展都市以救济农村》，载《市政评论》1934 年第 9 期。

问题,① 而中国尤为突出，女性在工业发展方面还存在很大的发掘空间。另外，吴景超注意到农村女子结婚以后，丈夫到都市谋生，自己却要在家侍奉公婆，导致都市人口中男子远多于女子。② 女性走出家庭，参与社会职业，也是农村剩余人口向城市转移的过程，有利于平衡城乡人口的分配。

虽然吴景超意识到了女性在社会建设中的潜力，但女性能否参与其中还是一个有待商榷的问题。当时的女性解放运动曲折发展，③ 引起了广泛社会的关注，形成了两派相关讨论：一派呼吁女性解放，主张女子"勿自居被征服（BeConquered）地位，勿为他人之附属品"④，打破"男子治外，女子治内"，突破"妇女生活谱"⑤，"努力做一个独立自主的人"⑥，力图以此拯救中国女性。另一派为传统女性的拥护者，将中国女性视为"无我"的存在，⑦ 强调对丈夫的绝对服从，将婚嫁视为女性最称心的职业，⑧ 甚至还支持纳妾。⑨ 此外，姚灵犀以"赏玩"的心态编写《采菲录》收集缠足风俗史料，还成立"访莲社"进行缠足资讯和物品的交流。⑩

可见，两派关于女性的认知差异是新文化与传统文化相互交锋的产物。新文化运动洗礼后的知识分子呼吁女性解放，他们受到西方民主平等思想的熏陶，力图以女性解放推动社会发展，所以他们大多以西方社会为参照，来批判中国传统文化对女性的压迫与束缚；而传统女性的拥护者以文化保守派为主，面对西方文化在国内的传播和发展，他们企图在传统文化中找到女性典范，通过传

---

① 吴景超：《家庭职务与妇女解放》，载《独立评论》1934 年第 97 期。

② 吴景超：《都市社会学》，世界书局 1929 年版，第 38 页。

③ 戊戌变法的失败，导致不缠足、兴女学等运动并未真正落实。但民间革命思想却因变法的失败而更加激烈，其中出版于 1905 年的《女界钟》关于缠足、女子教育、男女平权等讨论对女性生活产生了很大影响。参见陈东原：《中国妇女生活史》，商务印书馆 2015 年版，第 155～160 页。

④ 陈独秀：《一九一六年》，载《青年杂志》1916 年第 5 期。

⑤ 刘半农、玄同：《南归杂感》，载《新青年》1918 年第 2 期。

⑥ 胡适：《美国妇人》，载《新青年》1918 年第 3 期。

⑦ 辜鸿铭：《男女是非：中国女人道》，载《杂志》1944 年第 4 期。

⑧ 林语堂：《婚嫁与女子职业》，载《论语》1933 年第 24 期。

⑨ 郭莲恒：《林语堂女性观的复杂性——对女性的尊崇与对男性立场的维护》，载《江汉论坛》2006 年第 10 期。

⑩ ［美］高彦颐：《缠足："金莲崇拜"盛极而衰的演变》，苗延威译，江苏人民出版社 2009 年版，第 95～96 页。

统女性的回归来维护传统文化的正统地位。诚然，这种保守的女性观念，没有认清中国社会发展的现实趋势，无法实现女性福祉的增进。但是一味呼吁女性解放，强调女性的悲惨生活境遇，以至于中国女性历史就是"一部被奴役的历史"①，女性又沦为了没有自我(self)的存在，事实上否定了女性解放的可能性。

然而女性只有实现解放，拥有独立的人格，才能够发挥自身的主观能动性为社会的变革和发展贡献女性力量。因而，在吴景超发掘女性社会建设力量的过程中，女性解放的讨论则成为难以回避的话题。

二、边缘人关怀：女性解放的讨论

吴景超在芝加哥大学社会学系学习期间，帕克(RE. Park)、伯吉斯(E. W. Burgess)等人提倡都市社区调查，因而其博士论文即以美国城市中的唐人街为研究对象。其中，帕克借鉴"齐美尔"的"陌生人"理论，通过移民报刊与城市移民等社会学研究建立了"边缘人理论"，认为"边缘人是命运注定要生活在两个社会和两种文化中的人，两种文化不仅是不同的，而且是对立的；他的思想是两种不同文化或难以熔化的文化的熔炉，在这个熔炉里两种文化或者全部融合或者部分地熔化在一起"②，对吴景超产生了很大的启发。他在博士论文研究中将"一个在主观上融合了两种文化的具有新的特征的人"视为"边缘人"③。他以唐人街华人的实证研究，揭示了边缘人在社会中面临文化冲突的同时，也能成为一个改革者促进文化沟通和交流，推动社会进步。这种"边缘人"关怀也影响到了吴景超的女性研究。

(一)旧传统中体认女性困境

吴景超出生于 1905 年，在他成长生活的时代，大多女性仍然生活在旧传

---

① [美]高彦颐：《闺塾师：明末清初江南的才女文化》，李志生译，江苏人民出版社 2005 年版，第 3 页。

② 杨中举：《帕克的"边缘人"理论及当代价值》，载《山东师范大学学报(人文社会科学版)》2019 年第 4 期。

③ 吴景超：《唐人街：共生与同化》，筑生等译，天津人民出版社 1991 年版，第 309 页。

统的束缚与压迫之中。因而在他关于女性的讨论中，多处提及了女性从出生伊始，到长大成婚，到婚后成家所面临的困境。

首先是生育中的性别歧视，使女孩从降生起便面临着不同的人生际遇。从观念上来说，中国民众存在"多福多寿多男子"的看法，社会普遍存在生男孩的偏好，这使得女孩在没有出生之前就是不被期待的存在，在一定程度上预示了女孩的悲惨命运。正因如此，从习俗上来看，中国存在"产男则相贺，产女则杀之"[①]的"溺女"之俗，或许他并未目睹，只是从文献中了解，因而他对溺女习俗的社会成因分析主要借鉴余治的《得一录》，一是家庭贫困，生计难以维持；二是嫁妆过重，家庭难以承担；三是想再生男孩，打算把家庭抚养资源留给男孩。[②]

其次是女性结婚不自由，传统社会中的"父母之命，媒妁之言"是不能违背的，男子求婚只需以金钱、牛马等聘金或者聘金性质的服务手段征求女方家长的同意，吴景超将其称为"买卖式的婚姻"[③]，由于女子缺乏忤逆家长的经济实力，只能顺从家长的安排。另外，虽然有人可能会先恋爱再结婚，但是吴景超也认为现实社会中的恋爱是不自由的。因为在当时的社会道德伦理之下，恋爱只是婚姻的过程，婚姻是有条件的，所以恋爱也是有条件的，需要考虑双方家世、遗传等方面。[④]

最后是婚后家庭角色对女性的桎梏。吴景超认为中国旧式女子受到"三从之教"的束缚，还尖锐地指出"其中出嫁从夫一条，其实并不十分确切。与其说是出嫁从夫，不如说是出嫁从公婆"[⑤]。传统家族等级制度由性别、辈分和年龄三个原则构成：性别确立父权制，辈分和年龄确定秩序，[⑥] 婚后女性在公婆面前是年轻的女性晚辈，家庭地位较低，只能"从"公婆。此外，家庭中还存在"贤妻良母"等其他角色的束缚，若不幸遭遇家庭变故，女子得替去世的

---

① 参见《韩非子·六反》。

② 吴景超：《解释中国男多于女的几种假设》，载《社会学刊》1930年第4期。

③ 吴景超：《社会组织》，世界书局1929年版，第13页。

④ 吴景超：《恋爱和婚姻》，载《生活周刊》1933年第31期。

⑤ 吴景超：《都市社会学》，世界书局1929年版，第38页。

⑥ 笑冬：《最后一代传统婆婆?》，载《社会学研究》2002年第3期。

丈夫守节，甚至还得忍受来自婆家和社会的欺辱，只能一辈子生活在悲惨的境地中。①

在吴景超看来，中国传统社会文化中"生而不同"的生育观念与"以家为大"的社会规范为女性生活带来了沉重的压力，这使得女性无法适应社会文化变革的步伐，事实上沦为社会发展中的"边缘人"。

（二）民俗研究中找回女性主体

在关于女性的社会讨论中，不管是保守派对传统女性的维护，还是部分知识分子对女性解放的呼吁，女性似乎都是完全被动的存在。而主体性的缺失也成为女性解放面临质疑的根本原因所在，是吴景超发掘女性力量难以回避的问题。对此，吴景超从当时女性解放中讨论最为激烈的贞操道德入手，讨论了女性的主体性问题。

1918 年，周作人翻译了与谢野晶子的《贞操论》，抨击了只针对女性的贞操道德之荒谬，② 后来胡适、唐俟等人也进行了相关的讨论，大体也都是从男女横向比较的维度批判贞操道德的片面性。③ 对此，吴景超受到孙末楠民俗研究④的影响，从历史纵向维度论证贞操道德并不是绝对的，以两汉寡妇再嫁之俗呈现了女性存在一定主观能动性的历史面貌。

具体而言，他以三类寡妇群体展现两汉社会贞操道德及女性婚姻生活：其一是可再嫁的寡妇群体。他以汉代皇室与平民寡妇再嫁的实例反驳寡妇自古以来被迫守节的观念；其二是作为母亲的寡妇。在贞操道德的讨论中，大多人将作为母亲的寡妇排除在解放群体之外，将母亲因养育子女守节视为应当，因为母性之爱会使女性"爱惜子女欲教养子女"而放弃改嫁。⑤ 但吴景超在两汉历史

---

① 吴景超：《死夫生妇》，载《癸亥级刊》1919 年第 6 期。
② ［日］与谢野晶子：《贞操论》，周作人译，载《新青年》1918 年第 5 期。
③ 陈东原：《中国妇女生活史》，商务印书馆 2015 年版，第 284 页。
④ 吴景超不仅撰写了《孙末楠传》《孙末楠的治学方法》《几个社会学者所用的方法》等文章介绍孙末楠，还在其编写的教材《都市社会学》中大力推荐孙末楠的《民俗论》（Folkways，1906），将其列为中国都市社会调查理论指导书籍之一，从中得以窥见吴景超对于孙末楠治学方法之推崇。
⑤ 颜笃：《贞操观革命的呼声》，载《妇女杂志（上海）》1924 年第 7 期。

研究中却发现有子女的寡妇可能更倾向于选择再嫁；其三是不嫁的寡妇，寡妇再嫁虽是汉代俗之所趋，但是在吴景超实例的梳理中也浮现了拒绝再嫁的寡妇身影，即使家长极力劝说甚至逼迫其再嫁，她们也坚定地拒绝。①

　　民俗是广大民众的日常生活文化，吴景超以两汉再嫁之俗的研究，大体呈现了再嫁、不嫁两类女性群体。无论社会如何看待女性的贞操道德，但是作为寡妇的女性在实际选择中，并不会一味地追求社会道德的标榜而放弃现实生活的追求，因而她们选择再嫁；而对于不嫁的女性而言，更多是关于自我爱情的坚守，而反对家庭婚姻安排，是女性企图把握自我命运的个体抗争。因而，通过两汉女性民俗的研究，吴景超呈现了历史上具有一定主体性的女性群体，回应女性无法解放质疑的同时，也反思了解放话语中对女性能动性的忽视。

（三）在社会变迁中发现解放机遇

　　除了从历史的维度找回女性的主体性，从作为边缘人的女性群体本身出发论证女性解放的可能性，吴景超还关注到了社会变迁中的女性生活改变，发现了女性解放在社会客观环境中的机遇。

　　一是生产方式的转变。工业革命之后，中国社会逐渐从传统以土地为中心的农业生产与以家庭为中心的手工业脱离，转而进入都市的工厂之中。如此，便使围绕土地资源集聚的家庭成员逐渐分散到各地城市，家庭规模缩小，出现了从"大家庭"演变为"小家庭"的趋势。而这种"小家庭"类似于欧美家庭，父母不是家庭中的绝对权威，生子防老的观念也发生了改变。父母在家庭中的地位下降，甚至不与子女同住，传统社会中女子"出嫁从公婆"的习俗得以改善。侍奉公婆的职责出现从家庭职务中分离的趋势，女子获得从以侍奉公婆为根本信仰的大家庭束缚中解放的希望。

　　二是女子教育的发展。吴景超认为在过去百余年的妇女运动中，各方面取得的成绩是不一致的，其中女子教育是成功较为显著的方面之一。大多较为发达的国家，女子都可以和男子受同样的教育。② 虽然吴景超并未对中国女子教

---

① 吴景超：《两汉寡妇再嫁之俗》，载《清华周刊》1932 年第 9/10 期。

② 吴景超：《家庭职务与妇女解放》，载《独立评论》1934 年第 94 期。

育的发展程度进行系统研究，但他发现中国女子教育的发展使女性开始反思旧礼教，意识到媳妇侍奉公婆制度是不合理的，不再忍受这种不合情理的安排。而这种对于侍奉公婆态度的转变也动摇了大家庭的基础，从而推动了"小家庭"的演变趋势。

在从"大"到"小"的家庭演变趋势中，吴景超看到了女性从"侍奉公婆"的社会习俗中解放出来的可能。而他认为中国到都市谋生计的男子，把妻子留在家中是为了"尽晨昏侍省之劳"①，因此"侍奉公婆"观念的改变不仅意味着女性可以从侍奉老人的辛苦劳动中得以解脱，更使女性可能获得和男性一样离家到都市谋生计的机会，从而有利于女性实现更大程度的解放。此外，这种观念的动摇也会影响"养儿防老"的社会观念，进而可能改变"多福多寿多男子"的生育观念，女孩在生育文化中的地位、妇女在生育实践中所受的压迫都可能随之发生改变。

在女性解放讨论中，吴景超的边缘人关怀体现为他对女性生活困境的体认，这种困境是女性在传统文化束缚中难以接受和融入新文化变革的迷惘。观照两种文化交替中所产生的文化混沌心理，是吴景超对帕克边缘人研究的借鉴和延续，也是当时边缘人研究的主流。然而正如吴景超指出，边缘人"这种不利的一面，无须再作详细的阐述。但很少有人知道他们曾经扮演或将要扮演的角色的重要性"②。为了发掘"边缘人"女性群体在社会发展中的重要性角色和地位，他先论证了女性解放的可能性：从较为系统的历史研究中，找回了女性的主体性；从较为敏锐的社会变迁趋势判断中，发现了女性解放的机遇。这种既肯定女性主体又不乏现实依据的女性解放讨论，正是出于吴景超对边缘人群体观念中较为积极的价值面向。他充分相信和肯定边缘人"能成为一个改革者"③，他也坚信女性具有自己独特的社会贡献和价值，因而他从历史和现实的两个维度说明了女性解放的可能性。正是边缘人关怀下对女性主体性的肯定，对女性力量的坚信，使他区别于同样致力于女性解放的一味呼吁者，使得

---

① 吴景超：《都市社会学》，世界书局1929年版，第38页。
② 吴景超：《唐人街：共生与同化》，筑生等译，天津人民出版社1991年版，第311页。
③ 吴景超：《唐人街：共生与同化》，筑生等译，天津人民出版社1991年版，第312页。

女性能实现解放的观点更具说服力。

三、社会建设主张下的女性议题

如前所述，作为一位致力于探求中国之路的社会学者，吴景超对女性的关注事实上是企图将女性作为主体力量纳入其社会建设实践之中。所以，他出于边缘人关怀论证女性解放的可能性，也不仅是为了回应和反思女性解放的社会讨论，还是为了论证女性能够突破传统束缚、参与社会建设。因此，吴景超的女性研究还是以其社会建设探索为落脚点，即他的边缘人关怀是为了发挥作为边缘人群体的女性在具体社会实践中的贡献和价值。而以人口密度和职业分派为标准确立的"第四种国家"是吴景超对当时中国社会发展状况的判断，也是他一切社会建设主张的起点。因此在他较为系统性的女性研究中，生发了生育和就业两个较为具体的女性议题，与"人口密度"和"职业分派"相对应，试图将女性主体纳入"第四种国家"的社会建设实践中。

（一）关照女性生育

1922 年，美国节育运动创始人"桑格夫人"访华，宣传生育节制理论，中国传统性道德和生育观念受到极大挑战，引起了激烈的社会争论。反对派从道德沦丧、自然法、民族发展等维度，谴责生育节制；而赞成者从女性身体负担与人口过剩导致的饥饿、疾病、战争等方面予以回应。[①] 吴景超在"第四种国家"的论述中，对中国人口问题进行了深刻的分析，指出中国人口的庞大，阻碍了近代化的发展，[②] 影响了社会生活水平的提高，[③] 是农民遭受盘剥最终导致中国农村破产的原因之一。[④] 因此，他极力主张控制人口数量，实行生育节制。女性作为生育的主体，是吴景超关于社会人口问题讨论中的一个重要主体。

---

① 俞莲实：《民国时期关于"生育节制"的四大论战》，载《史林》2008 年第 5 期。
② 吴景超：《中国的人口问题》，载《独立评论》1936 年第 225 期。
③ 吴景超：《第四种国家的出路》，商务出版社 2008 年版，第 13 页。
④ 吴景超：《第四种国家的出路》，商务出版社 2008 年版，第 15 页。

在生育女性的社会角色认知方面，当时有人提出"母性自决"的观点，一是尊重女性的生育自由，认为"女子的义务，并不是专为生子女，而且愿生与不生，伊也当有自由，不得强迫"①；二是反对无节制生育对妇女身体的伤害。吴景超同样反对无节制的生育，但是他并不赞同女性生育是完全自由的，指出"中国的妇女不应回避做母亲的责任"，除了"身体孱弱的女子，以及有遗传病的人"需要通过节育来保障家庭的幸福。② 那么，女性在生育中是完全被动的吗？对此，费孝通认为生育是婚姻的基础，是整个社会分工得以持续的制度保证，进而指出生育是一件"损己利人"的事。③ 吴景超不赞同这种"损己利人的生育论"，反对将生育视为绝对的社会性安排，作为生育主体的女性则成为完全被动的缄默存在，指出"生育制度的产生，乃是合乎个人私愿的，而不全是由社会安排出来的"④，强调女性在生育中的能动性。可以说，吴景超认为女性在生育过程中存在"有限的主体性"，意识到女性难以实现完全的生育自由，但也不是完全被动性的存在。

正是基于这种较为现实的认知，他提出了从两个方面来关照作为生育主体的女性，实现人口节制的主张。一是从女性主体的角度，重视女性身体健康，强调过度频繁的生育对中国女性身体的伤害，"自从十余岁出嫁之后，一生连小产在内，可以怀孕十余次以至二十余次……生产不息，是使中国妇女体力衰退，未老先衰的最大原因"⑤，对此他提倡各地卫生机关宣传节育知识、设立妇婴保健所，⑥ 来保护妇女健康。女性树立健康观念，掌握节育知识，可以有意识地控制自身的生育活动，避免过于频繁的生育次数，从而有助于社会人口的节制。二是从社会观念的角度，关注女性"养子防老"的生育心理。他指出在这种心理状态下"养儿子的作用，等于近代工业社会中的老年保险"，因而

---

① 陈望道：《妇女问题，陈望道文集（第一卷）》，上海人民出版社1979年版，第219页。
② 吴景超：《第四种国家的出路》，商务印书馆2008年版，第99页。
③ 费孝通：《乡土中国生育制度》，北京大学出版社2017年版，第109页。
④ 吴景超：《婚姻向何处去？——评费孝通〈生育制度〉》，载《新路周刊》1948年第1期。
⑤ 吴景超：《中国的人口问题》，载《独立评论》1936年第225期。
⑥ 吴景超：《中国的人口问题》，载《独立评论》1936年第225期。

可通过发展，完善养老保险，解决老年生活忧虑。① 如果社会不必要通过"养子"才能"防老"的话，那么女性的生育意愿也就没有那么强烈了。不过，吴景超也强调人口节制政策只是当时社会情况下的选择，他预料工业化发展到一定程度后，不育者会增加，"家庭对于传种一事，已经不能尽职，须由国家出来监督与扶助了"②。因此，准确来说，他关于社会人口问题的分析不是为了节制人口，而是为了实现与社会经济发展相适应的人口控制。

总体来看，吴景超观照生育女性的核心在于最大限度地尊重女性在生育实践中的主体性地位，从女性视角出发来实现社会人口的控制。此处的女性视角，不等同于对女性个体的视角，还包括对女性所处社会环境的整体性视角。因为女性的生育实践并不是完全自由的，还会受到社会习俗、观念的影响。唯有将个体与社会相结合，才能真正地理解女性在生育实践中的行为逻辑，从而发挥她们在社会人口控制中的力量。这种整体性的女性视角在如今鼓励生育的社会实践中值得借鉴，从某种程度上来说当下女性的生育实践受到的社会影响因素更为复杂，家庭婆媳关系、社区居住环境等都可能影响女性个体的生育意愿。③

(二) 提倡女性就业

职业问题是吴景超重点关注的社会议题之一。关于中国为"第四种国家"的推论中，他专门强调了职业分配不合理对人民生活水平的影响，以俄国为实例指出了"第三类国家"中农业人口过多阻碍了社会发展，并认为中国也存在类似的职业分派问题。④ 因而在吴景超的女性议题中，职业问题是其讨论重点之一。

首先，鼓励女性走出家庭，从事社会职业。在 20 世纪二三十年代，欧美各国失业问题日益严重，为了维护社会稳定，纷纷立法并宣扬家庭主妇的贤妻良母形象，⑤ 引起了中国社会上关于"妇女回家"的争辩，既有人主张妇女回家

① 吴景超：《婚姻向何处去？——评费孝通〈生育制度〉》，载《新路周刊》1948 年第 1 期。
② 吴景超：《变动中的家庭》，载《独立评论》1934 年第 92 期。
③ 何姗姗：《超大城市"新任妈妈"的再生育意愿及其影响因素研究》，载《社会建设》2021 年第 6 期。
④ 吴景超：《第四种国家的出路》，商务印书馆 2008 年版，第 9~10 页。
⑤ 许慧琦：《过新生活、做新女性——南京国民政府时代女性形象的塑造》，载《中国妇女史读本》，北京大学出版社 2011 年版，第 252 页。

做贤妻良母，也有人坚持妇女走出家庭参与社会生产，众说纷纭，观点不一。① 而吴景超虽然意识到教养子女是家庭的重要职务，母亲是最为关键性的角色，但他也认为"把全部精力用在家庭上面"②限制了女性其他方面的发展。所以，他支持女性走出家庭参与社会生产，实现经济独立，摆脱对家庭的依赖，克服对男性的服从，从而形成独立自主的人格。因此，他将职业问题视为女性解放的焦点问题。然而美国 1930 年的统计数据表明，婚姻是女子参与社会生产的影响因素，结婚后的女子大多成为家庭主妇，从而放弃社会职业。③所以，如何解决女性家庭责任与社会职业的冲突成为吴景超女性就业主张中的重要内容。

其次，提倡家庭职务社会化。在吴景超看来，工业革命以来家庭制度逐渐变动，家庭中的生育、生产消费、教养子女、情感供给等职务都相对减少，余下来的职务存在逐渐社会化的可能。④ 因而在平衡女性家庭与职业关系的问题上，他认为家庭职务社会化是一个两全其美的办法，维持正常家庭生活的同时也可提升社会生产力。具体来说，一是子女教养的社会化。他认为教养子女是女性就业最大的阻力，对此他强烈推崇苏联的托儿所制度，认为他们的专家育儿、群居成长的抚育模式可提高育儿质量，且上班的母亲可以定时去哺乳小孩，下班就接回家，解决职业母亲的后顾之忧；二是家务劳动社会化，受米勒娄所著《家庭》的启发，他提倡专业厨师以批量化采购与生产等方式建立合作厨房，实现烹饪社会化，以规模化效应节省单个妇女烹饪所消耗的时间，而洗衣等其他一切杂务可以参考烹饪实行社会化。本质上来说，是他力图发挥多元主体力量为家庭照料提供支持，⑤ 解决女性参与社会劳动的束缚。

吴景超提倡女性就业的主张，是在较为宏观的国际视野下企图探寻女性人

---

① 夏蓉：《20 世纪 30 年代中期关于"妇女回家"与"贤妻良母"的论争》，载《华南师范大学学报（社会科学版）2004 年第 6 期。
② 吴景超：《社会的生物基础》，世界书局 1930 年版，第 18 页。
③ 吴景超：《家庭职务与妇女解放》，载《独立评论》1934 年第 94 期。
④ 吴景超：《家庭职务与妇女解放》，载《独立评论》1934 年第 94 期。
⑤ 杨爽：《儿童照顾的"家庭化"与"去家庭化"——日本育儿支援政策分析与启示》，载《社会建设》2021 年第 2 期。

格发展与完善的尝试，也是对女性解放具体实现路径的探索。他认为工业化发展中家庭关系的变动，使家庭职务的社会化得以可能，使女性就业具备了现实可能性。也就是说，发展工业能够帮助女性就业，促进女性解放。客观来说，这种观点确实存在一定的合理性。不过作为当时社会建设讨论中"工业派"的代表人物，吴景超此处也存在从女性发展的角度为工业化主张"正名"的可能。此外，吴景超认为"职业分派不合理"是中国社会发展中存在的普遍问题，提倡增加以工业谋生者的比例，以提高人民生活水平。提倡女性走出家庭，从事社会职业，实际上就是提倡女性参与工业生产，有助于增加以工业谋生者的比例。而女性参与社会工业生产，不仅可以为工业化提供更多的劳动力，而且农村的女性摆脱家庭束缚到都市工业中谋生，也可以缓解当时中国都市社会中男女比例失衡的状况，有助于都市社会的全面发展。

从女性解放的角度来看，吴景超的观点在一定程度上代表了广大女性同胞的心声。五四运动以来，部分女性的自我意识有了一定觉醒，已经有参与社会职业的意愿，但并未得到社会的支持和信任，甚至还有人称"从事职业的女子为怪物，以笑骂批评的语调出之"①，女性就业的积极性受到了严重的打击。吴景超从国际视野出发，列举苏联实例证明家庭职务社会化的可操作性，在一定程度上有利于缓解女性职业与家庭之间的张力。事实上，当下社会中这种张力也并没有完全得以消除，同样存在"女强人"等职业女性污名化的概念，如何才能更大限度地建立事业与家庭之间的平衡，从而使女性拥有更大的自主选择权利，从而更好地发掘女性在社会发展中的主体力量仍然是值得思考的问题。

正如在吴景超"第四种国家"论述中，人口与职业是相互关联的，即人口的多少直接影响职业的分配。② 在吴景超的女性研究议题中，生育和就业也具有一定的内在联系。生育对大多女性而言，属于家庭责任的重要组成部分，生育对女性而言不仅意味着怀孕、生产等阶段性的人口再生产过程，还包含着子女教养等长期性的家庭事务，与女性走出家庭、从事社会职业存在一定的张

---

① 詹詹：《读吴景超先生"家庭职务与妇女解放"后的赘言》，载《独立评论》1934 年第 97 期。

② 邹千江：《生育控制与第四种国家的出路》，载《西北人口》2014 年第 2 期。

力。因而，提倡女性就业也在一定程度上涉及女性生育实践中的选择问题，客观上来说也有助于社会人口的控制。所以，吴景超对女性生育与就业两大议题的讨论，都是基于他关于社会建设的系统性思考，力图发掘女性在社会发展与变革中的主体性力量。不过，在边缘人的关怀下，吴景超意识到了实现女性解放的可能性，从而在具体议题的讨论中也尽可能地尊重了女性的主体性，这一点在女性解放都还饱受质疑的背景下显得尤为可贵。

四、结论与讨论

吴景超的女性研究成果根植于他探求社会建设之途中关于"第四种国家"的国情判断以及其"发展都市以救济农村"的发展思路。为了发掘女性在社会建设中的主体力量，他出于边缘人关怀系统性地讨论了女性解放的可能性。"边缘人理论"的提出者帕克认为边缘人是基于地理迁移而导致生活于两种对立文化之中的人，而吴景超在唐人街研究中不仅注意到了地理差异而产生的边缘人，还有文化差异本身所导致的边缘人，比如传教士。在他的女性研究中，这种文化差异事实上进一步拓展为新旧文化间的差异，女性被视为旧传统与新文化之间的边缘人。正如他对唐人街的边缘人寄予了促进文化改革、推动社会发展的希望，在他的女性研究中，他清醒地意识到女性在旧传统下的生育文化与婚姻规范中所面临的生活困境，并指出社会发展改变了家庭制度、学校教育等社会文化，生活于新旧文化交替边缘的女性可以成为社会建设的潜在力量。对此他还通过两汉寡妇再嫁的女性民俗研究发现了具有一定主观能动性的女性主体，增强了女性实现解放并投身于社会建设的可能性。

具体来说，吴景超较为集中地讨论了女性生育和女性就业两大议题，这与他"第四种国家"划分中的人口密度与职业分配两大标准是相对应的。其中，观照女性生育是针对中国农村人口众多的状况，以实行社会人口控制，提高人民生活水平。而提倡女性就业属于职业分派的范畴，是为了实现"第四种国家出路"中的都市工业化发展。不过在他"城乡一体"的观念中，都市工业化的发展同样有助于农业生产技术的提升，而农村人口的控制则有助于缓解城乡人口比例失衡的问题，本质上来看都是为了解决当时中国农村破产的社会危机，以重建中国社会秩序。所以，他出于边缘人关怀研究女性群体，力图通过女性解放的实现，从生育、职业的维度发挥她们在社会建设中的主体性力量。因此，1928 年吴景超回国后，先后撰写《社会组织》《社会的生物基础》，以相对客观的学术态度讨论了相关社会现象。1933 年，他发表《知识分子下乡难》，开始参与乡村建设运动的讨论，在与梁漱溟等乡建派多次你来我往的相互辩论中，吴景超的社会建设思想脉络越发明晰和坚定，也更加注重发动社会中的女性力量，所以关于女性社会职业、家庭职务社会化等主张也呈现愈发激进的趋势。①

正如费孝通曾言："他（吴景超）的研究是宏观的，用全世界各国的材料来做比较，去找中国社会的出路。"②吴景超的女性研究正是在相对宏观的视野下，基于全世界各国发展大体趋势的把握，来反观中国女性的解放之路，这使他的主张存在一定的理想主义色彩，比如关于儿童公养的想法在当时的社会条件下难以真正实现；再比如家庭职务社会化之后的女性就一定能够走出家门从事社会职业吗？因为束缚女性的除了繁杂的家务，还有"男治外，女治内"等传统社会观念。但这并不能遮盖吴景超女性研究的独特价值。从学术研究来看，他将历史研究与现实观照相结合的方法，有助于女性研究脉络中女性主体性的发现，在一定程度上弥补了当时对社会建设实践中的女性力量系统性讨论不足的缺失；从社会实践来说，他在边缘人关怀下体认女性困境的同时，相信她们的能动性，从女性视角出发讨论了在社会建设实践中发挥女性力量的具体议题。而对目前我国的社会建设来说，重提吴景超对女性"边缘人"处境的观照至少有两方面的意义。一方面，尽管中华人民共和国成立以来的女性解放运动显著提高了当下女性的社会地位，但在政治、经济、文化等社会建设的参与中，女性仍然存在着不同程度的缄默和失语，她们的"边缘人"处境并未得以彻底改变。另一方面，女性群体整体社会地位的提升并非均质的，在女性群体

① 吕文浩：《吴景超：愈来愈激进的家务社会化设想》，载《团结报》2014 年 1 月 16 日。
② 费孝通：《在纪念著名社会学家吴景超教授学术思想讨论会上的讲话》，载吴景超：《第四种国家的出路》，商务出版社 2008 年版，第 15 页。

内部，同样存在着因发展不平衡而游离于社会底层的"边缘人"。从某种程度来说，她们所经历和遭遇的现实困境值得更为深刻的关注和体认。总之，为了发掘女性在当下社会建设中蕴藏着的巨大能量，有必要从"边缘人"视角出发积极肯定和发挥她们的主体性和能动性，以女性更为全面的进步推动整个社会的建设和发展。

表现民俗的理解及其功能分析 *

1989 年 11 月，深圳锦绣中华正式开业。锦绣中华以微缩的方式，将我国一些有代表性的古建筑、山水名胜和民居、民俗加以凝练，集中展现。锦绣中华开园后，就以其"一步迈进历史，一天游遍中华"的宣传口号吸引了大量游客，游客可以在一定的时空之内纵览祖国大好河山，体验中国各民族特色风俗文化。1992 年，锦绣中华和中华民俗文化村两景区接待游客超过 730 万人次，书写了中国主题公园单园年接待游客容量之最。① 锦绣中华的运行，对民俗文化旅游村的建设形成了一个范式。各种类型的民俗村竞相落成，从少数民族地区移植入民俗村的民俗风情展示也成为了民俗村的一项重要旅游项目，一些民俗旅游与文化产业被开发出来，如傣族村的泼水节表演、土家族村落的哭嫁表演和蒙古族村的蒙古包式建筑等。对于民俗村的这种表现民俗与民俗风情展示，各界人士褒贬不一。有人认为这不是真实的民俗，不过是商家为了获取更多的经济利益而搞的噱头，是伪民俗；也有人认为民俗风情展示在一定程度上反映了某些民俗事象，是对民俗文化的再造，对民俗文化的传承有促进和推介之功，会发展成为一种可接受的事实，因此不应全盘否定。鉴于此，笔者尝试着提出"表现民俗"说。

---

* 该文曾发表于《中南民族大学学报(人文社会科学版)》2016 年第 3 期，第一作者，合作者陆朋。收录时，略有改动。

① 郝丽萍：《锦绣中华·民俗村走过辉煌 20 年》，载《深圳商报》2011 年 9 月 29。

一、表现民俗的界定

民俗，是指各民族的民众在长期的生产劳动和生活实践中创造和发展起来的相沿已久的风俗习惯和生活模式，是民众生存与生活的知识、技巧、情感、习惯的凝聚，是民众生活经验、智慧的结晶。广义上的表现民俗是民众流行的风尚、习俗在一定的时空的呈现。生活民俗的本真再现、民俗的再造、表演民俗和伪民俗等皆可视为广义表现民俗。生活民俗是一个族群生活形态自性的表现，是民俗传承的本真、常态形式。表演民俗是一种仿真艺术表现，是民俗文化多样性的展示形式。伪民俗则是一种歪曲的表现，是一种社会文化事象。狭义上的表现民俗，有别于生活民俗、表演民俗和伪民俗等，是对一个族群流行的风俗、惯习进行相对客观本真、不完全整体性的"时空再造"，是民俗传承的新常态形式。本文的阐述，着眼于狭义上的表现民俗概念。

表现民俗旨在再现民众自在"活法"，是对原生民俗延伸、补充、创新和再现，具有扩布、再现、变异和创新发展的特性。民俗不是永恒不变、停滞不前的，是一个不断创造而得到一定的民族和一定的社会群体认同与认可的过程。

二、表现民俗的特征

表现民俗具有如下特征：

(1)表现民俗是原群体生活方式的延展或补充，不是凭空捏造的民俗事象，它被一定的族群所认可或认同。如，历史上的湖北省宜昌市车溪民俗村，山间一条清澈的溪流贯穿整个村落，溪边有几家铁匠铺，后随着时代的发展逐渐消失。如今，车溪民俗村为了打造成为民俗旅游景区，再建起铁匠铺，风箱拉起，铁锤砸落，火花四溅，打制各种手工铁器，用于出售。这是车溪民俗村土家族原群体生活方式的补充，不是无中生有的一种民俗事象。当然，其作为土家族生活习俗进行表演，铁匠师傅主动邀请过往的游客体验古老的打铁工艺，这是表演民俗。因此，车溪民俗村传统打铁技艺习俗具有表现民俗和表演民俗双重性。

（2）表现民俗是原地域文化的创新和发展。表现民俗不同于伪民俗，是人们合乎逻辑的自在发展，不是牵强反映的民俗。表现民俗把民俗事象移植到异地，通过提炼，使之能更集中地展示某种民俗文化。表现民俗不是简单地把某种民俗文化随意加入原生民俗，而是把原生态的民俗事象运行到各种文化模式里，因此更加具体，更加集中，更加形象。如某地"皮影戏"不使用动物皮制作"皮影"，而使用塑料，当地人认为塑料更加透明，制作成"皮影"后，色泽更加艳丽，皮影艺人和观众认同"这也是皮影戏"。有专家认为，用塑料"皮影"表演皮影戏，是伪皮影戏。当地人对外称为"影戏"，不称呼"皮影戏"。由此，我们也看到了民间智慧的博大与深邃，不得不赞叹百姓的聪明与变通。

（3）表现民俗是一个再习俗化过程。表现民俗不是原生民俗，是人们在原生习俗基础上，接受其他民族或群体的习俗生活、行为方式和价值观念。如，中国人的传统见面习俗或跪拜或抱拳或问候"吃饭了吗?"，握手本不是中国人的传统见面习俗，而今，握手成为了中国人见面的主要行为方式。这不能不说是西方见面礼仪在中国的传播，并为中国人所认同的一种表现民俗。同样中国"功夫"、中国民间饮食，通过《北纬30°中国行》和《舌尖上的中国》在海内外产生了深远的影响。

三、表现民俗的功能

任何一种文化现象，不论是抽象的社会习俗惯制、乡愁记忆和归属情感，还是具象的中国结、红盖头、对联、水车等，都承载着一定的功能。默顿认为，功能需要具有多样性；对不同的系统而言，社会或文化事象具有不同的功能结果；文化事象对作为一个系统的社会以及社会中的所有成员履行功能是一个经验问题，而不是一个公设。默顿提出，对社会或文化事象进行功能分析时，应裁定所分析的对象系统的性质和界限，因为对某个系统具有某种功能的事项，对另一个系统而言就不一定具有同样的功能，区分负功能（dysfunction）

和正功能的存在。

民俗是生活，也是文化事象。民俗作为社会生活，对于社会调整与社会适应可能起促进和帮助作用，也可能导致社会结构及其关系的破裂。民俗作为文化事象，对一个系统的社会以及社会中的所有成员来说，具有不同的功能性质和界限，正功能对民俗传承、传播与交流起促进和帮助作用；负功能对民俗传承、传播与交流起消解和破坏作用。

（一）表现民俗具有多方面的正功能

其正功能能够拓展文化多样性和增强人类创造力，能够更方便表现民众生活，不受时空、民俗传承的主、客体和原真性的限制。

（1）表现民俗能够拓展文化多样性，增强人类创造力。在没有战争、灾难、变革等因素干预下，文化保持着累积与传播，一直存续，生生不息。孤立区域的单一群体创造不出多样性的文化。文化传播受制于人的自然属性和社会属性。

自然属性是指人的生物体存在及其求偶、生育、繁衍等生物特性。社会属性是指在实践活动的基础上人与人之间发生的血缘、地缘、业缘、趣缘等各种关系。人的自然属性和社会属性相互渗透，没有也不可能单独呈现。人的自然属性中注入了社会属性带来的表现民俗（文化渗透的各种表现方式），是人的社会属性赖以存在的基础和前提。恩格斯认为，人来源于动物界决定了人们永远不能完全摆脱动物性，即自然属性，问题只在于摆脱得多些或少些。人的社会属性制约着人的自然属性。离开了社会，人的自然属性就蜕化为动物的属性。表现民俗能够增强人类社会属性的创造力。

（2）表现民俗能够更方便表现民众生活。无论是原生民俗延伸的表现民俗，还是异质民俗内化的表现民俗，所展示的文化更为宽泛。原生民俗按照社会领域划分有生产生活民俗、民间信仰、民间节日和民间艺术等类型。当下，在现代化、城镇化的双重作用下，传统村落发生了很大变化——外出打工人员增多、传承受众减少，主流文化渗入、民俗文化变异，现代化思想影响加深、传统观念日渐淡薄，现代化洋楼林立、传统民居的式微，民间艺术后继乏人，民间信仰的淡薄，如此等等，原生民俗在其发生发展地的生产性传承面临着极大的挑战。

表现民俗能够呈现的民俗事象远远多于当下被传承的原生民俗事象，它可以通过特定空间，展现不同时空的民俗生活记忆。一些已经不能在偏远村落传承的民俗，或者虽然仍然在传承但不是随时随地能够开展的民俗，可以在相同地域文化的民俗村里被重新诠释、再现、延伸和补充。表现民俗吸引力强，能够更方便表现，表现手段更多样化，表现路径更宽泛，表现方法更方便。人们不要因为是表现民俗而笼统地加以否定。

(3)表现民俗不受时空、民俗人和原真性的限制。表现民俗可以传承时过境迁的原生民俗事象，也可以传播其他地域的原生民俗事象。表现民俗的传承人和承传人可以不固定，表达的不一定是原生地域的本真民俗，但有一个客观族群和场域。表现民俗通过外在的载体揭示和重组民俗文化基因，只要民俗文化的基因不断裂，一个民族就有自己的生活方式，自己的记忆，从而使本民族的文化根深蒂固。表现民俗通过空间再造和民俗事象移植，荷载无形的精神，让受众体悟到不同历史阶段民众的"活法"，尤其是唤起一个民族或一个社会群体的乡愁与记忆。

(4)表现民俗不同于没有被特殊雕琢的，存在于民间的原生民俗。表现民俗的存在方式也有别于生产性保护。表现民俗不受时间和空间限制，它对传承的主体，场域要求不是那么严格。表现民俗不仅重视个体传承也重视群体传承；表现民俗不太强调地缘传承、血缘传承和业缘传承，任何有兴趣的人都可以加入传承的行列，都可作为传承者。其传承方式较为多样，可以是传统的口头传承、行为传承、心理传承和书面传承，也可以是表演传承、示范传承和记录传承。其传承形式也较为灵活，有静态、动态展示、科技手段揭示、平面媒体演示、空间再造的展示、节日场域的提示，有专场设计的原生态民俗歌舞表演，有专门反映民俗文化和民族地区生活的书籍、戏曲、电影、电视剧、民族地区的民俗博物馆等。其主要目的在于促进民俗文化的保护、传承与民俗文化产业的开发。

(5)表现民俗的传承主体较为广泛。非物质文化遗产的申报，要求"具有在一定群体中世代传承的特点，并且要在当地有较大影响"，非遗传承人的认定也需要经过一级级申报、评选和确认，这种制度在某些情况下，导致非物质文化遗产传承人人数有限。本来应该是为民众所乐享的民间文化，反而成为曲高和寡的"精英文化"，不能为人民大众所享有，从某种程度上讲，有违非物质文化遗产保护条例的保护民间文化的初衷。相较而言，表现民俗的传承主体更为广泛，表现民俗的传承主体不仅仅包括个体的已经被认定的传承人及其徒弟，更可以是该传承人所生活的文化生态区里的群众，也可以是任何有志于民俗保护与传承的人士。

一些能够进行生产性保护的原生民俗，往往处于比较偏远的地方，交通不便，不容易体验，受众难以跋山涉水去感受。表现民俗受众人数众多，容易互动。表现民俗由于其多样的形式，不受时间和空间的限制，自由性较强，因此受众要远远多于原生民俗。

（二）表现民俗也存在负功能

其负功能表现在不能够原生态地承继生活民俗，不容易传承原生民俗内核，不易于"有形"中见"无形"，有演变为表演民俗和伪民俗趋势。

（1）表现民俗不能够原生态地承继生活民俗。表现民俗受场域、传承者学识情感等方面的限制，往往只反映了原生民俗的一个角度或一个断面，不能够全方位多角度地反映一个民族的民俗文化，而且由于传入原生民俗人们的立场和目的不同或利益驱动，有可能出现"碎片化"，以偏概全，误导受众。有些景区还有可能会出现为了招揽游客而特别设计的表演项目，这些项目往往有拼凑和哗众取宠之嫌。

（2）表现民俗传承不到位，不容易传承原生民俗内核。民众的情感、心情在表现民俗中无法再现，无法感受到再造时空场域的作用。表现民俗是对本真地民俗的移植和再造，这个过程中可能发生扭曲或者变异。如哭嫁习俗是土家族婚嫁习俗。随着汉族和西方婚俗的传入以及婚姻的自主权加强，哭嫁只能通过表现民俗的方式记录和呈现。哭嫁原本是表达即将出嫁的少女对包办婚姻的不满，对父母及亲人的不舍，对媒人的愤恨以及母亲对女儿未来生活的叮咛和自己持家经验的传授。哭嫁歌抒情性强、哀婉动人，被称为"中国式的咏叹调"①。新娘邀请九名族中未婚少女，围着方桌唱哭嫁歌，又称"陪十姊妹"。传统的土家哭嫁可以从新娘出嫁前十天，甚至一个月，就开始哭。尽管民族村的哭嫁表演集中展示了哭嫁的场景，女儿离开父母姐妹前的依依不舍，母亲含泪的叮咛。但无论如何，哭嫁表演是难能承继原生哭嫁习俗的内核。土家族生活中的哭嫁，其场景、其内涵、其情感等绝不是一场表演就能解读的。以模拟形式表现哭嫁歌，体现了某些再造空间的无奈与局限。如，尽管土家族有"喜丧"习俗，但鲜少有模拟葬礼过程的场面。

（3）表现民俗不易于"有形"民俗事象中，揭示"无形"生活精神。只是将民俗质汇聚一起，只见物，不见人，欠缺传承活动。一些民俗博物馆收集了先民的犁、锄、柴刀、扇斗等农耕稼穑器具，还有磨盘、罗柜筛、蓑衣、斗笠、油灯、服饰等日常生活用品，建立了涵盖堂屋、卧房、客房、厨房、磨坊、铁匠坊、榨房等展示馆。但对这些生产、生活用品，仅是简单陈列，缺乏足够的解说，场景还原，未能呈现这些民俗质的"动态"和"活态"。

（4）表现民俗有演变为表演民俗，甚至伪民俗的趋势。基于利益驱动、好大喜功、哗众取宠、孤陋寡闻等原因，某些人士在传承过程中或刻意加大了民俗的表演成分，或无意曲解民俗，甚至虚构伪造民俗，给民俗文化传承带来了贻害无穷。

四、表现民俗的真实性问题辨析

学界对于民俗文化本真地以外的非原生态民俗持不同的态度，主要是针对这类民俗的真实性的探究。传统的观点认为任何一种艺术形式都产生于一定的文化生态或者文化时态之中，所以民间艺术只可活在一定的区域里。民俗旅游很容易破坏当地的生态环境。然而，另外一些学者则认为，有时候这类创造或再创造会变成一个文化振兴的基础，随着时间的流逝，会拥有自己继发的真实

---

① 周丹：《中国式的咏叹调——土家族哭嫁歌的艺术特点及其社会价值》，载《重庆三峡学院学报》2004年第1期。

性，并且还可以被其创造者再次挪用。① 当下被称为"伪民俗"的东西，有可能消失，也有可能被广泛接受，逐渐被接受的民俗就是民俗的进行时态，终将成为真正的民俗。② 也有学者提出，所谓的真实性，标准难以界定，专家和决策者、当地居民和消费者的认识是不一样的，而且民俗文化和民俗旅游产品的真实性本来就是不一样的。③

综上所述，笔者提出，表现民俗是民俗文化的一种表现形式，表现民俗有别于原生态民俗，因此用判断原生态民俗的标准来决定表现民俗的真伪不够客观。学界对于民俗文化本真地以外的表现民俗的客观真实性的质疑是必需的，是民俗传承需要坚守的，但是，应该看到民俗不是永不变更的，只要是基于一定的生活基础，有文化基因可循，不是无中生有的胡编乱造，表现民俗就有其存在的逻辑。同时，表现民俗的所谓真实性问题，不应该由个人，或者某个群体来决定，而是应该由专家、决策者、传承人、当地居民，特别是受众来共同评判而达成共识。

五、结语

当下，全球化和现代化、城镇化的进程对中国的社会生活产生了极大的影响，即使是少数民族地区，也概莫能外。在清江流域的土家族传统村落里，农村发生了巨大的变迁，传统的生产生活方式不复存在，有许多习俗如薅草锣鼓、哭嫁等很难以生产、生活的形式展现，多少年来，作为土家族居住标志的吊脚楼并不受年轻人青睐。民俗文化传承的生态发生了变化，传承链也不尽如人意，如果再一味要求所谓的原真性和固守旧有的传承模式和途径，其结果可想而知。

民俗不是一成不变的，它随着社会的发展而变迁，民俗在传承的过程中要

---

① 徐赣丽：《民俗旅游开发中的类民俗化与文化真实性——以广西桂林龙脊景区为例》，载《旅游论坛》2009 年第 12 期。
② 毕旭玲：《"伪民俗"判断之判断》，载《中原文化研究》2013 年第 4 期。
③ 张军：《对民俗旅游文化本真性的多维度思考》，载《旅游学刊》2005 年第 5 期。

应时、因地而变，只要本质不变，外在的形式、存在的空间都是可以变化的。当下民俗传承，可以是传统的模式——家族、宗族、代际、长辈对晚辈、师傅对徒弟等通过口传心授的方式以及村落、族群中自在的传承方式，也可以是多窗口、多渠道、多手段的传承创新模式。

　　表现民俗之于民俗文化传承，其分量及作用已逐渐被人们所认识。随着社会的发展和变迁，表现民俗有可能成为当下，特别是将来民族、民俗文化的一个重要而有效的传承形式，且其表现内容或许可成为或催生新的民俗。

现代传媒对民俗传承的影响 *

民俗作为一个民族生存的文化心态，作为一个民族的基本生存形态和存在心理，其不竭的生命力在于生生不息、世代相传的继承与发扬。无论是口传身授还是演唱诉说，民俗的继承和发扬离不开传播这一环节。可以说民俗从它产生的那一天起，就与传播密切相连，传播不仅是民俗的重要运动方式，而且是民俗的重要的特征和存在方式。可以说，没有传播就没有民俗。

现代传媒从它诞生的那一刻起，就以其强大的辐射力，对人类社会生活的方方面面产生了重大的影响。从 1839 年摄影术诞生以来，影像便成为记录各种人物与事件的重要手段，以广播和电视为主体的现代传播手段更是彻底突破了时间和空间的限制，结束了印刷媒介统治文化传播的历史，开辟了传播新时代，在人类文化史上具有划时代的意义。媒介社会的来临使得人类生活发生了巨大的变化，人们对传播无可逃避，传播已经成为了当代生活的新图腾，而民俗作为原生态文化与生活的双重复合体，无可避免地受到现代传媒发展带来的冲击，其生存形态与传承方式都发生了深刻的变化。

一、现代传媒对于民俗传承的积极影响

（一）现代传媒为民俗传承提供了革命性的技术手段

在人类诞生后的漫长时期内，人类只能依靠原始而古老的传播方式（如表

---

* 该文曾发表于《湖北社会科学》2008 年第 7 期，第一作者，合作者卢安宁。收录时，略有改动。

情、动作等)传递信息。方式的简单,限制着复杂的信息传递。口语的诞生使人类能系统、抽象地表达声音和客观事物,民俗传承获得了最重要的工具——通过代代相传的口语"接力",使信息得以传递并扩大传递范围,这仍然是迄今为止民俗传承最主要的方式。但是,口传的特点决定了每一次"接力"都有可能因理解差异和记忆误差等原因造成信息"走样",文字的发明使民俗的传递在跨越时空准确记录信息方面实现了飞跃,然而在印刷术发明之前,文字记载费时费力,极大地限制了文字传播的范围和效率。工业革命后,先进科技催生了现代传媒,人类进入了迅速、便捷、大规模广泛地传递信息的大众化传播阶段,尤其是1839年摄影术的诞生,让人类有了一种对客观世界进行真实记录和再现的新手段。1895年,电影问世,摄影术从静止、瞬间的记录和再现发展成为动态、连续的记录和再现。现代传媒,特别是影视传媒的诞生为民俗传承带来了革命性的影响,为民俗传承与研究提供了前所未有的技术手段。例如摄影不仅能够凝固瞬间的画面保存时空,还能精确表现被拍摄者的细节、人物表情姿势、人物之间的关系、地域特征等,摄影手段的直观性、真实性和瞬间的永恒性,使它在民俗文化的发掘整理方面具有不可取代的特殊功能。因此,摄影被广泛运用于记录民间文化事象和生活形态的工作中,给后人留下珍贵的历史资料,成为记录珍贵的民俗事象和民俗研究的重要手段,特别是摄影能将一些行将消逝的民俗活动中的有形文化真实生动地记录和再现,使其具有较高的史料、文献和传承价值,已成为民俗文化研究中最科学、最有效的途径之一。在世界摄影史上,摄影家和人类学家都曾经用摄影的手段来记录少数民族的文化形态,用摄影等现代传媒记录和反映民俗。

(二)推动了民俗文化的发展、融合和演变

民俗是人们在长期的生产和生活实践中逐步形成的风俗习惯,具有传承性。但是,民俗并不是一成不变的,它总是随着人类社会的发展而不断变异,任何一个民族的民俗都不是封闭的体系,在融合中创新正是民俗传承的生命力所在。例如,狮子在国外艺术造型中往往带有原始写实风格的野性与威猛。中国本不产狮子,在汉代,狮子经丝绸之路从西域引入中国。史书记载"章帝章和元年(87)月氏国遣使献扶拔、师子"①。而狮子的形象在传入我国的过程中，几经演变、融合，其中加入了中国龙与麒麟的元素，最终成为中国的吉祥象征。

在农业社会，民俗的交融往往伴随迁移、商贸、外交乃至战争，时间漫长，过程曲折。而现代传媒的普及则打破了民俗长期带有的封闭性，加速了民俗的交叉融合。通过媒介，打破了地域的界线，各个民族的文化习俗得以迅速传播，过去相对封闭的特定民族、地域的民俗文化成为共享，各民族的民俗文化随着信息的海量传播冲击着人们的大脑，继而潜移默化地被接受并传播开来，使其植根于民众民族文化心理之中，成为一种民众生产和生活的集体无意识。例如，吸烟的风俗在中国乃至世界由来已久，但随着万宝路香烟广告中豪迈奔放、粗犷剽悍、饱经风霜牛仔形象的广泛传播，使抽烟这一普遍的风俗习惯里又增加了抽烟增加男人气魄的心理暗示，抽烟是男人的象征，能够增加男人的魅力，媒介时代的广告是一种批量的精神复制。广告每播出一遍，就在观众的灵魂上，复印一种同样内容的东西。现代传媒通过广告这一灵魂复印机使抽烟这一习俗里悄然增加了新的集体无意识内容。

(三)现代传媒造就新的民俗

民俗是文化，民俗同样也是生活，是人类生活的模式和规范。民俗不是凝固不变的，民俗本身在不断的变化之中，是与时俱进的产物。现代人所生活的时代就是一个被传媒包围的时代，当媒介已经成为人们日常生活中不可或缺的一部分，媒介本身也就造就了一种民俗。

正如美国传播学者道格拉斯·凯尔纳所描述的那样："一种媒体文化已经出现，其中的图像、音响和宏大的场面通过主宰休闲时间、塑造政治观念和社会行为，同时提供人们用以铸造自身身份的材料等，促进了日常生活结构的形成"；而"媒体的故事和图像提供了象征、神话和资源等"。② 现代媒介正是通过这些新的神话、象征和仪式造就新的民俗。例如中国除夕守岁的风俗，可以

---

① 参见《后汉书·卷三·章帝纪》。
② [美]道格拉斯·凯尔纳：《媒体文化》，商务印书馆2004年版，第8页。

上溯到晋代。除夕夜一家人吃着年饭，或围炉而坐，体现了和谐团圆、温情脉脉的家庭融洽气氛。然而中央电视台春节联欢晚会的出现，为这一古老的习俗增加了新的内容，如同罗兰巴特描述的那样："看电视时，我们注定要合家围坐，于是电视变成了家庭的用具，就像以前总是伴有共用饭锅的壁炉一样。"①于是电视替代了炉火，春节晚会成为中国百姓在除夕夜不可缺少的重要"仪式"。又比如，春节拜年是中国人千年不变的习俗，而短信拜年、电话拜年、电子邮件拜年等方式已经逐渐演变成为新的春节民俗的一部分。

二、现代传媒对民俗传承的冲击与负面影响

（一）现代传媒对于民俗的保留大于传承

任何事物都存在着两面性，积极的方面也往往也暗蕴着隐忧，现代传媒为民俗影像的记录和保存提供了革命性的技术手段，从这一点来说现代传媒为民俗传承作出了前所未有的贡献，但也正是这一点造成大众对于民俗文化传承的依赖心理，人们往往认为记录和保存了民俗的事象也就等于传承了民俗本身，这是一个很大的误区，现代传媒对于民俗更多的只是一种保留和选择性记录，而不是传承，保存和记录绝不等于传承，现代社会缺乏的不是保存了的民俗，而是缺乏有生命的民俗，特别是当今海量的数字技术处理能力，使一张小小的光盘便可以容纳一个民俗博物馆的所有影像，但经过现代传媒记录的民俗，又有多少被吸收融入了人们的生活呢？我们看到更多的是许多民俗被收集在了影像和书籍资料里，尘封在民俗博物馆的展台里。因此，笔者认为保存和记录决不能代替传承。并且现代传媒目前受到自身技术的限制，往往只能对民俗现象做表面的影像和文字记录，许多非文字与影像的东西无法真实还原。例如，在我国民间，许多技艺的传承通常采用师傅带徒弟的方式进行，如铁匠、泥瓦匠、药铺先生、画匠、戏曲艺人等职业的师傅招收徒弟，就是让徒弟们从师傅

---

① [法]罗兰·巴特：《罗兰巴特随笔选》，百花文艺出版社1995年版，第367页。

的言传身教中学习技艺。从记录和保留的角度来说，由于前辈师傅普遍文化素质偏低，语言表达能力不强，因此与其说是"言传"，不如说是"身教"，俗话说："五年做出一个俏师傅"，因此，现代传媒对这类民俗的记录往往具有很大的局限性，多停留在表面，甚至是片面的、无法进行的。

　　进一步言之，民俗从其本质上讲，更多的是一种文化信仰。在我国，不管是端午节吃粽子，还是八月十五中秋节赏月，都是承袭了古老的文化习俗，都表达着我们对世界的不可知的神秘感的敬畏，信仰自然带给我们的神秘力量。而现代传媒以影视图像为主的记录手段，主要运用的是画面思维，必须把表现对象(特别是抽象的内容)化作视觉形象，而面对抽象的感觉民俗，则显得无能为力。

　　(二)现代传媒以虚幻的民俗替代了现实民俗行为，以文化快餐代替了民俗艺术

　　生活在现代传媒制造的拟态环境中的受众，在媒介的熏染下，逐渐习惯了从媒介中提取信息、享受娱乐，而淡忘了自己的真实需求。不少学者惊呼，人类在大众传播媒介面前丧失了个性与创造力。而民俗，从民俗学的角度看，是一种行为，是表达心愿的一种主动的文化方式。例如，在传统的年俗中，大众一般是作为主角去参与、去营造、去表达，比如庙会、社火等。而在电视年俗中的人们却大多数沦为被动的接受者。春节的传统核心功能——家族的情感整合仪式，是家人的团聚和交流，如今被电视晚会导演营造的热烈气氛代替了；清明的祭奠活动正在被网络虚拟祭扫所替代。人们以媒介营造的虚拟行为代替了民俗行为本身。随着人们的时间大量被媒介占据，当屏幕充斥着流行音乐，当卡拉 OK、电子游戏成为人们的主要娱乐方式之一时，还有多少年轻人再对传统锣鼓、琴瑟感兴趣呢？于是，传统的民俗活动、戏剧、民间艺术逐渐被现代传媒带来的时尚娱乐方式所取代而逐渐从人们的日常生活中淡出。一些民间说唱艺术如皮影、评弹等更是失去了存在的市场而濒临消亡。

　　(三)媒介霸权加速弱势民俗消亡

　　在记者被誉为"无冕之王"的媒介社会，现代传媒拥有很大的影响力，以

至形成了某种霸权，现代大型垄断性传媒集团的出现更加速了这种趋势。

从全球范围来看，西方发达国家在媒介权力上处于绝对优势地位，而发展中国家由于媒介生产力的落后，使其在传播中处于弱势地位。如今全球 50 家媒体娱乐公司占据了当今世界上 95% 的传媒产业市场，90% 以上的新闻由美国和西方国家垄断，其中有 70% 是由跨国大公司垄断。联合国教科文组织的市场调研表明：在全世界跨国流通的每 100 本书中就有 85 本是从发达国家流向发展中国家的；在跨国流通的每 100 小时的音像制品中，就有 74 小时的制品是从发达国家和新兴工业国家流向发展中国家的。[1] 传播的霸权反映在民俗传播上，最直接的表现为"强者恒强"的恶性循环格局，也就是说强势民俗独霸空间。从全球范围来看，传媒大国、强国的民俗文化传播在全球传播份额中占据主导和主流地位，而对于传媒弱国来说，大量外来节目往往将本国节目挤压在狭窄的生存空间里艰难度日。从一国的范围来看，全国性的媒体往往发挥着比地方性媒体更加强大的辐射作用，全国性媒体在选择节目时往往以"全局"性的视野去选择节目，对于全国性的民俗活动的报道篇幅往往多于地方性，特别是一些偏远地区的少数族群的民俗活动则处于媒介的"盲区"和"死角"，鲜有问津，偶露峥嵘也多处于被猎奇的境地，同时全国性媒体为了兼顾各方的"口味"，在对地方性民俗进行报道的过程中往往以自己的理解对节目加以剪辑和解说，使得原生态的民俗失去了本来的面目。

（四）现代传媒的商业化加速民俗的商业化

严格地讲，在以市场为主导的社会经济形态中，现代传媒传播的更多的是一种商业文化，民俗成为商业传播的工具与策略。传媒出于商业考虑往往将民俗变成一个任由人打扮的小姑娘，为满足大规模商业传播的需求而随意选择和歪曲，娱乐化、庸俗化甚至恶搞民俗的趋向非常严重。特别是在国际传播过程中，一些传媒人根据自身的理解与需要任意制造大量的伪民俗，以追求所谓的视觉震撼效应，从而达到"引人眼球"的票房价值和收视率。

---

[1] 孙旭培：《加入世贸与中国数字传媒的发展》，载《中国工商》2001 年第 2 期。

例如，近年来，中国电影中的民俗符号逐渐升华为东方元素，成为国际化攻略中的重要手段。例如在电影《大红灯笼高高挂》中，原本是中国传统节庆的象征物大红灯笼却被演绎成了肉欲的替代品；影片甚至根据需要，任意嫁接民俗符号，电影中的点灯、吹灯、封灯的奇异民俗仪式，是臆造出来的一些无中生有的民俗。值得忧虑的是，近年来不少电影人纷纷以张艺谋的"民俗"影像为剧本，将民俗元素当作一种时尚标签和通向国际电影奖项的红毯的工具。

在即将迈入数字化社会的今天，想摆脱现代传媒的影响，保持牧歌式的原生态民俗已经是一种奢望，我们目前所要考虑的主要问题是：如何最大限度地发挥现代传媒在民俗文化传承中的积极作用，尽可能地减少传媒对民俗传承的消极和负面影响（特别是商业化带来的影响）。笔者认为可以做出如下几点尝试。

首先，从传播者的角度来看，传播人要了解民俗知识，加强自身的民俗理论修养。要深入认识传媒人在民俗传承中的重要作用，从而在传播过程中加强民俗保护意识，合理运用传播技术，尽可能地减小商业化对民俗传承的负面影响。

其次，面对飞速发展的媒介时代，民俗人不应无所作为，更不能怨天尤人，应该清醒地看到现代传媒给民俗传承带来的前所未有的历史机遇。要主动学习传播知识，掌握了解现代传播的规律，熟练运用各种现代传播技术手段，更好地发挥现代传媒的积极作用，为民俗传承作贡献。

再次，在理论上要加强民俗学与传播学、新闻学等学科的融合，在高校开设民俗传播学、影视民俗学等，加强民俗传播规律的研究与人才培养，造就新型民俗传播人才。

最后，呼吁国家有关部门在覆盖面广泛的媒体上建立公共频道或民俗频道，以生动活泼、雅俗共赏的节目内容和形式，在全社会普及民俗知识，发掘民俗瑰宝，弘扬优秀的民俗文化传统。还可运用互联网等互动手段，发起民俗问题探讨，组织民俗活动，唤起全社会的民俗意识和对民俗传承与保护问题的重视，让更多的人了解民俗、热爱民俗，并投入民俗传承与保护的事业中。

数字构成的吉祥语的特征及其功能 *

  吉祥文化是民俗文化中的重要组成部分。作为一种重要的吉祥文化形式，吉祥语是人们借以对自己、亲友等表达美好祝愿的一种语言媒介。而在我们日常所熟知的吉祥语中，有相当一部分是由数字所构成的。对于由数字所构成的吉祥语，学者进行深入、系统的研究还不多。正确认识由数字所构成的吉祥语及与其有关的吉祥文化现象，对于客观认识我国的民俗文化，有效地开展我国社会主义精神文明建设有着积极的理论意义。有鉴于此，我们将由数字所构成的吉祥看成一种特殊的吉祥文化形式，试图对其构成形式、特征、功能及其对社会的影响作一些探讨。

一、由数字所构成的吉祥语的形式分析

  作为语言符号的一种，数字最初是用来表示多少的一种符号。随着语言文字含义的延伸和社会的不断发展，数字符号的功能正在逐渐扩大。其中，由数字所构成的吉祥语的出现便是数字符号功能扩大的一个重要表现。在人们的社会生活中，数字已不再纯粹是一种表示多少的符号。通过谐音、习惯表达、象征比附等形式，数字符号与其他语言符号及社会文化有机结合，形成了人们所喜闻乐见的吉祥语。

---

* 该文曾发表于《武汉大学学报(社会科学版)》2002 年第 5 期，第一作者，合作者田北海。收录时，略有改动。

　　一般而言，单独的数字符号难以独立地表达吉祥意义，它必须借助其他语言符号并与社会生活情境相结合才能成其为吉祥语。以下是由数字所构成的吉祥语的几种主要表现形式：

　　(1)因与汉字谐音而取义。同音相谐与近音相谐是汉语言中的常见现象。当数字与汉语中某些代表吉祥意义的汉字存在同音或近音关系时，谐音汉字本身所具有的吉祥意义也就被嫁接到相应的谐音数字上来。而当这些被赋予了吉祥含义的数字与其他语言符号相结合时，便形成了由数字所构成的吉祥语。如，"2"在一些地方发音为"易"，"3"在一些地方发音为"生"，"6"在传统发音中与"禄"谐音，"8"与"发"谐音，"9"与"久"同音，于是便有了"9898"(久发久发)、"3388"(生生发发)、"2828"(易发易发)等吉祥语的出现；有些本身不明显带有吉祥意义的谐音数字，一旦与那些被赋予了吉祥含义的数字或其他语言符号相结合时，也可以成为吉祥语，如，"1"在传统发音中与"要"谐音，"2"与"尔""儿"等谐音，"5"与"吾"同音，"6"在某些方言中又与"路"谐音，"7"与"妻"谐音，"0"有时发音为"动"。当这些数字按一定的顺序相互组合时，便形成了吉祥语。其中有数字间的组合，如"168"意味着"一路发"，"518"意味着"吾要发"，"718218518"则意味着"妻要发儿要发吾要发"，等等。于是，诸如"158""998""218""718""10888"之类的吉祥数字便成了人们在选电话号码、车牌号码、房间号码乃至楼层号码的首选对象；亦有谐音数字与其他语言符号间的结合，如，"六六大顺""要发不离八""十全十美"，等等。

　　与吉祥数字有关的时间也被人们赋予了吉祥的含义。张廷兴《谐音民俗·谐音民俗的传承层面》讲述了："旧时有不少地方，常选九月九日为迎亲之日，因为'九'、'久'谐音，'九九'暗示着婚姻长久。在广西贺县(现为贺州市)一带，嫁妆中除大件物品外，小件物品均以'九'为数，例如，筷子九双、碗九个、茶杯九只、米九升等，表示对婚姻长久的祝愿。永定、上杭、长汀等地的客家人，无论婚嫁的聘礼下了多少，其尾数必须是九，'九'、'久'谐音，人们用这种方式来祈祷婚姻的地久天长。"北京市某地区为了妥善保存文物，决定将已出土的文物重新埋入地下，郑重选定1999年9月9日9时9分9秒为破土时间。

（2）借与吉祥事象合成而生义。通过这种组合方式，从"1"到"10"的数字都可与社会生活中的吉祥事象共同构成吉祥语。民间猜拳行令时，也经常吆喝着：哥俩好、三桃园、四季财、五魁首、六六顺、七个巧、八仙过海、九九归一、十全富贵……有些数字与吉祥事象结合而成的吉祥语更具有理性色彩。如"三祝三多""四喜""五福""八珍""十全""百福""百顺""万金""万寿"等。其中，"三祝三多"谓旧时祝人多寿、多福、多男子；"四喜"来自民间流传的"四喜"诗："久旱逢甘雨，他乡遇故知，洞房花烛夜，金榜题名时"；"五福"则有多重说法，其中一种权威的解释是：寿、富、康宁、攸好德、考终命。其他由数字与吉祥事象结合而形成的吉祥语还有"万寿无疆""六畜兴旺""五谷丰登""四季平安"，等等。

（3）由象征联想比附而成义。象征联想比附是我国汉语修辞中很常见的形式。通过以上形式，数字符号与其他汉语符号稍一结合，便可以形成寓意深远的吉祥语，它的构成形式与前文某些方面有交叉之处，较常见的有：一日千里、一本万利、一字千金、一言九鼎、一鸣惊人、一帆风顺；二姓之好、二八佳人；三生有幸、三阳开泰、三头六臂；四通八达、四海为家；五世其昌、五风十雨；六合相应、六马仰秣；七尺男儿、七步成诗；八面玲珑；九牛二虎、九鼎大吕；十拿九稳、十风五雨；百尺竿头、百发百中、百里挑一；千仓万箱；万事大吉、万事亨通，等等。在上述各例中，多数数字符号本身不带有吉祥意义，但当它们一旦通过象征联想比附代，便成为了某种集体无意识而具有神秘的吉祥色彩。

（4）因自身的吉祥而生义。富有吉祥意识的人们赋予一些数字以吉祥的意义。经过长期的历史选择，其中的有些吉祥色彩较浓厚的数字得到人们的普通的认同并用之为吉祥语，具体有：偶数吉祥、大数吉祥、满数吉祥等。从某种程度上满足了人们求偶、求大、求满的心理，宁业高等已在《中国吉祥文化漫谈》一书中有专篇谈到，在此，我们就不多加赘述。

值得一提的是，社会生活中存在着由数字构成的吉祥语，也存在着由数字构成的忌语，限于篇幅，本文不作论述。还值得一提的是，汉字当中有些如"单""双""奇""偶""众""朋""比""多""少""寡"等虽然不是数字符号，但通过与其他语言符号的特殊组合，也具有类似于由数字所构成的吉祥语或忌语的意义。如"比翼双飞""双喜临门""众志成城""多福多寿""硕大无朋"等。

二、由数字所构成的吉祥语的特点

作为一种在社会生活和民俗文化中形成的特殊语言形式，由数字所构成的吉祥语具有如下特点：

（1）从形式来看，由数字所构成的吉祥语是数字符号与其他语言符号或社会情境结合形成的特殊语言形式，其中的数字符号具有非独立表意性，其基本组成元素无非是从 0 到 9 的 10 个数字的不同排列组合。也就是说，数字必须借助与其他语言符号（即汉字）或社会情境的结合才能表达某种吉祥意义，单独的数字是无法形成完整的吉祥语的。就谐音意义上的由数字所构成的吉祥语而言，数字符号是通过与其谐音并带有吉祥意义的汉字来表达吉祥意义的；就与吉祥事象组合而成的由数字所构成的吉祥语而言，如"六六大顺""一帆风顺""连升三级"之类的吉祥语，数字符号更多的是充当了定语或状语的作用；而就象征意义的由数字所构成的吉祥语而言，数字符号也必须与特定的情景相结合才能表达吉祥之意。如：八月十五中秋节，如果抽掉"月""日"这两个表示特定时间的汉字，单纯的"八"或"十五"是无法与花好月圆挂钩的，更不用说与阖家团圆有联系了。

（2）从时空上看，由数字所构成的吉祥语具有时代性和地域性。如前所述，由数字所构成的吉祥语是在特定的历史条件下与其他语言符号和社会事象结合而形成的具有特殊意义的语言形式，是社会的产物。由数字所构成的吉祥语也有其产生、发展甚至消失的过程，其本质原因在于随着社会的发展，不同的时代对吉祥的定义有着不同的界定。如，在中国封建社会，诸如"五子登科""五男二女""多子多福"代表着长辈对子女成长和家族兴旺的良好愿望；但在中国现代社会，由于计划生育政策的实施，"五男二女"已极为少见，相应地，上述由数字所构成的吉祥语便会慢慢地失去其本来意义直至消失。再如，秋千本来叫作"千秋"，原是取"千秋万岁"、祝人长寿之意，据《汉武帝后庭秋千赋》载："秋千者，千秋也，汉武帝祈千秋之寿，故后宫多秋千之乐。"另《緗素杂记》记载："秋千，汉武帝后庭之戏也，本云千秋，祝寿之词也。语讹传为秋千，后人不审本义……"由此可知，秋千原有吉祥之意，由于时间的推移，其后来的意义逐渐消失，而只注重其娱乐因素，因而成了"半仙之戏"①；中国幅员辽阔，某些数字及由其构成的语句在一个地方被视为吉利，在另一个地方则不然，甚至被看作忌语。如湖北省天门、仙桃地区把"6"看作凶数，认为"6"为"满禄"（"死"的委婉语)②。

（3）从内容来看，由数字所构成的吉祥语多含有"福、禄、寿、喜、顺、财"等内容，具有祝愿性，反映了人们对未来的希望和美好的追求。如：一本万利、双喜临门、三元及第、四季发财、五谷丰登、六六大顺、七子同心、八仙贺寿、天长地久（九）、十全美满等，无不是用以表达人们对自己、亲友、邻里的美好祝愿。

（4）从构成来看，由数字所构成的吉祥语具有一定的层次性。社会发展带来了人的需求的发展。马斯洛将人的需求划分为生理—安全—社交—尊重—自我实现五个层次。处于不同需求层次上的人们有不同的祝愿。以"四喜诗"为例，"久旱逢甘雨"代表传统农业社会人们对风调雨顺、丰衣足食的渴望，这是一种生活上的基本需要；"洞房花烛夜"一方面是人们生理需求（即对性的需求）的反映，另一方面则是基于安全的需要，因为洞房花烛夜是娶妻生子、养儿防老、传宗接代的前提；同理，"他乡遇故知"满足了封闭社会中人们对社会交往的需要；"金榜题名时"则满足了人们对受人尊重和自我价值实现的需要。"四喜诗"反映了人们不同的需求层次，"金榜题名"可说是古今人们对人生的最高层次需求。前"三喜"说难不难，而对于多数人来说要想金榜题名、"春风得意马蹄疾，一夜看尽长安花"则十分不易。

（5）从社会意识来看，由数字所构成的吉祥语具有鲜明的民族性。正因为由数字所构成的吉祥语是社会的产物，在不同的社会背景下便会产生不同的由数字所构成的吉祥语。相应地，不同民族对数字的吉、凶含义有不同的认识。

---

① 徐龙华：《中国吉祥文化论（下）》，载《广西民族学院学报（哲学社会科学版）》1999 年第 2 期。

② 张廷兴：《谐音民俗》，中央民族大学出版社 2000 年版，第 214 页。

如在西方文化里，"13"常与灾难、恐怖联系在一起，被视为不吉利的数字。人们对此讳莫如深，大楼往往不设 13 层，房间鲜见 13 号。然而，在中华民族，"13"却经常作为吉祥数字出现，名胜有杭州 13 楼，古籍有《十三经》，中医有 13 科，音节有 13 徽。云南纳西族男孩或女孩到了 13 岁要举行成丁仪式，即男孩"穿裤子"女孩"穿裙子"。纳西族相传：古时候天神给各种动物规定一个生命的年限，天神先将消息告诉人类，让人类在半夜注意倾听他的呼声以求得长寿。是夜，天神叫"一千岁"，白鹤答应，得了 1000 岁；叫"一百岁"，野鸡答应，得了 100 岁；叫"六十岁"，狗吠了一声，得了 60 岁；叫"13 岁"，人类在睡意中答应了一声，得了 13 岁。人类醒后，感到 13 岁寿命太短，祈求天神添寿。天神与狗商量，同人类换了寿数。从此，13 岁就成了纳西族新生命开始的象征。①

三、由数字所构成的吉祥语的社会功能

和其他民间吉祥语一样，由数字所构成的吉祥语的主题多为福、禄、寿、喜，以此为前提，人们对不同的数字赋予了不同的吉祥意义。作为民俗文化的一个重要组成部分，由数字所构成的吉祥语在人们的社会生活中发挥着重要的作用。它和其他吉祥语一样，是人们趋吉避邪、渴望幸福的社会心理在现实生活中的反映，具有社会安慰、怡情娱乐、社会激励和调节社会关系、促进社会交往的功能。

（1）由数字所构成的吉祥语具有社会安慰的功能。趋吉避邪、追求幸福是人们积极向上心理的外在反映和寄希望于未来的乐观主义态度的充分表现。当个体处于困境时，社会安慰作用是巨大的，它对于鼓舞个体摆正心态并通过努力走出困境有重要的激励作用。即使在希望很渺茫的情况下，由数字所构成的吉祥语的祝愿也能给当事人一些安慰，甚至可以给当事人新的动力和希望。例如，世上本没有一帆风顺的事情，但人们总愿意收到或发出"一帆风顺"的祝

---

① 　徐龙华：《中国吉祥文化论(上)》，载《广西民族学院学报(哲学社会科学版)》1999 年第 1 期。

福。类似这样的祝福便承载了社会安慰的功能。

（2）由数字所构成的吉祥语具有怡情娱乐的功能。一般而言，当人们收到来自亲朋或他人的祝福时，都会从内心里感到高兴。作为祝福形式的一种，由数字所构成的吉祥语理所当然地也具有怡情娱乐的功能了。如前所述，趋吉避邪、追求幸福是一种普遍的社会心理，而由数字所构成的吉祥语则是这种社会心理的反映。在一定的社交场合，适当地说一些由数字所构成的吉祥语对调节当事人的情绪和调动现场的欢乐气氛有着很好的效果。如：在婚礼上，"百年好合""天长地久"的吉祥语会令宾主双方其乐融融；在老人寿宴上，"万寿无疆""福寿双全"会使寿星开怀畅笑；在婴儿诞生时，"喜得千金""长命百岁"会让小孩父母备感幸福。

（3）由数字所构成的吉祥语具有社会激励的功能。我们可以用霍曼斯的社会交换理论及弗罗姆的激励理论对这一功能进行阐释。霍曼斯认为，个体行动的可能性与个体对行动所期望报酬的价值及获得此报酬的概率之间存在着某种函数关系，用公式表示为：行动的可能性=价值（V）×获得报酬的可能性。依据这个公式，霍曼斯指出，当报酬的价值一定的时候，个体获得此报酬的概率越大，个体越倾向于采取这种行动，也就是说，个体此时的激发力量越大。[①]美国心理学家弗罗姆则认为，个体行为的激发力量与效价及期望之间存在着类似的函数关系。该关系用公式表示为：激励水平（M）=效价（V）×期望值（E）。其中，激励水平是指被调动起来的活动积极性的高低程度，即为达到目标所作的努力程度，也就是积极性。效价是对要实现的目标在多大程度上满足需要的估计，也即是个体对目标的认同程度。期望是个体根据自己的经验，对自己努力成功的可能性的估计，即指实现目标的可能性有多大。该公式表明，在效价一定的时候，激发水平越高，期望也就越大。反之，在效价一定的情况下，期望越大，激发水平也就越高。[②]从上述两个理论及公式中我们不难看出，霍曼斯交换理论中的"价值"与弗罗姆所说的"效价"实质上是一个概念，而"激励水平"则是行动的充分条件。这样，当把两个公式结合起来进行分析时，我们亦

①　[美]乔纳森·特纳：《社会学理论的结构（上）》，华夏出版社2001年版，第277页。

②　胡爱本等：《新编组织行为学教程》，复旦大学出版社1996年版，第135页。

不难发现，在效价一定的情况下，期望越大，激励水平就越高，激励水平越高，行动就越有可能发生；而行动越有可能发生，且行动的效价一定，则该行动获得报酬的可能性就会越大，也就是说，实现行为主体既定目标的可能性就会越大。这样，在行为主体已认定行为目标的时候，一句贴心的吉祥语便有可能起到很好的激励和暗示作用。如，对于一个已经取得了一定成就的人而言，当有朋友又送他一句"百尺竿头，更进一步"或"百战百胜"的吉祥语时，他很有可能因为朋友的祝福和勉励而正视已取得的成绩，认定下一个更高的目标，勉力而为，从而取得更大的成就。

（4）由数字所构成的吉祥语具有调节社会关系和促进社会交往的功能。处于一定社会关系下的人必然要与他人乃至组织发生交往或互动。在一定意义上，以平等为前提的社会交换构成了人们交往和互动的纽带。按照霍曼斯的观点，用来交换的东西除去金钱以外，还有其他因素，包括认可、尊重、顺从、爱恋、情感及其他物质性不强的东西。① 这就是说，情感之类的东西也可以用来交换。这样，用来激励、安慰、取悦被祝福者的由数字所构成的吉祥语作为情感性的东西也在人们之间进行着交换。而在理性的交换行为中，"在一定期限内，甲给乙的报酬行为越是频繁，则乙就越会频繁地报答甲的行为"②。那么，体现在由数字所构成的吉祥语方面，祝福收受双方是如何进行交换的呢？布劳告诉我们：感激也是一种社会报酬形式。③ 也就是说，当我们祝福他人时，我们会得到对方的感激。在这样的"投桃报李"的过程中，祝福的收受双方便形成了友好的、持续性的互动，由数字所构成的吉祥语也就在这一过程之中完成了调节社会关系和促进社会交往的功能。

四、对由数字所构成的吉祥语的辩证分析

随着社会的不断发展，语言符号的内涵也在不断地发展和变化。而作为语

---

① ［美］乔纳森·特纳：《社会学理论的结构（上）》，华夏出版社 2001 年版，第 276 页。
② ［美］杰弗里·亚历山大：《社会学二十讲》，华夏出版社 2000 年版，第 131 页。
③ ［美］彼特·布劳：《社会生活中的交换与权力》，华夏出版社 1988 年版，引论第 1 页。

言符号的一种，新的由数字所构成的吉祥语也在不断地出现。尽管随着时代的发展，有些吉祥语已经显得不合时宜，但就总体而言，由数字所构成的吉祥语在人们的生活中的影响几乎无处不在。如前所述，由数字所构成的吉祥语和其他吉祥语一样，是人们趋吉避邪、渴望幸福的社会心理在现实生活中的反映，这决定了其既具有存在的合理性的一面，也有因为人们对其的盲目迷信而导致的消极性的一面。用由数字构成的吉祥语表达祝愿本身无可厚非，但如果一味地迷信之，则需要另当别论。

（一）由数字所构成的吉祥语的积极意义

由数字所构成的吉祥语是人们在长期的社会生活中形成和积淀起来的文化成果。作为一种文化现象，它反映了人们对美好生活的良好祝愿，具有社会激励、社会安慰、怡情娱乐、调节社会关系和促进社会交往的功能，同时也反映了人们积极向上的进步心理。从这一点来看，人们对吉祥数字及由其所构成的吉祥语的普遍喜好是有其存在的合理性的。事实上，世界上不同民族、不同地域的人们对吉祥数字和吉祥语的喜好是普遍的，趋吉避邪、渴望幸福的心理也是普遍的，所不同的只是对吉祥数字及由其所构成的吉祥语的内容的界定有所区别而已。

值得一提的是，在社会生产和社会流通领域，已有越来越多的商家认识到这一文化现象。他们一方面尊重人们的心理习惯，在商品的品牌、型号、价格等方面注意到人们的避邪心理，少越"雷区"；另一方面，他们认识到对吉祥数字及由数字所构成的吉祥语的普遍喜好已是一种客观事实和文化现象，纷纷发掘这一文化现象所潜在的商机。如，几年前，曾有某婴儿奶粉包装盒上因标明生产日期为5月24日（谐音为"吾儿死"），失效期为11月24日（谐音为"要要儿死）而导致商品严重滞销。鉴于类似的经验教训，商家们开始在吉祥数字及由其所构成的吉祥语上动脑筋。于是，就有了吉祥数字与商品相伴而生的经济文化现象。一般而言，商品型号多带"8"或"9"，如摩托罗拉的V998手机，诺基亚的8250，西门子的S198；商品标价也多带"8"或"9"，如，2001年7月有不少品牌推出的万元以下奔腾4处理器液晶电脑，标价分别是9998和9988，而同期价格降到 4000 元以下的液晶显示器标价也是 3999、3998，轮到商品降价处理，商家也不忘打个 8.8 折或 8.5 折。至于儿童用品市场，商家则更多地运用了与"9"有关的由数字所构成的吉祥语。因为对于天下父母而言，最朴素的愿望莫过于自己的小孩能够健康成长。

（二）由数字所构成的吉祥语的消极影响

吉祥数字及由其所构成的吉祥语固然有其存在的合理性的一面，但对其过于迷信则不可取。就其本质而言，吉祥数字也好，由数字所构成的吉祥语也罢，它们只是数字和语言符号。这些符号之所以被称为吉祥语，完全是由于人们主观上赋予了它们以吉祥的意义。也正因为如此，不同时代、不同民族、不同地域才会有不同的吉祥数字及由其所构成的吉祥语。因此，我们必须认识到，由数字所构成的吉祥语所给予人们的只是精神上的安慰、激励、怡情、娱乐等功能，而它们本身不能给人们带来事实上的幸福吉祥，更不可能改变人们的前途或命运。

然而，社会上对由数字所构成的吉祥语的迷信却广泛存在，甚至有人将之看成神秘的东西。21 世纪到来的前夕，有不少青年夫妇为了让自己的孩子能在新世纪零点出生，能成为"跨世纪宝宝"，勉强地进行剖宫产，这其实并不利于孕妇和婴儿的健康，更不会在实质上给家庭尤其是孩子带来幸福。在中国农村，还有不少地方流行着这样的风俗：当家里有亲人过世之后，往往要选择所谓"黄道吉日"作为合适的丧葬日期。这里的合适即是指在哪一天将死去的亲人入土埋葬比较吉祥。有时候，由于在近日内找不到适合丧葬的日子，人们不得不将亲人的遗体放在棺内数日，而导致尸体腐臭，并影响了生产和生活的正常运行。至于某些电信部门、车辆牌照发放部门利用人们对吉祥数字的喜好来炒作吉祥号码、幸运车牌的做法更是值得商榷。

笔者认为，对于能够代表人们积极向上的进步心理的并具有安慰、激励、怡情、娱乐等功能的由数字所构成的吉祥语，我们不应该漠视；对盲目迷信和过分推崇吉祥数字及由其所构成的吉祥语的做法，我们也不应该推波助澜。科学的态度是理性地看待，辩证地分析。

共谋与协力：节日类非物质文化遗产保护的资源化实践*

　　恩施土家女儿会发源于恩施石灰窑、大山顶一带，是月半期间①以赶场相亲、对歌传情为主的婚恋民俗，② 于2009年被列入湖北省第二批省级非物质文化遗产民俗类保护项目。有学者认为女儿会产生于改土归流之后，是土家先民反抗封建礼教压迫的产物，已有三百多年的历史。③ 但清代以来的地方性文献、碑刻中却鲜有女儿会的记载，直到1983年恩施建州之后，文献中才出现相关的内容。④ 目前，作为恩施土家族节日类非遗项目的女儿会，俨然衍生成恩施市一年一度的民族盛会，每年农历七月十二前后，政府组织举办女儿会开幕式，企业商家、外地游客、本地居民、小摊商贩等纷纷涌入，活动现场游人如织、热闹非凡。

　　学术界对于节日类非遗研究可谓汗牛充栋，不胜枚举，其中不乏对保护主体的讨论与分析，如李玉臻关注到政府在节日实践中的主导性地位；⑤ 李靖注

---

*　该文曾发表于《民俗研究》2021年第3期，第一作者，合作者谌骁。收录时，略有改动。

① 在恩施地区，月半是指农历七月十二。另外，石灰窑、大山顶皆存在女儿会的节俗，但两处时间不一致：石灰窑女儿会是在农历七月十二，处于月半期间；大山顶女儿会是在农历五月初三，在端午节前两天。1995年，女儿会从农村搬到城市，但是恩施市政府、旅游局等官方主体主要以石灰窑女儿会为基准，在农历七月十二前后组织开展女儿会相关的文化展演活动，因而本文选取石灰窑女儿会习俗进行讨论分析。

② 湖北省恩施市政协文史资料委员会湖北省恩施市民族和宗教事务局编印：《恩施土家女儿会·恩施文史·第16辑》，恩施州新闻出版局，2005年，第13~24页。

③ 参见柳倩月：《女神复活：土家女儿会的神话原型编码分析》，载《湖北民族学院学报（哲学社会科学版）》2013年第5期。

④ 鄂西土家族简史编写组：《鄂西土家族简史》，湖南人民出版社1983年版，第109页。

⑤ 参见李玉臻：《从边缘到中心：旅游背景下民族传统节日转型研究——以四川凉山彝族火把节为例》，载《学术论坛》2009年第2期。

意到地方宗教人士参与节庆空间的表述；① 邵媛媛等人指出民众的族群关系影响节日文化秩序递演；② 薛洁等人则强调家庭对于节日文化传统保护的价值。③而对于恩施土家女儿会的研究也存在相关著述，如杨洪林指出政府的社会命名才使女儿会得以重回公共文化领域；④ 高卫华等人认为媒体将女儿会打造为民族文化符号从而推动其发展。⑤ 以上研究有助于认识和理解节日类非遗保护中不同主体的文化实践，但总体而言，大多数的讨论是从比较单一的主体出发进行分析，缺乏对于保护主体多元性的关注。而节日类非遗保护实践往往需要多方力量共同参与，各种参与力量都是一种主体性存在，是文化实践的有机组成部分，过分强调任何一方都不利于其整体性保护，从而影响文化的存续与发展。基于此，本文主要从多元化保护主体的角度展开论述。

文化资源化理论内涵了文化价值的多元性，指出文化保护有赖于多方参与主体的热情和付出。⑥ 引入文化资源化理论，有利于保护主体多元性的分析和讨论，因为不同参与主体在实践中赋予了非遗文化不同的意义与价值，共同构成了非遗保护的多元价值，而这些价值本身又决定了所有参与者都具有主体性。通过引入文化资源化理论对恩施女儿会进行历史性分析，有助于更加直观地呈现各方参与力量如何在实践中实现协力与共谋，从而赋予该非遗项目多元性文化价值，使其保护实践更具现实意义。具体而言，本文将立足田野作业回答以下几个具体问题：其一，女儿会最初如何被"发现"？其二，政府、企业、民众等主体是如何参与当下女儿会的文化实践？其三，女儿会如何在实践中实现

---

① 参见李靖：《印象"泼水节"：交织于国家、地方、民间仪式中的少数民族节庆旅游》，载《民俗研究》2014年第1期。

② 参见邵媛媛、彭虹：《从"族群界别"到"传统风俗"：沧源勐角乡泼水节节日秩序的涵义演变》，载《民俗研究》2020年第5期。

③ 参见薛洁、韩慧萍：《家庭教育传承对于"非遗"保护的价值和意义——以新疆少数民族民间文化传统为例》，载《民俗研究》2013年第1期。

④ 参见杨洪林：《非物质文化的历史境遇与公共文化重塑——以恩施土家女儿会为考察中心》，载《中南民族大学学报(人文社会科学版)》2018年第1期。

⑤ 参见高卫华、杨兰：《大众传媒传播少数民族文化的符号化结构功能——以〈恩施日报〉报道"恩施女儿会"为例》，载《当代传播》2012年第5期。

⑥ 李向振：《文化资源化：少数民族非遗保护理念转换及其价值实现》，载《西南民族大学学报(人文社会科学版)》2020年第10期。

多元文化价值的表达？重点关注其文化资源化实践中各参与主体力量的关系。

一、恩施土家女儿会的"发现"

恩施土家族苗族自治州位于湖北省西南部，是全国最年轻的少数民族自治州。自古以来，恩施便是多民族汇集之地，土家族数量尤为众多。在长达四百多年的土司制度时期，恩施形成了"蛮不出境，汉不入峒"的局面，产生了诸多特色鲜明的地域民俗文化。改土归流后，文化交流日益密切，但恩施人的生产生活实践中仍然保留着浓郁的土家风情，过月半、赶场、唱山歌是恩施地区日常生活实践的重要组成部分，一直沿袭至今。女儿会将"过月""赶场""唱山歌"三种民俗文化要素有机融合，形成了特色鲜明的土家婚恋民俗。月半期间，未婚少男少女身着盛装，佩戴最好看的首饰前来赶会。少女们将提前准备好的山货摆在地上，等待有缘人前来选购。而小伙子们佯装闲逛，漫不经心地与"摆摊"姑娘搭讪。如果双方交流顺畅、互相中意，就会另择稍微隐蔽之地以女问男答的形式对唱山歌，互表心意，甚至约定终身。[①] 如今，女儿会吸引了来自政府、企业、民众等社会各界的诸多关注目光。但石灰窑位于高寒偏远之山区，发源于此的女儿会为外界所"发现"，进一步了解、熟悉，甚至成为恩施州的地域代表性节日还是存在一个发展过程。

（一）借势首次"亮相"

1983 年 12 月 1 日，鄂西土家族苗族自治州成立[②]，石灰窑人李辉轩当选为自治州的第一任州长。1984 年农历七月十二，红土乡人民政府在石灰窑集镇举办恩施建州后的第一次女儿会庆典，相关部门不仅动员组织了恩施市各商家、厂家来"女儿会"举办商品展销会[③]，还邀请了州长等其他州市机关干部前

① 中国人民政治协商会议湖北省恩施市委员会文史资料委员会编印：《恩施文史（第 19 辑）》，2008 年，第 118~123 页。

② 1993 年，"鄂西土家族苗族自治州"更名为"恩施土家族苗族自治州"。

③ 参见《女儿会的社会价值》，土家族文化网，http://www.tujiazu.com.cn/Archives/IndexArchives/index/a_id/6042.html，2020 年 10 月 6 日访问。

来"赶会"。州长的到来不仅吸引了诸多周边的乡民，不少城市居民也前往石灰窑参加女儿会，还有诸多媒体记者、学术研究者来到石灰窑，通过后期撰写新闻稿、学术论文的方式揭开了女儿会的"面纱"，使外界"发现"了女儿会。刘铁梁曾对民俗文化价值进行了"内外"的界定，指出"内价值是指民俗文化在其存在的社会与历史的时空中所发生的作用，也就是局内的民众所认可和生活中实际使用的价值。外价值是指作为局外人的学者、社会活动家、文化产业人士等附加给这些文化的观念、评论，或者商品化包装所获得的经济效益等价值"①。就此而言，传统石灰窑女儿会满足未婚青年男女社交需求是其内在价值的体现，而 1984 年政府主导举办女儿会，推广地方文化，发展地方经济，更多的是对其外在价值的发掘与利用。当地红土乡政府邀请州长李辉轩回到故乡参加女儿会，借势宣传女儿会，以此推动地方社会的发展，实际上是力图将女儿会转化为地方性文化资源，凸显地域特色，提升地方社会知名度，同时女儿会也转化为潜在的政治文化资源，是地方政府政绩的彰显；而女儿会上举办展销会则是将其转化为经济文化资源，强调经济效益的发挥。除此以外，李辉轩晚年的回忆性记录中提到了地方民众在女儿会上进行物资交易的热闹场面②，剩余农产品、家庭手工艺品等市场交易活动一直是我国农村家庭重要的生计来源，由此可见，政府主导下的石灰窑女儿会同样具有地方民众日常谋生的功能，彰显了其内在的生活性价值。

(二)走向城市"舞台"

1995 年，为推进中国民俗风情旅游年活动，湖北省将女儿会的举办地点迁至恩施市区，女儿会第一次"进城"，并且被选择为"土家族的传统节日"。"进城"后的女儿会逐渐成为集文化、商贸、旅游为一体的民族盛会，极大地推动了恩施文旅经济的发展。2000 年 4 月 5 日，恩施州第一次旅游经济工作会议召开，明确要将恩施打造成"生态旅游州、民族风情园"，文化旅游成为

① 刘铁梁：《民俗文化的内价值与外价值》，载《民俗研究》2011 年第 4 期。
② 参见李辉轩：《恩施州首任州长李辉轩——关于建州后首次女儿会的回顾与联想》，载女儿会故乡公众号，https://mp.weixin.qq.com/s/I53ZcGAua015Z3yc8lzhwA，2020 年 10 月 6 日访问。

恩施经济发展的重要增长点，民俗文化在旅游事业发展中的驱动性作用引起了高度重视。于是，政府将女儿会引入梭布垭石林景区，尝试将文化习俗与自然风光相结合。活动当日（农历七月十二），《人民日报》《光明日报》等 20 多家媒体的争相报道采访，进一步提升了女儿会的对外影响力。① 同年，女儿会与州庆节、牛王节、摆手节一同被恩施州人民政府视为"全州四大民族节日"。由此，女儿会一步一步"走出"大山，其文化习俗范围、影响力进一步扩大，成为恩施州民俗节庆。不难发现，女儿会的"城市化"进程始终充斥着经济文化资源属性的挖掘与利用，在一定程度上契合了非遗的生产性保护模式。以女儿会文化为核心发展旅游经济，不仅具有优化城市文化生态环境、推动产业升级等溢出效应，女儿会本身也获得了文化生命力，成为地方社会发展不可或缺的文化力量，在民族属性、传承范围等方面得到了官方的充分关注。

（三）从恩施民族民俗文化"名片"到湖北"非遗"项目

2006 年 11 月至 12 月，恩施市委、人大、政府、政协集中换届，新当选的主要领导人通过召开党代会、人代会、政协会等形成了一个总体性发展构想，创造性地提出了"12345"跨越式发展的工作思路。② 在该思路的指导下，为了充分挖掘恩施市丰富的自然资源和深厚的民族文化，决定集中优势资源重点打造恩施女儿会、恩施玉露、恩施大峡谷"三张名片"。女儿会由此成为展示恩施城市形象、推动恩施经济发展的重要民族民俗文化名片。虽然将女儿会打造为恩施"三张名片"之一，是对女儿会潜在经济价值与文化价值的肯定，但结合"三张名片"的确定背景来看，女儿会则是被纳入了新上任领导人的政治思路、构想之中，作为一种政治资源服务于官方权威的建构。

2006 年，国家公布了第一批非物质文化遗产名录，恩施却没有任何民俗事象被纳入其中，这引起了相关部门对于"非遗"申报工作的重视。恩施市的具体相关事务由市文体局负责，预备申报女儿会、灯戏、傩戏、社火节 4 个项

---

① 湖北省恩施市政协文史资料委员会编：《恩施土家女儿会》，中国文史出版社 2010 年版，第 134 页。

② 伍功勋：《让"女儿会"成为恩施走向世界的名片》，载《恩施日报》2009 年 8 月 29 日。

目，其中女儿会是恩施市的首选项目。女儿会申遗小组首先通过整理相关材料制作了申遗项目书，其次前往大山顶、石灰窑拍摄了相关视频资料，并成立了女儿会传承保护协会。2009 年 5 月 27 日，女儿会被列入湖北省第二批省级非物质文化遗产民俗类保护项目。从中可见，女儿会的申遗工作遵循的是一种自上而下的思路，是为了填补恩施非遗空白而进行的一项文化性工程。此时，女儿会主要作为一种地方性文化资源、政治资源在更大的范围内为恩施争取象征资本，而这种象征资本在一定条件下可以转化为地方社会发展的政治资本、文化资本等。

自被外界"发现"起，女儿会便脱离了"自在自为"状态，踏上了文化资源化的发展之路。从首次"亮相"到"搬进"城市到被确立为恩施"三张名片"之一，并被列入湖北省"非遗"名录，女儿会彰显出了文化资源、经济资源、政治资源等多重文化资源属性。虽然在不同的社会语境中，女儿会所承载的核心资源属性因时而异，但就女儿会节俗文化本身而言，作为一个整体性的文化生态，它往往同时满足经济、政治、文化的发展等多种文化需求，其具体的资源属性也是相互交织难以区分的。回顾女儿会的"发现"历程，政府的介入是其实现资源转化最直接的驱动性力量，政府通过引入市场资本等要素使女儿会更具创新性发展活力。

二、女儿会的多方参与实践

1995 年，女儿会从农村迁往城市，其文化资源性转化实践在时空环境中得以加持。交通运输方面，沪蓉、沪渝高速的完工与宜万铁路的建成大大缩短了恩施到武汉、宜昌、重庆、成都等城市的"距离"，推动了恩施旅游业的发展，讲好恩施故事、彰显恩施特色成为文化旅游经济的关键。女儿会作为综合性的民俗文化空间，成为擦亮恩施旅游特色的文化名片。近年来，电视、微博、微信等新旧媒体交相辉映的融媒体格局加速了女儿会文化传播与推广，推动女儿会进一步融入民俗文化与旅游产业相交织、非遗保护与经济开发相呼应的文化旅游市场。此外，女儿会的发展也得到了相关学者的关注，如武汉大学社会学院教授曾带领其研究团队①前往恩施调研女儿会。可见，女儿会资源化进程的加速吸引了越来越多的主体参与其中，其价值内涵也日趋多元化。鉴于此，对女儿会文化资源性转化的认知可结合 2019 年的展演情况，在其实践场域中讨论政府、企业、民众如何参与女儿会及其背后逻辑。

（一）综合性价值的挖掘：政府的引导与策划

2019 年恩施土家女儿会由恩施市委、恩施市人民政府主办，恩施市委宣传部、文旅局、广播电视台承办，共青团恩施市委统一组织。② 整个活动中，政府始终扮演主导性角色。首先是前期宣传，2019 年 7 月 1 日起政府开始着手宣传推广，包括海报张贴、出租车电子屏幕广告以及微博、微信推文等方式。从文案来看，政府前期宣传除了扩大女儿会活动影响力，更重要的是以"招募"为导向：一是招募单身男女参加女儿会相亲活动；二是招商引资，实现"文化搭台经济唱戏"的目标。其次是组织与展演，本次女儿会开辟了龙马小镇、梭布垭石林、恩施市区风雨桥、红土石灰窑等多个会场，其中龙马会场最为隆重，也是政府组织前期招募人员参加相亲活动的主会场。在龙马女儿会中，开幕式是场面最热闹、观众最多的环节，主要以歌舞表演的形式展示女儿会的文化内涵，着重凸显与赶场相亲相关的文化元素，如开场山歌对唱《郎在施州府》、舞蹈《赶场忙》、歌舞《土家女儿会》《东方情人节》，皆为恩施非物质文化遗产中心以赶场相亲为故事原型改编而成。此外，还进行了茶艺表演，介绍了恩施茶产业的发展历史。最后是领导发言表达对女儿会推动恩施文化旅游发展的期许。开幕式之后，相关部门组织相亲队伍人员参加娱乐节目式的互动游戏。而风雨桥会场，以举办晚会为主，晚会中组织男女相亲嘉宾开展互动游戏。梭布垭会场则举办了音乐节、山地自行车比赛、篝火晚会、拦门定亲仪式等活动。

各分会场风格迥异的展演形式使女儿会呈现出丰富的活动面貌，政府作为

---

① 系教育部发展规划司项目"武汉大学非遗扶贫工作思路"团队成员。

② 虽然从严格意义上来说，党、团、事业单位与政府存在一定的区别，但与一般性民间组织相比，具有一定的官方性质，因此本文将之宽泛地统称为政府。

官方策划者与组织者直接推动了女儿会的文化资源性转化，在不同层面发挥其价值与功能：其一，招商引资、推介茶产业是政府"以文促经"的具体举措。近年来，以恩施玉露为代表的茶产业发展得如火如荼，以女儿会为契机，提升恩施茶叶的知名度，彰显了女儿会促进地方产业发展的经济价值。其二，政府组织单身青年参加相亲活动，实现了女儿会满足单身青年社交需求的社会价值。其三，开幕式中的歌舞表演节目不仅表达了女儿会的文化内涵，其歌舞本身亦为展示民族风情的文化符号，体现了女儿会对于凸显地域民族特色的文化价值。其四，在会场选址方面，龙马会场所在的龙马风情小镇位于国家综合扶贫改革试点龙凤镇龙马片区，是国家综合扶贫改革试点重点项目。成为女儿会的主会场，不仅有利于提升龙马风情小镇的知名度促进其旅游业发展，而且大量游客的前往也推动了当地餐饮、小吃等地方经济发展，提高商家、部分周边居民经济收入，发挥了女儿会助力脱贫攻坚的时代价值。

（二）经济性价值的追求：企业的投资与加盟

女儿会以"赶场相亲"为主要特征，"赶场"是相亲的外在形式和有效契机，而"场"是民众日常生活的重要经济场域，也是商户、摊贩的经贸活动聚集地。在"文化搭台，经济唱戏"的背景下，企业以更加多元化的形式参与女儿会。其一，直接参展。这是最为传统、直接的参与方式，参展企业大多借助女儿会节庆的噱头，推出五花八门的特价促销、优惠套餐、节俗定制产品等活动，吸引顾客。如恩施洞藏老酒"化米洞"推出了"土家女儿会定情酒"，并且在女儿会期间签单全款八折优惠，订单定金交200元抵300元，还可以获赠洞藏老酒一提。其二，物资赞助。这是最为显眼的参与方式，主要是通过赞助将企业符号投射到女儿会活动物资，如会场布置的装饰品、游戏活动的嘉宾奖品等后勤所需物资，运用企业识别系统中的视觉识别策略，提高企业 logo 的出镜率，以此提升企业知名度。其三，内容互动。这是最为巧妙的参与方式，具体表现为将企业产品性能、特征等宣传穿插进节俗活动之中，如女儿会展演中有一项游戏环节，其内容是以吉利汽车配置为比赛文本，参赛嘉宾念得越快越准则得分越高，获胜概率越大，使观众在不经意间接受广告，甚至在参与或者观摩活动的过程中积极主动地了解企业产品性能或者内容，成为企业潜在的消费者。

齐格蒙特·鲍曼指出，"我们的社会是一个消费社会"①，社会生产力已经发展到超出人们的基本生活需求的阶段，商品逐渐发展成为一种表示着生活质量的物质和文化的复合物②。"物的消费"转向"符号消费"，人们将消费视为自我凸显的"符号"，甚至将其看作一种"交流体系"，一种"语言的同等物"，以此传递和实现自身的表达。③ 企业以参展或者赞助的形式介入女儿会，不仅以广告的方式扩大其知名度，更是意图借助女儿会浪漫的婚恋文化提升其产品所象征或者代表的意义、美感、档次和情调，以此迎合市场关于产品符号和意义的消费。可见，女儿会转化为经济资源也内含了市场经济发展的逻辑。企业是市场经济活动的细胞，它们也是女儿会活动中最为活跃、积极的行为主体，为女儿会活动筹划、组织注入了极具创新性的活力，如由企业赞助的扫描微信二维码摇一摇的红包活动，吸引了诸多观众的眼球，使现场活动氛围热闹非凡，有助于女儿会文化在现代社会语境中的传承与发展。但是企业一切经营活动的出发点与落脚点皆为利润的最大化，参与女儿会同样是市场经济逻辑支配下而产生的商业性逐利行为，其关注的重点亦为女儿会所蕴藏的经济文化价值。

（三）社会性价值的认同：民众的参加与叙事

2016 年联合国教科文组织出台的《保护非物质文化遗产伦理原则》中提出，"非物质文化遗产的价值不应受制于外部的价值或意义评判，而应由其持有的社区、群体或个人来评定。"④就恩施土家女儿会而言，其文化持有者——民众大多是在政府的引导与资本的推动下，以不同方式参与其中，从而赋予女儿会内在的社会文化价值。首先是作为"相亲者"参加女儿会，单身男女大多通过

① ［英］齐格蒙特·鲍曼：《全球化——人类的后果》，郭国良、徐建华译，商务印书馆2001年版，第76页。
② 张卫良：《20世纪西方社会关于"消费社会"的讨论》，载《国外社会科学》2004年第5期。
③ ［法］鲍德里亚：《消费社会》，刘成富、全志钢译，南京大学出版社2008年版，第41页。
④ 巴莫曲布嫫、张玲：《联合国教科文组织〈保护非物质文化遗产伦理原则〉》，载《民族文学研究》2016年第3期。

事先在公众号上报名，加入共青团市委所组织的相亲方阵，再由工作人员统一组织参加相关的活动；市区的风雨桥会场，也有不少民众通过现场报名参加互动游戏或者张贴个人信息到相亲榜等形式参与相亲活动。其中参与者大多是与同事、朋友一同前往，将女儿会视为周末出游的契机；也有不少人表示参加活动是为了感受女儿会文化。事实上，参与者大多非常渴望能够遇到一个心仪的有缘人，"想谈一场不分手的恋爱"①，但又不敢抱有太大的希望。正如周某所言"就是看看自己运气好不好，能不能遇到合适的另一半"②。而钟某谈及参与感受时，告诉笔者"遇到了一个女孩，有了点不一样的感觉"③。其次是女儿会活动的观看者，既有慕名而来的外地游客，也有看"热闹"的周边居民，他们将女儿会视为休闲娱乐的场域。此外，还有风雨桥会场相亲榜前三三两两的人群，以大爷大妈为主体，大多是替晚辈们寻觅良缘。最后是女儿会原生态民歌大赛中的表演者，他们都是来自恩施市各乡镇的代表队成员，大多是山民歌爱好者，未受过专业和系统的训练，所表演的节目多为自学自编自演，普遍将该活动视为自我展示的平台和与亲朋好友共同出游的契机。

　　文化具有一定的共享性，恩施土家女儿会作为地方性民族文化节庆活动，理应为广大民众所共同参与、共同享受，从而彰显其内在社会性价值。其一，作为以婚恋文化为核心的民族节日，女儿会为单身人士提供了一个可供选择的社交平台。在职业分工和通信技术的发展使日常社区生活中的公共空间被不断"抽离"④的背景下，参与活动相遇或者长辈物色而得之良缘，能够在一定程度上满足单身人士的幸福生活需求。其二，传统民俗文化中，诸多民俗节日根据农事节律而设置，以调适民众日常艰辛的劳作生活。而如今的女儿会活动，被大部分参与者视为与亲人、朋友共同出行的契机。事实上，虽然技术的发展减轻了民众身体上的劳累，但现代社会中快节奏的生活压力往往使人内心感觉疲惫，以女儿会为契机安排一场或远或近的旅行，不仅使日常生活中积攒的压力

① 在微信公众号报名后，工作人员将报名对象拉进了一个联谊交友群，联谊群中的成员表达了该想法。
② 访谈对象：周某；访谈时间：2019 年 8 月 15 日；访谈人：谌骁；微信访谈。
③ 访谈对象：钟某；访谈时间：2019 年 12 月 20 日；访谈人：谌骁；微信访谈。
④ 黄剑：《日常实践的分化与回归：生活文化嬗变的机理分析》，载《民俗研究》2020 年第 6 期。

得到调适和宣泄，更是民众进行社会资本积累、家庭关系建设的绝佳时机。因此，历年女儿会开幕式大多安排在周六，正是基于民众休闲娱乐需求的考量。其三，女儿会中有一批小摊贩，他们自发到会场进行售卖手工艺品、炸土豆、凉面凉皮等。对于他们而言，女儿会只是短暂性的机遇，交易的绝对数额不会太大。但是对于某些年迈的老人而言，却是赚取零用钱的绝佳机会，因为他们出售的是手工布鞋、鞋垫等，平日里很难卖出去，却能在女儿会上吸引部分外地游客，卖上好价格，很可能成为老年人积蓄的主要来源。

从不同主体的角度入手探析女儿会当下发展态势，可以发现其资源性转化仍以经济效益为主，兼顾其政治、文化及社会效益。政府具有社会治理的职能，作为女儿会的总体规划师，力图挖掘整合其促进文旅经济发展、增进地方人民福祉等综合性文化价值。而企业资本在民俗文化发展中越来越活跃、主动，他们能动性的发挥使得女儿会在经济文化资源的转化层面更为突出、明显。内在文化价值的享用者——民众很难为女儿会的发展直接建言献策，但这不代表民众完全无法享用其文化成果。事实上，企业在女儿会上开展商业性活动正是为了吸引民众，并将其吸纳为潜在的消费者，所以民众也能在活动中能感受参与乐趣。只是这种乐趣主要是在市场经济逻辑的支配下而产生，与日常生活中所充斥的消费主义文化具有高度的相似性，因此诸多看似"快乐"的参与者也可能感到失望，因为他们期待的是新鲜、有趣、充满人情味的风俗文化。

三、女儿会的多元文化价值表达

从 2019 年恩施土家女儿会实践中，可见各参与主体都在不同层面推动着女儿会的文化资源化发展。通过不同参与主体的话语分析，可以更加直观地呈现女儿会多元文化价值，从而凸显其文化保护实践的现实意义。

长期以来，政府在女儿会文化资源转化实践中担任着主导性的角色，决定着女儿会发展的方向与格局。2019 年女儿会风雨桥会场立了一块"温馨提示"牌子，大体内容是告知周边居民风雨桥女儿会的举办时间，提醒居民可能带来的生活不便，落款是"中共恩施市委、恩施市人民政府"。提示内容的开头"为进一步擦亮女儿会文化名片，提升恩施文明旅游城市形象"则言简意赅地阐释了政府对于女儿会活动的总体性定位。龙马风情小镇女儿会会场开幕式中的领导致词则更直观地反映了政府对于女儿会的态度。

> ……从 1995 年开始，恩施女儿会由自发的民间节日开始变成了政府主办的民族盛会……实现了文化产业和旅游产业的融合发展，实现了民族地区的经济发展、文化繁荣……大力发展全域旅游，倾力打造恩施大峡谷、土家女儿会、恩施玉露茶"三张名片"，全力开展脱贫攻坚"三大行动"，借助龙凤综合扶贫改革试点、东西部协作等外力，全市干部群众砥砺奋进，勠力前行……

以上领导致辞的部分内容表明政府在关注女儿会经济效益的同时，也注重其社会价值的呈现。事实上，政府行为总体上以实现社会治理为目标，利用丰富资源维持社会秩序，维护民众整体利益，推动社会更加民主公正。[①] 具体到女儿会活动，以民俗文化推动社会治理，以经济为切入点无疑是效果最为明显的，任何社会事业的发展都无法忽视经济建设，而且经济发展对比其他方面的发展是最易量化、统计的。此外，经济发展也会在一定程度上促进社会政治、文化等方面的进步，如在致辞中提及的"文化繁荣""扶贫改革"等。

企业本质上是以营利为目标的经济组织，其行为皆以经济利润为导向。就某种程度上而言，企业与政府在女儿会经济效益的追求上，存在一种合谋关系。政府关注女儿会对于地区经济的效益，而企业则为地区经济的微观实体，因而政府谋划的地区经济发展实则囊括了企业的发展，企业谋求自身经济发展也推动了地区经济发展。对于女儿会，龙马小镇分会场联投公司职员费某说道："作为一个新开发的风情小镇，龙马坚持文旅融合的发展理念，希望能够通过女儿会这样的民俗节日吸引更多的游客来到龙马，打出龙马的知名度。今

---

① 向德平、苏海：《"社会治理"的理论内涵和实践路径》，载《新疆师范大学学报（哲学社会科学版）》2014 年第 6 期。

年的龙马是女儿会的主会场，去年女儿会也是以龙马为主会场。"①以文旅融合为经营理念，企业越来越注重文化在经营活动中的价值，而女儿会作为地方代表性节庆文化，更是诸多企业争相追逐的文化资源。以女儿会为契机吸引消费者，实现了女儿会的经济文化价值表达。但是在具体实践层面，企业与政府活动理念也存在一定的分歧，某市场部职员鲁某谈道："女儿会相亲大会完全没有相亲气氛，相亲成员对于活动参与度不高，缺乏面对面的交流。泼水节活动完全没有调动起来，没有音乐，现场完全没有调动起来，不够嗨，很多都是小孩子在那里玩。像之前的泼水节，请了几个比基尼美女游街，就把人吸引到活动现场。泼水的过程中，现场放着 DJ 背景音乐，气氛很嗨，基本上所有的人都参与进去了。"②可见，企业以经济利润最大化为目标，政府则在地方经济建设之外，还肩负着维护社会秩序、引导活动规范、促进文化传承等责任。因此，尽管政府举办的活动规范有序，但对企业而言无法真正刺激、吸引民众。而政府作为公权力的代表，显然不可能如企业这般为吸引人气而"无所不用其极"。因而，企业看起来似乎比政府更关注民众的感受与体验。市场经济逻辑支配下，企业经营大体上是以消费者需求为导向，并迎合其消费偏好，以此在市场竞争中攫取优势地位。参与女儿会的企业要想通过女儿会节俗文化吸引消费者的眼球，离不开女儿会对消费者不同层次需求的满足，因而眼光长远的企业也会关注女儿会内在文化价值，注重女儿会中的民众参与。

民众是民俗文化的创造者、享用者，是其价值和意义的评判者。而对于恩施女儿会，地方民众的认知存在差异性：民众对此相关的历史记忆大多极其模糊，部分民众将女儿会等同于政府或者其他组织举办的一场表演活动，他们只是作为台下观众参与其中；也有民众积极参与当地女儿会相关的活动，加入女儿会传承协会，不仅积极挖掘和整理女儿会文化习俗，还热情地投身于女儿会展演活动，对其相关的发展历史、非遗认定等情况了解甚多。

事实上，就一般民众而言，大多是出于实用主义原则参与其中，不管是台

①　访谈对象：联投公司职员费某；访谈时间：2019 年 8 月 13 日；访谈人：谌骁；微信访谈。
②　访谈对象：某市场部职员鲁某；访谈时间：2019 年 8 月 13 日；访谈人：谌骁；微信访谈。

下观众还是活动积极分子，民众更多关注的是当下的女儿会。尽管历史记忆存在着极大的差异性，但石灰窑民众大多以女儿会发源地为荣，正如史某所言"女儿会毕竟是发源于石窑，提起女儿会我心里还是很激动、自豪的，如果条件允许的话，我还是希望能够为女儿会做点事情，比如做个志愿者之类的"。①在女儿会相关的微信公众号推文中总能看到类似于"为家乡文化点赞"的留言，无论女儿会是作为政治资源还是经济资源，只要有政府关注、活动场面热闹，地方民众就会引以为豪，产生文化自信心理。还有民众认为石灰窑作为女儿会的发源地，应该受到政府更大力度的建设和发展，视女儿会为帮助家乡争取资源的象征资本。当然大部分人还是更关注活动参与的体验，即女儿会的"有用性"②，不少单身人士表达了对活动的期待：

> 如果真的能够像原始的女儿会一样，待嫁闺中的土家姑娘，早早起床，精心打扮以后，去镇上逛逛街买买东西，其实不是去买东西的，而是去挑选自己心仪的对象，就更让人向往了。③

> 平时工作很久不碰面的朋友，可以趁机一起嗨一下，聊聊天之类的，还是很不错的。当然女儿会相亲会也可能有相亲成功了的，不过我觉得它更多的是一个节目的形式，单身男女青年参加一下可以认识一些朋友，如果足够幸运的话也有可能遇到爱情。④

> 其实吧，我参加女儿会，更多的心态是凑热闹。当然除了凑热闹，我心里还是有一点小期待的。特别是现在感觉自己已经到了结婚的年纪。⑤

虽然现代社会社交方式日趋多元化，性别平等观念深入人心，婚恋早已实现自由，但还是有不少民众期待在女儿会节俗文化空间中找寻幸福，这表明女

---

① 受访者：史某；访谈时间：2020 年 3 月 1 日；访谈者：谌骁；微信访谈。
② 桂胜、孙仲勇、李向振：《文化空间再造与少数民族"非遗扶贫"的路径探析——基于鄂西恩施市的田野考察》，载《西南民族大学学报（人文社科版）》2019 年第 1 期。
③ 受访者：史某；访谈时间：2020 年 3 月 1 日；访谈者：谌骁；微信访谈。
④ 受访者：张某；访谈时间：2019 年 10 月 20 日；访谈人：谌骁；微信访谈。
⑤ 受访者：赖某；访谈时间：2019 年 12 月 20 日；访谈人：谌骁；微信访谈。

儿会在现代社会中的生存语境并未完全消失，它仍然可以在一定程度上满足青年男女进行社会交往、邂逅浪漫爱情的情感需求。除了婚恋以外，民众也关注其他社会生活层面的价值，正如原生态民歌大赛的参与者朱家二儿媳所言："只是一家人能够出来玩玩，大家开心就可以了。"①女儿会在民众的参与实践中实现了社会文化价值的表达，包括社会交往中社会资本的建构、休闲娱乐中身心愉悦的慰藉等多维度的效应。其中民众着眼于女儿会微观个体需求的满足，并不会过多关注政府、企业等外在主体的文化行为目的或动机。虽然也有民众指出"现在的女儿会已经不像原始的那样了，已经被商业化了。之前去女儿城看过他们在女儿会期间搞的现场相亲活动，感觉不咋的，翻版的非诚勿扰，还是比较乱的那种"②。此类评论依然是立足于自身的参与感受，女儿会活动使其产生了不良观感，他将其归因于女儿会的商业化运作，换而言之，如果商业化的女儿会活动创新、有序，使其感受到趣味性，他将不会对此存在质疑。事实上，不少民众乐于参加女儿会相关的活动，龙马女儿会开幕式当天不少附近的男女老少一大早提前赶往会场占座，开幕式后半部分太阳比较毒辣，很多乡民戴着草帽、打着遮阳伞甚至以跟着阴凉跑的方式坚持到开幕式结束。会场还有不少市民携带家人前去观赏，在张灯结彩的风雨桥前拍照、玩耍等，晚会期间更是人山人海，舞台下围满了密密麻麻的观众。为了调动民众热情，晚会安排了由企业赞助的"摇一摇得红包"活动，更是将活动氛围推向了高潮。可见民众的真正关注点在于是否能够在活动参与中获得愉悦、惊喜、轻松等积极性体验。

总之，女儿会资源性转化实践的参与主体因其立场、目标的不同而形成了差异性的价值诉求：政府作为社会治理的主体，关注女儿会文化的综合性价值，力图以此实现社会善治的目标；但企业作为市场经济组织，更偏向于发挥女儿会的经济效益，从中谋取经营利润；而民众作为普通参与者，更注重活动参与的感受、体验以及建立人际关系网络等社会性价值，将其视为日常生活实践的一部分。而差异性的背后也存在着互为主体，即"主体间性"

① 受访者：朱家二儿媳；访谈时间：2019年8月12日；访谈人：谌骁；访谈地点：清和园广场。

② 受访者：史某；访谈时间：2020年3月1日；访谈者：谌骁；微信访谈。

的交往过程①，如政府与企业皆为女儿会经济文化价值的拥趸；企业吸引消费者需关注民众参与活动的体验感受，而政府以女儿会为契机进行文化治理的终极目标也是为人民谋福祉。只是现实经验层面，各主体受制于总体性目标的考量，其实际行为也存在着一定的差异甚至冲突。以上不同参与主体价值诉求的满足，使女儿会的多元文化价值得以表达和实现。

四、小结

如前所述，女儿会的文化资源化实践是多方共同参与、协力推动下促成的文化共谋：政府利用文化政策、融媒体资源整合地方特色民族文化，企业、民众等主体也基于自身诉求积极参与其中，不同主体之间复杂的关系、相互之间的利用、博弈与妥协使女儿会的周期性展演成为可能。可见，少数民族节日类非遗项目的保护是一项系统性的文化工程，是需要多元主体共同协力促成的文化实践，过于强调或偏袒任何一方都是不合理的，如过于强调企业，节日文化实践就会沦为商业性展演而背离文化初衷；而过分强调民众，则会导致缺乏媒体宣传、资金支持等外在动力而丧失文化吸引力。各方参与力量不断平衡与协调，在实践中赋予其多元文化价值和意义，使少数民族节日类非遗文化得以更好地延续和发展。

民俗文化停滞在某一时空而不受外界文化干扰的"本真性"状态是难能可贵的，非遗也不是未被现代文明"污染"的、能拯救人类心灵与社会问题的"文化法宝"②。相反，诸多非遗项目在人类文化长河中一直传承与发展，正是由于它们能转化为经济、文化、政治等不同领域的资源，所以看似"来历不明"的女儿会才会受到越来越多目光的关注。文化资源化实践在一定程度上淡化了"本真性""原生态"等评判标准，更多关注女儿会当下的多元文化价值。因而，非遗实践中的民俗或传统文化再生产现象不应被视为文化保护的众矢之的，而

---

① 岳永逸：《乡村庙会的政治学：对华北范庄龙牌会的研究及对"民俗"认知的反思》，载《中国乡村研究》2007 年第 00 期。
② 田素庆：《"原生态"的幻象》，华东师范大学 2012 年学位论文。

是囊括了民俗文化多元价值表达与实现的社会事实。厘清社会事实背后的生成逻辑，关注各参与主体的行为诉求，有利于少数民族节日类非遗保护体系的建立和完善，有助于少数民族节日类非遗保护的文化资源化实践。

民俗文化是一个相对的、流动的概念①，非遗文化也不是静态化的民俗事象。文化资源化理论对多元参与主体的关注，有助于认识节日类非遗在动态化实践中不同维度的价值表达，有利于平等地对待各主体力量的期待与诉求，摒弃简单化倾向的价值判断，从而客观中立地评价不同参与主体的实践意义，使"见人见物见生活"的非遗保护理念落到实处。

---

① 徐赣丽、黄洁：《资源化与遗产化：当代民间文化的变迁趋势》，载《民俗研究》2013 年第 5 期。

乡村振兴中村落民俗文化再造空间
传承模式之认识*

习近平同志在党的十九大报告中提出了新时代社会经济发展方面的乡村振兴战略，并强调"把解决好'三农'问题作为全党工作重中之重"①。2018 年春节期间，中共中央国务院发布一号文件，即《关于实施乡村振兴战略的意见》，提出"乡村振兴，乡风文明是保障"的重要观点。② 在乡村振兴过程中，构建村落民俗文化再造空间传承模式成为推进"乡风文明"建设的题中之义。乡村振兴是彻底解决中国农村、农业和农民等"三农"问题的根本之路。确保乡村持续发展来自"乡风文明"建设。构建村落民俗文化再造空间传承模式是持续推进"乡风文明"建设的题中之义。

模式是主观见之于客观的规律关系，具有双重性，其内容是客观的，其表达形式则是主观的。它作为一个带有规律性的概念，是人们从不断重复出现的生活实践中发现和抽象出来的解决问题、获得方法、形成经验的归纳总结。③行为主体以不同路径开展实践活动，而在实践活动中相关联的路径形成各种运行机制。模式包含一系列要素，具有好坏不同的类型。好的模式可以提高成功率，形成示范效应。

---

* 该文曾发表于《河北学刊》2020 年第 3 期，第一作者，合作者陈山。收录时，略有改动。
① 本书编写组：《党的十九大报告学习辅导百问》，学习出版社、党建读物出版社 2017 年版，第 23 页。
② 中共中央国务院：《关于实施乡村振兴战略的意见》，载《人民日报》2018 年 2 月 5 日。
③ 桂胜、腾跃：《乡村振兴视野下传统村落民俗文化的传承模式》，载《华南师范大学学报（社会科学版）》2019 年第 1 期。

一、民俗文化再造空间传承模式的若干形式

民俗文化再造空间，也称民俗文化空间再造，是一个尚待不断完善的概念。陆朋从民俗传承的角度提出，民俗文化再造空间是"基于民俗传统，在一定自然环境、社会环境和人居生活环境范围内恢复、修复、表现、展演、展示等传承民俗事象的文化空间"。① 冯莉从文化旅游角度提出，再造文化空间有必要对民众信仰规律进行了解和调查，尊重民众对信仰文化空间的认同和选择。② 岳晓婧、周学江从村落空间传承与再造要素角度提出，部分特色村落在城镇化推进过程中面临破坏甚至消失的危险。特色村落在村落空间的传承与再造过程中需要以其特有的历史文脉、自然风貌、空间特征呈现出个性鲜明、风貌突出、内涵丰富的旅游小城镇。③ 民俗文化空间的再造是促进文化表现形式多样性的一种措施，是推进文化多样性的一种方式。④ 桂胜、孙仲勇、李向振以标志性非物质文化遗产统领式文化空间再造为研究理念，通过实证分析并验证了有效实施非物质文化遗产资源转化与再利用路径的实践价值，借力当地非物质文化遗产传承，聚焦精准脱贫，提出了非物质文化遗产由"输血式"保护向"造血式"传承转变的"恩施模式"。⑤ 根据民俗文化传承的再造空间划分，村落民俗文化再造空间传承模式有非遗小镇、民俗文化节、风情旅游区等若干形式。同一个再造空间，并不是只有一种传承模式存在，往往掺杂有其他传承模式。一般以某种传承模式为主，综合多种形式叠加而成。

---

① 陆朋：《民俗文化传承的再造空间研究》，武汉大学 2017 年博士学位论文。
② 冯莉：《民众对再造文化空间的认同和选择——廿八都镇大王庙修缮后的文化传统变迁》，载《山东社会科学》2011 年第 11 期。
③ 岳晓婧、周学江：《特色民俗村落空间的传承与再造——以古北水镇为例》，载《城乡建设》2016 年第 7 期。
④ 《江西省"十三五"时期非物质文化遗产保护发展工作方案：10 大任务 20 个省级非遗小镇，江西全力实施非遗保护发展工作》，载《经济日报》2017 年 9 月 4 日。
⑤ 桂胜、孙仲勇、李向振：《文化空间再造与少数民族"非遗扶贫"的路径探析——基于鄂西恩施市的田野考察》，载《西南民族大学学报（人文社科版）》2019 年第 1 期。

（一）非遗小镇模式

非遗小镇，是一种人为再造痕迹明显的民俗文化聚集传承的空间，成为不少地方开展文化、旅游融合发展经济突破口和主要路径。地方政府机构牵头建设了不少各具特色的非遗小镇。呼和浩特市在回民区攸攸板镇段家窑村建有以展示非遗为主要内容的"莫尼山非遗小镇"。江西省文化厅在 2017 年拟采取"非遗小镇+保护或旅游或扶贫或产业"的模式，建设 20 个省级非遗小镇，集中展示陶瓷、中药、茶叶、雕刻、制砚、漆器、爆竹、毛笔、刺绣等优势传统工艺，传统表演艺术，以及民俗活动。① 武汉市在黄陂区前川街东部的滠水河东岸建有"山水生态、非遗文化、旅游度假、智慧互联网、田园生活"的长江非遗小镇。② 浙江省在杭州市拱墅区桥西历史街区、杭州市余杭区塘栖镇、乐清市柳市镇象阳后横村、泰顺县仕阳镇龟湖村、绍兴市柯桥区安昌镇、湖州市南浔区双林镇、长兴县水口乡、安吉县溪龙乡、嘉兴市秀洲区油车港镇栖真村、嘉善县西塘镇、海宁市盐官镇观潮景区、义乌市佛堂镇、浦江县郑宅镇、金华市婺城区雅畈镇、仙居县溪港乡、天台县街头镇、岱山县东沙古渔镇等地建有各种独具特色的非遗主题小镇。③ 河北省保定市定兴县在实甫文化创意产业示范园建了一个聚集京绣、蔚县剪纸、王麻子剪刀、杨柳青年画、云南普洱茶艺等 60 个非遗展示项目和 8 个独立展厅定兴非物质文化遗产小镇。④ 其他的非遗小镇还有太原市杏花岭区杨家峪街道小窑头村建设的非遗文旅小镇，江西省乐平市建有的"戏曲之乡"非遗小镇，安徽省滁州市南谯区建有的乌衣非遗小镇等。

莫尼山非遗小镇始建于 2017 年。2018 年 6 月 9 日，莫尼山非遗小镇建成

---

① 《江西省"十三五"时期非物质文化遗产保护发展工作方案：10 大任务 20 个省级非遗小镇，江西全力实施非遗保护发展工作》，载《经济日报》2017 年 9 月 4 日。

② 王东方：《武旅：长江非遗小镇一期 2 年后完工》，载《长江日报》2017 年 6 月 10 日。

③ 浙江省非物质文化遗产保护中心：《浙江非遗主题小镇》，浙江非物质文化遗产网，http://www.zjfeiyi.cn/zhuanti_xiaozhen/，2019 年 10 月 27 日访问。

④ 定兴县人民政府：《畅游非遗小镇，领略非遗文化》，载定兴县人民政府官网，http://www.dingxing.gov.cn/content-71-14598.html，2018 年 8 月 21 日访问。

对外展示。三面环山的莫尼山非遗小镇呈现露天博物馆样式，在非遗小镇入口有巨大石碑上蒙汉文写着"莫尼山非遗小镇"、参天的古树、小石狮子。非遗小镇内部有木格窗扇、木制大门、黑色牌匾、对联的古朴院落，有马车、拴马桩、石磨、钟楼、鼓楼、木头算盘架子、石制算盘珠子、菜园、凉亭、暖炕、炕桌、炕柜、炕围、汉族聚集的古朴板申房屋，岁时节令时还有寒燕、面人、剪纸、白面泥塑、清水河布艺、清水河瓷艺、新城蛋雕、蒙古族皮艺、青城糖画、青城刻瓷等各种活态的非遗项目展示。莫尼山非遗小镇还有非遗博物馆、非遗艺术馆、非遗研学基地、万里茶道驿站、游牧文化展示区、农耕文化机械陈列区、非遗曲艺表演区等十二大板块的游览区。[①]

（二）民俗文化节模式

民俗文化节，是特定时空背景下重构民俗文化传承的再现时空形态，有庙会形态、岁时形态、节日形态、歌圩形态、集市形态等多种民俗文化传承路径。

庙会，是一种典型的社会生活习俗。所谓十里不同风，百里不同俗，在很大程度上可通过庙会表现出来。全国各地享有盛名的宫、观、庙、宇、寺、院、庵、堂等道教和佛教信仰祭祀场所，伴随当地民间进香、祭祀、求福、祈祥等信仰活动而呈现出相对固定的定期庙会活动，进而形成当地特有的庙会风俗文化。庙会活动有隆重祭祀活动、集市交易活动、游艺娱乐活动、游玩饮食活动，比较著名的庙会有北京（厂甸）庙会、南京夫子庙、上海城隍庙、成都青羊宫、武当山庙会、武汉归元寺庙会等文化活动。有些庙会，现在已经没有香火祭祀活动，演变成定期集市、游艺、游玩活动，如湖北武汉的"新洲花朝节"。

北京庙会，乃是北京地区妙峰山庙会、龙潭庙会、地坛庙会、厂甸庙会和八大处庙会等庙会习俗之统称。地坛庙会和龙潭庙会是老北京传统民俗文化活动之一，在每年正月初一开门迎客。庙会汇聚了不少京津冀地区"非遗"项目，

---

① 李樱桃：《莫尼山非遗小镇：万里茶道上的重要驿站》，载《内蒙古旅游报》2018年7月20日。

满足游客春节逛庙会的习俗。① 庙会上有毛猴制作技艺展示、翻纸花技艺展销、宫灯制作技艺展示展销、兔爷制作技艺展示、皮影戏（驴皮影）展演、国粹脸谱化妆造型艺术展示、中国书法展示、舞狮花会展演、皇帝祭地仪式展演，以及地坛庙会羊肉串、烧卖、酸辣粉、炒肝小吃、天津锅巴菜、老北京驴打滚、白洋淀鸭蛋、鱼丸汤、黑糖姜母茶、凤梨酥等各种美食。②

（三）其他民俗文化再造空间传承模式

其他民俗文化再造空间传承模式有风情旅游区模式、影视系列专题模式、展示馆模式、博物馆模式、饮食街模式、风情小镇模式、传统古村落模式等多种民俗文化传承方式。博物馆模式不仅仅是"用实物、图片、场景再现和实际操作等形式，把本省民俗集中展示出来"③，更在于人们参与民俗活动，只有在参与中才能传承，才能体验，也才有感悟。风情旅游区模式是从旅游出发，叠加民俗文化，以提升文化品位，展示多样民俗事象，吸引游客体验文化多样性的民俗文化再造空间，比如车溪民俗风景区、山峡人家、木兰山庄、乌镇等文化再造空间模式。影视系列专题模式是以视频传播为媒介展播民俗文化事象，在虚拟空间传承再现民俗文化的活动，比如中央电视台栏目《远方的家》《舌尖上的中国》《味道》《记住乡愁》等虚拟空间的民俗文化展播。

二、村落民俗文化再造空间传承模式内涵

（一）村落民俗文化再造空间传承模式的构成

村落民俗文化再造空间在遵循村落自然的生产、生活方式基础上，通过传承理念创新、传承策略创新、传承手段创新、传承机制创新和实施具体民俗文化事象传承，在民俗文化传承基础、民俗文化资源、传承队伍、传承环境、传

---

① 刘尚君等：《确认过眼神！这是"最非遗"的春节庙会》，载《中国青年报》2019 年 2 月 7 日。
② 张楠等：《京城各大庙会今起开门迎客》，载《北京晚报》2019 年 2 月 5 日。
③ 王玉成、陈美健：《河北省民俗旅游资源的现状及其开发思路》，载《河北学刊》2002 年第 5 期。

承效果等方面进行再造。民俗文化的修复、再造不仅符合促进文化表现形式的多样性，而且是活态传承的重要手段。民俗文化传承再造空间模式的要素包含有再造空间传承的意义、内容、主体与客体、环境、策略、手段、路径、机制等诸多方面，具有地域性、主体性、时代性。创新与实践是"模式"建构的精髓。

村落民俗文化再造空间传承模式由传承缘由(意义、作用)、传承要素(内容、任务)、传承实践(目标、效果、方法、措施)等构成(参见图1)。再造空间，开展村落民俗文化传承，有助于拓展传承阈度，突破时空限制。

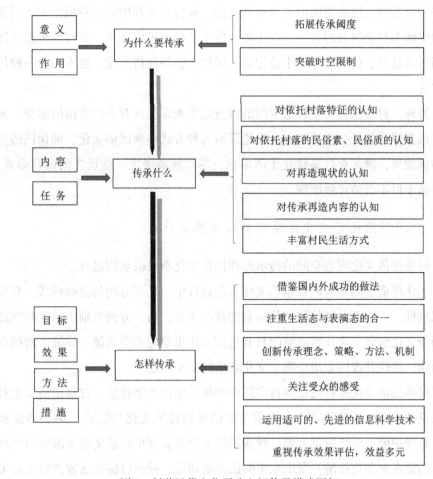

图1　村落民俗文化再造空间传承模式图解

村落民俗文化再造空间传承模式的构成要素，涉及传承内容、任务两个方面。传承内容主要是指村落在传承民俗文化过程中需要承继什么民俗要素。传承内容的选取建立在该地村落特征、民俗素、民俗质、再造现状和再造传承内容的认知基础上。传承任务，主要在于丰富村民生活方式，为村民提供展示可能的活法。

村落民俗文化再造空间传承模式的实施涉及传承的目标、效果、方法和措施等方面，这是村民生活实践的适可选择。国内外先后开展过民俗文化再造空间的传承，走过一些弯路，但也取得了一定经验。村落在推进民俗文化传承过程中理所当然应该借鉴国内外的成功做法。在传承过程中需要特别注重民俗事象的生活态与表演态的合一。对于失去传承基础的民俗事象，在村落再造空间采用科学技术、信息技术等手法记录、保护、弘扬民俗文化，也不失为一种传承方式。

另外，村落民俗文化再造空间的再造需要兼顾受众对乡风乡俗的感受，满足村民多样化的社会生活权益。无论采取何种方式传承民俗文化，确保民俗生活传承效果，满足百姓多样化生活需求，尽可能地展现一些适当的内容形式，是一条永恒不变的评估原则。

（二）村落民俗文化再造空间传承模式功能

村落民俗文化再造空间的传承亦即民俗文化事象的重构过程。

文化再造空间是人们在重构文化事象过程中，呈现时间与空间模式。它具有双重性：一方面承继传统文化固有的核心事象，另一方面有别于原生时空之中创新文化事象。文化再造空间具有重构文化事象的承继功能、推陈出新的创新功能、迭代升级的重组功能、文化意象的转型功能。

村落民俗文化是村民在乡村空间中积累的生产生活智慧。村落民俗文化具有双重性，一方面蕴藏着中国农耕文明的地域传统文化"源头"，另一方面推进乡愁守护助力传统村落发展。村落民俗文化具有守护村落文化基因的历史功能、凸显乡土文化旅游开发山水田园的经济功能、标识村民生活智慧愉悦心灵的活法功能、展示原生态农耕文明深化乡村价值认同的维系功能。

村落民俗文化的再造空间传承，则具有集聚再现功能、教育规范功能、表现娱乐功能等。

集聚再现功能，是指人们在特定乡村中构建、移植、褪洗民俗事象的活动，比如移风易俗活动。这是一种根据民俗文化规律，人们主观选择、人为推进、受众认可的民俗文化活动，是最典型的主动传承乡土地域文化的实践活动。

教育规范功能，是指规范群体中个体语言、行为和修养的活动，比如尊老爱幼活动。这是村落民俗文化再造空间传承的最基本社会功能，有助于培养群体健康心理表达，调节个体情感价值，以及良善美德表达。

表现娱乐功能，是指个体在群体活动中获得愉悦、肯定和养成的活动，比如中国春节、清明节、端午节和中秋节等岁时节日活动。这是乡民最具特色的集体审美表达与智慧创造，呈现出阳光、健康、崇高的精神和情趣。

三、民俗文化传承再造空间模式的具体要素揭示

(一)再造空间民俗文化传承作用和意义的认识

1. 民俗文化传承需要再造空间的原因

现代化发展以摧枯拉朽的方式消解了村落民俗文化。传统村落中，农耕文化、工业文化、现代文明等多样文化共存，乡村传统文化与现代文化的冲突与融合已成必然之势。由此，村落需要重构文化空间，"文化的生命力在于融合"[1]，当下现代化、城镇化给村落民俗文化的传承既带来了机遇，更带来了挑战。表现为：村落民俗文化传承链差强人意，乡土自然村寨日趋空心化，农村家庭空巢化，乡土文化碎片化，家仅成为外出人们节日的驿站，平面媒体技术与信息技术的日新月异，应试教育的挤压……凡此种种，促成了再造空间的

---

[1] 孙天雨、张素罗：《农村劳动力转移对乡村文化转型的影响及对策》，载《河北学刊》2014 年第 4 期。

必要和可能。

2. 民俗文化传承再造空间的可能

民俗文化的传播性特征为民俗事象在再造空间传承提供了可能。不仅如此，而且与传统村落的民俗文化传承相比，再造空间能通过合理的规划和布局，更为集中，典型地展示和再现民俗文化。

民俗事象，"无论过去还是现在，都在不断地产生"①。民俗文化的可复制性为民俗事象在不同群体、不同地域、不同时间进行传承提供了可能。再造空间不受时间和空间限制，可以把不同时代、不同地域、不同民族的东西集中到特定的空间内进行展示。日常生活中难以开展的民俗事象，有可能通过再造空间展示出来。

民俗文化传承人和受众的不确定性为文化交流提供了可能。再造空间的传承主体、客体不受限制。再造空间传承民俗的主体可以是"非遗"传承人、普通民间艺人、演职人员和见习者。受众是不固定的、流动的。比起交通相对不便的传统村落，它能拥有更多的受众。

由此可见，再造空间展示模式有可能成为民俗文化传承的一种新常态。

(二)关于再造空间民俗文化传承内容的认知

1. 对再造空间性质的认知

再造空间性质由其传承的内容是否延续成其为民俗所决定。了解再造空间是有根移植再造，还是无依托的空间再造和虚拟空间再造，这是判断再造空间性质的重要方面。有根移植再造能够更好地确保传承内容成为当地民俗。在无依托的空间再造中，民俗事象为民众所接受，演变成当地习俗，比如"对襟装"是中国人礼仪的传统服饰习俗，但是西方服饰"西装"传播到中国，也成为中国人礼仪的服饰习俗。在虚拟空间再造中，某些行为习惯也能成为一种日渐

---

① 魏建震：《石家庄历史文化与现代城市人文精神的形成》，载《河北学刊》2010 年第 6 期。

成形的习俗，比如春节观看中央电视台的春节联欢晚会，成为现代人的一种风习。

2. 对再造空间依托的原村落特征的认知

对再造空间所依托的原村落特征的认知，有助于再造空间选取适当的民俗事象，有助于推进再造空间民俗事象的传承与承继，有助于推进原村落民俗事象的移风易俗。再造空间所依托的原村落有移民村落、民族聚居村落、古村落、自然风光村落、农耕文明村落、重大文物村落、历史名人村落、历史文化村落等类型，基于不同类型的原村落推进独具特色的乡村多样性文化建设。

3. 对再造空间依托的原村落的民俗素、民俗质认知。

民俗素、民俗质是民俗事象的最基本要素。准确把握再造空间依托的原村落的民俗素、民俗质，有助于有根有据地丰富或叠加民俗事象，有助于重构或重组适合当地的民俗事象，有助于嫁接或承传外地民俗事象。比如，成年礼仪在不少村寨均存在，有的仪式规范、完整，有的比较简略，为了推进未成年人的成长，可以在原有成年礼仪基础上叠加比较完善的成年仪式。

4. 对再造空间现状的认知

再造空间现状的认知包含再造的成功做法、再造的问题、再造的民俗事象、再造的环境、再造空间内工作者及参与者情况等。

5. 对新时代再造空间民俗传承精髓的认知

对新时代再造空间传承精髓的认知，就是弄清楚当下在再造空间内必须传承的精华内容。如下内容是新时代再造空间亟待传承的民俗文化。

——有特色的但不方便传承的，难以传承的或需要加大传承力度的，濒危或已经消失的但仍然值得记忆的民俗文化。

——既带来社会效益，又带来经济效益的民俗文化。

——区域内民众有"内在"诉求的，对受众产生吸引力、有着生命力的、喜闻乐见、与新时代主旋律相契合的传统民俗文化。

(三)关于再造空间民俗文化传承的创新实践

1. 完善再造空间民俗文化传承现有的做法

全国各地纷纷建设了多个民俗文化再造空间，以吸引人们参观、旅游和赏析，比如，深圳市的民俗文化园，宜昌市的车溪民俗文化村等。这些民俗文化再造空间有成功经验，也有亟待完善的地方。检讨、评估再造空间民俗文化传承的案例，发扬其成功之举，完善其不足之处，这是再造空间民俗文化传承的创新实践题中之义。

2. 妥善回应解决再造空间民俗文化传承呈现的新情况、新问题

针对再造空间民俗文化传承中的共性问题及某些个性问题做出回应，如再造空间各层面的利益倾向的问题，展示的民俗事象碎片化、不整体性、表演过度、商业化甚至出现伪民俗现象的问题，以及某些民俗村的只见物不见人的个案现象问题。

3. 传承理念创新

传承的"身土不二"意识，无论是外来还是本地的，在再造空间(民俗村)从业的村民把民俗村视为故土，融入景区，景村共建、景村共融。

传承的"生活态和表演态合一"意识，再造空间(民俗村)的"村民"既是生产者，又是展示者、表演者，生活态和表演态融为有机体。如乌镇的三白酿酒作坊的匠人展示，可以不囿于技能表演展示，而是通过匠人们一日生活的过程展现。

传承的"以空域补时域"意识，通过特定的空域来表现无限的时域民俗。

传承的"主体和客体(受众)的在场"意识，传者和承者，表演者和观众都能够进入状态。

传承的"文化发展目标"意识，制订再造空间经济效益与社会效益有机发

展的中长期规划，特别是以民俗文化为主题的文化产业，应明确文化发展目标，效益多元。

4. 传承策略创新

立足当地，有根移植；特色风情，优先再造；分步实施，分类而为；打造品牌，以内涵为要；筑巢引凤，以氛围取胜；赏心悦目，以环境为宜。

5. 传承手段创新

有效利用全息影像（AR 或 VR）之类的科学技术手段和新传播方式，展演、展示民俗事象，实行时空叠加效应，实现村落的民俗文化的立体传承、多维传承。

"多维表达"与"多维展示"。多维有时间、空间和虚拟时空等不同维度，有物质层面、文化层面、道德情感层面等不同维度，有政府、企业、村民自治组织、村民等不同维度，有原生民俗事象、移植民俗事象、表现民俗事象、表演民俗事象等不同维度。

6. 传承机制创新

通过共生机制、景区从业人员进出机制、利益分配机制、评估机制、现代企业运营机制和文艺产品社会购买机制等的完善和创新，使静态的传承空间表现出活态的民俗文化韵律，有形的物象承载着无限的精神。

（四）再造空间民俗文化传承"模式"创新与实践的主体力量是群体意识

再造空间民俗文化传承的主体包括再造空间的推动者、投资运营者、设计者、管理监管者、从业者、再造空间村民、移植地村民以及受众等群体。再造空间民俗文化的传承，离不开这些主体的自觉和担当。加强这些主体的认识问题是再造空间民俗文化传承"模式"创新与实践的前提条件。

再造空间展示自己特色的乡村习俗能够唤起村民乡土记忆、乡村归属感和价值认同。其中，乡土文化是再造空间民俗文化传承的灵魂和核心，也是乡村文明建设的强大动力。

再造空间民俗文化传承依赖实践主体多样形态的生活文化。村民的婚丧嫁娶、人生礼仪、岁时节日、集体娱乐、民间俗信、庙会祭祀、传说故事、民间音乐、民间舞蹈、传统戏曲等丰富多样的民俗文化，承载着乡土气息、乡愁情结与发展能量。

文化空间再造与少数民族
"非遗扶贫"的路径探析 [*]

2017 年党的十九大报告中明确提出要"推动中华优秀传统文化创造性转化、创新性发展"。作为中华优秀传统文化的重要组成部分，少数民族非遗如何实现创造性转化创新性发展以及如何激发非遗持有人文化自觉以激活传承的内生动力，成为探索少数民族"非遗"保护长效机制的首要议题。前期田野研究①表明，恩施作为深度贫困的武陵山区少数民族"非遗"保护与资源转化实践中至少存在三个困境：(1)"非遗"项目分布分散，政府输血式保护成本过高，适用生产性保护方式的"非遗"项目资源转化率较低，难以激发传承人或持有人传承动力。(2)随着社会的发展，区域社会生活及原生文化空间发生极大改变，现有保护方式难以实现整体性、原生性和活态性保护。(3)部分商业资本无序介入造成"非遗"项目过度开发，追求最大市场效益，忽视非遗的文化传承和社会效益，违背"非遗"保护初衷。其中，作为非遗传承保护主要空间的传统村落的式微与衰落，成为以上诸多问题中最为突出的结构性困境，"在现代化时空压缩背景下，大量村落正在遭遇空间清洗和重构，不仅改变了村民日

---

*　该文曾发表于《西南民族大学学报(人文社科版)》2019 年第 1 期，第一作者，合作者孙仲勇、李向振。收录时，略有改动。

①　项目组成员先后于 2017 年 8 月 6 日至 15 日、2018 年 4 月 1 日至 20 日、2018 年 5 月 2 日至 30 日三个时段到恩施市对恩施女儿城、龙马小镇和恩施玉露茶叶制作技艺传承生产基地进行田野调查，并对恩施市非物质文化遗产保护中心谭骁主任就相关问题进行了访谈。本文所依据的田野资料，全部来自以上调查和访谈获得的资料。

常生活的空间实践，也改变了村落空间本身的内涵与品质"①。

本文即从这些具体问题着手，通过引入"标志性非遗统领式文化空间再造"研究理念，立足恩施市的实证分析，在深度理解和解读少数民族非遗文化内涵与生活意义的基础上，探索"非遗"资源转化与再利用的有效实施路径，实现少数民族"非遗"由"输血式"保护向"造血式"传承转变，并尝试总结少数民族非遗传承与助力区域精准脱贫相结合的"恩施模式"，为其他深度贫困地区少数民族"非遗"资源再利用提供具有借鉴意义的地方经验。

一、恩施"非遗"保护传承与民族文化旅游现状

恩施市位于湖北省西南腹地，地处长江之南清江中游，拥有储量较大的硒矿资源，而被誉为"世界硒都"。恩施市为恩施土家族、苗族自治州州府所在地，现辖 10 个乡、3 个镇、3 个街道办事处，共 172 个行政村、34 个居委会。全市总人口 78 万人，土家族、苗族、侗族等少数民族人数占总人数 38%。从地质地貌来看，恩施地处鄂西南山区中部，耕地较少，当地社会经济发展较为落后，是国家级十四个集中连片特困地区之一，也是"十三五"脱贫攻坚计划的重要帮扶对象之一。②

恩施市旅游文化资源丰富，现有恩施土司城、恩施大峡谷、恩施女儿城等多处知名景区。恩施地区民族民间文化丰富多样，极富民族地域特色，其中有 4 个国家级非物质文化遗产项目，分别是恩施傩戏、恩施灯戏、恩施扬琴和恩施玉露制作技艺；省级非物质文化遗产项目 12 个，分别是土家女儿节、耍耍、社火节、板凳龙、恩施傩戏、恩施扬琴、恩施玉露传统制作技艺、石工号子、五句子山歌、太阳河民歌。除此之外，还有州级非物质文化遗产名录项目 24 个，市级非物质文化遗产名录项目 62 个，同时该市有国家级非物质文化遗产项目代表性传承人 2 人，省级非物质文化遗产项目代表性传承人 7 人，州级非

① 冯智明：《南岭民族走廊传统村落的多维空间实践及其演化——以瑶族传统村落为例》，载《西南民族大学学报(人文社科版)》2018 年第 10 期。
② 数据来自恩施市非物质文化遗产保护中心提供的资料。

物质文化遗产项目代表性传承人 17 人，以及市级非物质文化遗产项目代表性传承人 58 人等。①

目前，恩施玉露绿茶制作技艺是恩施市生产性保护和资源开发较为成功的项目。依托高山产茶之利，凭借蒸青等传统工艺，恩施玉露茶叶以富含硒元素而逐渐得到更多人认可。现在恩施市玉露茶叶制作技艺代表性传承单位共有 3 家，分别是润邦、立早和亲硒源，在前期调研中，我们了解到，这三家茶叶公司在帮扶当地民众脱贫方面已经取得不少成就，主要表现在公司在茶叶采摘旺季，雇佣大量当地百姓前来采茶，以增加百姓收入，并邀请当地残疾人或特困户百姓到公司学习制茶工艺，在传承传统技艺同时，提高当地百姓技能，同时公司还大量雇请当地民众从事服务业等。另外，润邦公司现在正在筹划建设"罗府小镇"，根据公司董事长张先生设想，该小镇以玉露生产制作为基础，充分利用恩施当地其他非物质文化遗产资源，如傩面具制作、灯戏等，开展特色旅游，实现以文化促进旅游发展，以旅游带动文化传承的良性互动。

从非物质文化遗产传承空间来看，成立于 2013 年的恩施女儿城，在非物质文化遗产项目向文化资源、文化资本方面做了重要探索。恩施女儿城是以省级非物质文化遗产项目恩施女儿会为依托，融汇恩施土家族、苗族等少数民族多种文化因素而新建设的旅游项目，该项目内设民俗博物馆，每天固定时间有各种民俗文化及非遗项目进行展演，所有参演的人均为各级非物质文化遗产代表性传承人，他们是女儿城民俗博物馆的雇佣工人，各种非遗项目展演是他们的工作。还有许多出售当地特色小食品或小艺术品的人，也大多是女儿城雇佣来的附近村民。除此之外，女儿城还设有大学生创业长廊，以供各种创意产业发展。据介绍，目前恩施女儿城每年游客量可达 400 万人，常年雇佣附近村民可达万余人。

其他非物质文化遗产项目在恩施市非物质文化遗产传承展演中心组织下，也取得了较多成果。但总体而言，当前恩施市非遗项目的生产性保护和资源性开发方面尚有较大拓展空间。非物质文化遗产项目尚处于"等待救济"状态，

---

① 数据来自恩施市非物质文化遗产保护中心提供的资料。

远未达到以此为脱贫致富手段和文化资源的阶段。在调研中，我们注意到，尽管当地文化干部已经做出不少努力，但在面对具体问题时，仍然对"非遗"扶贫项目缺乏深刻理解，思维固化较重，面对社会帮扶力量表现冷漠，这极大限制了当地非物质文化遗产的经济资源转化，长远看也不利于"非遗"扶贫项目的顺利开展。概言之，就"非遗"扶贫来说，恩施市尚未形成政府、市场资本、高校与文化持有人四个社会主体之间有效联动的脱贫机制。

二、恩施非遗传承与资源化实践中的问题与困境

恩施地区非遗资源十分丰富，而且部分项目在传承保护过程中，已经实现相应的经济性开发或生产性保护，并且取得较好的效果，比如恩施女儿城项目，现在已经成为恩施地区民俗旅游的重要名片，依托非遗项目"恩施土家女儿会"，通过建立恩施民俗博物馆，将其他部分非遗项目纳入其中，初步实现了非遗保护与资源转化的双重效益；同时恩施市非遗保护相关部门在近些年的实践中，也积极探索非遗保护传承的创新方式，先后实施了"民族记忆"守护工程、"薪火接力"传承工程、"文化悦民"展演工程等，通过"工程"或"项目"形式赋予非遗传承活力，也取得一定成效。不过，尽管基层政府部门、社会商业资本等层面对恩施地区非遗都倾注了不少心力，但由于非遗保护是多主体参与的社会文化事件，各个利益相关主体之间如不能实现良性互动，在保护传承与资源转化实践中将会出现各种各样的现实问题。我们根据访谈资料发现，恩施地区非遗传承与资源转化实践中至少存在如下几方面结构性困境，这些困境成为建立非遗传承保护与资源转化长效机制的重要障碍性力量。

（一）"非遗"资源转化中"属地"原则的困境

非遗保护传承的属地原则，并非来自相关法律条例规定，而是在具体操作中形成的一种实践性原则，指的是在认定、保护、保存非遗项目时，各县级单位往往以其辖区为边界，对辖区内非遗文化的保护给予政策性和资金性支持，而对于辖区外的相关非遗项目则无能为力。之所以会出现属地原则，主要依据

来自 2011 年颁布实施的《中华人民共和国非物质文化遗产保护法》第七条之规定:"国务院文化主管部门负责全国非物质文化遗产的保护、保存工作;县级以上地方人民政府文化主管部门负责本行政区域内非物质文化遗产的保护、保存工作。"①一般来说,非遗保护的属地原则有利于将本来就不富裕的县财政资金优先用于本域非遗项目的保护与传承,但其产生的问题也不容小觑。根据项目组调研资料显示,属地原则在实践中至少存在两个问题:一是对于跨区域的非遗项目造成了实质性的割裂,有些项目本来就同属于两个或多个行政区划,受政策和认定具体标准不同,结果在具体保护传承中,出现认定级别不同、补贴不同以及政策扶持力度不同的问题,造成部分传承人或持有人产生心理落差;二是受非遗保护地域限制,一些外来优秀非遗项目在本地展演过程中得不到政策支持,也在很大程度上影响了传承人或持有人的积极性,如宜昌作为主要流传区域的南曲,其在恩施女儿城展演时,由于不属于恩施市项目,因此受恩施市政策支持的展演场所,对南曲表演艺人实行区别对待,比如在节目单和宣传单上,不介绍南曲艺人及表演曲目,或者将南曲表演作为无足轻重的过门或换场时的临时节目等。事实是,无论是利川的龙船调,还是宜昌的南曲,它们作为土家族优秀传统文化,都属于武陵山深度贫困地区,都可以在推动当地群众文娱需要或者通过资源转化或有偿服务转化而带动当地群众生活水平和经济收入的提升,而属地原则的存在,在很大程度上阻碍了这种区域间的资源整合的可能性。如项目组调研发现的那样,如果县域间非遗项目因保护的属地原则而不能实现更广泛区域的互动和交流的话,那么很多时候,单凭某一县域非遗项目,很难形成规模效应,也不容易支撑起一域的文化产业或文化服务业,因此,项目组认为,要想实现非遗资源创新性保护创造性发展,首先要解决的问题就是基层政府的属地保护原则,而要加强区域间的协同合作。

(二)非遗资源转化中产品"标准化"与文化"多元化"的理论难题

在非遗保护中过分强调其传承空间的原真性,则有可能与快速推进的城镇

---

① 参见《中华人民共和国非物质文化遗产保护法》(2011 年 6 月 1 日起施行),载中国非物质文化遗产网,http://www.ihchina.cn /3 /10377.html,2012 年 10 月 11 日访问。

化和市场化进程产生抵牾。事实是，城镇化和市场化本身就具有改造社会原有空间的自含性特征。在这种情况下进行非遗保护就必须创新机制。文化空间再造模式正是在这种背景下提出的。当然，文化空间再造面临着另一个极端化问题，即如何保证再造的空间，具有保护和传承非遗事象的能力。关于此问题，已经有学者开始从标准化入手进行了探讨。标准化，正是给"非遗"事象一个边界，这个边界的原则是不破坏"非遗"事象的内在社区价值。

当然，文化空间再造只是在城镇化与市场化进程中传承保护非遗事象的策略性选择①，通过再造空间，实现非遗事象的集中，并在集聚效应影响下，产生经济效益，实现非遗事象的资源性转化，从而回归非遗事象原本大多属于持有者生计手段的生活实践中去。通过这种转化，可以想见，文化持有者主动参与保护传承非遗事象的积极性将得到极大提高，而实践中基本达成共识的是，非遗保护的持续进行需要发挥文化持有者的主体作用。同时，由于非遗事象顺利实现了资源转化，那么非遗助力民族地区精准脱贫也就具有了现实可能性。

（三）非遗资源转化中不同主体的立场与非遗内在价值的冲突问题

2015 年联合国教科文组织审议并通过《保护非物质文化遗产伦理原则》，主要用来抵制保护实践中层出不穷的与公约精神相抵牾的商业化、消费品化和去语境化等倾向。② 诚如周福岩所言，"静态化、博物馆化，是非遗成为某种真正意义上的遗产被人们观赏，而丧失其生命力和活力。这些原则突出了文化持有者，即原住民社区/共同体、群体和个人在认定非物质文化遗产上的权利，承认其在非遗生产、保护、延续和再创造方面发挥的首属作用"③。

非遗保护本身是由政府、商业资本、文化精英及文化持有者等多元主体共同参与的系统工程。在保护实践中，必须明确各个主体的权利和责任边界，同时，也要在各个主体间搭建平台和桥梁，使其能够就非遗保护问题共同发挥智

---

① 谭志满、霍晓丽：《文化空间视阈下土家织锦保护与传承研究》，载《西南民族大学学报（人文社会科学版）》2013 年第 10 期。
② 巴莫曲布嫫、张玲：《保护非物质文化遗产伦理原则》，载《民族文学研究》2016 年第 3 期。
③ 周福岩：《非物质文化遗产保护与后现代伦理意识》，载《民族文学研究》2017 年第 6 期。

慧。具体到文化空间再造来说，同样需要多元主体共同参与，政府引导、商业资本诱导、知识精英指导、文化持有者主导，多主体共同努力，才有可能建立具有现实可延续性的传承保护模式。日本民俗学家菅丰指出，非物质文化遗产的价值在于其是一种能够为持有人带来幸福的资源，"在经济的、社会的、精神的等等各个方面，非物质文化遗产存在着有助于人类幸福的可能性"①。对于非遗而言，其重要的价值在于"有用性"，而这个有用性必须是持有人认定的，否则这种有用性将变成某种话语霸权。对于持有人或共享人来说，很多非遗本身即具有经济价值、精神价值以及社会价值，无论忽视其中的哪种价值，都不利于非遗保护的可持续进行。一些综合性的民俗活动或民间节日活动虽然不一定能带来直接经济效益，但其间接效益也不容忽视。这需要重新调整生产性保护的思路，要将保护重心，从具体的某个项目抽身出来，而将视阈扩展到区域社会。因为，无论如何某项非遗都是持有人在参与区域社会时掌握的生存策略。

很多时候，被视为非遗项目的文化，正是一种生活在不利的山区继续生活的精神动力，成为在这块土地上生活下去的重要理由。正如菅丰所言，人们只有在非遗项目中找到作为现在的可有效利用的"文化资源"的价值，才有可能内生出传承该项目的动力。"在非物质文化遗产的保护、保存、有效利用的过程中，与保护、保存、有效利用有关的主体形成的有机关联的嵌套式结构，具有非常重要的意义。"②在生产性保护中，政府、商业资本、文化持有人或传承人都参与其中，但必须强调的是，最终因非物质文化遗产保护而获得的利益，理所当然地应当还原给以保持这种文化的普通人民为主的群体。由此可以认为，非物质文化遗产的保护、保存以及有效利用，应该是各种类型的主体以对等的立场而进行的协作运行。并不仅仅是以国家、地方政府等公家的行为相关者和研究者为中心制定政策。至于非物质文化遗产，并不是其本身具有价值，而是在传承这种文化的人们与非物质文化遗产的关系之中，它的价值才得以生成。

---

① ［日］菅丰：《何谓非物质文化遗产的价值》，陈志勤译，载《文化遗产》2009 年第 2 期。

② ［日］菅丰：《何谓非物质文化遗产的价值》，陈志勤译，载《文化遗产》2009 年第 2 期。

（四）非遗资源转化中"创新性"与"本真性"的结构性困境

在调研中，笔者发现生产性保护的实施效果存在明显差异，造成这些差异的一个重要原因就是对可适用于生产性开发的非遗项目类别认定不清楚，或在实施生产性保护过程中，未能对传统技艺等进行有侧重的保护。

有些原本就是以市场需求为导向的非遗项目，比如各种手工艺品，本身并不存在特别明显的生存与发展问题，因此，对它们的生产性保护应强调核心技艺的保护，而非过分强调市场化生产。对于土家织锦西兰卡普等面临严重传承危机的项目来说，需要强调在生产性保护中，首先想办法创造条件使其重新进入市场，如果进入市场不能成功，那么本来就以市场为主要存在载体的项目自然难以实现保护。明确保护对象和保护重点，同时对非遗项目进行重新分类，尤其是在可适用生产性保护项目内部，进行细分，以突出保护重点。在生产性保护中，还必须考虑一个问题，即受市场因素影响，现代机器生产对传统手工艺的冲击。"我们看到现代化生产方式对传统技艺类、美术类'非遗'的冲击是显而易见的，是坚守传统，还是迎合市场，似乎永远是一个无解的难题"①。

（五）代际传承危机与原材料短缺成为非遗资源创造性转化的现实难题

优秀传承人老化是非遗保护中一个普遍性的问题，非遗项目代际传承危机的实质是传统与现代的较量。如何在现代社会中，保持传统文化的生命力，是非遗传承保护的核心问题之一。现代社会是消费主导型社会，只有将非遗项目合理地融入消费社会，使其衍化为现代社会中的消费品，才能激发其活力。因为大多数传承至今的非遗项目，在传统社会里，本来就是以消费市场为导向的，是持有人维持生存的生计手段和方式。

如何激发年轻一代的兴趣，使其愿意投入时间、精力去习得非遗项目的各种技艺，关键在于该技艺能否成为其在社会中维持较好生活状态的手段。如果

① 刘晓春、冷剑波：《"非遗"生产性保护的实践与思考》，载《广西民族大学学报（哲学社会科学版）》2016 年第 4 期。

年轻人能够通过技艺较好的获得生活所需的各种资源，或者说，保护传承非遗项目成为年轻一代的工作形式，那么他们就能成为传承人。事实是，现代化机器生产及互联网技术，也是年轻人必须习得的技术，只不过，这些技术能够满足他们对于美好生活的追求。如果非遗保护传承也转变观念，将其从抢救性保护的思维定式中转变为，其就是一种谋生技术和谋生手段，那么代际传承将有可能不再是问题。另外，由于涉及商业竞争、商业机密等经济利益，有些传承人不愿意将核心技艺轻易地传承给下一代。

生产性保护中另一个突出的问题是，政府缺乏有效执行措施。造成这个问题的根源在于，政府定位不清晰，由于在当前非遗保护中，存在着项目制运作机制，因此，不少生产性保护非遗项目呈现出强者越强弱者越弱的马太效应，就非遗保护来说，可能能够更好获取项目支持的非遗项目并不一定比未能获得支持的项目强多少。由于"非遗"保护领域中长久的观念分歧以及"生产性"这一极具解构性的字眼，使得学术界以及社会上的争议持续不断。

三、文化空间再造：少数民族非遗资源转化的可能

从田野资料可见，恩施地区非遗保护传承实践中的生产性保护和开发性保护，最大的问题在于商业资本天然地以追逐市场效益为目的，使得具体保护传承实践中，过分强调非遗的终端产品，对于其生产或展演过程，及持有人或传承人并不甚关心，这样就不免造成，随着开发的深入，非遗的传承人最终被机器取代，从而破坏了《公约》中强调对传承人保护的初衷。机器复制品对手工产品的市场优势，又会进一步挫伤非遗持有人或传承人的积极性，迫使其最终放弃核心生产或表演技艺。

已经有不少学者提出，要将非遗保护回归生活实践。如朱以青提出，让传统技艺回归民众日常生活，使其在生产实践中创新和发展，才能保证其持久传承。[①]值得追问的是，非遗保护回归生活实践意味着什么？此问题直接关联到非遗的

---

① 朱以青：《传统技艺的生产保护与生活传承》，载《民俗研究》2015 年第 1 期。

价值及其实现问题。不少著述在面对该问题时，往往只注意到非遗及其传承人维度，而忽视了非遗的受众群体。事实是，传承人和受众共同组成了非遗项目的持有者，他们共同分享和构建非遗项目的内在社区价值。对于传承人而言，许多传承至今的非遗项目，本质意义在于其在传统社会中是一种生计方式或谋生手段。对于受众群体而言，许多非遗项目则意味着生活物品或生活艺术，他们享受其中的是实用性和审美性的统一。对于围绕着非遗生产与使用、展示与观赏而产生的生活场域来说，非遗的内在价值还表现在其作为生活共同体的文化认同资源及某种民俗情感，甚至成为某种特定艺术交流表达的载体。这些共同构成了非遗内在的社区价值。就非遗项目的传承动力而言，传承人赋予非遗项目的价值和意义尤为重要。因此，回归生活的非遗保护，就是回归生计的非遗保护。换句话说，我们在强调非遗保护时，必须考虑到传承人的生计问题，其中最好的选择是将非遗项目转化为可以继续谋生的资源。由于大多数非遗项目是产生于前现代和前工业文明时期，其在转化成资源时已经很难成为有竞争力的市场商品，在这种情况下，政府和商业资本有必要将其视为某种特殊的资源予以扶持，而不是任由其在市场上挣扎。

在以往的非遗保护与传承实践中，"生产性保护"是最接近将非遗纳入生计范畴考量的保护手段。不过，"生产性保护"概念自提出以来，该保护方式即成为学界理论讨论和非遗保护实践中备受争议的话题。具体而言，主要形成两种较为极端的倾向，一是企业和政府以生产性保护为名，将非遗项目产业化，片面强调非遗项目的经济效益，从而出现过度开发、甚至制造伪民俗破坏非遗项目内在文化价值的情形。二是学界有些学者以"本真性"为由，过分强调非遗项目的本来面目和社区价值，使其在保护实践中逐渐脱离民众生产生活，最终使得非遗项目失去活力，而被持有者主动放弃，从而违背保护初衷。还有一种观点是过分强调保护传承实践过程中文化持有者的主体立场，而对其他保护主体有所忽视，以至于过分批评政府、商业资本，甚至学者在非遗保护实践中的参与行动，从而影响了社会对非遗保护的系统性特征的认知，使其难以形成一种参与式的保护观念，最终也损害了非遗保护的初衷。在这种情况下，我们需要在既有的体裁类型学意义上的非遗分类体系中，结合其与生产生活的关系及具体载体，对非遗项目进行重新分类，对于以产品和服务为最终表现形式，以文化空间为主要表演或表达载体的项目，需要在进行充分论证的基础上，探索该类项目的生产性保护路径。

后申遗时代，如何将非遗传承保护置入区域文化系统和日常生产生活，发挥部分非遗文化资源特性，使其成为提升持有人或传承人幸福感、获得感的文化资源，激发传承保护的内生动力和文化自觉，成为讨论建立长效保护机制的关键议题。非遗项目的资源转化，总的来说有两条路径：一是手工艺类、美术类、传统医药类等以物质载体为最终产品表现形式的非遗项目，可以开展生产性保护，在注重文化效益和社会效益基础上，实现经济效益；二是歌舞类、杂技类、民间曲艺类、地方戏曲类等以特定空间和时间为最终产品表现形式的非遗项目，可以开展公共文化产品转化性保护，让表演本身变成集社会效益、文化效益和经济效益为一体的资源形式。另有一类，本身符号象征意义，可以转化为空间资源，从而为前两种提供特定文化空间，以实现其资源转化，主要是民俗类和节日类非遗项目。

因此，本文提出"文化空间再造"模式，意在整合传统的生产性保护、整体性保护和抢救性保护三大保护路径，使非遗项目能够在再造的文化空间中发挥最大资源效力，最终实现非遗项目的传承保护与助力精准脱贫双向共赢的基本目标。所谓非遗扶贫的"空间再造模式"，简单来说就是通过传承空间再造，形成标志性非遗统领式集群效应，从而使不同类型非遗资源在传承保护基础上，实现其经济资源转化的发展模式。本文认为，文化空间再造模式有两点需要特别注意：一是以标志性非遗项目为统领；二是离土不离乡，最大限度保障非遗项目生存的生态环境和社会文化语境。

就恩施地区而言，非遗扶贫的"空间再造"落实到具体项目，大体可以形成如下三种模式：(1)玉露茶叶制作技艺生产性开发带动相关产业发展模式。该模式主要是在政府政策和市场资本合力运作下，成立以国家级非物质文化遗产项目"恩施玉露制作技艺"为依托的文化创意园区，并以此带动相关产业发展，尤其要带动非物质文化遗产从业者脱贫致富的发展模式。(2)女儿城空间再造促进"非遗"项目集中打包开发模式。该模式主要是市场资本主体依托省级非物质文化遗产项目"恩施土家女儿会"，在恩施市近郊山区通过再造文化传承空间，开展民俗特色旅游，并将恩施市各级"非遗"项目集中打包，进行包装设计，使其按照市场要求完成经济资本转化，最终带动各级"非遗"传承人和从业者凭借自己所传承的技艺实现脱贫致富。(3)龙马风情小镇"非遗－旅游"互动提升模式。该模式主要是借助国家政策，引入国有资本，依托原有村落合力打造以"非遗"为主的民俗文化风情小镇，发展民族民俗特色旅游，提出以"非遗"提升旅游层次，以旅游带动"非遗"传承的发展，实现"非遗"保护与旅游开发双赢的发展愿景，最终实现带动当地民众脱贫致富的发展目标。

四、小结

"非遗扶贫"是一种新非遗保护传承理念，是在现有医疗、科技、教育、基础设施建设等精准脱贫方式之外，从文化领域开发脱贫路径的尝试。非遗扶贫本质上是为实现《保护非物质文化遗产公约》中强调实践者和社区(共同体)的初衷。只有让非遗持有人或传承人体认到非遗项目本身的文化价值和社区价值，才能真正保护非遗项目的内在精神，因为对许多非遗项目持有人或传承人而言，其所掌握的某种非遗项目在漫长的传承岁月中，本身就是生计方式之一，是其赖以谋生的技艺，从这个意义上说，非遗扶贫绝非凭空而造，而是真正地将非遗视为生活资源将其还原到生活现场进行保护与传承。另一方面，现代市场经济对传承生计方式的冲击不可小觑，过去能够借以谋生的手艺或某种技能可能已经失去了现代市场价值，单纯依靠其传统形式谋生已经遭遇巨大的结构性困境，因此，非遗扶贫也是一种新的探索，即如何在既有的生产性保护和开发性保护中，融合进整体性保护理念，在强调和重视以最终产品为导向的生产性保护和开发性保护实践中，探索新的实现路径。

概言之，"非遗扶贫"是在非遗保护传承基础上最大限度地发挥其经济、社会、文化效益，激发贫困地区经济、社会、文化发展活力，促进当地民众生活水平提升，同时也要提升民众的文化品位和文化观念。"非遗扶贫"效益的最大化是既要发挥"非遗"资源的经济效益，又要发挥其健身、励志等多方面的社会效益。"非遗扶贫"的实质是借由"非遗"项目资源化带动地方经济、社会、文化发展，使其重新成为民众的生计方式并融入日常生活之中。事实也是，人们追求的美好生活，绝不仅仅是经济上富裕起来，还包括生存的社会环境、文化环境与自然环境变得更好。非遗项目恰恰可以在这些方面发挥优势，一方面不少项目本身即蕴含着经济效益，可以转化为经济资源；另一方面，就非遗项目本身的内在价值而言，它能够提升当地民众文化认同感和自豪感，并由此进一步提升其获得感和幸福感，促进社区或共同体的和谐发展。

少数民族聚居地区民族民间文化自成体系，与汉族和其他民族形成多元一体格局，同时，又因其多为山区贫困地区，以非遗为代表的优秀传统文化呈现出类型多元、分布分散等特点，加上随着精准脱贫战略逐步推进，这些地区社会生活发生极大改变，传统文化原生空间也发生了极大改变。如何建立政策性和政府输血式保护方式的退出机制，同时激发非遗持有人或传承人内在传承动力问题成为题中之义。因此，讨论少数民族地区非遗保护长效机制，必须综合考虑区域文化系统转型及非遗实践困境的现实，研究视角需从具体项目研究转向区域社会整体分析。

如前所述，以鄂西武陵山区少数民族非遗为研究对象而探讨生产性保护的研究屈指可数，更遑论结合该地区少数民族非遗实际情况而构建起生产性保护相关理论体系，特别是对如何在极具土家族、苗族等少数民族风情的非遗项目上开展生产性保护，以及在具体实践、操作及存在的问题，都需要立足深刻的田野作业进行理论探讨和实证研究。另一方面，从实践层面，以恩施为代表的鄂西武陵山区各项非遗项目，都面临着不同成都的传承困难，特别是以手工技艺类非遗为代表的项目在已经开展的生产性保护实践中，呈现出许多问题。

因此，本文认为，在讨论少数民族非遗扶贫与非遗资源转化问题时，引入"标志性非遗统领式文化空间再造"概念，对既有文化空间研究既是有益补充也是理论拓展，具有一定创新性。具体而言，"标志性非遗统领式文化空间再造"包含三方面内涵：（1）强调非遗持有人的文化主体地位，以其体认的"标志性非遗"为标准，改变过去主要依靠政府和社会力量进行认定的做法。（2）强调"离土不离乡"，通过文化空间再造，确保非遗原生传承空间丧失之后，不至于失去生存土壤，在资源转化和再利用同时，最大限度地实现原生态本真性整体性保护。（3）"标志性非遗统领式"强调地域和民族特色，能够最大限度地避免非遗资源转化和再利用过程中出现"千篇一律""千城一面"的破坏性开发情形，而实现维系文化多元性的非遗保护初衷。对于学术研究而言，坚持回归日常生活研究，秉持"见人见物见生活"研究理念，从传统的非遗事项研究转向通过非遗研究持有人的日常生活意义，具有一定创新性。这种转变有利于将非遗保护核心要义即激发其传承活力落到实处，从持有人日常生活出发，将非遗看作持有人追求美好生活的文化创造，将之纳入持有人生产生活实践，使其内在社区价值真正得以彰显。

桂胜先生年谱

1. 1961 年 4 月，出生于湖北省黄梅县一个普通的农民家庭。

2. 1966—1976 年，先后在家乡黄梅县就读小学、初中、高中。

3. 1977 年，高中毕业后，在黄梅县蔡枫村小学担任民办教师。

4. 1979—1981 年，入黄梅县师范学校读书。

5. 1981 年，在县师范学校读书期间，加入中国共产党。

6. 1981 年，县师范学校毕业后，入黄梅县第五中学担任英语教师。

7. 1983—1984 年，入湖北省教育学院外语系英语骨干教师进修班学习并顺利结业。

8. 1984 年，入华中师范大学外语系本科插班生读书。

9. 1986 年，获华中师范大学外语系本科学士学位。

10. 1986—1988 年，就读于湖南省湘潭大学中文系古典文学专业硕士研究生班。其间，多次获优秀党员、湖南省优秀研究生奖励。

11. 1988 年，研究生毕业后，进入湖北省图书馆工作。

12. 1990 年，入华中师范大学历史系，跟随著名历史文献学家张舜徽先生攻读历史文献学博士学位，得张先生亲炙，由此走上学术道路，并为此付出毕生心血。

13. 1993 年，获得历史文献学博士学位，博士论文题为《周秦势论》。

14. 1993 年，入武汉大学原国家教委高校师资培训交流武汉中心工作，其间在繁重工作之余，笔耕不辍，先后发表《谭嗣同先生〈仁学〉理论与实践》等多篇学术论文。

15. 1994 年，升任武汉大学原国家教委高校师资培训交流武汉中心副处长。

16. 1998 年，奉调进入武汉大学社会学系工作，担任社会学专业教师，主讲中国社会思想史等本科生课程，深受好评。

17. 1999 年，获副教授职称，同年 9 月开始招收社会学专业硕士生。

18. 1999 年，学校进行学科调整，民俗学专业硕士点从文学院转入社会学系，受院系和武汉大学民俗学专业硕士点创建者李惠芳教授委托，开始主持武汉大学民俗学专业硕士学位点。

19. 2000 年，首次招收民俗学专业研究生；同年 12 月，学术专著《周秦势论》由武汉大学出版社正式出版，中国哲学史大家萧萐父先生作序，在学界产生较大影响。

20. 2001 年 2—6 月，前往香港中文大学社会学系进行访问，结识金耀基、李沛良等社会学前辈学者。

21. 2002 年，开始兼任中国社会思想史研究会常务理事；后兼任中国社会思想史专业委员会副理事长、中国社会思想史学会副会长，直至去世。

22. 2003 年至去世，湖北炎黄儒学会秘书长、副会长。

23. 2004 年至去世，湖北创新学会副会长。

24. 2004—2007 年，兼任武汉大学发展规划与学科建设办公室副主任。

25. 2005 年 10 月，获教授职称。

26. 2006 年 9 月，开始招收社会学专业、民俗学专业博士研究生。

27. 2006 年 9—12 月，前往日本国立山口大学进行学术交流并担任客座教授，与日本著名学者阿部泰记教授建立了深厚的学术友谊；之后双方多有往来，在昭君文化、汉川善书、包公研究等领域有较多合作。

28. 2006 年至去世，湖北省非物质文化遗产保护中心专家库专家。

29. 2007 年 7 月，受聘海南职业技术学院客座教授。

30. 2007 年，当选湖北省民间文艺家协会副主席，并多次连任副主席。

31. 2007—2013 年，担任武汉大学直属社会学系副主任，主要负责研究生教学和科研工作。

32. 2009 年，湖北省社会心理学会常务副会长；发表《武汉城市圈"两型社会"社会事业发展战略研究的六点启示》，获 2008 年年度湖北省委调研优秀成果二等奖。

33. 2009 年 9 月至去世，兼任国务院学位委员会全国社会工作硕士专业学位教育指导委员会委员。

34. 2010 年 8 月，兼任教育部马克思主义工程教材《中国社会思想史》首席专家；同年 12 月，晋升为三级教授。

35. 2011 年 7 月，当选为第八届中国社会学会理事；主持国家社科基金项目《中国社会思想史元素案例研究和范式探究》(项目编号：11BSH003)。

36. 2011 年 10 月，受聘为湖北省制度廉洁性评估专家，聘期三年。

37. 2012 年 6 月，受聘为湖北经济学院思想政治教育专业第三届学科带头人。

38. 2012 年 9 月至去世，湖北省委讲师团理论热点"面对面"示范点专家。

39. 2012 年 12 月，受聘为湖北省社会主义学院客座教授，聘期两年。

40. 2012 年 11 月，主持成立武汉大学社会文化研究中心；2019 年 5 月中心更名为武汉大学生态与社会文化研究中心，与中国林业科学研究院湖北分院/湖北省林业科学研究院协作共建；发表了多篇社会文化发展与建设的研究性论文。

41. 2013 年 4 月，受聘为湖北省公共文化服务体系建设专家库专家，聘期两年。

42. 2013 年 9 月，受聘为武汉大学中国非物质文化遗产保护研究中心副主任；2017 年 5 月武汉大学中国非物质文化遗产保护研究中心更名为武汉大学非物质文化遗产保护研究院，其为副院长，湖北省非物质文化研究中心副主任；开设学校本科生通识课非物质文化遗产与民俗文化；开设了院系研究生课程：非物质文化遗产研究专题；从 2018 年开始，每年单列招收一名非遗专项博士研究生。

43. 2013 年 9 月，受聘为湖北省社情民意研究专家库专家，聘期两年。

44. 2014 年 1 月,深圳市坪山新区管理委员会聘为坪山新区社会建设专家咨询委员会专家委员,同年与学生张友云合作出版《荆楚民间风俗》一书。

45. 2015 年,主持国家文化创新工程重点项目《村落民俗文化传承模式创新与实践》;同年 11 月,受聘为惠州市第十一届人民代表大会常务委员会立法咨询专家。

46. 2017 年 7 月,受聘为惠州市第十二届人民代表大会常务委员会立法咨询专家;同年,《村落民俗文化传承模式创新与实践》获湖北省政府(2016—2017 年)发展研究三等奖。

47. 2018 年 9 月,受聘武汉市第 16 次社会科学优秀成果奖评审委员,同年以第一作者身份发表《文化空间再造与少数民族"非遗扶贫"的路径探析》一文,后被人大复印报刊资料《民族问题研究》全文转载,引起较大影响。

48. 2019 年,黄冈师范学院聘其为李时珍大健康研究院学术委员会主任,聘期三年;黄冈市人民政府聘其为黄冈市大健康产业发展专家顾问,聘期三年;同年,以第一作者身份发表《乡村振兴视野下传统村落民俗文化的传承模式》一文。

49. 2020 年 9 月,湖北省群众艺术馆(湖北省非物质文化遗产保护中心)聘其为湖北省公共数字文化资源建设项目《我身边的非遗——楚风楚俗之春节习俗》学术专员。

50. 2021 年,以第一作者身份在民俗学领域权威期刊《民俗研究》发表学术论文《共谋与协力:节日类非物质文化遗产保护的资源化实践》。

51. 2023 年 8 月 21 日,因病于武汉大学中南医院辞世,享年 62 岁。

52. 2023 年 11 月,以第一主编身份出版本科教材《中国社会思想史研习新编》。

代 跋

追忆桂胜先生

桂胜先生(1961.4—2023.8),湖北黄梅人,当代中国社会思想史要素研习方法的首倡者和实践者,"马工程"教材《中国社会思想史》首席专家之一,独辟民俗学和非物质文化遗产研究蹊径。他少年多磨难、砥砺前行,中年成果卓著、业绩辉煌、扬名中外;他学贯中西,博古通今,腹载五车,出口成章;他才思敏捷,见微知著,思维活跃,点石成金;他专业深耕,潜精研思,涉猎面广,造诣深厚,可谓:"旷世奇才"!他爱生如子,因材施教,殚精竭虑,桃李满园;他刚正不阿,古道热肠,乐善好施,广结善缘。其短暂的一生充满传奇色彩,应验"天将降大任于斯人也,必先苦其心志,劳其筋骨,饿其体肤,空乏其身"。

艰辛励志的青少年期(1961—1983 年)

先生出生于鄂东黄梅戏发源地,禅宗之乡。父母共生养 6 个子女。1958 年,在县重点高中读书的 18 岁长兄一夜间突然离世,父母亲中年丧子,备受打击、悲痛欲绝。三年后,母亲冒着高龄、体虚艰难生下先生,后来又添加小弟。姐弟五人,母亲患有腿疾、高血压等,无劳动能力,全家全靠父亲木匠手艺走村串户挣钱养家糊口，是村里的大超支户。母亲带着病体辛劳操持家务，无暇多顾及他，所以很小就被长他几岁的三姐带着去上学，"旁听生"的聪慧被老师发现，尽管只有五岁就开始"正式"上学读书。由于先天不足，加上家境贫困，营养不良，从小瘦弱多病，不幸患上严重的类风湿性关节炎，四肢关节肿胀变形，尤其是到了冬天双腿疼得不能走路，只能躺在床上，就着被子取暖，因此一年中几乎一半时间都不能去上学。却因天资聪颖，成绩一直优异，十五岁就高中毕业。可怜母亲在他高中毕业前，因病去逝。毕业后，为了能挣工分还"超支"，开始参加公社集体劳动，由于年龄不大，村干部照顾他特安排他先后做过村里的"小保管"、村小学代课民办老师。

他从小就喜欢看书，在那时物资匮乏的穷乡僻壤能借到的各种书籍都爱不释手，通篇阅读，积累了各种知识，尤其古文功底夯实。他志存高远，想要继续读书改变命运。在国家恢复高考后，毅然复习报考。可是家徒四壁，无钱报名参加补习班，也无钱购买复习资料，只能东借西凑一些课本及资料在家自学。家中没有电灯，晚上只能就着小小的煤油灯看书，夏天蚊子多，就想出办法，把双脚泡在木水桶里驱蚊。因为那时身形尚瘦小，报名时被认为是小孩子，就被随便给了中专报名表，因准备不对路没有成功。第二年又继续努力，考上了县师范学校，阴差阳错地被分到英语班，学习完全陌生的英语专业。对胸中怀有鸿鹄大志、勤奋好学的他来说，一切都不是问题！两年学习期间，从零起点开始，成绩不断进步提高，还担任班级及校级学生干部，毕业前更是有幸成为两个中共预备党员之一。两年间，他十分注意身体锻炼，风湿病莫名痊愈，个头也长高了不少。师范毕业后分配到一所高中任英语教师，当时学校主要领导缺失状况下被上级领导指派他主持学校工作，边教学英语边处理日常学校管理工作，能力崭露头角，被上级领导纳入后备干部培养梯队。胸有远大理想的他心里一直怀有继续读大学的梦想，因此一直在复习准备，以求获取更高的知识境界。

继续求学深造的十年(1983—1993 年)

高中教书两年后，1983 年先生有幸得到机会，进入原湖北省教育学院外语系英语骨干教师进修班学习，从此他的命运出现转机，开启了人生的新航向。在一年的学习期间，他除了课堂学习之外，和班上几个爱学习的同学组成课外业余自学小组，自学大学高级课程。功夫不负有心人，进修结业前顺利通过大学插班生考试，进入华中师范大学外语系跟随大三年级学习，两年后获得大学本科文凭。期间曾身体有恙，住院治疗几月，成绩得来不易！得益于坚持不懈的努力。毕业时通过了硕士研究生入学考试，进入湘潭大学文学院学习古典文学专业。读书期间历任学生干部，获得优秀党员、湖南省优秀研究生等荣誉称号。毕业后回到武汉，进入湖北省图书馆工作，利用工作便利，广泛涉猎古籍书刊。

两年后，在又一次的人生十字路口选择参加博士考试，经过一个月的昼夜"奋战"，顺利考取华中师范大学历史系博士研究生，师从著名历史文献学家张舜徽先生攻读历史文献学、版本学，得张先生亲炙，由此走上学术道路，并为此付出毕生心血。此三年是他"名副其实"的"寒窗苦"：历经自身患病住院、先后失去三位至亲(父亲、三姐夫、长子)、外加导师、师母离世等多重打击！却矢志不渝，博览群书，潜心苦读，书写出融文史哲一体的高水平博士论文《周秦势论》，得到当时武汉大学及华中师范大学几位德高望重知名教授的高评认可，于1993年6月顺利通过论文答辩，获得学业最高学位——博士学位。

十年磨剑，历经艰辛，从中专生到达博士生顶峰！他戏称自己是读遍国内20世纪80年代特定环境造就下的所有级别之书！自身经历，推己及人。这种无人能及的经历是他独有的财富，成为他日后生活、教学、培养弟子等方面始终遵循的以人为本、与人为善、授人以柄"初心不改"理念航标。

初入仕途的五年(1993—1998年)

博士毕业后，进入原武汉大学国家教委高校师资培训交流武汉中心工作，从事有关高校教育发展及教师培训交流方面的工作。第二年升任部门副处长，开启高校博士从政先河，开始了行政仕途生涯。在几年时间里，对中心的各项工作潜心了解、尽职尽责，成绩斐然。把"高校师资培训交流武汉中心"的工作做得风生水起，享誉当时的国家教委及全国各省其他中心。协同同事们一起将《中国高校师资研究》杂志改进提升，成为当时的重要期刊。期间被国家教委委以重任，负责调研全国高校教师队伍建设及发展状况、调研全国高职高专教育建设及发展状况，为此，走访调研全国各省市相关高校，写出高质量的有创新建设性的调研报告呈交国家教委，获得国家教委领导的赞誉认可。先后撰写发表《高校师资队伍建设的新形势及相关机制分析》《中国高校教师人力资本试析》《高校教师队伍建设现状分析与对策》《社会组织学原理在高校教师队伍建设中的运用》《对"高等学校教师研修国家基地"建构的思考》《实践"三个代表"重要思想努力提高高校教师素质》等论文 10 多篇。撰写的《当前职业大学发展面临的问题及对策的报告》，于 2000 年获湖北省第三届教育科研优秀成果三等奖；撰写的《试论建立"高等学校教师研修国家基地"的必要性和可行性》，于 2004 年获得中国高等教育学会师资管理研究分会优秀论文二等奖。

被湖北省教委聘请为专家，协同其他专家对省内几所职业学校进行调研、评估，认定学校办学资格，审批通过、挂牌成立几所首批高职高专院校。成为湖北省及全国的高职高专的建设发展的功勋卓著专家之一，载入史册。

学术与行政并举的十五年(1998—2013 年)

在仕途的巅峰期，急流勇退，放弃了可以进入更高层次领导岗位的机遇，选择转向做学术研究。于 1998 年转入社会学系做教学工作，接手讲授深奥的《中国社会思想史》本科生课程，由此开启全新的多学科学术研究之路。1999 年，学校进行学科调整，民俗学专业硕士点从文学院转入社会学系，受院系和武汉大学民俗学专业硕士点创建者李惠芳教授委托，开始主持武汉大学民俗学专业硕士学位点。当年开始招收硕士研究生。先后开设主讲"中国社会思想史""民俗学专题""民俗文化与现代化""社会学概论""社会学理论与方法""社会工作实务与方法"等本硕博课程。十五年间在国内外期刊杂志独著及合著发表学术论文 37 篇，主持横向纵向科研课题项目二十余项。

2000 年 12 月，由博士论文完善的《周秦势论研究》由武汉大学出版社正式出版，中国哲学史大家萧萐父先生为之作序。"从周秦诸子纷繁复杂的范畴体系中，独揭一个'势'范畴，从字源学、训诂学推证'势'字的原义和衍生义，给以横向和纵向的系统论析，持论有据，言之成理。……时有创识，某些独特之见，发前人之所未发"。这是他最早的哲学思想研究结晶，可视为中国社会思想史研究领域的重要著作，在学界产生较大影响。之后又在国内外期刊杂志发表《老子之势观探微》《（老子新编）：无成势，无常形》等多篇相关理论文章，开创了"势"论研究先导。

2001 年 2 月，前往香港中文大学社会学系进行为期半年的访问学习，结识金耀基、李沛良、张德胜等社会学前辈学者，开始涉猎社会学理论与方法知识领域。2011 年 7 月，当选为第八届中国社会学会理事。

2002 年，开始兼任中国社会思想史研究会常务理事；后兼任中国社会思想史专业委员会副理事长、中国社会思想史学会副会长（直至去世）。2010 年 8 月，兼任教育部马克思主义理论研究和建设工程重点教材《中国社会思想史》首席专家。2011 年主持国家社科基金项目《中国社会思想史元素案例研究和范式探究》。在社会思想史学界奠定了重要地位，享有较高声誉。先后发表关于中国社会思想领域的学术研究论文十余篇。

2004 年至 2007 年，兼任武汉大学发展规划与学科建设办公室副主任，为四校合并后的新武汉大学的建设发展，在其位谋其政，尽一臂之力，献计献策，鞠躬尽瘁。

2005 年晋升教授职称。2006 年开始招收社会学专业、民俗学专业博士研究生。

2006 年 9 月，受邀前往日本国立山口大学担任客座教授进行为期三个月的学术交流，为博士生主讲"中国文化史"。与日本著名学者阿部泰记教授建立了深厚的学术友谊，之后双方多有往来，在昭君文化、汉川善书、包公研究等领域有较多合作。2012 年 7 月再度受邀，担任客座教授，进行为期三个月的学术交流。先后在日本《东亚研究》及《亚洲历史与文化》杂志上发表关于中国历史、文化、民俗等的文章十余篇，为传播中国文化、中日文化的交流作出了许多努力及贡献。

2006 年开始涉猎非物质文化遗产保护研究领域，被列入湖北省非物质文化遗产保护中心专家库。2013 年 9 月，受聘为武汉大学中国非物质文化遗产保护研究中心副主任；2017 年 5 月，武汉大学中国非物质文化遗产保护研究中心更名为武汉大学非物质文化遗产保护研究院，其任副院长；湖北省非物质文化研究中心副主任。开设学校本科生通识课"非物质文化遗产与民俗文化"；开设了院系研究生"非物质文化遗产研究专题"；从 2018 年开始，每年单列招收一名非遗专项博士研究生。

2007 年，受命于艰困之际，担任武汉大学直属社会学系副主任，主要负责研究生教学和科研工作。社会学系成立之初，为扩大影响力，他主动提出由他牵头举办一次国际学术会议。利用他在香港中文大学的资源，成功筹办了"变动的中国"国际学术研讨会，此次研讨会由武汉大学社会学系与香港中文大学社会学系联合举办。香港中文大学派出数名专家学者与会，国内许多高校的专家学者参加了大会交流，小组讨论。这次会议安排非常严谨，是一次真正意义上的学术研讨活动。会后，香港中文大学李沛良教授给与这次会议高度评价。为向外推介、扩大社会学系的影响作出了巨大贡献。任期至 2013 年，尽职尽责，刚正不阿，一身正气，为社会学系的发展及学科建设倾尽全力。

2008 年，当选湖北省民间文艺家协会副主席，后期一直连任，直至去世。本着强烈的社会责任心和奉献精神，积极主动地为协会的发展、建设出谋划策。以"经世致用"为出发点，把自己的学术研究成果运用到社会实践，把学术研究、教学工作、协会工作相结合，在推动湖北省民间文艺之乡，湖北省民间文艺家协会人才队伍建设，推介湖北省重点文艺项目扶持等方面作出了具有深远影响力、令人难忘的贡献。

2008 年参与武汉市"1+8"城市圈社会事业发展战略研究课题项目研究，及武汉市硚口区十二五规划课题项目。后来发表的《武汉城市圈"两型"社会综合配套改革试验区社会事业发展战略研究》获 2008 年度湖北省委调研优秀成果二等奖；《利川市民俗民族文化发展战略研究报告》获湖北省政府（2008—2009 年）发展研究二等奖。

2009 年 9 月，兼任国务院学位委员会全国社会工作硕士专业学位教育指导委员会委员。为社会学系争取到全国第一批社会工作专业硕士点授予权，为社会学系开拓新专业、扩大研究生招生的发展建功立业，功不可没。

2012年11月，主持成立武汉大学社会文化研究中心；2019年5月，武汉大学社会文化研究中心更名为武汉大学生态与社会文化研究中心，与中国林业科学研究院湖北分院/湖北省林业科学研究院协作共建；发表了多篇社会文化发展与建设的研究性论文。

2007年底受聘兼任新合校不久的湖北经济学院思想政治理论课部主任兼学科带头人主持工作，同时受聘为湖北经济学院学术评定委员会委员。兼职6年，与系书记及其他副职精诚合作，融合、稳定了教师团队；为系里争取资源、谋发展，成功申请成立了湖北省唯一的"大学生思想政治教育评价中心"，为院系以后的学术、学科建设及发展打下了坚实的基础，贡献卓著，不辱使命。

在这些年间还广泛涉猎多个学术领域、民间学术团体，先后担任湖北炎黄儒学会秘书长、副会长；湖北创新学会副会长；湖北省社会心理学会常务副会长；2011年10月，受聘为湖北省制度廉洁性评估专家，聘期三年；2012年9月，受聘为湖北省委讲师团理论热点"面对面"示范点专家；2012年12月，受聘为湖北省社会主义学院客座教授，聘期两年；2013年，受聘为湖北省社情民意研究专家库专家；2013年4月，受聘为湖北省公共文化服务体系建设专家库专家，聘期两年。

不断探求新的研究领域、成果斐然的十年（2013—2023年）

从2014年后不再担任行政职务，一心从事学术专业领域研究。他头脑灵活、眼光敏锐，勤于思索，关注国内外最新发展动向，思想独到、前卫新颖，总是走在时代的"前列"且独具慧眼。不仅给学生提出超前、崭新的学术研究方向，而且还经常帮助很多企业家们出谋划策、指点各行业经营发展的新思路、新途径，能及时应对形势的变迁。这十年间在国内外期刊杂志独著或合著发表学术论文30篇，主持横向纵向科研课题项目19项。2014年与学生张友云合作出版《荆楚民间风俗》一书。

　　2014 年初受武汉生物工程学院董事长之邀，任科研规划办主任并兼任管理学院院长，为期一年，为民办高校的教育发展献计献策，把学院师生的日常教学管理工作进行得有条不紊，有理有序，得到师生们的好评，不负重任。

　　2014 年 1 月，深圳市坪山新区管理委员会聘为坪山新区社会建设专家咨询委员会专家委员。2015 年 11 月及 2017 年 7 月，两次受聘为惠州市第十一届、第十二届人民代表大会常务委员会立法咨询专家。

　　2015 年起受聘为教育部长江学者、教育部学位中心、国家社科基金及教育部人文社科项目等通讯评审专家。评审认真负责、公平公正，得到肯定，信誉度高，所以每年都受到评审邀请，直至去世。

　　2018 年 9 月，受聘为武汉市第 16 次社会科学优秀成果奖评审委员。2019 年，黄冈师范学院聘为李时珍大健康研究院学术委员会主任，聘期三年；黄冈市人民政府聘为黄冈市大健康产业发展专家顾问，聘期三年。至此，开始关注"大健康"研究领域。2020 年 9 月，湖北省群众艺术馆(湖北省非物质文化遗产保护中心)聘其为国家公共数字文化资源建设项目《我身边的非遗——楚风楚俗之春节习俗》学术专员。2021 年，以第一作者身份在民俗学领域权威期刊《民俗研究》发表学术论文《共谋与协力：节日类非物质文化遗产保护的资源化实践》。2021 年以副主编身份参编的教育部马克思主义理论研究和建设工程重点教材《中国社会思想史》由高等教育出版社出版。2023 年 11 月，历经十多年自身教学经验积累、反复打磨的思想结晶、本科教材《中国社会思想史研习新编》以第一主编身份由武汉大学出版社出版。

　　他生于农村，长于农村，不忘初心，切身于农民及农民工的所思所想，力图为农民及乡村振兴发展尽微薄之力。从 2011 年起就开始对湖北农民的思想状况及文化生活进行调查研究，2012 年《湖北农民思想状况调查》项目形成的报告得到了时任中共中央政治局常委刘云山同志的签批，认为："调研报告对于了解当下农民思想状况很有价值。"全文入选冯刚、沈壮海主编的《思想政治教育发展报告(2012)》。之后逐步有："深圳市百万劳务工生活质量提升战略的调查研究(2015 年)"；"村落民俗文化传承模式创新与实践(2015 年)"(此文获湖北省政府 2016—2017 年发展研究三等奖）；"惠州仲恺高新技术产业开发区机构派遣人员权益保护调查研究（2017 年）"；"'非遗'扶贫与传承的空间再造模式研究（2017 年）"；"乡村振兴战略中的文化建设研究（2019 年）"；"乡村社会治理中广西百色民俗文化资源转化调查研究（2021 年）"等课题研究项目。运用民俗文化及非遗文化保护等方面的知识，脚踏实地做实事研究，关注老百姓民生生活，提出"表现民俗""空间再造模式"等新理念、新思想。发表研究成果论文多篇，其中 2018 年以第一作者身份发表的《文化空间再造与少数民族"非遗扶贫"的路径探析》一文，后被人大复印报刊资料《民族问题研究》全文转载，引起较大影响。2021 年及 2022 年连续两年夏季参与湖北省委政研室及湖北省社科院领导牵头组成的调查组在黄冈地区多个市县乡村进行实地考察调研，写出《新形势下的乡村文化振兴刍议——以湖北省黄冈市为例》等高质量调研报告。对乡村文化振兴工作的实施及推进提出了许多宝贵意见。

　　他很早就开始思考、关注"缘"的问题，对"缘"进行了深思细辨，渐渐形成了自己的理论归纳体系。最早在 2007 年香港中文大学社会学系与武汉大学社会学系联合召开的"变动的中国"国际学术研讨会就宣读了他关于"缘"的思考论文，在 2012 年去日本山口大学做客座教授时又做了专题报告，并在《东亚研究》杂志发表论文。此后一直持续研究、不断完善，最终定稿《中国社会结构：基于"缘"的视野解读》一文。他认为"缘"是界定人们社会关系的重要因素，是指人与人之间通过自然、偶合或人为构成的一种交往机制和社会组织，是世人先赋或自致所形成的一种归属依赖和社会关系，是一种带来社会资本的社会网络，是一种社会聚合。它既有先天的色彩，又有后天的因素，包括血缘、姻缘、乡缘、学缘、业缘、际缘、果（因）缘等。缘因天定，缘由人为。有先赋缘，有自致缘。

　　在 2018 年他提出"中外平民'活法'研究"，关注平民的生存之道，指出考察研究中外平民的"活法"，可以揭示不同国家基层民众"活法"的共性与差异之处及其深层次的原因，以寻求和发现人类"各美其美，美人之美，美美与共，天下大同""和而不同"的生活品质和生活取向。遗憾的是，此项研究还没来得及进行更深入的研究。

2023 年 8 月 21 日，不幸因病于武汉大学中南医院辞世，带着许多未尽的思想去了天国，享年 62 岁。

桂胜先生始终怀有一颗赤诚善良之心，乐善好施，对待家乡的父老乡亲、朋友及朋友的朋友，总是满腔热情、侠义豪爽，但凡有人求助于他，必定有求必应，且全力以赴。一生中他曾经帮助过、指点过的后辈求学者不计其数，许多都不记得姓甚名谁，想必都已学业有成、在各行各业大展宏图；他还为很多朋友、企业家指点迷津、出谋划策，解决生活、工作及经营难题，这方面也是不胜枚举的。对待他的弟子们虽然平时要求比较严格，但是爱生如子，真切关心学生的学业进展，因材施教，倾心、耐心地指导每一个学生的学业、学术研究及论文的撰写。对生活有困难的学生更是倾囊相助、关爱有加。经常带着学生们去做田野调查，与学生们同行同吃同住，没有任何架子，事后还给学生发放劳务费。从 1999 年至 2022 年，共招收培养硕士生 84 名、博士生 45 名、博士后 2 名，桃李遍及全国各地，在各行各业延续导师的学问及做人风范。2023 年去世前他的名下招收硕士生、博士生各两名。他严谨治学，诲人不倦，以身为范，为人师表的高尚师德风范，言传身教，影响着每一个学生，深得所有学生的敬重、钦佩与爱戴。

桂胜先生的一生是豁达乐观的一生。家事国事天下事，大事小情，他总能够在不利中看到有利，在黑暗中发现亮点，在不确定中找到确定性。在确诊患病后，他没有悲观，而是乐观地对待疾病，与疾病作斗争。住院期间总是劝解、鼓励同病房病友，让他们也乐观起来。不把自己当病人，不告诉身边同事、朋友，坚持完成本科、研究生教学任务；坚持指导研究生的学习、调研及论文写作；照常参加学生的论文开题及毕业答辩；照常进行网上各项评审工作。在重病期间，冒着盛夏酷暑积极参与省委政研室、省社科院联合的乡村文化振兴成果调研组的乡村考察调研活动。即便到生命最后的日子，心中明知时日无多，也不愿意让单位领导知道，不让朋友、学生知道，不打扰那些爱他的和他爱的亲朋好友，坦然接受最后的命运，不悲观，不抱怨。在临终前，唯独叫来一个弟子交待他身后的学术思想传承及专业课程教学的延续等事宜。真正做到了鞠躬尽瘁死而后已，用自己的行动给身边人作出表率。

桂胜先生读书的专业从英美语言文学到中文古典文学到历史文献学、哲学等，教学工作多学科跨越：教育学、行政管理、中国社会思想史、社会学理论与方法、社会工作、民俗学、民俗文化与现代化、民间文艺学、非物质文化遗产保护与传承等领域。兴趣爱好广泛，博识多闻，多学科知识信手拈来，谈吐幽默风趣。一生致力于构建中国本土化理论与方法，亲身实践，是理论与实践相结合的典范。他在中国社会思想史、民俗学、生态与社会文化、非物质文化遗产研究保护、社会发展、乡村文化振兴等研究领域成果卓著，给学界留下了一笔丰厚的文化遗产。他的研究成果在服务湖北地方社会文化发展、荆楚民俗文化传承、保护等方面，作出了杰出的贡献，产生了深远的影响。他那以经世致用、有字之书与无字之书兼修、知行合一、事业大于天的高尚学者品质，定将被后人铭记。

最后，谨以一首小诗表达对桂先生的深深怀念之情：

寒门白屋桂家子，不足先天弱体质。
但有凌云争首端，勤耕苦读夜难寐。
韶华倾负历千帆，年少登峰博士位。
授业传承誉讲坛，李桃寰宇数无记。
经纶满腹古今通，三教九流均了意。
睿智笃行建树多，盛名远扬育人术。
宅心仁厚善施频，仗义爽豪广结谊。
得道功成志未酬，突遭绝症病魔至。
奈何阎王错折枝，天妒英才早失坠。
驾鹤弥间天地黯，百人送别皆悲泪。
叹邪魔隔断阴阳，忆昔斯人驻心悸。
愿酒泉无痛息安，长辞永世留清懿。

顾颖

2024 年 7 月 18 日于珞珈山

编　后　记

桂胜先生的论文粹选集终于要付梓出版了。在这本粹选集的最后页，我们轻轻合上了一个时代的篇章。桂胜先生的离去是我们的巨大损失，但于我们而言，他留下的文字却是永恒的财富。作为选编者，我们深感荣幸能够将这些珍贵的文字呈现给读者，它们如同时间的琥珀，封存着先生的智慧与情感。

桂胜先生的一生是对知识无尽追求的写照，是对学术无限热爱的证明。三十余年间，先生始终秉持"以经世致用、有字之书与无字之书兼修、知行合一作自勉，以探索本土化理论与方法为己任"的理念，在中国社会思想史、民俗学和非物质文化遗产传承与保护等领域作出了非凡的研究和重要的探索。

这本书的主书名《兼修有字无字书》，正是桂胜先生始终如一学问理念的真实写照。在选编这些作品的过程中，我们无数次被先生的才华和人格所感动。对于我们来说，选编工作是一项充满敬意的任务。我们努力在尊重原作的基础上，挑选出能够代表先生思想精髓和学术成就的作品。这个过程不仅是对先生作品的重新发现，也是对他人格魅力的再认识。我们希望这本选集能够成为先生与读者之间沟通的桥梁，让更多人了解他和他的学术思想与贡献。

我们要感谢所有支持和帮助我们完成这项工作的人。感谢桂胜先生的夫人顾颖副教授的信任，将这份重要的任务托付于我们；感谢南开大学王处辉先生慨然作序；感谢武汉大学社会学院领导和老师们的支持；感谢武汉大学出版社詹蜜老师、沈继侠老师的辛勤工作。正是得利于他们的支持与帮助，这本选集才得以完美呈现。

生命虽有尽头，但思想和艺术的光芒永不熄灭。愿读者在阅读这些文字时，能够感受到先生对生活的热爱和对美好的追求。同时，愿先生求真务实的学术精神永远激励着我们，继续追求真善美，探索未知的世界。

编者

2024 年 10 月于珞珈山